Författaren är en erfaren lärare i hem- och konsumentkunskap, forskare och utbildare med expertis inom området. Med ledning av ett aktuellt forskningsprojekt och erfarenhet av kompetensutveckling för lärare och pedagoger, både nationellt och internationellt, bidrar författaren med en väl förankrad insikt i undervisningens krav. Dessutom samordnar författaren nationella digitala nätverksträffar för kompetensutveckling via Sveriges Lärare, vilket gör innehållet relevant och användbart i dagens utbildningsmiljö.

Författarens samarbete med europeiska lärosäten inom ämnet bidrar till en unik förståelse för hur utbildningssystem och ämnesutveckling kan optimeras både praktiskt och strategiskt. Det internationella engagemanget som ordförande för European Association for Home Economics (EAHE) och vice ordförande för Europa inom International Federation for Home Economics (IFHE), tillsammans med rollen som sakkunnig i Skolverkets ämnesbevakningsgrupp för hem- och konsumentkunskap, förstärker bokens relevans ytterligare.

# Ramfaktorer i hem- och konsumentkunskap
och deras betydelse, samt optimering för hög
utbildningskvalitet

Larsson Elina

Förlag: BoD · Books on Demand, Stockholm, Sverige
Tryck: Libri Plureos GmbH, Hamburg, Tyskland

ISBN: 978-91-8057-647-5

# INNEHÅLL

# Förord

Hem- och konsumentkunskap är ett ämnesöverskridande skolämne där teori går hand i hand med praktik, och där kunskaper inom bland annat språk, matematik, kemi, fysik, biologi och geografi, historia, religionskunskap, samt samhällskunskap möts i olika uppgifter. Lektionerna i hem- och konsumentkunskap omfattar flera ämnesområden som syftar till att ge eleverna kunskaper och färdigheter för att hantera vardagen på ett ansvarsfullt sätt. Ett centralt område är mat och måltider, där eleverna lär sig om näringslära, matlagning, livsmedelssäkerhet samt hur man planerar, tillagar och serverar hälsosamma och balanserade måltider.

Konsumtion och ekonomi är ett annat viktigt område, där eleverna får kunskaper inom områden såsom privatekonomi och konsumenträttigheter kunskap om privatekonomi, konsumenträttigheter och hur man gör medvetna val som konsument, inklusive budgetering och hantering av pengar. Hållbarhet ingår också i undervisningen och här lär sig eleverna om hållbar utveckling, hur våra konsumtionsvanor påverkar miljön och hur man kan minska sitt ekologiska fotavtryck genom att göra miljövänliga val i vardagen. Ämnet omfattar hälsa och välbefinnande, som handlar om att förstå sambandet mellan kost, motion och hälsa, samt att skapa vanor som främjar ett hälsosamt liv. Slutligen omfattar lektionerna boende och levnadsvillkor, där eleverna får kunskap om hur man sköter ett hem, inklusive städning, tvätt och enklare underhållsarbete, samt diskussioner om olika boendeformer och deras påverkan på vardagslivet. Dessa områden i ämnet ger eleverna en bred förståelse för hur man hanterar praktiska aspekter av livet, både i hemmet och som konsumenter i samhället.

Undervisning inom ämnet hem- och konsumentkunskap är komplext. För att planera och anordna undervisning, samt de materiella och strukturella ramfaktorerna för ämnet, ska läraren utgå ifrån Skolverkets kursplan för ämnet, Lgr22. Läraren ska också ta hänsyn till elevernas utvecklingsstadium och behov, samt riktlinjer för köksarbete och råvaruhantering: hygien och säkerhet. I praktiken innebär detta att undervisningssalen ska vara en säker läromiljö för både eleven och läraren, samt att den möjliggör lärandet inom det praktiska köksarbetet, och att den innehåller rätt utrustning och tillräckligt med utrymme för att inta de tillagade maträtterna, samt att genomföra både den digitala och klassiska klassrumsundervisningen. Undervisningssalen ska även vara anpassad utifrån arbetssäkerhet: välplanerad och välfungerande hushållsmaskiner och vitvaror, el, vatten, avlopp, ventilation, ljudnivå och ergonomi. Salen ska ha fungerande ytor för råvaruhantering och förvaring, tvätt, rengöring och hygienrutiner, samt annat hushållsarbete som krävs för undervisning med olika typ av matvaror.

De resurser som fördelas till ämnet genom skolornas ledningsbeslut påverkas av kunskapen om ämnets speciella karaktär. Svenska kommittén för hushållsvetenskap (SKHV), Lärarförbundets ämnesråd för hushållsvetenskap och Lärarförbundets nationella nätverk för hem- och konsumentkunskapslärare har kämpat för att förtydliga och förbättra de praktiska förutsättningarna i ämnet (Hjälmeskog, 2006; Svenska kommittén för hushållsvetenskap, 2013). De har försökt att lyfta fram ämnets mångsidighet, de kunskapsområden som gynnar helheten i elevens utveckling, såväl som inom vardagens kunskaper och kunskaper som behövs som fungerande samhällsmedlem samt kunskaper som lär eleven att bli en välfungerande konsument och samhällsmedlem. Enligt de enkätstudier som gjorts tillsammans med Lärarförbundet under åren 2020 (N-368), 2021(N-179) och 2022 (N-328) och 2024 (N-372) har detta inte lett till resultat, situationen verkar istället ha försämrats under de senaste åren.

*Bokens Syfte*

Syftet för denna rapport och referensverk är att identifiera och analysera de olika ramfaktorerna som påverkar lärandet i skolämnet hem- och konsumentkunskap. Syftet är även att sammanfatta de ideala materiella och strukturella ramfaktorerna som påverkar hur ämnet lärs ut och hur pedagogiken kan bemöta de krav som ställs genom den nya läroplanen för grundskolan, Lgr22, och även de andra obligatoriska skolformerna Lspec22, Lgra22, Lsam22. Syftet är dessutom ge en överblick i ämnets och ramfaktorernas förhållande till lagstiftning: Skollagen, Arbetsmiljölagen och livsmedelslagstiftning, samt Miljöbalken och relevanta EU-förordningar.

Boken följer inte en allmän rapportsmodell, eller koncentrerar sig i visst kursinnehåll, utan lärarnas erfarenheter och behov, samt dagssituationen med ramfaktorerna lyfts upp med optimala lösningar utifrån forskning och beprövad praxis.

## Material och metod

Materialet för denna bok kommer från fyra kvalitativa enkätundersökningar som genomfördes under åren 2020-2024 för Lärarförbundets nationella nätverk för hem- och konsumentkunskapslärare. Syftet med dessa undersökningar har varit att förstå och sammanfatta ämnets grundläggande ramfaktorer, skapa förståelse över hur arbetssituationerna varierar i olika delar av landet, samt hur detta påverkar lärandet i ämnet.

Syftet för enkätundersökningen var även att kartlägga problematiken bakom lärarnas återkommande diskussioner om bristande ramfaktorer, samt att få fram lärarnas individuella åsikter om sin arbetsvardag. Urvalet baserades på verksamma hem- och konsumentkunskapslärare som kunde nås via Lärarförbundets register. Urvalet var därför öppet, inte planerat eller valt i förväg, samt exkluderade inga deltagare. Den första studien 2020 besvarades av 368 verksamma lärare från hela landet (n-368), den andra 2021 av 176 lärare (n-176), den tredje 2023 av 328 (n-328) och den fjärde under 2024 av 372 hem- och konsumentkunskapslärare (n-372). Genom att skicka enkäten via Sveriges Lärare (tidigare Lärarförbundet), som har en stor och specifik medlems bas, ökades sannolikheten att enkäterna nådde en bred och relevant grupp av erfarna och engagerade lärare inom ämnet hem- och konsumentkunskap.

Datainsamlingen genomfördes med en enkät med några flervalsfrågor och ett flertal öppna frågor. Frågorna var delade i fem grupper:

1. lärarens bakgrund och arbetsuppgifter
2. de materiella ramfaktorerna
3. de sociala förhållandena på arbetsplatsen
4. organisationens förutsättningar för arbetet
5. aktuella frågor, arbetsmotivation och framtidsvisioner

Kategorierna överensstämmer med Skolverkets nationella utvärdering av grundskolan (2003), där de viktigaste ramfaktorerna för undervisnings-arbetet i hem- och konsumentkunskap var undervisningssal och utrustning, tillgång till läromedel, budget för ämnet, elevgruppens storlek och lektionslängden. Flervalsfrågorna var obligatoriska och svarades av alla lärare. De var enkla, exempelvis: *Är du behörig i ämnet?* Svarsalternativen var ja, nej eller jag håller på att studera till HKK-lärare. De öppna frågorna gav läraren möjlighet att berätta om egna upplevelser och reflektera över sin arbetssituation. Exempelvis: Är dina kök tillräckligt väl *utrustade för arbetet? Berätta. Om inte, varför?* Lärare svarade valfritt på öppna frågor och reflekterade över sin pedagogiska arbetsvardag från olika perspektiv. I alla enkäten fanns det över 30 öppna frågor som fick mellan 30 till 370 skildringar gällande olika ramfaktorer och deras påverkan i undervisning enligt Lgr22 och individuellt lärararbete.

Detta referensverk behandlar materiella och strukturella ramfaktorer både utifrån lärarerfarenheter och ämnets kunskapskrav och centralt innehåll (Skolverket, 2023): *Vilka materiella ramfaktorer upplevs som möjliggörande eller ett hinder för att skapa och genomföra kvalitativt och likvärdig undervisning?*

Kategoriseringen av ramfaktorerna är följande:

## 1. Materiella ramfaktorer

- Planering och byggandet av HKK-sal
- Belysning, el, vatten, avlopp, ventilation och ljudnivå
- Köksutrustning
- Vitvaror och köksmaskiner
- Förvaring i HKK-salen
- Material och praxis för olyckshantering
- Läromaterial
  - Livsmedel
  - Läroböcker och digital media

## 2. Strukturella ramfaktorer

- Timplan, schemaläggning och lektionerna
  - Timplan med *Undervisningstid, Timplan i hem- och konsumentkunskap*
  - Lektionslängd och schemaläggning
- Gruppstorlek, arbets- och studiero
- Ramfaktorernas påverkan i bedömning
  - Ramfaktorernas påverkan
  - Formativ och summativ bedömning
  - Validering för bedömning
- Lärarnas dokumentationskrav och arbetet utanför undervisningen
- Livsmedelsköp och budget
- Institutionsvård
  - Ställtid
  - Städning och underhåll
  - Hantering av köksutrustning
  - Beställningar av livsmedel och lagerhantering
  - Hygien och säkerhet
- Lärarkompetens, stödpersonal och vikarier
  - Lärarkompetens och dess betydelse
  - Kompetensutveckling
  - Stödpersonal
  - Samarbete med andra ämnen
  - Vikarier
  - Arbetsrelaterad stress

Utgångspunkten för analysen har varit hur materiella och strukturella omständigheter påverkar undervisning. *Hur ser det optimala ramfaktorerna ut, och på vilket sätt gynnas eller hindras lärare att erbjuda elever undervisning inom Lgr22 i hem- och konsumentkunskap?* Samtidigt grundas boken i ämnets och ramfaktorernas förhållande till relevant lagstiftning: exempelvis Skollagen, Miljöbalken, Arbetsmiljölagen och livsmedelslagstiftning.

Svaren om ramfaktorerna har analyserats i ljuset av den nya läroplanen och relevant forskning. Den metodiska utgångspunkten ät den konstruktivistiska synen på läroprocessen. Enligt detta pedagogiska perspektiv innebär inlärning en aktiv och social process hos eleven, där eleven tolkar sina iakttagelser och ny kunskap tillsammans med sina tidigare kunskaper, erfarenheter och uppfattningar (Tynjälä, 1999). Denna baserar på processtänkande och processlärande, på samma sätt som i ämnet hem- och konsumentkunskap, där elevens egen experimentering, problemlösning, tänkande och förståelse är centralt för lärandet. Den konstruktiva synen grundar sig i kognitiv psykologi, som fokuserar på mänskliga interna processer, sådana som tänkande, perception och minne. I konstruktivism är lärarens roll att stödja elevens upptäckter och insikter i samband av kunskapsskapandet, samt att identifiera de problem som kan hindra läroprocessen.

Innehållet i denna bok utgår ifrån lagstiftning och andra styrdokument som har relevans för genomförandet av undervisningen i ämnet hem- och konsumentkunskap. I kapitel 3 och 4 behandlas materiella och strukturella ramfaktorer tillsammans med lärarnas praktiska erfarenheter av vad som utgör optimala förhållanden för undervisning i ämnet. Detta tillvägagångssätt har valts för att mångsidigt förankra erfarenheterna från dagens praxis och omständigheter i de grundläggande kraven för undervisning i hem- och konsumentkunskap. I praktiken innebär detta att man har valt metoder som integrerar de grundläggande kraven och dagens praxis med de verkliga omständigheterna i för undervisningen i hem- och konsumentkunskap. Det betyder att boken inte bara tolkar och analyserar teoretiska riktlinjer, utan också tar fram aktuella erfarenheter från hem- och konsument-kunskapslärare. På detta sätt säkerställer en mångsidig bild av de olika ramfaktorerna som påverkar undervisningen och dess kvalitet.

Boken presenterar också synpunkter på den tekniska och funktionella designen samt utrustningen i undervisningslokaler för hem- och konsumentkunskap. Dessa synpunkter bygger på lärares erfarenheter och undervisningskraven enligt olika styrdokument, samt tolkningar av dessa dokument och analys av forskningsmaterial. Sedan grundskolereformen 1992 är utformningen av skollokaler inte längre bunden av centrala bestämmelser, utan undervisningsutrymmen utformas och byggs självständigt utifrån varje skolas egna mål och behov. Syftet med denna bok är att skapa en stabil grund för att definiera de optimala ramfaktorerna och pedagogiska förhållandena för undervisning i hem- och konsumentkunskap, med utgångspunkt i Skolverkets Lgr22) ramverk och gällande styrdokument.

## Om ramfaktorer

Undervisningen i hem- och konsumentkunskap formas av olika yttre faktorer, som både möjliggör och begränsar hur undervisningen kan genomföras. Dessa yttre faktorer, eller "ramar", omfattar beslut som fattas på statlig och kommunal nivå, såsom timplaner, lektionslängd, finansiella resurser, och tillgång till undervisningsutrymmen och utrustning. Undervisningens ramar är grundade och reglerade av olika styrdokument: Enligt skollagens 2 kap. 35 § ska skolan erbjuda lokaler och utrustning så att syftet med utbildningen kan uppfyllas (SFS 2010:800). För en kvalitativ och likvärdig undervisning krävs relevant arbetsmaterial, utrustning och redskap och en läromiljö som anpassad för att eleverna ska kunna utveckla en kunskap i handling.

De materiella ramfaktorerna överlappar delvis de strukturella, då staten och kommunerna påverkar likvärdig undervisning genom att fatta beslut kring timplan, lektionslängd, finansiella resurser, undervisningsutrymmen och dess utrustning. De materiella ramfaktorerna som oftast lyfts upp i hem- och konsumentkunskap har likheter med ramfaktorteorin, som föddes under perioden då grundskolan startades år 1962. Dahllöf tolkade differentieringsfrågan baserad på Stockholmsundersökningen (Svensson 1962; Lundgren, 1999). Han visade att undervisningsprocessen formades av ramarna, inte så att de orsakade en bestämd läroprocess och ett bestämt utfall, utan att ramarna möjliggjorde eller omöjliggjorde olika undervisningsprocesser – och därmed läroprocesser.

För hem- och konsumentkunskap innebär detta att de materiella och strukturella förutsättningarna, som till exempel hur många lektioner som erbjuds, kvaliteten och mängden av utrustning i köket, samt de ekonomiska resurser som skolan har, direkt påverkar hur läraren kan utforma sin undervisning. Ramteorin föreslår att dessa ramar inte direkt bestämmer vad som lärs ut eller hur eleverna lär sig, men de sätter gränser för vad som är möjligt. Ramfaktorerna som lektionstid, verkställandet av ämnets timplan, gruppstorlek, lokalens utformning och standard, har konstaterats att styra undervisningen (De Ron & Feldt, 2013). Till exempel kan en skola med välutrustade kök och tillräckligt med lektionstid erbjuda mer praktisk matlagning och fördjupade diskussioner om näringslära, medan en skola med begränsade resurser kanske måste fokusera mer på teori eller enklare praktiska moment. Därför påverkar ramfaktorerna undervisningens innehåll och kvalitet, vilket i sin tur kan påverka elevernas lärande och resultat i ämnet. I denna bok kommer de materiella ramfaktorerna delvis att behandlas och diskuteras tillsammans med Finska Utbildningsdepartementets råd för undervisningslokaler och säkerhet i ämnet hem- och konsumentkunskap (Anttalainen, Manninen et.al., 2014).

## *Referensverkets validitet, reliabilitet och etiska aspekter*

De fyra kvalitativa enkätundersökningar som genomfördes under åren 2020-2024 besvarades av 368, 176, 328 och 372 verksamma lärare från hela Sverige och cirka 85 procent av dessa hade arbetat som hem- och konsumentkunskapslärare över tre år. Deras åsikter kan anses vara reliabla då de flesta var behöriga lärare i ämnet, eller i andra liknande ämnen, så som lärare i restauranglinjen eller bagerilärare. Endast ett fåtal personer var obehöriga lärare eller studerade för att bli lärare i ämnet.

Studien är kvalitativ, men enkäten bestod av både flervalsfrågor och öppna frågor. Därför används både kvalitativa och kvantitativa analys-metoder. Resultaten från flervalsfrågor analyserades numeriskt och presenteras i både procentsatser och siffror. Svaren på de öppna frågorna har analyserats systematiskt genom ämnesmässig kategorisering och tolkning av innehållet. Kvalitetsbedömningen om bearbetning, analys och tolkning av data gjordes på ett självkritiskt sätt (Malterud, 1998; Repstad, 2007). För att öka reliabilitet genom generaliserbarheten, studerades det aktuella ämnesområdet noggrant och resultatet jämfördes med tidigare forskningsresultat, samt med modell för materiella ramfaktorer för ämnet hem- och konsumentkunskap från Finland.

De forskningsetiska principerna (Vetenskapsrådet 2002) har tagits hänsyn till genom de fyra delarna i individskyddskravet: informationskravet, samtyckeskravet, krav på konfidentialitet och nyttjandekravet. Deltagandet var frivilligt och alla svaren är anonyma. Deltagare var informerade om studiens syfte och all information lagras och avrapporteras på ett sådant sätt att enskilda människor inte kan identifieras. I enlighet med nyttjandekravet kommer all insamlad data endast användas för forskningsändamål.

En inspirationsbild av en traditionell HKK-sal i en renoverad skolbyggnad från 60-talet. Salen har högt i tak och en enkel, öppen planlösning som ger gott om utrymme för rörelse i de åtta elevköken.
Av E. Larsson med hjälp av ett grafikprogram och Ikeas planeringsverktyg.

# 1. Hem- och konsumentkunskapsundervisningens syfte enligt Lgr22, metoder och arbetssätt, samt ämnets centrala innehåll.

Den övergripande strukturen för HKK-undervisningen är i hög grad påverkad av läroplanen som fastställs av utbildningsmyndigheter. Läroplanen bestämmer vilka färdigheter, kunskaper och kompetenser som förväntas täckas inom ämnet.

För att planera och anordna undervisning, samt de materiella och strukturella ramfaktorerna för ämnet, ska man utgå ifrån Skolverkets läroplan för ämnet, Lgr22, samt ta hänsyn till elevernas utvecklingsstadium och behov, samt riktlinjer för köksarbete och råvaruhantering inom hygien och säkerhet. I praktiken innebär detta att undervisningssalen ska vara en säker läro- och arbetsmiljö för både eleven och läraren, samt att den möjliggör lärandet inom det praktiska köksarbetet, och att den innehåller rätt utrustning och tillräckligt med utrymme för att inta de tillagade maträtterna, samt att genomföra både den digitala och klassiska klassrumsundervisningen. Undervisningssalen ska även vara anpassad utifrån arbetssäkerhet: välplanerad och välfungerande hushållsmaskiner och vitvaror, el, vatten, avlopp, ventilation, ljudnivå och ergonomi. Salen ska ha fungerande ytor för råvaruhantering och förvaring, tvätt, rengöring och hygienrutiner, samt annat hushållsarbete som krävs för undervisning med olika typ av matvaror.

## 1.1. Hem- och konsumentkunskapsundervisningens syfte

Undervisning inom ämnet hem- och konsumentkunskap är komplext. Ämnet omfattar övertäckande alla delar i människan vardagsliv och det ämnets centrala innehåll omfattar de flesta delar av övergripande mål och riktlinjer inom i Skolverkets läroplan för grundskolan, Lgr22 (Skolverket 2022, 43):

- kan använda sig av matematiskt tänkande för vidare studier och i vardagslivet,
- kan använda kunskaper från de naturvetenskapliga, tekniska, samhällsvetenskapliga, humanistiska och estetiska kunskapsområdena för vidare studier, i samhällsliv och vardagsliv,
- kan lösa problem och omsätta idéer i handling på ett kreativt och ansvarsfullt sätt,
- kan använda såväl digitala som andra verktyg och medier för kunskapssökande, informationsbearbetning, problemlösning, skapande, kommunikation och lärande,
- kan använda sig av ett kritiskt tänkande och självständigt formulera ståndpunkter grundade på kunskaper och etiska överväganden,

- kan lära, utforska och arbeta både självständigt och tillsammans med andra och känna tillit till sin egen förmåga,
- har fått kunskaper om samhällets lagar och normer, mänskliga rättigheter och demokratiska värderingar i skolan och i samhället,
- har fått kunskaper om förutsättningarna för en god miljö och en hållbar utveckling, samt förståelse för den egna livsstilens betydelse för hälsan, miljön och samhället.

Enligt Skolverket är ämnets syfte att

*eleverna utvecklar kunskaper om och intresse för arbete, ekonomi och konsumtionsval i hemmet. I en process där tanke, sinnesupplevelse och handling samverkar ska eleverna ges möjlighet att utveckla kunskaper som rör mat och måltider. Undervisningen ska därigenom bidra till att eleverna utvecklar sin initiativförmåga och kreativitet vid matlagning, skapande av måltider och andra uppgifter i hemmet.*

*Skolverket 2022, 43*

Genom undervisningen i hem- och konsumentkunskap är målet att eleverna ska få möjlighet att utveckla medvetenhet om vilka konsekvenser deras val i hushållet kan ha för hälsa, välbefinnande och gemensamma resurser. Undervisningen syftar till att lära eleverna hur deras beslut och val, särskilt i samband med hushållsaktiviteter och konsumtion, kan påverka olika aspekter av deras liv och samhället i stort. Det handlar om att främja en medveten och hållbar livsstil genom att förstå de långsiktiga konsekvenserna av sina handlingar på individnivå, samhällsnivå och för miljön. Eleverna förväntas bli medvetna konsumenter och hushållsförare, och de ska kunna fatta informerade beslut som tar hänsyn till dessa olika faktorer.

Undervisningen ska ge eleverna verktyg och kunskaper för att fatta medvetna beslut i sitt dagliga liv. Det handlar om att utveckla en medvetenhet om hur deras val påverkar dem själva, deras samhälle och miljön, och hur de kan agera på ett hållbart och ansvarsfullt sätt. Med dessa mångsidiga kunskaper kommer eleverna i bästa fall känna sig starka och trygga både som konsumenter och samhällsmedborgare.

I praktiken ska eleverna lära sig om

- **Matlagning och vardagskunskaper**:
  Eleven ska kunna hantera olika typer av vardagssituationer, såsom att laga mat, tvätta kläder och städa, samt få en förmåga att planera och tillaga mat och måltider för olika behov och sammanhang samt hantera annat praktiskt arbete som förekommer i ett hem. Eleven ska även få förståelse för vikten av tidshantering och organisering.

- **Hälsosamma matvanor:**
  Eleven ska få undervisning om näringslära och hur matval påverkar hälsan, även gällande planering och tillagning av balanserade måltider. Eleven ska bli medveten om livsmedelskvalitet och livsmedlens ursprung.

- **Hälsa och välbefinnande:**
  Eleven ska få ett brett synsätt på fysisk, mental och emotionell hälsa, samt förståelse för vikten av balans mellan arbete och fritid.

- **Hållbar konsumtion:**
  Eleven ska kunna föra diskussioner om miljöpåverkan av olika produkter och förpackningar, samt kunna välja miljövänliga och hållbara alternativ vid inköp. Eleven ska få baskunskaper om återvinning och avfallshantering.

- **Privatekonomiska kunskaper:**
  Eleven ska få grundläggande privatekonomiska kunskaper som budgetering och sparande. Undervisningen ska bidra till att eleverna utvecklar kunskaper om konsumtionens villkor samt om betalning,

sparande, krediter och lån. På så sätt ska eleverna ges förutsättningar att göra välgrundade val när det gäller privatekonomi och kunna hantera olika problem och situationer som en ung konsument kan ställas inför, samt förståelse för konsekvenserna av konsumtionsval för den personliga ekonomin.

- **Sociala och relationella aspekter:**
  Det ska föras diskussioner om hur familjeroller och relationer påverkar beslut och ansvar i hushållet. Eleven ska få kommunikationsfärdigheter för att hantera konflikter och samarbeta.

- **Samhällspåverkan:**
  Eleven ska kunna reflektera över hur individuella val påverkar samhället och globala frågor som rättvisa och hållbarhet. Undervisningen ska bidra till att eleverna utvecklar kunskaper om och ges möjligheter att reflektera över normer, jämställdhet och arbetsfördelning i hemmet. Eleverna ska ges förutsättningar att utveckla kunskaper om kulturella variationer och traditioner i olika hushåll.

# 1.2. Kunskapssyn, metoder och arbetssätt i hem- och konsumentkunskap

## 1.2.1. Kunskapssyn

*Ämnets historia har skapat dess kunskapssyn*

Undervisningen i ämnet hem- och konsumentkunskap har en lång historia i Sverige. Under slutet av 1800-talet uppmärksammades en rad sociala problem i Sverige, särskilt de som rörde hushållens skick och husmoderns arbete. Dessa problem var kopplade till bredare samhälleliga förändringar som industrialisering, urbanisering och förändrade familjestrukturer (Nordström, 1989). Industrialiseringen ledde till att många människor flyttade från landsbygden till städerna för att arbeta i fabriker. Detta skapade en snabb befolkningstillväxt i städerna, vilket ledde till trångboddhet och brist på bostäder. Många familjer levde i små, trånga och ohälsosamma bostäder. Detta ansågs vara ett stort problem då det påverkade både fysisk och psykisk hälsa, och bidrog till spridning av sjukdomar. Trångboddheten och dåliga bostadsförhållanden ledde till bristande hygien, vilket i sin tur ökade spridningen av sjukdomar som tuberkulos och andra infektioner (Eriksson 1998; Svedberg 2001). Även hög barnadödlighet var ett stort problem, ofta kopplat till dåliga boendeförhållanden och brist på kunskap om barnavård och hälsa.

Vid slutet av 1800-talet var kvinnans roll i hemmet och arbetslivet i fokus, då husmoderns arbete och ansvar för familjens välmående sågs som centralt. Det fanns en oro över att kvinnor som arbetade utanför hemmet inte skulle kunna upprätthålla sin roll som vårdare och uppfostrare av barnen. Detta berodde på att kvinnorna hade börjat i större utsträckning att arbeta i fabriker, vilket förändrade traditionella könsroller och skapade nya spänningar kring arbetsdelning inom familjen och i samhället (Larsson, 2008; 2011). Trots ekonomisk tillväxt under industrialiseringen levde många familjer i fattigdom, särskilt i stadens arbetarklass. Klassklyftorna blev allt mer synliga, med stora skillnader i levnadsstandard mellan olika samhällsgrupper, vilket ledde till en ökad medvetenhet om behovet av sociala reformer (Aléx, 2002). Även alkoholmissbruk sågs som ett utbrett problem som bidrog till familjers förfall, arbetslöshet och fattigdom. Kvinnor och barn drabbades hårt av mäns alkoholmissbruk, vilket ledde till sociala reformrörelser som nykterhetsrörelsen. Det fanns en utbredd oro över moralens förfall, särskilt i städerna. Trångboddhet och fattigdom ansågs bidra till omoraliskt beteende, vilket ledde till att sociala reformer och utbildningsinsatser för att främja moral och hygien blev en prioritet.

Dessa sociala problem ledde till att många samhällsreformer initierades, särskilt inom områden som bostadspolitik, socialt skyddsnät, och utbildning, med syftet att förbättra levnadsvillkoren för Sveriges befolkning. Politiker och pedagoger ansåg att bättre hushållskunskaper kunde lindra fattigdom, vilket ledde till tanken att införa undervisning i matlagning och huslig ekonomi i skolorna (Aléx 2002; Hjälmeskog, 2006).

---

*"Den äldsta af dessa skolor är Göteborgs praktiska hushållsskola för flickor,grundad 1865. Den har eget hus, bageri, butik samt en barnkrubba, på det eleverna äfven skola lära sig barnavård. Kursen är afgiftsfri och omfattar två år. Bland öfriga dylika skolor må nämnas Carnegies hushållsskola i Göteborg, grundad 1891 för sockerbrukets arbetares döttrar, samt Praktiska hushållsskolan i Stockholm, grundad 1870 och afsedd för utbildning af tjänarinnor."*

*Sundbärg 1901, 1001*

---

På 1870-talet introducerades teoretisk hushållslära i Norrköping, och detta ämne spreds snabbt till fler flickskolor och folkskolor i större städer, där särskilda skolkök upprättades för att underlätta undervisningen (Lärarnas historia, 2024). År 1893 började utbildningen av lärarinnor i huslig ekonomi både i Göteborg och i Stockholm, och vid sekelskiftet 1900 fick ämnet sin första officiella kursplan. För att stödja och utveckla denna nya utbildningsgren, bildades 1902 lokala sammanslutningar för skolkökslärarinnor, först i Stockholm och senare i andra delar av landet. År 1906 grundades Svenska skolkökslärarinnornas förening, en organisation som arbetade för att främja skolkökens utveckling och lärarinnornas intressen. Föreningen anordnade fortbildningskurser och verkade för förbättrade skolkökslokaler. 1948 blev SSFL en del av Svenska Facklärarförbundet, och 1963 bytte föreningen namn till Hushållslärarnas riksförening. Föreningen upphörde under 1990 i samband med en sammanslagning med Sveriges Lärarförbund. Deras medlemstidning, som ursprungligen hette *Skolkökslärarinnornas tidning* och publicerades mellan 1916 och 1965, bytte namn till *Hushållsläraren* innan den slutligen upphörde 1990.

Ämnets historiska kontext kontrar ämnets kunskapssyn exempelvis genom att motverka synen på hushållsarbete som enbart en kvinnlig angelägenhet, då både pojkar och flickor undervisas i dessa färdigheter. Ämnet syftar till att göra elever medvetna om och kompetenta i vardagslivet, oavsett kön, och utmanar därmed den traditionella könsuppdelningen av arbete. Ämnet syftar till att avdramatisera och minska stigmat kring hushållsarbete, samtidigt som det lyfter fram dess värde och betydelse för hela samhället och alla medborgare. Hem- och konsumentkunskap inkluderar undervisning om hållbar konsumtion, näringslära och privatekonomi, vilket ger elever verktyg att kritiskt granska konsumtionsmönster och deras konsekvenser. Detta kontrar en okritisk syn på konsumtion och förbereder eleverna för att göra medvetna och ansvarsfulla val, samtidigt som den ger livsviktiga kunskaper inom kökshygien, livsmedel och dess hantering, krisberedskap, samt praktiska kunskaper för att leva hälsosamt.

## *Läroplan och utvecklingen av ämnets kunskapssyn*

Inom hem- och konsumentkunskap integreras teori med praktik, samt kunskaper från ett flertal andra skolämnen. Genom att kombinera teoretisk kunskap om matlagning, ekonomi, hygien och hållbarhet med praktiska färdigheter, ges eleverna en holistisk förståelse för ämnets och de olika kunskapernas relevans och tillämpning i deras dagliga liv (Skolverket, 2020; 2022). Ämnet främjar på ett mångsidigt sätt elevens personliga och praktiska utveckling genom att ge eleven tillfällen att öva och förbättra sina färdigheter inom olika kunskapsområden, samtidigt som de utvecklar viktiga egenskaper som självständighet, ansvarstagande och förmågan att lösa problem. Hem- och konsumentkunskap främjar även en kritisk och reflekterande syn på vardagen: genom att integrera teori med praktik uppmuntras eleverna att ifrågasätta normer och värderingar som präglar deras vardagsliv och att utforska alternativa perspektiv och handlingsmönster.

Läroplanen för grundskolan 2022, Lgr22, fortsätter att bygga på den tidigare läroplanen Lgr11 inom ämnet hem- och konsumentkunskap genom att upprätthålla och vidareutveckla samma grundläggande syn på kunskap och lärande: Helhetssyn på kunskap, där teoretisk och praktisk kunskap integreras. Hem- och konsumentkunskap handlar inte bara om praktiska färdigheter i matlagning och hushållsarbete, utan också om förståelsen för näringslära, ekonomi och hållbar konsumtion. Lgr22 fortsätter att betona vikten av att elever ska kunna tillämpa sina kunskaper i vardagliga sammanhang och göra medvetna val. Precis som i Lgr11, framhåller Lgr22 vikten av hållbar utveckling inom hem- och konsumentkunskap. Eleverna uppmuntras att reflektera över sina konsumtionsmönster och hur dessa påverkar miljön och samhället. Ämnet lyfter fram ansvarsfullt resursutnyttjande, hållbar matlagning och medveten konsumtion, vilket fortsätter att vara en central del av undervisningen.

Både Lgr11 och Lgr22 betonar vikten av att utveckla elevernas kritiska tänkande och förmåga att fatta välgrundade beslut. I Lgr22 fortsätter denna inriktning, med fokus på att ge eleverna verktyg för att analysera och bedöma information om mat, ekonomi och konsumtion, och därigenom göra informerade val. Det finns även en fortsatt fokus på användning av digitala verktyg i undervisningen, vilket innebär detta att eleverna ska kunna söka information, använda digitala resurser för planering och budgetering, samt förstå digitala konsumtionsmönster. Lgr22 bygger vidare på den elevcentrerade syn på lärande som etablerades i Lgr11. Eleverna ska vara aktiva i sitt eget lärande, med fokus på praktiska övningar, samarbete och reflektion kring sina erfarenheter. Detta inkluderar både praktiska uppgifter i köket och diskussioner kring konsumtion och hushållsekonomi. Lgr22 behåller den struktur för bedömning och progression som fanns i LGR11, med tydliga betygskriterier som hjälper lärarna att bedöma elevernas färdigheter och utveckling inom hem- och konsumentkunskap. Detta inkluderar både praktiska färdigheter och förmågan att resonera kring hushållsekonomi och konsumtion.

## Kunskapssyn i pedagogiken

Enligt Läroplan för grundskolan 2022, Lgr22 (Skolverket, 2024) förväntas elever att lära sig genom att aktivt tillämpa och reflektera över sitt kunskapsskapande, vilket skapar en mer holistisk och integrerad förståelse av ämnet. Centrala inslag i denna syn är betoningen på att ställa frågor och aktivt försöka finna svar, vilket anses vara avgörande för att kunna tillgodogöra sig kunskap genom praktiskt handlande. Därför framhålls metoder för undersökande och frågestyrd undervisning som ett sätt att synliggöra elevernas kunskaper och skapa en givande grund för bedömning. Detta kommer fram även som Skolverkets kompetensutvecklande material för hem- och konsumentkunskapslärare i Lärportalens fyra olika moduler (Skolverket, 2024).

Forskningen är enig om att god undervisning kännetecknas av ett tydligt syfte, god organisation och noggrann planering (Hattie, 2009; Skolinspektionen, 2010). Läraren måste kontinuerligt klargöra lärandemålen och syftet med olika aktiviteter samt strukturera undervisningens innehåll på ett tydligt sätt. Det är också viktigt att regelbundet följa upp att eleverna förstår det som behandlas och att kunna identifiera och stödja effektiva lärandestrategier. Ett annat viktigt inslag är att läraren sammanfattar olika moment för att ge eleverna överblick och sammanhang. Lärarens ledarskap och stöd för elevernas lärande ska vara tydligt både i klassundervisning, grupp- och pararbeten, samt individuella uppgifter. Styrdokumenten betonar dessutom vikten av målstyrd, lärarledd och strukturerad undervisning.

Undervisningen i hem- och konsumentkunskap utgår från kunskap och lärande i handling genom att betona praktiska aktiviteter och verkliga situationer som centrala delar av lärandet (McGuirk, 2023a; 2023b; Orre, 2005). Istället för att enbart fokusera på teoretisk kunskap eller att lära sig genom passiv observation, innebär kunskap och lärande i handling att eleverna aktivt deltar i olika praktiska aktiviteter relaterade till hushållsarbete, matlagning, ekonomi och hållbarhet. Genom att engagera sig i verkliga uppgifter och situationer får eleverna möjlighet att tillämpa sina kunskaper i praktiken och utforska ämnet på ett meningsfullt sätt. De får också chansen att lära sig av sina egna erfarenheter och misstag, vilket främjar en djupare förståelse och långsiktigt lärande.

Praktiknära och vardagliga arbets- och läroprocesser är på så sätt en grundläggande del av ämnets centrala innehåll, samtidigt som de sammanflätar elevens teoretiska kunskaper med det praktiska kunnandet (Andersson, 2014; Svenaeus, 2009). Resultaten från Nationella utvärderingen av grundskolan 2003 (NU-03) i hem- och konsumentkunskap har fortfarande relevans idag då de grundläggande utmaningarna med implementering och påverkan på undervisningspraktiker är bestående. På 2000-talet kände lärare att läroplanens intentioner inte hade fått genomslag i sin helhet och det finns fortvarande liknande problem idag, mest på grund av olika typer av utmaningar kring ramfaktorerna (enkätsvaren 2020, 2021, 2022, 2024). Enligt den nationella utvärderingen (NU-03) hade elevernas delaktighet och inflytande inte ökat mellan NU-92 och 2003, och det ser ut att denna utmaning kvarstår generellt i skolan, dock är ämnet hem- och konsumentkunskap ett av de få, som grundar sig i elevens egna inflytande både gällande problemlösning och sättet att lära sig saker. Inom hem- och konsumentkunskap betonas elevernas aktiva deltagande i sitt eget lärande och konstruktionen av sin kunskap genom interaktion med ämnet och sin omgivning (vrt. Halås & Fuglseth, 2023; Molander, 1996). I denna kontext blir ämnet en plattform för eleverna att utforska och upptäcka olika aspekter av sitt dagliga liv och därigenom konstruera sin förståelse och färdigheter. Hem- och konsumentkunskap ger eleverna möjlighet att utforska olika arbetssätt och metoder genom praktiskt arbete och reflektion. Genom att aktivt delta i matlagning, bakning, tvätt, rengöring och hantering av råvaror får eleverna inte bara möjlighet att tillämpa sina kunskaper, utan också att bygga upp sin förståelse för dessa processer genom egna erfarenheter och observationer.

Eleverna uppmuntras också att reflektera över och tolka sina upplevelser och resultat inom ämnet (Skolverket, 2022). Genom att diskutera och jämföra olika strategier för att hantera sin privatekonomi, analysera konsekvenserna av olika vardagliga val och utforska hållbarhetsfrågor, skapar eleverna sina egna tolkningar och perspektiv på ämnet. Dessa tolkningar utvecklas genom dialog och samarbete med sina klasskamrater och lärare samt genom interaktion med olika källor och resurser. En central del av den konstruktivistiska läroprocessen är också att eleverna aktivt deltar i att formulera sina egna frågor och att söka svar på dem. Genom att uppmuntra eleverna att ställa frågor och utforska olika aspekter av ämnet på ett nyfiket och utforskande sätt, stimuleras deras lärande och kreativitet (vrt. Höijer, 2024). Det konstruktivistiska sättet att lära sig betonar aktivt deltagande och konstruktion av kunskap genom interaktion med den fysiska och sociala miljön. När elever ställer egna frågor under en läroprocess inom hem- och konsumentkunskap, sker lärandet genom ett aktivt deltagande. Med att eleven själv formulerar frågor tar de en aktiv roll i sin egen inlärning. Istället för att bara konsumera information som presenteras för dem, engagerar de sig aktivt genom att ta initiativ till sin egen kunskapskonstruktion. Dessa frågor visar även att eleverna har tänkt på uppgiften och försöker koppla den till sina tidigare erfarenheter, samt genom att formulera frågor strävar eleverna efter att fylla sina kunskapsglapp och förstå ämnet djupare (Chin & Osborne, 2008).

Den specifika och sociala naturen hos lärandesituationen leder till att lärarens roll är avgörande i processarbetet i hem- och konsumentkunskap: genom att vägleda och uppmärksamma vad som sker under arbetets gång, möjliggör hen för eleven att lära sig både hur och varför. Lärarens kompetens är ytterst viktig gällande elevernas möjlighet att lära ämnet på ett optimalt sätt, dock påverkar även andra faktorer i inlärningsförmågan, såsom elevernas träning i inlärningsstrategier, motivation, självförtroende och självreglering (t.ex. Brown et al., 1983; Derry & Murphy, 1986; Garner, 1990). Betydelsefulla aspekter är även lärarens sätt att arbeta med bedömningsgrunder, samt prioriteringar. Nationella utvärderingen av grundskolan 2003 (NU-03) visade att lärarna lade stor vikt vid vissa kompetenser, men mindre vid andra övergripande perspektiv (som jämställdhet och kultur), vilket kan spegla långsiktiga prioriteringsmönster inom elevernas utbildning. Detta är särskilt relevant i dagens debatt om inkluderande utbildning och mångfald. En del av lärarkompetensen är förmågan att kommunicera kring mål och bedömning: Skillnaden mellan lärares och elevers syn på mål och bedömning är en fråga som ofta återkommer i utbildningsdebatten. Effektiv kommunikation av lärandemål och bedömningskriterier är avgörande för att eleverna ska förstå vad som förväntas av dem och hur de kan uppnå dessa mål.

Det har identifierats tre huvudsakliga moment för att undervisa utifrån kunskap och handling i lärandet: övning och träning, diskussion och reflektion, samt personlig engagemang och deltagande (Enfield et al, 2007; Molander, 1996). Genom att läraren ställer varierande frågor uppmuntras elevens kritiska tänkande och förmåga att ifrågasätta. Detta sätt att lära lyfts upp i en av Skolverkets moduler för HKK-ämnet. Karin Höijer (2024) skriver i en av moduler, att 'uppmärksamhet' är nyckeln till kunskap och lärande i handling och kräver kontinuerlig träning och ledning. Genom att rikta uppmärksamheten mot handlingen får eleven en klar uppfattning om vad som sker och kan skapas. Detta kan inkludera att utforska och lära sig samtidigt, vilket förändrar ens egna erfarenheter och exempel. Genom att observera andra handlingar kan uppmärksamheten förändras och breddas. För att få en helhetsbild och framgångsrikt kunna rikta uppmärksamheten behövs tillgång till tydliga mål och strategier. Undervisning med undersökande och frågestyrd metodik kan ge vägledning och fokus för lärandet.

Ett annat centralt begrepp som Höijer (2024) lyfter fram är 'reflektion'. Det innebär att ta ett steg tillbaka för att få perspektiv och tänka över ens handlingar samt att återkalla vad som gjorts och vad som har skett. Reflektion innebär att vara medveten om det aktuella sammanhanget och vara redo för förändring. En utvecklande reflektionsprocess innebär att växla mellan att konfronteras med det som sker i en situation och eftertanke för att se saker i ett större sammanhang. Att lära genom att göra och vara uppmärksam kan främja denna reflektion. Reflektion kan också innebära att eleven riktar sin uppmärksamhet mot sina egna strategier och mönster, vilket skapar möjligheter till fortsatt kunskapsutveckling. Det personliga orienteringssystemet, som omfattar värderingar, vanor, strategier och underliggande antaganden som styr en persons handlingar, påverkar vilka frågor och reflektioner som är möjliga att göra. Dessa vardagliga vanor, som behandlas inom hem- och konsumentkunskap, berör ofta de omedvetna delarna av det personliga orienteringssystemet.

## 1.2.2. Metoder

Olika matlagningsmetoderna och handlingarna spelar en central roll i den konstruktiva läroprocessen inom hem- och konsumentkunskap genom att erbjuda eleverna en praktisk och engagerande plattform för att utforska och konstruera sin förståelse för matlagning, matkultur och andra relaterade ämnen. Genom att till exempel skära, hacka, steka, koka eller baka får eleverna inte bara lära sig de specifika färdigheterna för varje matlagningsmetod utan också förståelsen för hur olika ingredienser och tekniker samverkar för att skapa olika maträtter. Denna praktiska tillämpning ger eleverna möjlighet att experimentera, utforska och reflektera över olika aspekter av matlagning och matkulturer. För att lära sig olika typer av metoder krävs fin- och grovmotorik och repetition. Detta handlar inte enbart att lära eleven att tillaga vissa maträtter (jmf. Bohm, 2021), utan möjliggöra mångsidiga kunskaper inom olika metoder och kunnighet att anpassa dessa i vardagens varierande situationer. Undervisningen som koncentrerar endast i maträtter leder ofta till resultats riktad agerande där prioriteten ligger i måltidens sensoriska egenskaper och att passa lektionstiden (Gelinder, 2020; Lindblom, 2016).

Att undervisa olika metoder i hem- och konsumentkunskap innebär att eleven lär sig i interaktion med miljön och då har olika materiella och strukturella ramfaktorer en betydande inverkan på läroprocessen och hur effektivt eleverna kan lära sig. Det är viktigt att ha tillgång till köksutrustning och material: en välförsedd köksmiljö med rätt utrustning och material är avgörande för att eleverna ska kunna genomföra olika matlagningsaktiviteter på ett säkert och effektivt sätt. Genom att ha tillgång till olika köksredskap, köksmaskiner och färska råvaror kan eleverna utforska olika matlagningsmetoder och recept på ett mer engagerande och realistiskt sätt. Det är även viktigt med klassrummets utformning och planering, då den fysiska designen och organiseringen av klassrummet kan också påverka läroprocessen. En välorganiserad och funktionell köksmiljö främjar elevernas samarbete, kommunikation och förmåga att följa instruktioner. En tydlig och strukturerad layout kan också underlätta för läraren att övervaka och ge återkoppling till eleverna under matlagningsaktiviteterna. Lärandet av metoderna underlättas av tydliga säkerhetsåtgärder och hygienrutiner. Säkerhet och hygien är av yttersta vikt inom matlagning. Genom att ha tydliga och konsekventa säkerhetsåtgärder och hygienrutiner på plats kan eleverna känna sig trygga och säkra under matlagningsaktiviteterna. Detta inkluderar korrekt användning av köksredskap, hantering av vassa föremål och heta ytor samt rengöring och desinficering av arbetsytor och verktyg.

Undervisningen kring metoder handlar också om flexibilitet och anpassningsbarhet. Läromiljön bör vara flexibel och anpassningsbar för att möta elevernas olika behov och lärandestilar. Genom att erbjuda olika nivåer av utmaningar och svårighetsgrader kan läraren differentiera undervisningen och optimera läroprocessen för varje elev (vrt. Lindblom, 2016). Det är också viktigt att vara lyhörd för elevernas återkoppling och behov för att kontinuerligt förbättra lärmiljön. Elevernas frågor ock kommentarer uppstår som respons på den fysiska miljön, såsom matlagningsmetoder och redskap, samt den sociala miljön, inklusive interaktion med sina klasskamrater och läraren. Genom att interagera med miljön får eleverna möjlighet att experimentera, utforska och förstå ämnet på ett djupare sätt.

För att möjliggöra det praktiska lärandet, behövs en kontinuerlig läroprocess, där eleven får på varierande sätt träna sina teoretiska och praktiska kunskaper kring arbetsmetoderna. Genom att prova olika sätt konstruerar eleven aktivt sin egen kunskap: ny information integreras med tidigare erfarenheter och förståelser för att bygga upp en djupare och mer sammanhängande kunskapsbas. Genom att konstruera sina egna förståelser och lösningar på problem inom hem- och konsumentkunskap utvecklar eleverna en djupare och mer meningsfull förståelse för ämnet och dess relevans för deras vardagliga liv. Dessutom kan metoderna kring bakning och matlagningen användas som ett verktyg för att lära eleverna andra viktiga färdigheter och begrepp. Till exempel kan matlagningsaktiviteter användas för att lära eleverna om måttenheter, proportioner, ekonomiskt ansvarstagande och hållbarhets principer (vrt. Skolverket, 2022). Genom att koppla matlagningen till olika ämnesområden och kontexter kan lärare skapa en integrerad lärandemiljö där eleverna får möjlighet att tillämpa och utveckla sina kunskaper på olika sätt.

En inspirationsbild om matlagning i en HKK-sal.
Av E. Larsson/Artelinas.

### 1.2.3. Arbetssätt

Hem- och konsumentkunskap är ett processämne. Detta innebär att fokus ligger på själva arbetsprocessen eller förfarandet för att utföra olika aktiviteter inom ämnet snarare än enbart på det slutgiltiga resultatet. Det betonar att lärandet sker genom att eleverna aktivt deltar i olika praktiska aktiviteter och reflekterar över sina erfarenheter. Till exempel, istället för att bara lära sig ett recept för att koka soppa, kan eleverna lära sig om de olika stegen i matlagningsprocessen, varför vissa ingredienser används, och hur olika faktorer kan påverka resultatet. Det processinriktade tillvägagångssättet syftar till att främja en djupare förståelse och utveckla överförbara färdigheter och metoder som eleverna kan tillämpa i olika sammanhang.

En typisk HKK-lektion följer vanligtvis ett strukturerat mönster, vilket flera forskare har belyst (Gelinder, 2020; Höijer, 2013; Lindblom, 2016; Peterson, 2007). Ingela Bohm (2021) beskriver att lektionen ofta delas in i fem faser: etablering, introduktion, elevarbete, måltid och avslutning. I praktiken kan det dock finnas en viss överlappning mellan faserna, särskilt mellan elevarbetet och måltiden. Till exempel kan eleverna välja att städa köken efter att de har ätit tillsammans, vilket innebär att de två momenten snarare integreras än att följas strikt i tur och ordning.

1. **Etablering**

   I denna fas förbereder läraren klassrummet och skapar en lärande-miljö med både de materiella och teoretiska förberedelserna. Det kan innefatta att informera om dagens lektionsmål, gå igenom regler och rutiner, samt skapa en öppen och välkomnande atmosfär. Utifrån den konstruktivistiska synen på lärandeprocessen kan läraren skapa en interaktiv och deltagardriven miljö där elevernas tidigare kunskaper och erfarenheter tas hänsyn till. Genom att uppmuntra eleverna att dela med sig av sina tidigare erfarenheter relaterade till dagens ämne och uppgifter, skapas en känsla av relevans och koppling till tidigare lärande.

2. **Introduktion**

   Här presenterar läraren det ämne eller den aktivitet som ska utföras under lektionen, såsom receptet och de olika metoderna som kommer att användas under arbetet. Det kan inkludera att läraren demonstrerar tekniker eller metoder, visar exempel eller ger bakgrundsinformation kring lektionsuppgiften. När läraren introducerar dagens ämne eller aktivitet, kan denne använda sig av utforskande frågor och problembaserat lärande för att väcka elevernas nyfikenhet och engagemang. Istället för att enbart presentera fakta kan läraren vägleda eleverna att upptäcka och utforska ämnet på egen hand, vilket främjar aktivt lärande och kunskapskonstruktion.

3. **Elevarbete**

Under denna fas får eleverna möjlighet att aktivt delta i praktiska uppgifter eller övningar relaterade till ämnet, exempelvis att träna olika metoder. Det kan vara matlagning, bakning, eller andra hushållsaktiviteter där eleverna tillämpar de kunskaper de lärt sig. Under elevarbetsfasen är det viktigt att uppmuntra elevernas eget utforskande och experimenterande. Genom att ge eleverna möjlighet att arbeta parvis, i grupper och samarbeta kring praktiska uppgifter kan de konstruera sin egen förståelse och dela med sig av olika perspektiv och erfarenheter.

4. **Måltid**

I denna fas får eleverna vanligtvis smaka på eller äta det de har tillagat under lektionen. Detta ger dem möjlighet att uppskatta och reflektera över sitt arbete samt uppleva matlagningens praktiska konsekvenser. Under måltidsfasen kan det konstruktivistiska lärande integreras genom att uppmuntra eleverna att reflektera över sin matlagningserfarenhet. Läraren kan ställa öppna frågor som stimulerar elevernas tänkande kring smak, konsistens, och näringsinnehåll i maten de har tillagat. Genom att uppmuntra eleverna att uttrycka sina tankar och åsikter kan de utveckla en djupare förståelse för sambandet mellan matlagning och hälsa.

5. **Avslutning**

Avslutningsfasen innefattar sammanfattning och reflektion över det som har lärt sig under lektionen. Läraren kan återknyta till lektionsmålet, be eleverna dela sina tankar och erfarenheter, samt ge återkoppling och utvärdering av elevernas prestationer. Avslutningsfasen kan användas för att sammanfatta dagens lärande och uppmuntra eleverna att reflektera över sina erfarenheter och insikter. Läraren kan uppmuntra eleverna att identifiera vad de har lärt sig och hur de kan tillämpa sina kunskaper i framtida situationer, vilket främjar långsiktigt lärande och förståelse.

Enligt Skolverkets nya moduler för ämnet, Modul 1: Kunskapssyn (Höijer, 2024) vill man betona att undersökande och frågedriven undervisning ger optimala lärresultat (Britton & Johansson, 2022; Holmberg et al, 2022). Den har många element från konstruktivistiskt lärande och enligt Banchi & Bells (2008) modell lär eleven utifrån fyra olika nivåer lär sig arbeta med analyser och frågor:

1. **"Bekräftelsenivån"**
   är den första nivån där eleverna får en färdig fråga, metod och förväntat resultat, vilket hjälper dem att befästa tidigare kunskaper och förstå nya koncept. Här ligger fokus på att eleverna ska uppleva och bekräfta teorier i praktiken, vilket kan ge dem en grundläggande förståelse av ämnet. Inom konstruktivistisk pedagogik fungerar denna nivå som en grundläggande byggsten som förbereder eleverna för mer självständigt lärande. Detta används ofta för att upprepa tidigare inlärda koncept eller för att introducera eleverna till en ny metod; till exempel kan eleverna bekräfta att överkokt pasta förlorar sin spänst genom att koka pasta enligt ett givet protokoll, dokumentera sina resultat och sedan diskutera dem.

2. På **"Strukturerad undersökningsnivå"**
   tilldelas eleverna ett tema, en fråga och en metod, men de förväntas själva undersöka och komma fram till resultatet. Denna nivå uppmuntrar eleverna att börja tänka mer kritiskt och utforska olika möjligheter, vilket är centralt inom konstruktivism. Eleverna får fortfarande vägledning, men de får också möjlighet att göra egna upptäckter, vilket stärker deras förmåga att dra slutsatser baserat på egna observationer. Till exempel skulle eleverna utforska vad som händer med pasta om koktiden är för lång, utan att få veta svaret på förhand.

3. På **"handledd undersökningsnivå"**
   får eleverna endast ett tema och en fråga från läraren, och de måste själva välja metod för att hitta svaret. Denna nivå stödjer en djupare

förståelse genom att eleverna blir mer aktiva deltagare i sin inlärningsprocess. Inom konstruktivistisk pedagogik är detta en viktig fas där eleverna börjar ta mer ansvar för sitt eget lärande, utforska olika vägar till kunskap och utveckla sina analytiska färdigheter. Till exempel kan eleverna undersöka den optimala koktiden för pasta.

4. Den sista, **"öppna undersökningens nivån"**,
   erbjuder maximal självständighet, där eleverna själva väljer tema, formulerar frågor, bestämmer metoder och genomför undersökningen. Detta främjar hög grad av elevautonomi och kreativitet, vilket är i linje med konstruktivistisk pedagogik. Eleverna blir här helt ansvariga för sitt lärande och kan utforska egna intressen och frågor, vilket stärker deras förmåga att arbeta självständigt och kritiskt analysera sina resultat. Till exempel kan de få i uppdrag att utforska olika aspekter av pasta eller kokning.

Genom att tillämpa dessa fyra nivåer uppmuntrar pedagogiken i hem- och konsumentkunskap en gradvis utveckling från lärarstyrd till elevstyrd undervisning. Eleverna börjar med att bekräfta och förstå grundläggande koncept, för att sedan gå vidare till mer självständiga och kreativa undersökningar. Detta bidrar till att utveckla deras kritiska tänkande, problemlösningsförmåga och förmåga att ta ansvar för sitt eget lärande, vilket är centrala mål inom konstruktivistisk pedagogik.

## 1.3. Ämnets centrala innehåll

Undervisningen i hem- och konsumentkunskap är mångfacetterad och täcker alla aspekter av det dagliga livet, samtidigt som den uppfyller majoriteten av Skolverkets kunskapsmål i grundskolans läroplan, Lgr22. Läroplanen anger vilka färdigheter, kunskaper och kompetenser som ska ingå i ämnet. Enligt Skolverket (2022) ska undervisningen i hem- och konsumentkunskap för årskurs 7–9 omfatta tre områden: *Mat och matlagning*, *Privatekonomi och konsumtion* samt *Levnadsvanor*. Dessa huvudområden delas upp i flera kunskapsdelar som utgör ämnets centrala innehåll.

**Centralt innehåll för årskurs 7–9**

**Mat och matlagning**

- Matlagning för olika behov och sammanhang.
- Livsmedels egenskaper och användningsområden.
- Val av livsmedel och metoder för matlagning, däribland bakning. Att planera, organisera och utvärdera arbetet.
- Skapande av egna måltider, till exempel utifrån säsong och rester.
- Instruktioner och recept. Hur de kan läsas och följas samt begrepp för matlagning.
- Samtal om upplevelser av smak, doft, konsistens och textur i samband med matlagning.
- Redskap och teknisk utrustning som kan användas vid matlagning och hur dessa används på ett funktionellt och säkert sätt.
- Hygien och livsmedelssäkerhet i samband med hantering, tillagning och förvaring av livsmedel.

**Privatekonomi och konsumtion**

- Ungas privatekonomi. Konsumtion och ekonomisk planering, däribland att göra en budget.
- Att handla på kredit, teckna abonnemang samt låna och spara pengar.
- Skillnaden mellan saklig konsumentinformation och annan påverkan på konsumtionsval. Reklam i olika former, även dolda reklambudskap.
- Konsumenters rättigheter och skyldigheter. Garanti, reklamation, ångerrätt, öppet köp och köp från privatperson samt skillnad mellan köp i butik och på internet.

**Levnadsvanor**

- Sammansättning av varierade och balanserade måltider och anpassning till individuella behov.
- Måltidens betydelse för gemenskap. Olika mattraditioner.
- Arbetsfördelning i hemmet ur ett jämställdhetsperspektiv.
- Resurshushållning. Ställningstaganden vid val och användning av livsmedel och andra varor. Hur produktion, transport och återvinning av livsmedel och andra varor påverkar människors hälsa, ekonomi och miljö.
- Rutiner och metoder för rengöring och tvätt.

*Skolverket, 2022*

Enligt den nya läroplanen Lgr22 är det viktigaste inom området *Mat och matlagning* att eleverna lär sig att anpassa matlagning till olika behov och sammanhang samt att förstå livsmedels egenskaper och användningsområden. De ska kunna välja rätt livsmedel och metoder för matlagning, inklusive bakning, och kunna planera, organisera och utvärdera sitt arbete. Det är också viktigt att eleverna lär sig att skapa egna måltider, till exempel utifrån säsongens råvaror och rester. De ska kunna läsa och följa instruktioner och recept samt förstå matlagningsbegrepp. Därtill ska eleverna kunna diskutera och analysera upplevelser av smak, doft, konsistens och textur i samband med matlagning. De behöver lära sig att använda redskap och teknisk utrustning på ett funktionellt och säkert sätt samt att hantera, tillaga och förvara livsmedel på ett hygieniskt och säkert sätt. Sammanfattningsvis ska eleverna utveckla både praktiska och teoretiska färdigheter inom matlagning för att kunna laga hälsosamma och säkra måltider anpassade till olika behov och situationer.

Skolverket vill att undervisning omfattar privatekonomi och konsumtion, för att rusta eleverna kunskapsmässigt för att hantera sina ekonomiska resurser och fatta välgrundade konsumtionsbeslut. Undervisningen ska syfta till att eleverna ska förstå vikten av att hantera sin privatekonomi, inklusive konsumtion och ekonomisk planering, vilket kan innefatta att göra en budget och planera för framtida ekonomiska mål. Dessutom ska eleven få kunskap om att hantera kredit, abonnemang, lån och sparande, samt förstå riskerna och fördelarna med olika finansiella produkter och hur man använder dem ansvarsfullt. Genom undervisningen inom ämnet ska eleven utveckla en kritisk förståelse för konsumtionsval, vilket innebär att skilja mellan saklig konsumentinformation och andra påverkansfaktorer, särskilt reklam i olika former. Dessutom ska eleven bli medveten om sina rättigheter och skyldigheter som konsumenter, inklusive garantier, reklamation, ångerrätt, öppet köp och köp från privatpersoner, samt förstå skillnaderna mellan att göra köp i butik och på internet och de lagar och regler som reglerar konsumentköp.

Inom ramen för *Levnadsvanor* är det av stor betydelse att eleverna förvärvar en grundläggande förståelse för flera viktiga aspekter av hälsa, hållbarhet och samhällsansvar. Centrala punkter för dessa är att eleverna bör lära sig att sammansätta varierade och balanserade måltider, anpassade till individuella näringsbehov, och förstå vikten av näringsriktiga val för en sund livsstil. Det är viktigt att eleverna inser måltidens roll för gemenskap och förstå mångfalden i mattraditioner, vilket kan bidra till ökad förståelse och respekt för olika kulturer och traditioner. Skolverket anser att förstå och främja jämställdhet i arbetsfördelningen i hemmet är också viktigt för att utbilda eleverna i att skapa rättvisa och jämställda relationer i framtiden. Genom att lära sig om resurshushållning och hur val och användning av livsmedel och andra varor påverkar hälsa, ekonomi och miljö, kan eleverna ta mer medvetna och ansvarsfulla beslut, vilket gynnar både dem själva och samhället. Slutligen är det viktigt att eleverna förvärvar praktiska kunskaper och färdigheter inom rengöring och tvätt, vilket är grundläggande för personlig hygien och ett hälsosamt boende.

Enligt den nya läroplanen Lgr22 ska eleven alltså uppmuntras till att använda kritiskt tänkande (Skolverket, 2022). Undervisningen ska möjliggöra detta genom att eleven får upprepade tillfällen att lära sig relevant fakta och att granska information, ifrågasätta vanliga antaganden och analysera olika perspektiv. Ett sätt att ge eleven verktyg för att utveckla sitt kritiska tänkande är att skapa uppgifter där eleven får bedöma exempelvis olika konsumtions-alternativ, reklamens budskap och utvärdera kostnadsfördelningar i hushållet. Dessutom behöver eleven kunna reflektera över egna värderingar. Via övningar och diskussioner får eleven möjlighet att reflektera över sina egna värderingar och normer kring ämnets centrala områden: mat, hälsa, konsumtion och ekonomi. Att vara medveten om och kunna utvärdera sina egna värderingar är avgörande för att kunna göra medvetna val.

En grundläggande del av medvetenhet är att kunna analysera konsekvenser. Detta innebär att eleven ska kunna lära sig att analysera konsekvenserna av olika val och handlingar, både för sig själva och för samhället i stort. Detta kan omfatta att diskutera miljöpåverkan av olika konsumtionsvanor eller att reflektera över hur olika ekonomiska beslut påverkar både individens ekonomi och samhällets ekonomi som helhet. Enligt Skolverkets läromoduler för hem- och konsumentkunskap, Modul 3, *Bortom normativ undervisning* (Hjälmeskog, 2024) behandlas ämnets viktiga roll för den unga generationens undervisning inom hälsosamt och hållbart sätt att leva. I hem- och konsumentkunskap erbjuder eleven både praktiska och teoretiska kunskaper för att reflektera över och ifrågasätta de normer som präglar deras vardagsliv.

Dessa verktyg sträcker sig över olika aspekter av ämnet och syftar till att främja en kritisk och medveten syn på vardagliga handlingar och val. För att främja hållbar utveckling krävs djupgående förändringar i våra sätt att leva, kommunicera, tänka, känna och även smaka (Böhme et al., 2022; Gerlinder, 2024). Det traditionella synsättet där människan ses som separerad från naturen och andra människor behöver omprövas till förmån för ett synsätt där vi uppfattar oss själva som en del av ett sammanbundet nätverk. Det är grundläggande att förstå att individens handlingar påverkar inte bara sig själv utan även hela gruppen, och det är viktigt att elever känner att de inte är ensamma i sina strävanden mot förändring. Främst då det gäller konsumtion och levnadssätt anses de att bland annat positiv återkoppling från lärare är avgörande för att uppmuntra utveckling och skapa möjligheter till förändring och progress (Hjälmeskog, 2024).

Såsom det framkommer i ämnets centrala innehåll, handlar en del av hem- och konsumentkunskap etiska frågor och ställningstaganden, såsom hushållets resurshushållning gällande val och användning av livsmedel och andra varor, samt hur produktion, transport och återvinning av mat- och andra varor påverkar människors hälsa, ekonomi och miljö. Forskning visar att elevers egna existentiella frågor ofta får begränsat utrymme i svensk skolundervisning (Sporre, 2022). Karin Hjälmeskog (2024) skriver i Skolverkets Modul 3, att etisk kompetens betonas vanligtvis genom rationellt tänkande och förmåga att argumentera, med undervisning som ofta fokuserar på klassiska dilemman med val mellan olika alternativ. Detta riskerar att göra undervisningen upplevd som tråkig, konstruerad och konstlad. Istället bör undervisningen grundas på elevernas egna perspektiv och frågor. Såsom det framkom i ämnets kunskapssyn, spelar kommunikation en viktig roll i undervisningen (Sporre, 2022), inklusive att lyssna på eleverna för att göra undervisningen meningsfull för dem.

Ofta delar hem- och konsumentkunskapslärare ämnets innehåll i aspekter hälsa, ekonomi och miljö för att bättre kunna undervisa resurshushållning i praktiken: hur ska eleven lära sig att ta ställning vid val och användning av livsmedel och andra varor, samt förstå hur produktion, transport och återvinning av varor påverkar människors hälsa, ekonomi och miljö? Dessa områden är dock ofta sammanflätade och för individen handlar exempelvis en genomgripande förändring av matvanor alla dessa aspekter. För den enskilda individen, eleven och konsumenten innebär exempelvis en genomgripande förändring av matvanor att alla dessa aspekter berörs. Ämnets centrala innehåll har en stark anknytning till FN:s Agenda 2030 (UN, 2023) och dess hållbarhetsmål eftersom många av de 17 målen kan kopplas till mat. Särskilt mål 12, som fokuserar på hållbar konsumtion och produktion, har en tydlig koppling till hållbar matkonsumtion. Mål 12 innehåller delmål som att halvera det globala matsvinnet (12.3) och att öka allmänhetens kunskap om hållbara livsstilar (12.8).

Eleven ska få kunskap om att för att främja hållbarhet exempelvis genom mattransformation, vilket innebär att vi generellt sätt måste öka konsumtionen av växtbaserad mat och minska konsumtionen av animaliska produkter (Blomhoff et al., 2023; Willet et al., 2019). Även de nordiska näringsrekommendationerna (NNR) har 2023 uppdaterat sina rekommendationer baserat på den senaste forskningen om hur vi bör äta för att må bra (Blomhoff et al., 2023). I Skolverkets läromodul Del 4. *Smak för hållbarhet* lyfter Lolita Gerlinder (2024) upp smakens avgörande roll i våra matval - eftersom vi vill äta det som vi tycker smakar gott (Belasco, 2008; Højlund, 2020; Schmidt & Mouritsen, 2020). För att motivera elever att lära och uppskatta olika smak, samt förstå varierade smak- och matkulturer, räcker det inte att bara instruera eleven om vad ska ätas. Det är viktigt att inspirera dem att skapa nya vanor. Eftersom det kontinuerligt kommer nya och mer miljövänliga livsmedel, ska eleven kunna bekanta sig med nya smaker och eventuellt ändra sina smakpreferenser för att kunna äta både hälsosamt och mer hållbart (Højlund, 2020).

Skolan har en dubbel roll:

> *att förmedla tidlösa grundläggande färdigheter som läsning, skrivning och matematik, samtidigt som den måste anpassas till samtida utmaningar och kontextspecifika behov.*
>
> *(SOU 2020:28).*

I denna balansgång behöver skolan både utrusta individer med kompetenser för att bli självständiga och kunniga, samt hantera och anpassa sig till de aktuella sociala, kulturella och ekonomiska förhållanden som råder. Med andra ord måste skolan inte bara förbereda eleverna för livet i allmänhet utan också ge dem verktyg för att möta och förstå de specifika utmaningar som deras tid och samhälle står inför.

I hem- och konsumentkunskap betyder detta att undervisningen bör inkludera både tidlösa kunskaper om exempelvis hushållsarbete och ekonomi, samt anpassas till aktuella frågor som hållbarhet och konsumtionsvanor, så att eleverna kan navigera i dagens samhälle på ett kompetent och medvetet sätt. Skolverkets nya läroplan omfattar även denna betydelsefulla egenskap, som eleven bör lära sig under skolgången: att bli en medveten och aktiv medborgare. Hem- och konsumentkunskap ger verktyg för att utveckla elevernas förmåga att delta aktivt i samhället som medvetna och ansvarstagande medborgare. Det handlar om att kunna navigera i komplexa frågor, fatta informerade beslut och påverka förändring. För att kunna agera som ansvarstagande medborgare behövs kunskaper inom empati och solidaritet. Detta innebär att eleven ska få baskunskaper inom ämnen som rättvisa, hållbarhet och globala frågor, som möjliggör eleven att utveckla empati och solidaritet gentemot andra människor och samhällen. Detta möjliggör en ökad medvetenhet om och engagemang för att bidra till en mer rättvis och hållbar värld.

Ämnet hem- och konsumentkunskap har ett väldigt brett innehåll, vilket leder till att läraren spelar en avgörande roll i undervisningen och dess kvalitet. För att kunna navigera i ämnets breda innehåll via aspekter hälsa, ekonomi och miljö, som kan röra sig i kontroversiella och känslorelaterade ämnen, behöver läraren ha en stark kompetens i de olika ämnesområdena inom hem- och konsumentkunskap ämnet: allt från de praktiska arbetskunskaperna till teorin kring metoder och matlagningskemi, näringslära, privatekonomi, konsumentlagstiftning och miljöfrågor. Det handlar även om att som lärare våga hantera både egna och elevers känslor, inklusive positiva och negativa, relaterat till nödvändiga förändringar för en mer hållbar framtid. Elever kan behöva utforska och hantera känslor som uppstår när deras vanor, rutiner och drömmar diskuteras och kanske ifrågasätts. Att undersöka olika perspektiv och ställa frågor som "hur" och "varför" kan väcka känslor hos eleverna (jmf. O'Doherty Jensen, K., Holm, L.,1999). Som lärare är det viktigt att våga uppmärksamma och diskutera negativa känslor samt känslor som stör och oroar, vilka kan uttryckas på olika sätt i undervisningen (Ojala, 2016).

Genom att lära sig och tillämpa olika verktyg i HKK-ämnet får eleverna inte bara praktiska färdigheter, utan också en förmåga att reflektera över och agera i en värld som präglas av olika normer och värderingar. Detta är avgörande för att kunna forma ett hållbart och meningsfullt vardagsliv, både för sig själva och för samhället i stort.

En inspirationsbild av en traditionell HKK-sal i ett renoverat, gammalt skolhus. Salen är rymlig med högt i tak och robusta, gedigna element. För att minska ekot har man använt träslag i inredningen.
Av E. Larsson med hjälp av ett grafikprogram och Ikeas planeringsverktyg.

## 2. Styrdokument och lagstiftning kring undervisningen i hem- och konsumentkunskap

Det finns ett flertal styrdokument och lagstiftning som omfattar arbetet och undervisningen i skolämnet hem- och konsumentkunskap. I detta kapitel behandlas Skollagen, Arbetsmiljölagen, livsmedelslagstiftning och Livsmedelslagen, Miljöbalken och lokala styrdokument.

**Detta kapitel är uppdelat på följande sätt:**

**2.1. Skollagen** och pedagogiken i hem- och konsumentkunskap tar upp 2.1.1. Anpassad undervisning, 2.1.2. Barnets bästa, 2.1.3. Mänskliga rättigheter och hem- och konsumentkunskap och 2.1.4. Undervisning om näringsriktig mat, som innehåller Nationella riktlinjerna för måltider i skolan, Stöd för hem- och konsumentkunskapslärare, Systematiskt kvalitetsarbete kring mat och måltider i skolan, samt Måltiderna i HKK-salen.

**2.2.** handlar om **arbetssäkerhet och arbetsmiljölagen**. Den delas i 2.2.1. Arbetssäkerhet och 2.2.2. Arbetsmiljölagen och arbetet i HKK-salen, vilken tar separat upp Säkerhetsregler för arbetet i hem- och konsumentkunskapssalen och hem- och konsument-kunskapssalens fysiska arbetsmiljö (en del av de materiella ramfaktorerna för ämnet).

**2.3. Livsmedelslagstiftning och HKK-salen** omfattar följande delar: 2.3.1. Livsmedelslagen i hem- och konsumentsalen med fördjupning i Hazard Analysis and Critical Control Points (HACCP -system), 2.3.2. Miljöbalken och hem- och konsument-kunskapssal och 2.3.3. Lokala styrdokument, som innehåller Folkhälsoplan och måltidspolitiskt program.

**2.4.** handlar om **Riskbedömning och riskhantering**, som behandlar 2.4.1. Brandsäkerhet och 2.4.2. Hot och våld, kränkningar, som omfattar även Lärarens och elevens perspektiv och "Pågående dödligt våld".

Skollagen är den övergripande lagstiftningen som reglerar skolväsendet i Sverige. Den innehåller bestämmelser om skolornas uppdrag, elevernas rättigheter och skyldigheter, samt skolornas organisering och ansvar. Inom ramen för hem- och konsumentkunskap kan skollagen reglera bland annat ämnets status och innehåll, samt krav på undervisningens kvalitet och bedömning. Arbetsmiljölagen syftar till att säkerställa en säker och hälsosam arbetsmiljö för alla anställda. Inom hem- och konsumentkunskap kan arbetsmiljölagen reglera frågor som rör arbetsmiljön i till exempel köksmiljöer, användning av farliga ämnen och ergonomi vid hantering av utrustning. Livsmedelslagstiftningen omfattar olika lagar och förordningar som reglerar hanteringen av livsmedel för att säkerställa livsmedelssäkerheten och konsumenternas hälsa. Livsmedelslagen är en viktig del av detta och innehåller bestämmelser om till exempel livsmedelshygien, märkning och kontroll av livsmedel. Miljöbalken är en central lag som reglerar hur samhället ska hantera och skydda miljön. Inom ramen för hem- och konsumentkunskap kan miljöbalken vara relevant för frågor som rör hantering och avfallshantering av kemikalier och andra miljöfarliga ämnen. Utöver den nationella lagstiftningen kan skolor och skolhuvudmän ha egna lokala styrdokument, såsom policyer, riktlinjer och läroplaner, som reglerar och vägleder arbetet inom hem- och konsumentkunskap på den specifika skolan eller i den specifika kommunen.

Inom skolans område finns flera myndigheter som har olika ansvarsområden och arbetssätt. Skolinspektionen ansvarar för att granska skolor ur ett utbildningsperspektiv, vilket också inkluderar aspekter av skolmiljön som påverkar elevernas säkerhet och trivsel. Även om de inte är den primära myndigheten för miljö- och hälsoskyddsfrågor, kan de ändå ta upp frågor relaterade till buller om det påverkar elevernas inlärningsmiljö. Skolverket och Skolinspektionen fokuserar på att säkerställa att skolorna följer de pedagogiska mål och riktlinjer som fastställs av regeringen och riksdagen. Det innebär att de övervakar och bedömer skolornas verksamhet för att säkerställa hög kvalitet och efterlevnad av regelverket. Barn- och elevombudet (BEO) fungerar som en del av Skolinspektionen och erbjuder en plattform för barn och elever att rapportera och få stöd om de upplever sig illa behandlade i skolan. Sammantaget samarbetar dessa myndigheter för att främja en säker och stimulerande lärandemiljö för alla elever.

Arbetsmiljöverket (Arbetsmiljöverket, 2017) övervakar arbetsmiljön i skolor, vilket inkluderar både personalens och elevernas arbetsmiljö. Detta omfattar buller, luftkvalitet, ergonomi och andra arbetsmiljöfrågor. Arbetsmiljöverket kan inspektera skolor och utfärda förelägganden eller förbud om arbetsmiljökrav inte uppfylls. Tillsynsmyndigheten som ansvarar för miljö- och hälsoskydd i skolor varierar beroende på vilket specifikt område eller problem som behandlas. Kommunens miljö- och hälsoskyddsnämnd är ofta den primära tillsynsmyndigheten för skolmiljöer när det gäller miljö- och hälsoskyddsfrågor. De ansvarar för att övervaka och säkerställa att skolor följer miljöbalkens krav och andra relaterade föreskrifter. Även om Folkhälsomyndigheten inte direkt utför tillsyn, utfärdar de riktlinjer och rekommendationer för hälsosamma skolmiljöer.

## 2.1. Skollagen och pedagogiken i hem- och konsumentkunskap

Enligt Skollagen ska

---

*alla elever tillförsäkras en studiemiljö där utbildningar utpräglads av trygghet och undervisningen av studiero.*

*Skollagen 5 kap. 3 §.*

---

I praktiken betyder detta att en hem- och konsumentkunskapssal måste vara utformad och underhållas på ett sätt som främjar en trygg och lugn studiemiljö för eleverna, både under de teoretiska och praktiska undervisningsarbetena. Det innebär att salen ska vara anpassad för undervisning och lärande, med tillräckligt med plats och resurser (både materiellt och personalmässigt) för att eleverna ska kunna arbeta fokuserat och utan störningar. Det kan innebära att salen är organiserad på ett sätt som minimerar distraktioner och främjar en känsla av trygghet och trivsel (exempelvis med öppna och lagom stora arbetsytor, samt planering som tar hänsyn till buller och luftkvalitet). I praktiken kan det också betyda att möblerna och utrustning väljs utifrån deras lämplighet för att stödja undervisningen och elevernas lärande. Förutom den fysiska miljön är det också grundläggande att läraren och övrig personal i HKK-salen både skapar och upprätthåller en positiv och inkluderande atmosfär där eleverna känner sig välkomna, respekterade och sedda (i hänsyn till gruppstorlek och elevanpassningar). Detta bidrar till att skapa en studiemiljö där eleverna kan känna sig trygga och där undervisningen kan bedrivas med studiero och fokus.

## 2.1.1. Anpassad undervisning

Enligt 1 kap. 4 § andra stycket i Skollagen

---

*ska i utbildningen hänsyn tas till elevers olika behov. Elever ska ges stöd och stimulans så att de utvecklas så långt som möjligt. En strävan ska vara att uppväga skillnader i elevernas förutsättningar att tillgodogöra sig utbildningen.*

*Skollag 2010:800*

---

*Vad innebär detta i den praktiska undervisningen inom ämnet hem- och konsumentkunskap?*

Detta går ut på att undervisningen måste anpassas för att möta elevernas olika behov och förutsättningar på bästa möjliga sätt. I den möjligaste mån kan man stäva efter att skapa individualiserad undervisning. Det mest gynnsamma är att läraren kan arbeta med varje elev individuellt för att identifiera deras specifika behov och anpassa undervisningen och resurserna därefter. Detta kan innebära att elever ges teoretisk fakta via olika typer av medier och att de får extra stöd utifrån deras förmågor och inlärningsstilar, samt att de kan visa sina kunskaper på ett flertal sätt i provsituationer. I praktiken innebär detta att salen ska vara utrustad med teknik som möjliggör undervisning via digitala audiovisuella medel.

Det är även möjligt att särskilja och på så sätt anpassa arbetsuppgifterna för olika elever. Detta innebär att samma mål kan nås genom olika sätt eller att olika nivåer av uppgifter erbjuds beroende på elevernas behov och förutsättningar. Sådana anpassningar kräver dock tillräcklig mängd personal, extra planeringstid för läraren och lagom långa lektioner. Därtill kan man använda anpassade resurser, då läraren kan tillhandahålla exempelvis olika resurser och material som stödjer elevernas lärande på olika sätt. Det kan inkludera läromedel i olika format, tekniska hjälpmedel, eller extra handledning och stöd. I vissa fall ska HKK-salen ha exempelvis funktionshinderanpassade kök med höjd- och sänkningsbara arbetsytor. När det gäller undervisning, är det grundläggande med tydlig kommunikation: läraren bör kunna kommunicera tydligt med eleverna om förväntningar, instruktioner och mål för undervisningen. Detta kan inkludera att använda olika kommunikationsmetoder för att säkerställa att alla elever förstår och kan delta fullt ut (exempelvis språksvårigheter, hörsel-nedsättning). Genom att ta hänsyn till elevernas olika behov och att anpassa undervisningen på ett lämpligt sätt kan lärare skapa en inkluderande och givande lärmiljö där alla elever ges möjlighet att utvecklas och nå sin fulla potential.

## 2.1.2. Barnets bästa

Enligt 1 kap. 10 § i Skollagen ska barnets bästa alltid vara utgångspunkt i all utbildning och verksamhet som omfattas av Skollagen. Här definieras "barn" som varje individ under 18 år, vilket inkluderar alla elever som deltar i hem- och konsumentkunskap. Detta innebär att undervisningen ska utformas med särskild hänsyn till barnens behov och intressen, för att säkerställa en trygg och stimulerande lärmiljö.

---

*Barnets inställning ska så långt det är möjligt klarläggas. Barn ska ha möjlighet att fritt uttrycka sina åsikter i alla frågor som rör honom eller henne. Barnets åsikter ska tillmätas betydelse i förhållande till barnets ålder och mognad. I förarbetena till skollagen anges att barns och elevers inflytande till exempel rör matsalen och därmed också måltider.*

*Skollag 2010:800*

---

För undervisningen i HKK-salen innebär detta att barnets bästa och deras åsikter ska vara centrala och vägledande i planering och genomförandet av lektionerna. Såsom gällande den tidigare punkten, är det essentiellt att skapa en inkluderande och trygg miljö där eleverna känner sig välkomna att uttrycka sina åsikter och känna sig delaktiga i undervisningen. I praktiken innebär detta att skapa tillfällen samt möjlighet för öppen dialog och diskussion där elevernas åsikter och synpunkter uppmuntras och respekteras. Eleverna ska ges möjlighet (i möjligaste mån) att aktivt delta i planeringen av undervisningen och i beslut som rör exempelvis matsalen och måltiderna. Detta kan ske genom att involvera dem i diskussioner om vilka rätter som ska tillagas, hur matsalen ska organiseras och hur måltiderna kan förbättras för att bättre motsvara deras önskemål och behov (exempelvis genom att skapa måltidsgrupp med elevrepresentanter från olika årskurser). Man ska anpassa undervisningen utifrån barnens och ungdomens ålder, mognad, samt individuella behov och förutsättningar. Detta kan innebära att erbjuda olika typer av aktiviteter och uppgifter som är lämpliga och engagerande för varje elev.

Rumsligt sett kan barnens bästa innebära att HKK-salen är utformad på ett är tillgängligt och inkluderande sätt gällande alla elever, oavsett eventuella funktionsnedsättningar eller behov. Det kan handla om att ha tillräckligt med plats för rörelsefrihet och olika aktiviteter, samt att skapa en trygg och stimulerande miljö för lärande. Materiellt sett kan det innebära att salen är utrustad med lämpliga redskap, råvaror och livsmedel för att eleverna ska kunna utforska och lära sig om olika aspekter av ämnet - på ett varierat sätt i praktiken. Det kan också innebära att det finns möjligheter för eleverna att vara delaktiga i valet av olika redskap och livsmedel, samt köksutrustning som används i undervisningen. Detta materiella krav kan skapa ojämlika förutsättningar mellan olika skolor eller klasser, vilket strider mot Skollagens krav på likvärdighet i utbildningen. En värre är en situation, där HKK-salens kondition är väldigt nedsatt och dess användning för praktiska arbetet innebär en konstant risk för olika typer av olyckor, vilket utgör en fara för elevernas välbefinnande och hälsa. Det kan handla om bristfälliga ventilationssystem som ökar risken för brand eller hälsoproblem, eller om olycksrisker relaterade till användningen av redskap och utrustning. En bristande säkerhet är i strid med skollagens krav på att barnets bästa ska vara utgångspunkten för en optimal undervisning i hem- och konsument-kunskap, samt att barnens hälsa och säkerhet ska prioriteras.

En dåligt planerad och ineffektiv HKK-sal kan få flera negativa konsekvenser för elevernas lärande och trivsel. Om det till exempel finns för få kök i salen begränsas elevernas möjligheter att aktivt delta i praktiska övningar och utveckla viktiga färdigheter inom matlagning och hushållning. Detta kan också resultera i att vissa elever känner sig exkluderade eller att de inte får tillräcklig uppmärksamhet från läraren, vilket strider mot Skollagens krav på att alltid sätta barnets bästa i fokus. En optimal lärmiljö ska vara tillgänglig för alla elever. Ett annat problem som ofta uppstår är hög ljudnivå. Denna kan orsakas av dålig akustik, bristande ljudisolering och för stora elevgrupper, och den kan allvarligt störa elevernas koncentration samt göra kommunikationen svår. För elever med hörselnedsättningar kan detta skapa en särskilt otrygg och stressig miljö. Detta strider mot Skollagens krav på att barnens inställningar och åsikter ska beaktas och att de ska ha möjlighet att uttrycka sig fritt. Bullret och den dåliga akustiken kan alltså hindra eleverna från att delta aktivt i diskussioner och påverka sin egen lärandeupplevelse.

## 2.1.3. Mänskliga rättigheter och hem- och konsumentkunskap

---

*Utbildningen ska utformas i överensstämmelse med grundläggande demokratiska värderingar och de rättigheterna som människolivets okränkbarhet, individens frihet och integritet, alla människors lika värde, jämställdhet samt solidaritet mellan människor.*

*Var och en som verkar inom utbildningen ska främja de mänskliga rättigheterna och aktivt motverka alla former av kränkande behandling.*

*Skollag (2010:800)*

---

Bestämmelserna i 1 kap. 5 §, har en inverkan på all undervisning i den svenska skolan och dessa områden lyfts upp i den nya läroplan för grundskolan, Lgr22, som innehåller grundläggande demokratiska värderingar och mänskliga rättigheter:

---

*Skolan ska aktivt verka för jämställdhet. Skolan ska därmed gestalta och förmedla lika rättigheter, möjligheter och skyldigheter för flickor och pojkar, kvinnor och män. I enlighet med grundläggande värden ska skolan också främja interaktion mellan eleverna oberoende av könstillhörighet. Genom utbildningen ska eleverna utveckla en förståelse av hur olika föreställningar om vad som är kvinnligt och manligt kan påverka människors möjligheter. Skolan ska därigenom bidra till att eleverna utvecklar sin förmåga att kritiskt granska könsmönster och hur de kan begränsa människors livsval och livsvillkor.*

*Genom ett miljöperspektiv får de möjligheter både att ta ansvar för den miljö de själva direkt kan påverka och att skaffa sig ett personligt förhållningssätt till övergripande och globala miljöfrågor. Undervisningen ska belysa hur samhällets funktioner och vårt sätt att leva och arbeta kan anpassas för att skapa hållbar utveckling.*

*Lgr22*

---

Dessa har delvis integrerats i hem- och konsumentkunskap ämnets centrala innehåll och därför bidrar en välplanerad undervisning till att främja de fundamentala demokratiska värderingarna och mänskliga rättigheterna enligt skollagen. Ämnets syfte och det centrala innehållet möjliggör en mångsidig pedagogisk grund för eleverna att utveckla kunskaper, färdigheter och attityder som är nödvändiga för att delta aktivt i samhället och bidra till en mer rättvis och hållbar värld.

Inom levnadsvanor i centrala innehållet finns två viktiga områden: arbetsfördelning i hemmet ur ett jämställdhetsperspektiv och resurs-hushållning, vilket omfattar ställningstaganden vid val och användning av livsmedel och andra varor, samt hur produktion, transport och återvinning av livsmedel och andra varor påverkar människors hälsa, ekonomi och miljö.

## 1. Arbetsfördelning i hemmet ur ett jämställdhetsperspektiv

Genom att diskutera och analysera arbetsfördelningen i hemmet ur ett jämställdhetsperspektiv, uppmuntrar undervisningen i hem- och konsumentkunskap eleverna att reflektera över och ifrågasätta traditionella könsroller och normer. Det främjar respekt för individens frihet och integritet samt alla människors lika värde. Genom att uppmuntra eleverna att tänka kritiskt kring jämställdhet och jämlikhet, kan lärare aktivt motverka alla former av diskriminering och främja en mer rättvis och inkluderande samhällelig struktur.

## 2. Resurshushållning

Undervisningen om resurshushållning betonar betydelsen av att ta ansvar för våra handlingar och deras påverkan på människors hälsa, ekonomi och miljö. Genom att lära eleverna att fatta medvetna och hållbara beslut när det gäller val och användning av livsmedel och andra varor, främjar undervisningen grundläggande demokratiska värderingar, såsom solidaritet och hänsyn till andra människors välfärd och miljö. Det bidrar också till att eleverna utvecklar en medvetenhet om mänskliga rättigheter, inklusive rätten till en hälsosam miljö och hållbar utveckling.

Undervisningen i hem- och konsumentkunskap kan även användas som en plattform för att främja medvetenhet och förståelse för mänskliga rättigheter. Uppgifter där exempelvis respekt för individens frihet och integritet, alla människors lika värde och jämställdhet integreras i undervisningen, kan eleverna lära sig att förstå och respektera olika människors rättigheter och värderingar. Det är även möjligt att använda undervisningen för att aktivt motverka alla former av kränkande behandling. Genom de praktiska arbetsuppgifterna och grupparbeten skapas tillfällen då det uppkommer behov att diskutera och utforska ämnen som samarbete, respekt, tolerans och solidaritet. Mycket av detta arbete läggs på läraren och hens kunskaper inom ämnet. Det är ytterst viktigt att läraren kan skapa en trygg och inkluderande miljö där eleverna känner sig respekterade och accepterade oavsett bakgrund, kultur, kön eller andra faktorer.

Det är viktigt att eleverna ges tillräckligt med tid och utrymme för att förstå samt tillämpa koncepten på ett meningsfullt sätt. En betydande del av lärarna som svarat i enkäten har utryckt oro på grund av ämnets schemaläggning och förminskandet av lektionstimmar, samt för stora elevgrupper. Detta kan orsaka ett flertal problem kring undervisningen kring arbetsdelning och resurshantering. Både för få timmar för ämnet och för stora elevgrupper, kan leda till en situation där det är svårt att ge eleverna tillräckligt med tid för att diskutera och reflektera över ämnets centrala frågor och koncept. Detta begränsar elevernas förmåga att utveckla en djup förståelse för ämnet, samt att kunna applicera det i sina egna liv. Om ämnets lektionstimmar minskar, väljer lärare oftast att koncentrera sig i de viktigaste delarna i ämnets centrala innehåll, och speciellt frågor kring jämställdhet och arbetsdelning, resurshantering och privatekonomi blir åsidosatta (Skolinspektion, 2018).

Förminskat timantal och stora grupper leder även till svårigheter att tillämpa kunskapen i praktiken, då arbetsfördelning och resurshushållning är ämnen som ofta kräver praktisk tillämpning för att eleverna ska kunna förstå dem fullt ut. Om det finns för få timmar för ämnet eller om elevgrupperna är för stora, blir det svårt att ge eleverna tillräckligt med tid för att delta i praktiska övningar för att öva på sina färdigheter. Detta leder även till begränsad möjlighet till individuell återkoppling och stöd. I stora grupper är det svårt för läraren att ge varje elev den individuella återkoppling och det stöd de behöver för att utvecklas och förbättra sina kunskaper inom ämnet. Detta kan leda till att vissa elever hamnar efter eller inte uppnår sin fulla potential, samt att i stora grupper är det svårt att anpassa undervisningen efter individuella elevers behov och förutsättningar. Detta leder till att vissa elever känner sig bortglömda eller inte får den hjälp och vägledning de behöver för att lyckas.

## 2.1.4. Undervisning om näringsriktig mat

I Skollagen ställs krav på att måltiderna i de obligatoriska skolformerna ska vara kostnadsfria och näringsriktiga (Skollag 2010:800; 10 kap. Grundskolan, 10 §, Grundsärskolan 11 kap. 13 §, Specialskolan 12 kap. 10 §, Sameskolan 13 kap. 10 §). Lagkravet gäller såväl offentliga som fristående skolor. Tillsynsmyndighet för denna lagstiftning är Skolinspektionen. Skolinspektionens roll är att säkerställa att skolorna följer lagkraven och tillhandahåller kostnadsfria och näringsriktiga måltider enligt vad som fastställs i skollagen. I praktiken innebär det att Skolinspektionen kan genomföra inspektioner och utvärderingar av skolor för att kontrollera att de uppfyller kraven gällande skolmåltider. De kan granska exempelvis skolornas måltidsrutiner, menyer och kvaliteten på måltiderna, för att säkerställa att eleverna får tillgång till hälsosamma och näringsriktiga alternativ utan extra kostnad. Om en skola inte uppfyller kraven kan Skolinspektionen utfärda rekommendationer eller åtgärder för att säkerställa att bristerna åtgärdas, samt att elevernas behov tillgodoses. På så sätt fungerar Skolinspektionen som en tillsynsmyndighet för att säkerställa att skolorna uppfyller sina skyldigheter när det gäller måltidsfrågor.

Skollagens krav på att måltiderna i de obligatoriska skolformerna ska vara både kostnadsfria och näringsriktiga har en direkt koppling till undervisningen i ämnet hem- och konsumentkunskap. Detta innebär i korthet att undervisningen inte bara ska bidra till elevernas förståelse för hälsosam matlagning och näringslära, utan också att säkerställa att matlagningen i praktiken är kostnadsfri, samt att de måltider som lagas är näringsriktiga.

Skollagen innehåller ingen precisering av begreppet näringsriktig. Regeringen har framhållit att de svenska näringsrekommendationerna bör vara en utgångspunkt vid bedömningen av vad som är en näringsriktig måltid samt att

> *"... det kan anses som en del av läroplanens intentioner att eleverna får tillgång till varierad och näringsriktig mat och äta lunch tillsammans med andra elever och vuxna"*
>
> *(prop. 2009/10:165, 374).*

## Nationella riktlinjerna för måltider i skolan

Livsmedelsverket (2021a) har gett de nationella riktlinjerna för måltider i skolan för att främja hälsosamma kostvanor och säkerställa näringsriktiga måltider för skolelever. Dessa riktlinjer är utformade för att vara vägledande för skolor och andra aktörer inom skolmåltidsverksamheten för att säkerställa att eleverna erbjuds näringsrika och balanserade måltider, som bidrar till deras hälsa och välbefinnande. Genom att tillhandahålla tydliga riktlinjer hjälper Livsmedelsverket till att säkerställa en enhetlig och hög kvalitet på skolmåltiderna över hela landet. Dessa riktlinjer bygger på aktuell forskning och expertis inom näringslära och hälsosam kost, samt är utformade för att främja elevernas hälsa, koncentration och inlärning. Genom att följa dessa nationella riktlinjer kan skolorna säkerställa att deras måltider är näringsmässigt balanserade och uppfyller rekommendationerna för en hälsosam kost. Detta bidrar till att eleverna får de näringsämnen de behöver för att växa och utvecklas optimalt, samt förbättrar deras möjligheter till inlärning och prestation i skolan.

Hem- och konsumentkunskap har ett viktigt uppdrag för att öka ungdomarnas kunskaper inom ett hälsosamt levnadssätt. Enligt Livsmedelsverkets *Riksmaten ungdom* -undersökning (Livsmedelsverket, 2018) är cirka 21 procent av ungdomarna överviktiga och 4 procent lider av fetma. Utbildningsnivån spelar en stor roll för hälsosamma vanor då det är vanligare att ha övervikt eller fetma bland barn med föräldrar som har låg utbildningsnivå och i områden med glesare befolkning. I en mindre undersökning inkluderade ungdomar som inte gick på gymnasiet och av dem visade det sig att 42 procent var överviktiga, varav 23 procent hade fetma. Dessutom rapporterade nästan hälften av dem att de inte mådde bra. *Riksmaten ungdom* involverade över 3 000 ungdomar från årskurs 5, 8 och årskurs 2 på gymnasiet. I undersökningen av ungdomar som inte gick på gymnasiet deltog 81 ungdomar från hela landet.

Enligt Livsmedelsverkets måltidsmodell, som ska användas för planering och uppföljning av den offentliga måltidsverksamheten, ska maten vara säker, god, näringsriktig, integrerad, hållbar och trivsam (Livsmedelsverket, 2023a; jmf. Gustafsson et.al., 2006). Även om *Måltidsmodellen* är utformad för offentliga måltider i vård, skola och omsorg, kan dess principer anpassas och tillämpas på måltiderna under hem- och konsumentkunskapslektioner. Det handlar om att ta hänsyn till de specifika förutsättningarna i ämnet, samt strukturera kring de sex pusselbitarna i *Måltidsmodellen* för att säkerställa att eleverna får en holistisk förståelse för vad som krävs för att skapa bra och hållbara måltider. *Måltidsmodellen* tar upp ämnets centrala innehåll, och genom att fokusera på aspekter som smak, näringsinnehåll, matsäkerhet, miljöpåverkan och integrering av måltiden i verksamheten kan eleverna utveckla sina kunskaper och färdigheter inom hem- och konsumentkunskap.

Undervisningen bör därför integrera en helhetssyn på måltider, där eleverna lär sig att se måltiden som mer än bara den mat som tillagas och äts tillsammans. Det handlar även om att skapa en trivsam atmosfär kring måltiden och att använda de resurser som finns tillgängliga på ett genomtänkt sätt. Även om detta kanske inte alltid direkt tillämpas på hem- och konsumentkunskapslektionerna, kan kunskaper om *Måltidsmodellen* vara värdefulla för eleverna inom områden som privatekonomi och konsumentkunskap. Exempelvis kan dessa kunskaper vara användbara när de i framtiden planerar måltider eller gör budget och prisjämförelser, då det ger insikt i vilka kriterier som är viktiga att beakta vid val av livsmedel, råvaror, tjänster, samt även leverantörer och planering av måltids-verksamhet.

Livsmedelsverket erbjuder mycket material kring mat, måltider och hälsa, som kan underlätta skolorna och lärare i hem- och konsumentkunskap att följa rekommendationerna:

- **Balanserade måltider (mat- eller kostcirkeln)**

  Skolmåltiderna bör vara balanserade och innehålla en variation av livsmedel från olika livsmedelsgrupper, inklusive frukt, grönsaker, spannmål, proteinrika livsmedel och mejeriprodukter.

- **Måltidens proportioner (tallriksmodellen)**

  Tallriksmodellen är ett pedagogiskt verktyg som visar hur man kan fördela maten på tallriken för att öka andelen grönsaker och skapa en balanserad måltid.

- **Näringsriktiga drycker**

  Rekommendationer inkluderar riktlinjer för vilka drycker som bör erbjudas till skolmåltiderna, såsom vatten, mjölk eller andra drycker med lågt sockerinnehåll.

- **Minska salt, socker och fett**

  Riktlinjerna innehåller rekommendationer för att minska mängden salt, socker och mättat fett i skolmåltiderna för att främja hälsosamma matvanor.

- **Allergier, överkänslighet och specialkost**

  Maten ska vara för alla elever. Det är vanligt att eleverna har olika typer av allergier då det är vanligast att matallergier uppstår under barndomsåren. Det vanligaste är allergi mot mjölkprotein och ägg. Rekommendationerna och råden innehåller till exempel information om alternativa produkter med ett rikt näringsinnehåll.

En inspirationsbild om matlagning i en
HKK-sal.
Av E. Larsson/Artelinas.

*Stöd för hem- och konsumentkunskapslärare*

Livsmedelsverket baserar sina kostråd på den senaste forskningen, en samling vetenskapliga studier, samt beprövad erfarenhet. Som lärare kan det vara en utmaning att navigera bland mat trender, nya forskningsrön och mediebudskap om vad som är hälsosamt att äta. Livsmedelsverket ger omfattande stöd för HKK-undervisningen genom att tillhandahålla kunskap, resurser och verktyg för att främja hälsosamma matvanor och matlagnings-kunskaper hos eleverna. Deras råd och riktlinjer utgör en viktig grund för undervisningen inom ämnet. De syftar till att främja kunskapen om hälsosam kost och matlagning, livsmedelssäkerhet, samt att utbilda eleverna i att göra medvetna och hälsosamma matval:

- **Näringsinformation:**
  Livsmedelsverket ger information om näringsinnehållet i olika livsmedel och hur man kan skapa måltider som är balanserade och

näringsrika. Det finns fakta om näringsämnen, livsmedelstillsatser, bakterier, kosttillskott, samt oönskade ämnen och miljögifter.

- o De nordiska näringsrekommendationerna (NNR 2023): De utgör den senaste och mest omfattande sammanställningen av forskning om mat och hälsa. I NNR beskrivs matvanor som främjar god hälsa på både kort och lång sikt, samt rekommendationer för hur mycket energi och näringsämnen kroppen behöver. För första gången tar NNR 2023 även hänsyn till hur våra matval påverkar miljö och klimat. Dessa rekommendationer kommer att ligga till grund för framtida kostråd i Sverige och de andra nordiska länderna.
- o Livsmedelsdatabasen: Livsmedelsdatabasen innehåller information om mer än 2400 livsmedel och rätter. För varje livsmedel i databasen finns detaljerade värden för över 50 näringsämnen och komponenter.
- o Fakta om energi och energibehov: Det finns fakta om människans grundläggande energibehov, det vill säga den energi kroppen använder när man vilar, matens termogena effekt och den fysiska aktivitetsnivån. I Livsmedelsdatabasen kan du se energiinnehållet i över 2000 olika livsmedel. Energiinnehållet har beräknats med hjälp av standardfaktorer för protein, kolhydrater, fett, alkohol och kostfibrer. I kolhydraterna ingår även sockeralkoholer och organiska syror.

- **Livsmedelshygien, hantering av livsmedel:**
  Genom sina resurser och publikationer ger Livsmedelsverket tips och råd om livsmedelshygien, hantering av livsmedel och säker matlagning - vad som sker med maten vid tillagning, samt hur material som plast, papper, glas och metall i förpackningar kan påverka livsmedlen.

- **Kostråd och rekommendationer:**
  Livsmedelsverket ger råd och rekommendationer om en hälsosam och balanserad kost, inklusive hur man kan inkludera olika livsmedelsgrupper i sin dagliga kost.
  - *Nyckelhålet* är en märkning som visar att ett livsmedel är ett hälsosammare val inom sin kategori. För att ett företag ska få använda Nyckelhålet måste produkten uppfylla specifika kriterier, som innebär mindre socker och salt, mer fullkorn och fibrer, samt nyttigare fetter.
  - Tallriksmodellen är ett pedagogiskt verktyg som illustrerar hur mat kan fördelas på tallriken för att öka mängden grönsaker och skapa en balanserad måltid. Enligt tallriksmodell ska cirka en femtedel av maten bestå av proteinkällor som kött, fisk, ägg eller baljväxter. Andelen grönsaker och delen med kolhydrater som potatis, pasta, bröd eller gryn är mer flexibla och kan anpassas efter individens fysiska aktivitetsnivå. Personer som rör sig mycket behöver större mängder energigivande kolhydrater, medan den som har en stillasittande livsstil kan minska på dessa.
  - Den nya Matcirkeln: För att främja mer hållbara matvanor har Livsmedelsverket utvecklat en grönare version av Matcirkeln, där växtbaserade alternativ har fått en betydligt större framträdande roll än tidigare. Idag finns ett brett utbud av växtbaserade livsmedel, vilket också syns i den uppdaterade Matcirkeln. Till exempel har mejerisektionen nu utökats för att inkludera växtbaserade alternativ som "gurtar" och vegodrycker.
  - Matvanekollen är ett enkelt snabbtest, där man också får tips på vad man kan göra för att äta mer hälsosamt.

- **Miljömedvetenhet:**
  Livsmedelsverket ger tips om hur man kan göra matlagningen mer miljövänlig och minska matens miljöpåverkan, exempelvis genom att minska köttportionerna och äta mer vegetariskt, välja fisk som är fiskad eller odlad hållbart, satsa på frukt och grönt som är lagringsdugliga, samt minska matsvinnet genom att förvara maten på rätt sätt, planera dina inköp och ta vara på rester.

- **Hälsosamma måltidsidéer:**
  Livsmedelsverket har måltidsidéer som är näringsrika och balanserade, exempelvis Nyckelhålsinspirerade och lättsaltade maträtter, och tematiska recept, såsom kycklingrecept, vegetariska och köttrecept.

- **Pedagogiskt material:**
  Livsmedelsverket producerar pedagogiskt material och resurser som är anpassade för användning i HKK-undervisningen:
  - *"Svinnrik"* är ett läromaterial för hem- och konsument-kunskapslärare som syftar till att utbilda elever om hur de kan spara pengar och värna om miljön genom att bättre ta tillvara på maten.
  - Mat för alla sinnen - sensorisk träning enligt Sapere-metoden. Materialet omfattar en handledning för årskurs 4-6 om sensorisk träning, som handlar om att uppleva och utforska vår omgivning med hjälp av våra sinnen – syn, hörsel, lukt, smak och känsel.
  - Skolmåltiden: Livsmedelsverket har skapat en inspirations-skrift skolledare och pedagoger som heter *Skolmåltiden – en viktig del av en bra skola*. Detta material kan användas i undervisningen i flera av skolans ämnen och vara en utmärkt ingång till givande diskussioner.

*Systematiskt kvalitetsarbete kring mat och måltider i skolan*

Förarbetena till Skollagen lyfter fram skolmåltiden som en integrerad del av undervisningen (prop. 2009/10:165, 872). Detta innebär att reglerna om systematiskt kvalitetsarbete (4 kap. 3 § skollagen) också gäller för att säkerställa näringsrika skolmåltider. Varje skolhuvudman har därmed en skyldighet att kontinuerligt planera, följa upp och förbättra utbildningen, vilket inkluderar dokumentation av det systematiska kvalitetsarbetet (4 kap. 6 §). För att säkra kvaliteten på skolmåltiderna bör näringsbedömningar, såsom näringsberäkningar, vara en central del av planeringen, genomförandet och uppföljningen av måltiderna. Dessutom är det viktigt att skolor inkluderar beskrivningar av sitt arbete med skolmåltider som en del av sitt kvalitetsarbete. Detta gäller även specifikt för undervisningen inom hem- och konsumentkunskap, där kunskap om näringslära och måltidsplanering är avgörande.

Enligt Skolverket (2010, 2021) spelar skolmåltiderna en betydande roll som ett integrerat pedagogiskt verktyg inom skolans arbete med livsstil, miljö och hälsa. De utgör också en viktig del av skolans sociala fostran, då de skapar möjligheter för samtal om värdegrunder och normer samt hjälper till att identifiera elever som behöver extra stöd. Målet med en pedagogiskt inriktad måltid är att främja samvaro mellan vuxna och barn, vilket bidrar till att ge barnen en positiv inställning till måltider och en naturlig relation till mat. Genom att integrera måltiden i den pedagogiska processen kan skolor skapa en miljö som stödjer både social interaktion och lärande om hälsosamma matvanor. De vuxna spelar en betydande roll som positiva förebilder och genom att njuta av välsmakande måltider tillsammans i en trivsam atmosfär, både elever och vuxna, kan skolan skapa en positiv stämning och möjliggöra för social interaktion och återhämtning.

Enligt läroplanen Lgr22 är det också tydligt att det moderna samhällets globalisering kräver att individer kan navigera och uppskatta kulturell mångfald, och skolan fungerar som en central plattform för att stärka denna förmåga. Genom att använda måltiderna som en plattform för att utforska och uppskatta olika matkulturer och traditioner kan skolan främja nyfikenhet och förståelse för mångfald. Skolmåltiderna har dessutom en betydande roll i skolans strävan efter att främja hälsa, hållbarhet och social utveckling. Genom att erbjuda en gemensam plattform för elever att delta i meningsfulla samtal om värderingar och inkludering, bidrar måltiderna till att bygga en miljö där alla elever känner sig sedda och delaktiga.

## Måltiderna i HKK-salen

Förarbetena till Skollagen (prop. 2009/10:165) betonar att skolmåltiden är en integrerad del av utbildningen och ska behandlas som sådan. I hem- och konsumentkunskap kan detta få i alla fall tre implikationer: teoretisk inlärning, praktisk matlagning och systematiskt kvalitetsarbete. Teoretisk inlärning innebär att eleven får möjlighet att lära sig om näringslära, hälsosamma matvanor och hur man planerar och lagar näringsriktiga måltider. Genom att förstå näringsbehov och hur olika livsmedel påverkar hälsan kan eleven bättre förstå betydelsen av en balanserad kost, vilket i sin tur främjar deras hälsa och välbefinnande.

Praktisk matlagning innebär att under lektioner i hem- och konsument-kunskap får eleven tillfällen att tillämpa sina kunskaper om näringslära, exempelvis genom att planera och laga måltider som uppfyller näringsmässiga krav. Detta kan inkludera att välja ingredienser som är rika på viktiga näringsämnen och att tillaga dem på ett hälsosamt sätt. Kvalitetsarbete innebär att man inkluderar det systematiska kvalitetsarbetet i undervisningen kring måltider. Då får eleven en förståelse för vikten av att utvärdera matens näringsinnehåll och kvalitet. Eleven kan lära sig att använda näringsberäkningar och andra bedömningsmetoder för att planera och säkerställa att de tillagade måltiderna är näringsriktiga och hälsosamma.

Måltiden i HKK-salen kan klassas som pedagogisk av flera anledningar. Lärandet sker genom praktiska övningar, då erfarenhet skapas genom att eleven tillagar måltider genom att planera, förbereda och tillaga dem. Eleven lär sig via repeterande praktiska övningar, där kunskaper inom näringslära, matlagningstekniker och livsmedelssäkerhet tillämpas i en verklig situation. Måltiden och dess förberedelse ökar elevens ansvarstagande och självständighet. Genom att delta i planeringen, tillagandet och serveringen av en måltid får eleven öva på färdigheter som ansvar, samarbete och självständighet. Eleven kan även få tillfällen att ta egna beslut om receptval, inköp av ingredienser och planering av måltiden under handledning av sin lärare.

Måltiderna i hem- och konsumentkunskap ingår i lektions- och kursplanering, som baseras i ämnets syfte och centralt innehåll, samt tar hänsyn till ämnets kunskapskriterier. I arbetet kring måltider ingår ett flertal pedagogiska utvecklingsområden. Bortsett att eleven lär sig olika metoder för att skapa måltiden, får eleven förståelse för hälsosamma måltider och näringslära genom att arbeta med olika ingredienser och recept. Samtidigt skapas förståelse för näringsinnehållet i olika livsmedel och hur man skapar balanserade och näringsrika måltider. Eleven lär sig om vikten av att inkludera olika livsmedelsgrupper i sin kost för att få alla nödvändiga näringsämnen. Genom att experimentera med olika recept och ingredienser kan eleven utforska olika smaker och texturer, samt utveckla en varierad och näringsrik kost. Måltiden i HKK-salen erbjuder dessutom flera sociala och kulturella aspekter. Att tillaga och sedan dela en måltid tillsammans med sina klasskamrater kan främja social interaktion och gemenskap i klassrummet, samtidigt som det möjliggör att öva samarbetsförmågan i matlagningsarbetet. Dessutom kan eleverna lära sig om olika kulturella traditioner och matvanor genom att utforska olika recept och maträtter.

---

*Utbildningen ska vila på vetenskaplig grund och beprövad erfarenhet.*

---

## 2.2. Arbetssäkerhet, Arbetsmiljölagen och HKK-salen

### 2.2.1. Arbetssäkerhet

Skollagen (2010:800) omfattar även aspekten kring arbetssäkerheten: alla elever ska få kvalitativ undervisning under säkra omständigheter och att få arbeta i en trygg arbetsmiljö. Den fysiska tryggheten omfattar flera aspekter (Anttalainen, Manninen et.al. 2014), sådana som mekaniska och fysiska faror, olycksrisker, kemiska och biologiska exponeringar samt fysisk ansträngning och ergonomi. Eftersom man i Sverige gått ifrån den strikta regleringen gällande lokaler och dess inventarier för hem- och konsumentkunskapsundervisning som fanns då grundskolan infördes, ser man inte alltid behov att kontrollera de utrymmen där undervisningen sker, vilket innebär förhöjda risker kring arbetssäkerheten.

Arbetssäkerhet är av yttersta vikt inom alla arbetsmiljöer för att skydda anställda från olyckor och skador. Detta inkluderar även skolan och HKK-salen, där elever och lärare samverkar i matlagning och andra pedagogiska aktiviteter. Arbetssäkerhet innebär även att man följer lagstiftningen och regelverket som handlar om livsmedel och hygien. Det är viktigt att undersöka arbetssäkerheten i hem- och konsumentkunskapssalen utifrån gällande lagstiftning och identifiera de åtgärder som behöver tas hänsyn till för att säkerställa en trygg arbetsmiljö för alla.

Folkhälsomyndigheten skriver i en förskrift, artikel 22056, Tillsynsvägledning om hälsoskydd i skolor och förskolor, följande:

> *"Skolor och förskolor omfattas av miljöbalken, vars övergripande syfte är att skydda människors hälsa och miljön mot risk för olägenheter. Miljö- och hälsoskyddsnämnden ska i sin tillsyn ägna särskild uppmärksamhet åt skolor och förskolor, enligt 45 § i*

*förordningen (1998:899) om miljöfarlig verksamhet och hälsoskydd. Skolor och förskolor är anmälningspliktiga till den kommunala miljö- och hälsoskyddsnämnden i den kommun där verksamheten ska drivas, enligt 38 § i samma förordning.*

*Folkhälsomyndigheten, 2022 a.*

I praktiken innebär detta att skolor och förskolor omfattas av lagar och förordningar som reglerar miljö- och hälsoskyddet. Miljöbalken (1998:808) är en central lagstiftning som innehåller grundläggande bestämmelser, och den kompletteras med förordningar och myndighetsföreskrifter som preciserar bestämmelserna. Miljöbalken syftar till att skydda människors hälsa och miljön från skador och olägenheter. Enligt denna lag ska miljö- och hälsoskyddsnämnden, som är en del av den kommunala förvaltningen, ägna särskild uppmärksamhet åt skolor och förskolor i sin tillsyn. Det innebär att miljö- och hälsoskyddsnämnden har ansvar för att övervaka att skolor och förskolor följer lagkraven och upprätthåller en säker och hälsosam miljö för både personal och barn. Skolor och förskolor är också skyldiga att anmäla sin verksamhet till den kommunala miljö- och hälsoskyddsnämnden innan de börjar driva sin verksamhet. Sammanfattningsvis innebär det att det finns strikta lagar och regler som styr miljö- och hälsoskyddet i skolor och förskolor och att kommunala myndigheter har tillsynsansvar för att säkerställa att dessa regler följs.

*"Den som ansvarar för en skola eller förskola måste bedriva ett löpande, systematiskt arbete för att förhindra att lokalerna eller det man gör i verksamheten påverkar människors hälsa eller miljön negativt. Det gör man genom egenkontroll."*

*Folkhälsomyndigheten, 2022 b.*

I praktiken innebär detta att den som har ansvar för en skola eller förskola måste aktivt arbeta för att säkerställa att lokalerna och verksamheten inte har negativ påverkan på människors hälsa eller miljön. Detta kräver ett kontinuerligt och systematiskt arbete för att identifiera och hantera eventuella risker och faror som kan uppstå i hem- och konsumentkunskapssalen. Genom att genomföra egenkontroll åtar sig skolan att övervaka och utvärdera olika aspekter av verksamheten, såsom hygien, säkerhet och miljöpåverkan. Det innebär att man regelbundet inspekterar lokalerna, utvärderar rutiner och procedurer, samt genomför åtgärder för att förebygga problem och minska riskerna. Egenkontrollen syftar till att säkerställa att alla lagkrav och riktlinjer följs och att en säker och hälsosam miljö upprätthålls för både personal och elever. Det är ett viktigt verktyg för att främja en trygg och hälsosam skolmiljö och för att förebygga eventuella olyckor eller hälsoproblem.

## 2.2.2. Arbetsmiljölagen och arbetet i HKK-salen

I Sverige fastställer Arbetsmiljölagen (AML) regler och riktlinjer för att säkerställa en säker och hälsosam arbetsmiljö. AML gäller även för utbildningsinstitutioner, inklusive skolor och hem- och konsument-kunskapslokaler. Denna lagstiftning innebär att skolor är skyldiga att följa lagen och vidta lämpliga åtgärder för att förebygga olyckor, samt för att skydda elever och personal från faror.

Inom ramen för Arbetsmiljölagen finns flera delar som är relevanta för arbetet i HKK-salen:

1. **Arbetsmiljöpolicy:**
   Enligt AML ska arbetsgivaren, som i detta fall kan vara skolan eller utbildningsinstitutionen, upprätta en arbetsmiljöpolicy som tydligt fastställer arbetsgivarens ansvar för arbetsmiljön och beskriver hur man ska arbeta för att upprätthålla en säker och hälsosam arbetsmiljö (Arbetsmiljöverket, 2023a).

2. **Systematiskt arbetsmiljöarbete:**
   Arbetsgivaren är skyldig att bedriva ett systematiskt arbets-miljöarbete för att förebygga ohälsa och olycksfall. Detta innebär att man kontinuerligt ska identifiera, bedöma och åtgärda risker i arbetsmiljön, inklusive i HKK-salen. Frågor kring arbetsmiljön kan behandlas på flera nivåer: Skolorna har oftast fackliga representanter, exempelvis från Sveriges Lärare, samt ett skyddsombud, som kan lyfta arbetsmiljöfrågorna till skydds-kommittén, som består av representanter för facken och arbetsgivaren (Arbetsmiljöverket, 2024).

   Enligt arbetsmiljölagen har elever rätt att utse elevskyddsombud som får vara med i arbetsmiljöarbetet på skolan. På arbetsplatser där det finns flera skyddsombud, är det vanligt att ett av dem utses till huvudskyddsombud. Huvudskyddsombudet har ansvar för att koordinera skyddsombudens arbete och representerar dem externt. Dess ansvarsområde sträcker sig över hela arbetsplatsen och innefattar att hantera frågor med arbetsgivaren som berör flera olika skyddsområden.

Fackliga organisationer utser ofta regionala skyddsombud för att representera arbetstagare på arbetsplatser där det saknas lokala skyddsombud (Arbetsmiljöverket, 2024). Dessa regionala skydds-ombud har samma ansvar och rättigheter som lokala skyddsombud och kan representera arbetstagare oavsett deras fackliga tillhörighet. I praktiken är det ovanligt att ett regionalt skyddsombud är fackligt oorganiserad, även om det är teoretiskt möjligt. Dessutom har regionala skyddsombud rätt att agera på arbetsplatser där det finns lokala skyddsombud, så länge det finns åtminstone en fackmedlem från organisationen som skyddsombudet tillhör. Regionala skyddsombud kan däremot inte företräda arbetstagare på arbetsplatser med en etablerad skyddskommitté. I vissa situationer kan ett samarbete mellan lokala och regionala skyddsombud vara fördelaktigt, särskilt för att driva igenom arbetsmiljöförbättringar hos arbetsgivaren, eftersom regionala skyddsombud kan erbjuda ett externt och objektivt perspektiv.

3. **Arbetsplatsens utformning:**
   AML ställer krav på att arbetsplatsen ska vara utformad på ett sådant sätt att den är säker och hälsosam för dem som arbetar där. Detta innefattar utformningen av HKK-lokalen, inklusive planering, utrustning, ljudnivå och ventilation (Arbetsmiljöverket, 2017).

4. **Skyddsutrustning:**
   Enligt AML ska arbetsgivaren tillhandahålla nödvändig skydds-utrustning för att minimera riskerna för arbetsskador. I HKK-salen inkludera detta skyddskläder, dvs. förkläden, skyddshandskar vid behov och andra skyddsanordningar vid användning vid hantering

av farliga ämnen såsom tvätt- och rengöringsmedel, samt hygien-åtgärder vid sjukdomsrisk (exempelvis COVID-19, Salmonella).

5. **Utbildning och information:**
   Arbetsgivaren är skyldig att se till att personalen och eleverna får tillräcklig utbildning och information om arbetsmiljön och hur man arbetar säkert i HKK-salen. Detta kan inkludera utbildning i användning av köksutrustning, hantering av livsmedel, brand- och olycksfallsförebyggande åtgärder och första hjälpen.

*Säkerhetsregler för arbetet i hem- och konsumentkunskapssalen*

Säkerhetsregler är grundläggande för att säkerställa en trygg och säker arbetsmiljö för eleverna i hem- och konsumentkunskapsundervisningen. Genom att följa säkerhetsreglerna kan man minska risken för olyckor och skador, vilket är särskilt viktigt när det handlar om användning av maskiner eller hantering av vassa föremål. Både personal och elever ska vara medvetna om olika typer av risker och hur man upprätthåller en bra arbetssäkerhet i HKK-salen.

Det viktigt att lärare och personal har en etablerad praxis och följer dess innehåll kontinuerligt för att säkerställa säkerheten och välbefinnandet för alla i HKK-salen. Det främjar en säker kultur och bidrar till att förebygga olyckor och skador genom att skapa tydlighet, efterlevnad och kontinuerlig förbättring. En arbetssäkerhetsfrämjande praxis kan innehålla:

- o Informera elever om ordningsreglerna. Dessa förmedlas både skriftligt och muntligt.
- o Informera elever om hygienreglerna.
- o Informera elever om arbetsmiljörisker och skyddsutrustning.
- o Kontrollera salens maskiner och vitvaror.
- o Utföra och dokumentera riskbedömning kontinuerligt utifrån checklista.
- o Kontrollera att första hjälpen -utrustning finns tillgänglig
- o Informera vikarier om gällande dokument och rutiner.

Genom att lärare och annan personal följer en förutbestämd rutin, säkerställer man elevernas och personalens säkerhet och välbefinnande i HKK-salen. Detta är av yttersta vikt för att undvika olyckor och skador. Genom att informera om risker, säkerhetsåtgärder och nödvändig utrustning, säkerställer man att alla har likvärdiga och tillräckliga kunskaper om de olika faktorer som påverkar säkerheten i en miljö där maskiner och verktyg används regelbundet. Om praxisen följs kontinuerligt skapas det en kultur av säkerhet och medvetenhet bland elever och personal. Detta kan bidra till att minska risken för att olyckor inträffar genom att alla är medvetna om och respekterar de etablerade säkerhetsrutinerna, samtidigt som det skapas en standard för efterlevnad som förväntas av alla inblandade. Genom att dokumentera och följa upp praxisen kontinuerligt kan man identifiera eventuella brister eller förbättringsområden och vidta åtgärder för att åtgärda dem. Detta möjliggör en kontinuerlig förbättring av säkerhetsåtgärderna över tiden.

För elevernas pedagogiska arbete har tydliga regler en grundläggande betydelse: genom reglerna skapas en strukturerad arbetsmiljö där eleverna vet vad som förväntas av dem och vilka beteenden som är acceptabla under arbetsprocessen. Samtidigt underlättar säkerhetsreglerna eleverna att lära sig att ta ansvar och vara disciplinerade. Det finns ett flertal säkerhetsregler gällande elevarbetet vid undervisningen i hem- och konsumentkunskap, och de kan listas upp exempelvis följande:

- o Spring aldrig i salen.
- o Kasta aldrig saker i salen.
- o Ingen lek under arbetsprocessen.
- o Ställ alltid redskap och material till rätta platser.
- o Använd inte maskiner som du inte fått instruktioner om.
- o Torka golvet om du spiller.
- o Följ hygienreglerna i köksarbetet, samt lämna alla ytor torra och fläckfria efter arbetet.

Genom att följa säkerhetsreglerna lär sig eleverna vikten av att ta ansvar för sin egen och andras säkerhet samt att följa instruktioner och regler, vilket är färdigheter som är viktiga både i skolan och i arbetslivet. Reglerna om att städa upp efter sig och lämna arbetsytorna rena och ordnade är viktiga för att upprätthålla god hygien och för att skapa en trevlig och trivsam arbetsmiljö.

*Hem- och konsumentkunskapssalens fysiska arbetsmiljö (en del av de materiella ramfaktorerna för ämnet)*

Det finns ett flertal ramfaktorer som omfattas av arbetsmiljölagen gällande den fysiska miljön i hem- och konsumentkunskapssal. Dessa områden kommer att behandlas mer specifikt senare i boken, under kapitel 3, som behandlar de materiella ramfaktorerna, men här är en kortfattad lista av dem:

1. Tillräckligt med utrymme med bra belysning för att arbetet ska kunna utföras säkert och effektivt.
2. Optimal tillgänglighet för att alla elever, inklusive elever med funktionsnedsättningar kan arbeta utan hinder och risk för olyckor. Det kan exempelvis innebära att det finns anpassningar såsom ramper, höj- och sänkbara arbetsbord och andra hjälpmedel för tillgänglighet.
3. Bra ventilationen och bulleranpassningar för att säkerställa en hälsosam arbetsmiljö.
4. Optimala hygieniska förhållanden. Det är viktigt att det finns tillräckliga hygieniska förhållanden i HKK-salen för att säkerställa att matlagningen och andra aktiviteter kan utföras på ett säkert och hygieniskt sätt. Det kan innebära att det finns tillräckliga tvättmöjligheter och avskärmade ytor för hantering av livsmedel.
5. Bra ergonomiska förhållanden, vilket innebär att möbler och utrustning i HKK-salen ska vara ergonomiskt utformade för att minimera risken för fysiska belastningar och skador på elevernas hälsa, såsom ryggproblem och muskelskador.
6. Aktuella och välfungerande säkerhetsåtgärder. Det är viktigt att HKK-salen är utrustad med lämpliga säkerhetsanordningar och brandsläckningsutrustning enligt gällande säkerhetsföreskrifter för att minimera risken för olyckor och skador.

En inspirationsbild på en renoverad HKK-sal i en äldre
skolbyggnad. Salens moderna design kombinerar
funktionalitet med skolans klassiska arkitektur.
Av E. Larsson med hjälp av ett grafikprogram
och Ikeas planeringsverktyg.

## 2.3. Livsmedelslagstiftning och HKK-salen

I Sverige regleras kök och livsmedelshantering av flera statliga hygienregler
och föreskrifter från Livsmedelsverket. Sverige följer också EU lagstiftning
om livsmedelshantering och hygien. Utöver dessa finns det även särskilda
regler och riktlinjer (ex. Skollagen) som gäller specifikt för undervisningen
i hem- och konsumentkunskap.

1. **Livsmedelslagen (SFS 2006:804):**
   Detta är den övergripande lagen som reglerar hanteringen av livsmedel i Sverige. Lagen fastställer kraven för säker livsmedelshantering och ansvarar för att skydda konsumenternas hälsa.

2. **Livsmedelsverkets föreskrifter (SLVFS):**
   Livsmedelsverket har utfärdat flera föreskrifter som omfattar olika aspekter av livsmedelshantering. Exempel på dessa föreskrifter inkluderar *"Hygienregler för livsmedels-anläggningar"* (SLVFS 2001:30) och *"Livsmedelshygien, HACCP och egenkontroll"* (SLVFS 2006:27). Dessa föreskrifter innehåller detaljerade krav och riktlinjer för hygien och livsmedelssäkerhet.

3. **EU-förordningar:**
   Sverige följer också EU:s lagstiftning om livsmedelshantering och hygien. Exempelvis finns EU-förordningen (EG) nr 852/2004 och (EG) nr 853/2004 om livsmedelshygien, som fastställer grundläggande hygienkrav för livsmedelsföretag, samt Kommissionens vägledning till förordning (EG) nr 852/2004.

4. **Livsmedelshygienprogram (HACCP):**
   HACCP (Hazard Analysis and Critical Control Points) är ett system för att identifiera och kontrollera risker i livsmedelshantering. Livsmedelsföretag är skyldiga att utarbeta och implementera HACCP-program för att säkerställa säkerheten i sin verksamhet. Med många fördelar kan HACCP även tillämpas i hem- och konsumentkunskapssalar, både som ett pedagogiskt verktyg och för att säkerställa en säker livsmedelshantering tillsammans med eleverna.

Skolkök och andra anläggningar som tillagar och serverar mat till elever i större skala måste registreras och ha kontrollsystem, men detta gäller inte för HKK-salar som används i undervisningssyfte där maten lagas av eleverna för eget bruk och inte för försäljning eller servering till andra. I kommunala verksamheter är det vanligt att en nämnd, eller flera, fungerar som livsmedelsföretagare och därmed har ansvaret för att följa lagkraven inom livsmedelssäkerhet (Sveriges Kommuner och Regioner, 2020).

Gällande hem- och konsumentkunskapssalen är det skolans huvudman (kommunen för kommunala skolor eller ägaren för fristående skolor) som har det övergripande ansvaret för att hygienpraxis följs enligt gällande regler och riktlinjer. Det innebär att rektorn eller skolledningen har ett ansvar att säkerställa att lokalerna och utrustningen i HKK-salen är i sådant skick att hygien- och säkerhetsföreskrifter kan följas. Däremot ligger det dagliga ansvaret för att eleverna följer hygienpraxis på läraren i hem- och konsumentkunskap. Läraren ska undervisa och övervaka att eleverna tillämpar god hygien under matlagning och andra praktiska moment, inklusive handtvätt, korrekt hantering av råvaror och renhållning av arbetsytor och utrustning.

## 2.3.1. Livsmedelslagen i hem- och konsumentsalen

Livsmedelslagen (SFS 2006:804) reglerar olika aspekter av hantering, förvaring, tillverkning och servering av livsmedel. Lagen gäller delvis för hem- och konsumentkunskapssal i en skola, då HKK-salarna inte kan klassas som en del av ett privathushåll enligt EU:s livsmedelslagstiftning eller den svenska Livsmedelslagen. Ett privathushåll innebär enligt Livsmedelsverkets definition en grupp människor som delar en bostad och ansvarar för hushållets livsmedelsförsörjning, vilket inte omfattar skolmiljöer eller klassrum, även om undervisningen sker i en miljö där mat tillagas och konsumeras. Skolan och dess aktiviteter faller utanför begreppet "privathushåll", vilket innebär att livsmedelslagstiftningens krav på hygien och säkerhet är tillämpliga i skolans lokaler, trots att dessa inte drivs som ett kommersiellt livsmedelsföretag. Detta innebär också att de delar i Livsmedelslagen som handlar om servering, tillverkning och försäljning av livsmedel inte gäller HKK-sal.

När det gäller arbetet i hem- och konsumentkunskapssal, är följande delar av Livsmedelslagen (SFS 2006:804) relevanta:

1. **Krav på livsmedelssäkerhet:**
   Livsmedelslagen fastställer övergripande krav på livsmedelssäkerhet. Detta innebär att livsmedel som används i HKK-salen måste hanteras på ett sätt som säkerställer att de är säkra för konsumtion och inte utgör en hälsorisk för eleverna. Övergripande krav på livsmedelssäkerhet inkluderar:
   a) _Hygien:_
      Livsmedel måste hanteras på ett sätt som förhindrar kontaminering och förorening. Detta innebär att alla som hanterar livsmedel måste följa strikta hygienrutiner, inklusive handtvätt, användning av skyddskläder (förkläden), samt rengöring av köksutrustning och ytor.

b) *Korrekt förvaring:*

Livsmedel måste förvaras på rätt sätt för att förhindra tillväxt av skadliga bakterier och försämring av kvaliteten. Detta innebär att färska livsmedel måste förvaras vid lämplig temperatur, och att frysta och kylförvarade livsmedel måste förvaras enligt tillverkarens rekommendationer.

c) *Kontroll av livsmedel:*

Livsmedel måste kontrolleras regelbundet för att säkerställa att de är säkra att konsumera. Detta inkluderar att kontrollera bäst-före-datum, att inspektera livsmedel för tecken på försämring och att följa korrekta tillagningsmetoder.

d) *Allergenhantering:*

Livsmedel som kan orsaka allergiska reaktioner måste hanteras med extra försiktighet för att förhindra kontaminering. Detta inkluderar att informera om närvaron av allergener i livsmedel och att undvika korskontaminering mellan olika livsmedel.

e) *Spårbarhet:*

Livsmedel måste kunna spåras tillbaka till sin ursprungliga källa för att möjliggöra snabb och effektiv återkallelse vid behov. Detta innebär att livsmedel måste märkas och förvaras korrekt.

2. **Hantering och förvaring av livsmedel:**

Lagstiftningen ställer krav på hur livsmedel ska hanteras och förvaras för att minimera risken för kontaminering och försämring. Detta inkluderar krav på hygien, rengöring av köksutrustning och ytor, samt korrekt förvaring av färska, frysta och tillagade livsmedel.

3. **Livsmedelsanläggningar:**
   Livsmedelslagen reglerar även krav på livsmedelsanläggningar, inklusive kök och matsalar i skolor och utbildningsinstitutioner. Dessa anläggningar måste uppfylla specifika krav på hygien och säkerhet för att få hantera och servera livsmedel. Även om HKK-salar inte klassificeras som livsmedelsanläggningar enligt definitionen i lagen, där tillverkning för försäljning och servering till andra än de som tillagat maten regleras, måste de ändå följa många av samma hygien- och säkerhetskrav. Detta beror på att köken i HKK-salar hanterar livsmedel under utbildningsmomenten, vilket innebär att livsmedelssäkerhet och god hygienpraxis är avgörande för att skydda både elever och lärare.

   Kraven på renlighet, säker hantering av råvaror, korrekt förvaring och tillagning av mat gäller alltså även här, trots att maten inte serveras kommersiellt eller till utomstående personer. Det säkerställer att eleverna får en trygg miljö att lära sig i (enligt Skollagen), samtidigt som de får träna på korrekta rutiner för livsmedelshantering.
   - *God hygienisk praxis:*
     I hem- och konsumentkunskapssalen måste det tillämpas god hygienisk praxis för att förhindra förorening av livsmedel. Detta inkluderar regler för personalens och elevernas personliga hygien, rengöring och desinfektion av ytor och utrustning, skadedjurskontroll samt kontroll av vattenkvalitet.
   - *Rutiner för rengöring och desinfektion:*
     Undervisningssalen måste ha tydliga rutiner för rengöring och desinfektion av köksutrustning, arbetsytor och andra ytor där livsmedel hanteras för att förhindra kors-kontaminering och spridning av bakterier.
   - *Personalutbildning:*
     Lärare och annan personal som arbetar med hantering av livsmedel och matlagning måste vara korrekt utbildade i

livsmedelssäkerhet och hygienpraxis för att minimera risken för livsmedelsburna sjukdomar. Undervisnings-uppgifterna ska innehålla korrekt teoretisk information om livsmedelshygien, samt de måste anpassas på elevernas arbetsnivå och kunnighet inom livsmedelssäkerhet (jmf. Centrala innehållet i Lgr22).

- *Spårbarhet:*
  Alla livsmedelsanläggningar måste ha system för att kunna spåra livsmedel tillbaka till sin ursprungliga källa.

- *Märkning av livsmedel:*
  Lagstiftningen innehåller också krav på märkning av livsmedel, vilket innebär att livsmedel måste vara korrekt märkta med information om ingredienser, allergener, bäst-före-datum och annan relevant information för både lärare och elever.

- *HACCP-system:*
  Livsmedelsanläggningar ska använda sig av Hazard Analysis and Critical Control Points (HACCP)-system för att identifiera, bedöma och kontrollera livsmedels-säkerhetsrisker under hela livsmedelsproduktions-processen, med i HKK-salar kan denna praxis användas ett pedagogiskt syfte (jmf. Lgr22 och ämnets centrala innehåll).

## Hazard Analysis and Critical Control Points (HACCP)-systemet

I det systematiska arbetsmiljöarbetet i hem- och konsumentkunskapssalen kan HACCP -systemet anpassas och användas för att öka livsmedels-säkerheten och även att följa råden i Arbetsmiljöverkets föreskrifter gällande smittrisk.

---

*5 § I Arbetsmiljöverkets föreskrifter om systematiskt arbets-miljöarbete finns regler om att arbetsgivaren regelbundet ska undersöka arbetsförhållandena och bedöma vilka risker som kan förekomma i verksamheten. Där finns också regler om att arbetsgivaren ska vidta åtgärder för att förebygga ohälsa.*

*AFS 2018:4*

---

I 7 § står det att på arbetsställen där det finns smittrisk ska arbetsgivaren vidta åtgärder för att undvika att smittämnen sprids, och se till att antalet arbetstagare som riskerar att utsättas för smittämnen hålls så lågt som möjligt, samt i 9 § att arbetsgivaren ska se till att arbetstagare kan tvätta eller desinfektera händerna, i arbeten med smittrisk. Det viktigaste gällande livsmedelssäkerheten och riskbedömningen i handlar om att möjliggöra bra praxis i en optimal miljö.

I hem- och konsumentkunskapssalen kan tillämpningen av Hazard Analysis and Critical Control Points (HACCP) -systemet tas hänsyn till på många olika sätt. Först och främst handlar det lärarens arbetssätt, som ska inkludera HACCP-metoden i det dagliga arbetet i HKK-salen. Att kunna inkludera HACCP olika delar i undervisningen, innebär att läraren är kunnig inom systemet och dess tillämpning, samt att den implementeras i de pedagogiska uppgifterna i praktiken. Det finns ett par centrala innehåll i ämnet som tillämpar sig väl för detta: hygien och livsmedelssäkerhet i samband med hantering, tillagning och förvaring av livsmedel, samt rutiner och metoder för rengöring och tvätt.

**HACCP –system i praktiken**

Det är möjligt att arbeta med HACCP exempelvis genom att jobba med kökshygien och tillagnings temperaturer

a) *Arbeta med att identifiera olika typer av risker och faror* (exempelvis gällande Salmonella):
Innan matlagningen påbörjas, kan läraren och eleverna tillsammans identifiera olika faror som kan uppstå under matlagningen, såsom korskontaminering, otillräcklig upphettning av livsmedel och hantering av allergener.

b) *Bedömning av faror:*
Efter att farorna har identifierats bedöms deras potentiella risk för livsmedelssäkerheten. Detta kan inkludera att utvärdera hur sannolikt det är att en viss fara inträffar och konsekvenserna av det om den skulle inträffa.

c) *Fastställande av kritiska kontrollpunkter (CCP):*
kritiska kontrollpunkter i matlagningen kan identifieras, såsom korrekt hantering av råvaror, tillagnings-temperaturer och förvaringsmetoder. Vid varje kritisk kontrollpunkt kan det fastställas specifika åtgärder för att minska risken för faror.

d) *Fastställande av gränsvärden för varje CCP:*
för varje kritisk kontrollpunkt kan specifika gränsvärden fastställas för att säkerställa att maten tillagas och hanteras på ett säkert sätt. Det kan inkludera att upprätthålla specifika temperaturer under matlagningen och förvaringen av livsmedel. Exempelvis om man tillagar "chicken nuggets", ska eleverna förstå vikten av dubbelpaneringens olika skeden utifrån hygienaspekterna: hantering av rått ägg och rå kyckling, olika skärbrädor för olika råvaror, tvätta av

händerna mellan metoderna och ordentlig diskning av redskapen, samt att maten blir genomgräddad.

e) *Upprättande av övervakningssystem*:
under matlagningen kan ett övervakningssystem etableras för att säkerställa att CCP:erna kontrolleras och att gränsvärdena upprätthålls. Detta kan inkludera regelbundna temperaturmätningar och visuell inspektion av livsmedel (exempelvis att kycklingen nått innertemperaturen över 72 grader).

f) *Fastställande av åtgärder vid avvikelser:*
om övervakningen visar att gränsvärdena inte upprätthålls vid någon av de kritiska kontrollpunkterna, måste åtgärder vidtas för att korrigera situationen och säkerställa att maten är säker att konsumera. Exempelvis att eleverna anpassar matlagningsmetoderna under arbetets gång, så att de rätta egenskaperna uppnås.

Genom att inkludera HACCP-systemet i undervisningen får eleverna möjlighet att själva upptäcka och förstå principerna bakom livsmedels-säkerhet, hygien och riskhantering genom att arbeta praktiskt med livsmedel i verkliga situationer.

Konstruktivistisk pedagogik betonar att eleverna bygger sin egen kunskap genom erfarenheter och aktivt deltagande, vilket innebär att när läraren integrerar HACCP-systemet i det dagliga arbetet i HKK-salen, får eleverna inte bara lära sig teoretiska koncept, utan också hur dessa kan tillämpas i praktiken. Till exempel, genom att arbeta med hygien och livsmedels-säkerhet vid hantering, tillagning och förvaring av livsmedel, samt med rutiner för rengöring och tvätt, får eleverna möjlighet att utveckla en djupare förståelse för hur risker kan identifieras och förebyggas i köksmiljöer. De lär sig att tänka kritiskt, identifiera risker och fatta välgrundade beslut kring säker livsmedelshantering, vilket gör att deras lärande blir mer förankrat i verkligheten. Denna praktiska tillämpning av HACCP-systemet gör att eleverna kan skapa samband mellan teori och praktik, vilket inte bara främjar en högre förståelse utan också en långsiktig utveckling av viktiga livskunskaper.

Dessutom bidrar ett sådant arbetssätt till att stärka elevernas ansvarskänsla och självständighet. Genom att aktivt delta i uppgifter som kräver reflektion kring säkerhetsrutiner och hygien i samband med livsmedelshantering lär de sig att vara medvetna om de risker som finns i köksmiljön, och hur dessa kan hanteras på ett säkert sätt. Detta stärker deras förmåga att tänka systematiskt och tillämpa kritiskt tänkande, vilket är centralt i en konstruktivistisk lärandemiljö där fokus ligger på att eleverna utvecklar sin egen kunskap genom samspel med omgivningen och praktiska uppgifter.

## 2.3.2. Miljöbalken och hem- och konsumentkunskapssal

Planeringen och utförandet av en hem- och konsumentkunskapssal kan vara kopplad till Miljöbalken (1998:808) på flera sätt, särskilt när det gäller hanteringen av kemikalier, avfall och hälsoaspekter. Hälso- och säkerhetsaspekter behandlades redan i underkapitlet som handlar om arbetssäkerhet. Dessa kan i praktiken handla exempelvis bestämmelser om buller, ventilation och användning av farliga ämnen, som är relevanta för planeringen och utformningen av en HKK-sal för att säkerställa en säker och hälsosam arbetsmiljö för elever och personal. Detta område behandlas mer i kapitel 3. Materiella ramfaktorer. Även om miljöbalken inte är den primära lagstiftningen som reglerar arbetet i en hem- och konsumentkunskapssal, kan den ändå vara relevant på tidigare nämnda områden:

1. **Kemikaliehantering:**
   Miljöbalken reglerar användningen, hanteringen och lagringen av kemikalier för att minska risken för skador på hälsa och miljö. I en HKK-sal kan detta inkludera säker användning och förvaring av rengöringsmedel, matlagningsingredienser och andra kemikalier som används i undervisningen. Detta område behandlas i kapitel 4.

2. **Avfallshantering:**
   Miljöbalken innehåller bestämmelser om hur avfall ska hanteras och sorteras för att främja återvinning och minska miljöpåverkan. Skolor är skyldiga att följa dessa regler och se till att avfall från HKK-salen hanteras på ett miljövänligt sätt. Detta område behandlas i kapitel 4.

### 2.3.3. Lokala styrdokument

Kommunen eller skolan kan även fatta beslut om styrdokument som rör mat och hälsa, exempelvis genom en folkhälsoplan eller en måltidspolicy. Mat och matlagning i skolan involverar många aktörer och sträcker sig bortom skolmåltiderna till att omfatta all hantering av livsmedel och matlagning i hem- och konsumentkunskapssalarna. Därför är det viktigt att dessa frågor noggrant planeras och anpassas utifrån den specifika organisationens förutsättningar och behov.

*Folkhälsoplan och måltidspolitiskt program*

De flesta kommuner beskriver sina folkhälsomål i en långsiktig folk-hälsoplan som vanligtvis bygger på den av riksdagen antagna nationella folkhälsopolitiken. Det övergripande folkhälsomålet i Sverige är att samhället ska skapa förutsättningar för en god hälsa på lika villkor för hela befolkningen (Folkhälsomyndigheten, 2022 d). I grund och botten handlar det om att skapa en ramverksstruktur som stödjer det statliga arbetet för folkhälsa, vilket syftar till att främja hälsa och minska hälsoklyftor inom befolkningen. Folkhälsomyndigheten har fått i uppdrag av regeringen att utveckla denna struktur, som fokuserar på att integrera nationella mål och involvera olika statliga myndigheter för att främja jämlik hälsa. Det innebär också att definiera indikatorer för att mäta framsteg inom olika hälsoområden, inklusive specifika indikatorer för att övervaka jämlikheten inom hälsa.

Enligt ett flertal undersökningar har det framkommit att det finns ojämlikhet i hälsa när vissa samhällsgrupper upplever systematiska skillnader i hälsa baserat på deras sociala ställning. Dessa skillnader är inte slumpmässiga utan följer en tydlig trend, där hälsan gradvis försämras längs den sociala hierarkin (Folkhälsomyndigheten, 2022 d). Särskilt utsatta är grupper som är socialt och ekonomiskt mest sårbara, vilka drabbas hårdare av hälsoproblem än andra.

> *Dagens hälsoskillnader har orsaker både långt tillbaka i tiden och i nutid. För att uppnå en god och jämlik hälsa behövs ett långsiktigt arbete med att förbättra förutsättningarna för hälsan, i kombination med mer kortsiktiga insatser för att påverka konsekvenserna av ojämlika förutsättningar på hälsan i dag.*
>
> *Folkhälsomyndigheten, 2022 d*

Undervisningen i hem- och konsumentkunskap spelar en viktig roll i att öka likvärdiga kunskaper inom hälsosam livsstil. För matens del berörs målområde 1 och 6 i folkhälsopropositionen: *Det tidiga livets villkor och Levnadsvanor* (Folkhälsomyndigheten, 2022 d). För att dessa mål ska uppnås krävs insatser från flera aktörer.

Många kommuner har ett måltidspolitiskt program eller en måltidspolicy som redskap i arbetet för målområdena. Det måltidspolitiska programmet kan också omfatta kommunens beslut gällande regeringens mål och inriktning för ekologisk produktion och konsumtion samt åtgärder för att minska matsvinnet och måltidernas miljöpåverkan (Sigtuna Kommun, 2018; Katrineholms Kommun, 2024). Förutom att komma fram till mål och ambitioner är det viktigt att tydliggöra ansvarsområden och ta fram en plan för uppföljning. En måltidspolicy kan tydliggöra målsättningarna inom områden som måltidskvalitet (till exempel näringsriktig, miljösmart, säker, god, trivsam och integrerad) och organisation (kompetens, mandat, ansvarsfördelning).

*Måltidspolicy i praktiken*

En måltidspolicy för en skola i Sverige kan ha ett flertal betydelser och syften. Man kan utgå ifrån olika värdegrunder eller utgångspunkt då man skapar en måltidspolicy, ibland vill man lyfta upp hållbarhet eller kostkvalitet, då till exempel närproducerade råvaror och matens klimatpåverkan sätter grunden för en matpolicy (Mattanken, 2024). En måltids- eller kostpolicy gällande en skolverksamhet kan innehålla ett flertal punkter (jmf. Katrineholms Kommun, 2024; Strömstad Kommun, 2022; Sigtuna Kommun, 2018), som även kan inkluderas i måltiderna inom ämnet hem- och konsumentkunskap:

- **Kostkvalitet och hälsa**
  En kost- och måltidspolicy kan fastställa riktlinjer för att främja en hälsosam kost för eleverna. Den kan inkludera rekommendationer eller krav på näringsriktiga och balanserade måltider som tillhandahålls i skolan. Det kan också betona att använda färska, närproducerade och ekologiska livsmedel när det är möjligt (Katrineholms Kommun, 2024).

- **Goda måltider i en trivsam miljö**
  En kostpolicy kan riktas i att skolan erbjuder smakfulla måltider i en trevlig miljö. Smakfulla måltider kan betyda att skolan erbjuder olika kryddor och tillägg för måltiderna för att skapa möjlighet att ändra smaksättningen efter smak och tycke. En trivsam miljö innebär en plats där människor känner sig bekväma och välkomna att äta (Strömstad Kommun, 2022). Det kan inkludera aspekter som renlighet, trevlig atmosfär, bekväma sittplatser och möjligheten att socialisera under måltiden.

- **Hållbarhet**
  En måltidspolicy kan betona vikten av hållbarhet och miljö-medvetenhet när det gäller skolmåltider. Det kan inkludera riktlinjer för att minska matsvinn, främja återvinning av förpackningar och

främja lokala och ekologiska livsmedel (Sigtuna Kommun, 2018). En sådan policy kan också uppmuntra elever att välja vegetariska eller veganska alternativ och minska köttkonsum-tionen av miljöskäl (Katrineholms Kommun, 2024).

- **Allergi- och hygienhantering (säkra måltider)**
  En måltidspolicy kan innehålla riktlinjer för att hantera allergier och andra kostrestriktioner hos eleverna. Det kan kräva att skolan är medveten om elevernas allergier och tar hänsyn till dem vid tillagning och servering av måltider. Det kan också ge råd om att undvika vissa vanliga allergener i skolmatsalen. Samtidigt tar policyn upp de viktigaste åtgärderna för att garantera hygieniskt säkra måltider, genom användning av

  *"säkerställda tillagningsmetoder i måltidsverksamhetens kök*
  *och att kökspersonal som tillagar och serverar mat*
  *har ansvar att följa gällande lagstiftning för att*
  *garantera gästerna säker mat"*

  Strömstad Kommun, 2022

- **Kostrelaterade rutiner**
  En måltidspolicy kan fastställa rutiner för måltider i skolan, inklusive tidpunkter för lunch, mellanmål eller frukost. Den kan även inkludera riktlinjer för hur lång tid eleverna har på sig att äta, vilka typer av livsmedel som är tillåtna att tas med och konsumeras i skolan, samt hur matavfall ska hanteras (Katrineholms Kommun, 2024).

- **Utbildning och medvetenhet**
  En måltidspolicy inkluderar ofta inslag av utbildning och medvetenhet om hälsa, kost och matvanor. Skolan kan arbeta med att integrera utbildning om kost och näring i undervisningen samt erbjuda informationsmaterial och evenemang för elever och

föräldrar. Detta arbete kan även inkluderas i ämnet hem- och konsumentkunskap och dess innehåll.

Ett centralt syfte för en välformulerad och genomförbar måltidspolicy är att bidra till att skapa en hälsosam och hållbar matmiljö för eleverna och främja goda kostvanor på lång sikt. Det bidrar även till likvärdighet inom hälsosam livsstil genom att inkludera elever med särskilda kostbehov och skapa medvetenhet om matens betydelse för hälsa och miljö.

En inspirationsbild av en traditionell HKK-sal i en nybyggd
skola. Salen har generösa ytor, stora fönsterpartier
och moderna, ljusa elevkök.
Av E. Larsson med hjälp av ett grafikprogram
och Ikeas planeringsverktyg.

## 2.4. Riskbedömning och riskhantering

*Riskbedömning och arbetsmiljöansvar*

Arbetsmiljöverkets regler om arbetsmiljö för minderåriga omfattar alla
elever inom det svenska utbildningssystemet. En minderårig elev räknas från
och med förskoleklass (nollan) fram till avslutad utbildning, dock högst till

18 års ålder. Riskbedömning och arbetsmiljöansvar ligger hos kommunen och i den kommunala skolnämnden överlämnar man vanligtvis arbetsmiljöansvaret till rektorn. Det kan dock delegeras till andra, som till exempel en huvudlärare som undervisar i kemi, slöjd och gymnastik, eller hem- och konsumentkunskap (Arbetsmiljöverket, 2013). På fristående skolor följer huvudmannen vanligtvis samma praxis som den kommunala nämnden. Rektorn har vanligtvis ansvaret för att göra riskbedömningar innan förändringar görs i skolverksamheten eller när risker upptäcks. Ibland är det andra i skolan, som huvudlärare i kemi och slöjd, som faktiskt utför dessa riskbedömningar. Rektorn är då ansvarig för att dessa lärare har nödvändig kompetens och tillräcklig tid för att genomföra riskbedömningarna.

## Riskbedömning och förebyggande verksamhet

En viktig aspekt av arbetssäkerhet är riskbedömning och riskhantering. Skolan bör genomföra en noggrann riskbedömning för HKK-salen för att identifiera potentiella faror och utvärdera riskerna för elever och personal. Dessa risker kan inkludera skärskador, brännskador, halkolyckor och allergiska reaktioner på mat. Hem- och konsumentkunskapsläraren spelar en viktig roll i att genomföra och delta i riskbedömningar.

Läraren är utbildad inom ämnets breda innehåll och kan därför vara ansvarig för att genomföra aktiviteter och övningar där elevernas säkerhet är i fokus, till exempel i kök eller vid användning av olika verktyg och utrustning. Lärarens roll särskilt viktig eftersom undervisningen bygger på praktiska moment där eleverna arbetar med potentiellt riskfyllda moment, med olika typer av köksutrustning, vassa knivar, samt heta material och ytor. Det är på lärarens ansvar att säkerställa att eleverna förstår och följer säkerhetsföreskrifterna, samt att det finns lämpliga skyddsåtgärder på plats för att minimera riskerna. Det är även lärarens ansvar att planera uppgifterna på ett säkert sätt, så att eleverna har exempelvis tillräckliga kunskaper för att arbeta med de metoder och redskap som behövs i arbetsuppgifterna.

## Kontaktmaterial

Det finns flera lagar som reglerar material och produkter som är avsedda att komma i kontakt med livsmedel. Förordning (EG) nr 1935/2004 handlar om material och produkter avsedda att komma i kontakt med livsmedel. Utöver den finns mer specifika lagstiftningar för vissa material samt förordning (EG) nr 2023/2006 om god tillverkningssed. Den som planerar materialvalen i en HKK-sal bör vara medveten om olika egenskaper i de material som används i det praktiska arbetet i salen. Enligt Livsmedelsverket (2023b) räknas till kontaktmaterial alla material som är tänkta att komma i kontakt med livsmedel, exempelvis:

- o förpackningsmaterial för livsmedel, som plastpåsar, plastfilmer, papperspåsar, kartong- och plastförpackningar, samt olika slags folier,
- o bordsartiklar, som porslin, glas, matbestick,
- o köksredskap, som kastruller, stekpannor, ugnsplåtar, slevar och vispar,
- o köksapparater, som kaffebryggare och elvispar
- o delar av matlagningsapparater, som tätningar och slangar

De produkter, som är menade att vara i kontakt med livsmedel, till exempel en slickepott eller en stavmixer, behöver inte ha en godkännande märkning för livsmedels användning. Det finns olika sätt att markera att en produkt är säker att använda i kontakt med livsmedel. En ofta använd märkning är "glas och gaffel"-symbolen, som visar att produkten är säker att användas i kontakt med livsmedel under normala förhållanden. Om materialet har någon typ av begränsning, exempelvis temperatur, ska den informationen finnas tillsammans symbolen. Ett annat sätt att märka ut att en produkt är säker som kontaktmaterial är att skriva "för kontakt med livsmedel", eller att ange ett användningsområde för den, tex "vinkaraff".

Kommuner har ansvar för att ha en förebyggande verksamhet gällande skydd mot olyckor:

---

*1 § För att skydda människors liv och hälsa samt egendom och miljön skall kommunen se till att åtgärder vidtas för att förebygga bränder och skador till följd av bränder samt, utan att andras ansvar inskränks, verka för att åstadkomma skydd mot andra olyckor än bränder.*

*Lag (2003:778)*

---

I praktiken innebär detta att kommunen har ansvaret för bland annat att förebygga bränder och andra olyckor för att skydda människors liv, hälsa, egendom och miljö. När det gäller arbetet i HKK-salen i skolan kan detta innebära att kommunen, tillsammans med skolan och andra relevanta parter, måste vidta åtgärder för att säkerställa en säker och hälsosam arbetsmiljö för elever och personal. För undervisningen i hem- och konsumentkunskaps-salen innebär detta ett flertal praktiska åtgärder:

- Riskbedömning, som omfattar regelbundna riskbedömningar för att identifiera och åtgärda potentiella risker för olyckor och skador i HKK-salen, såsom halkolyckor, bränder eller skärskador.
- Regelbundna kontroller över verktyg och köksmaskiner i HKK-salen för att undvika olyckor som orsakas av dåligt fungerande köksutrustning. Även rengöring och underhåll av köksutrustning för att förhindra olyckor orsakade av felaktig eller dåligt fungerande utrustning.
- Regelbundna kontroller över livsmedelshygien, samt köksutrustning och tvätt- och rengöringsutrustning som behövs för att säkerställa en hög hygienstandard.
- Säkerhetsutbildning som omfattar genomförande av utbildning och information för elever och personal om säker användning av

köksutrustning, hantering av farliga ämnen och första hjälpen vid eventuella olyckor eller incidenter.

- Brandprevention, vilken innebär implementering av brandskydds-åtgärder och rutiner för att förebygga bränder, såsom korrekt användning av köksutrustning, övervakning av spisar och ugnar, och förvaring av brandfarliga material på ett säkert sätt.
- Nödutrymningsplaner, som omfattar både upprättande och övning av nödutrymningsplaner för att säkerställa att elever och personal vet hur man ska agera vid en olycka eller nödsituation i HKK-salen.

Myndigheten för samhällsskydd och beredskap (MSB) har ansvaret för att övervaka att kommunerna följer lagar och föreskrifter som rör säkerheten och beredskapen, inklusive lagar och föreskrifter som handlar om förebyggande åtgärder mot bränder och andra olyckor. Det innebär att MSB ska se till att kommunerna upprätthåller säkerhetsstandarder och följer de riktlinjer och krav som fastställs för att skydda människors liv, hälsa, egendom och miljö. Länsstyrelserna har också en roll i att tillhandahålla information om lokala och regionala förhållanden för att stödja MSB:s arbete vid behov:

---

*1 a §  Myndigheten för samhällsskydd och beredskap ska ha tillsyn över att kommunerna följer denna lag och föreskrifter som har meddelats i anslutning till lagen. Länsstyrelserna ska på begäran lämna information om lokala och regionala förhållanden.*

*Lag (2003:778)*

---

Många av bestämmelserna i Arbetsmiljöverkets regler om arbetsmiljön för minderåriga är straffbara (Arbetsmiljöverket, 2013). Arbetsmiljöverket har befogenhet att förbjuda viss typ av arbete om särskilda villkor inte är uppfyllda, eller att påtala att en arbetsgivare måste vidta vissa åtgärder. Som huvudman för en skola har man både ett ansvar för arbetsmiljön och ett straffrättsligt ansvar. Det första handlar om att genomföra åtgärder för att förebygga arbetsmiljöproblem. Det straffrättsliga ansvaret innebär att det är domstolen som avgör vem som är ansvarig om en olycka inträffar. Det är inte möjligt att genom interna beslut eller avtal inom organisationen bestämma vem som ska bära det straffrättsliga ansvaret. Domstolen beaktar dock hur ansvarsfördelningen och arbetet har organiserats inom företaget eller organisationen. Det tar även hänsyn till om en person haft tillräcklig befogenhet, ekonomiska resurser och kompetens för att fullgöra sina skyldigheter.

> *Ibland har man stökigare grupp och känner att man inte har full koll på knivar, varma ugnar mm. Har även haft avstängda elever som kommit in på HKK för att det är klart de ska ha "roliga" lektioner. Trots att vi har knivar mm. Har hänt att man varit rädd dessa tillfällen både för sin och andra elevers skull.*

> *Enkät 2020*

Lärarens kommentar belyser flera arbetsmiljöproblem i hem- och konsumentkunskapssalar, framför allt relaterade till säkerhet och risk-hantering. Det framgår att lärarna ibland känner sig otrygga (enkätsvaren 2020, 2021, 2022, 2024), särskilt när de hanterar stökiga elevgrupper eller elever som egentligen är avstängda från undervisningen men ändå deltar i praktiska moment som innebär farliga redskap, exempelvis knivar och varma ugnar. Detta skapar en osäker arbetsmiljö, där lärarna är rädda för både sin egen och elevernas säkerhet.

Denna otrygghet kopplas till arbetsmiljöansvaret som skolans huvudman har enligt Arbetsmiljöverkets regler. Läraren antyder att arbetsmiljöproblem uppstår på grund av bristande kontroll över situationen, och att det finns en reell risk för olyckor. Eftersom skolan har ett straffrättsligt ansvar om något skulle hända, blir det tydligt att förebyggande åtgärder – som att säkerställa trygga undervisningsmiljöer och upprätthålla ordning i klassen – inte alltid fungerar i praktiken. Det lyfter vikten av att skolledningen måste ha tydliga rutiner och regler för att hantera potentiellt farliga situationer och stödja lärarna med resurser och befogenheter för att skapa en säker och trygg arbetsmiljö.

## Smittspridning

Smittspridning ska ske via livsmedel och via människor (jmf. AFS 2018:4)

1. **Smittspridning via livsmedel**

   Smittspridning via livsmedel innebär att sjukdomsframkallande mikroorganismer överförs till människor genom konsumtion av kontaminerade, det vill säga förorenade livsmedel. Mikroorganismerna kan komma från råvaror, smutsiga ytor, eller från personer som hanterar livsmedlen. Smittspridning via livsmedel kan inträffa om maten inte har hanterats eller tillagats på ett hygieniskt korrekt sätt, vilket kan resultera i förgiftning eller livsmedelsburna sjukdomar.

   Förordning (EG) nr 852/2004 och bilagorna I och II till denna förordning fastställer generella hygienkrav för alla företag som hanterar livsmedel, inklusive skolor och HKK-salen. Genom att följa dessa grundförutsättningar, som inkluderar krav på lokaler, utrustning, hygienrutiner och personalens utbildning, kan skolan skapa en välfungerande förebyggande verksamhet, samt säkerställa en trygg och säker arbetsmiljö i hem- och konsumentkunskapssalen. Med en god kontroll över grundförutsättningarna kan risken för smittspridning minskas.

Kontrollerna kan utföras av hem- och konsumentkunskapsläraren tillsammans med skolans vaktmästare eller annan personal. Enligt Livsmedelsverket finns det ett antal exempel på områden som kan vara grunden för den egna kontrollen:

- *Personalens utbildning*
- *Personlig hygien*
- *Anläggningens lokaler, utrustning och underhåll*
- *Rengöring*
- *Skadedjursbekämpning*
- *Temperaturövervakning*
- *Vattenkvalitet*
- *Varumottagning*
- *Livsmedelsinformation: märkning, redlighet*
- *Spårbarhet*
- *Mikrobiologiska och kemiska kriterier*

*Livsmedelsverket, 2021b*

2. **Smittspridning mellan människor**

   Smittspridning mellan människor innebär att sjukdomsframkallande mikroorganismer överförs direkt från en person till en annan genom nära kontakt eller genom luften. Det kan ske genom hosta, nysningar, eller delning av föremål som är förorenade med mikroorganismer, som exempelvis handskakningar. Smittspridning mellan människor är vanligt vid luftburna sjukdomar som förkylning, influensa och covid-19, men kan också omfatta andra sjukdomar som överförs genom kroppsvätskor eller direkt kontakt.

   Arbetsmiljöverket (2023b) har gett förslag på åtgärder för att minska risken för smittspridning i skolan:

---

   - *Vidta tekniska och organisatoriska åtgärder för att minska smittspridning.*
   - *Se till att det finns tvål, pappershanddukar och handsprit på flera ställen i skolan.*
   - *Ha god luftkvalitet.*
   - *Informera personal och elever hur de ska agera om de börjar känna sig sjuka under dagen i skolan.*
   - *Säkerställ att alla lokaler städas ordentligt. Beröringsytor såsom handtag, strömbrytare, tangentbord eller läsplattor rengörs ofta.*
   - *Uppmuntra till utomhusaktiviteter.*

   *Arbetsmiljöverket, 2023b*

---

   Alla ovanstående åtgärder kan tillämpas av lokalansvariga i hem- och konsumentkunskapssalen.

## 2.4.1. Brandsäkerhet

Reglerna och föreskrifterna som gäller för brandsäkerhet i skolor i Sverige kan hittas i olika lagar, förordningar och föreskrifter. De viktigaste som handlar om brandsäkerhet i skolbyggnader är Lag om skydd mot olyckor (SFS 2003:778) och Boverkets byggregler (BBR).

1. **Lag om skydd mot olyckor (SFS 2003:778)**

   Denna lag reglerar hanteringen av skydd mot olyckor och kan innehålla bestämmelser om brandsäkerhet och brandförebyggande åtgärder i skolbyggnader.

   *1 § För att skydda människors liv och hälsa samt egendom och miljön skall kommunen se till att åtgärder vidtas för att förebygga bränder och skador till följd av bränder samt, utan att andras ansvar inskränks, verka för att åstadkomma skydd mot andra olyckor än bränder.*

   *2 kap. 2§ – Ägare eller nyttjanderättshavare till byggnader eller andra anläggningar skall i skälig omfattning hålla utrustning för släckning av brand och för livräddning vid brand eller annan olycka och i övrigt vidta de åtgärder som behövs för att förebygga brand och för att hindra eller begränsa skador till följd av brand.*

   *SFS 2003:778*

   Denna lag fastställer även bestämmelser för brandskydd i olika typer av byggnader, inklusive skolor. Enligt Myndighet för samhällsskydd och beredskap, MSB (2022) kan brandsäkerheten ökas på många olika sätt, även genom att säkra skolans byggnader och dess närområde: till exempel låga tak ska brandförsäkras och trä bodar flyttas, samt larm och sprinkler installeras. Man kan försämra möjligheterna till att anlägga en brand ostörd, exempelvis genom att ha ordentlig belysning och att man håller buskar och häckar låga.

## 2. Boverkets byggregler (BBR)

Boverket, som är Sveriges statliga myndighet för frågor om byggande och boende, har publicerat byggregler som innehåller föreskrifter för brandskydd i byggnader (Boverket, 2023a). Boverkets byggregler, som kallas BBR, bygger på de grundläggande reglerna i plan- och bygglagen, PBL, (SFS 2010:900) och dess tillhörande förordning, PBF (SFS 2011:338). Dessa regler för brandskydd utvecklas och förtydligas i avsnitt 5 av BBR genom bindande föreskrifter och generella rekommendationer.

BBR innehåller detaljerade krav och riktlinjer för konstruktion, utrymning, brandlarm, brandsläckning och andra aspekter av brandsäkerhet i skolmiljöer. Exempelvis finns Boverkets krav på brandegenskaper hos golv och väggar i Boverkets Byggregler, BBR 2008, Kap 5 Brandskydd. Brandkraven styrs av byggnadens brandklass (1–3) samt vilken sorts utrymme det gäller. I stort sett alla byggnader för skolor ligger i Brandklass 1 eller Brandklass 2.

När det gäller brandsäkerheten i en hem- och konsument-kunskapssal, är utgångspunkten för brandsäkerhetsföreskrifterna och anvisningarna att byggnaden är utformad, byggd och utrustad på ett sådant sätt att risken för brandstart är så låg som möjligt. Detta bör också beaktas vid val av ytmaterial, möbler och utrustning för hushållsundervisningsutrymmet: det är även bra för undervisnings-lokalens inredningstextilier tillhör i klass SL 1, svår att fatta eld.

*Brandsäkerhet i hem- och konsumentkunskapssalen*

I svenska skolbyggnader gäller vissa specifika regler och bestämmelser när det kommer till brandsäkerhet (Brandskyddsföreningen, 2023). Det finns ett antal viktiga punkter gällande förebyggande åtgärder i skolan och i hem- och konsumentkunskapssalen:

1. **Brandlarm:**
   alla skolbyggnader måste vara utrustade med fungerande brandlarm. Brandlarmet ska vara anslutet till en larmcentral som kan vidta nödvändiga åtgärder vid brand. I en hem- och konsument-kunskapssal ska larmenheten och dess placering vara anpassad efter användning av ugnarna och diskmaskinerna, för att undvika falska brandlarm.

2. **Brandsläckningsutrustning:**
   det ska finnas adekvat brandsläckningsutrustning placerad på en lättåtkomlig plats i salen. I HKK-lokalen ska det finnas brand-släckningsutrustning på synlig plats och rätt märkt. Den initiala brandsläckningsutrustningen inkluderar en brandfilt (storlek minst 150 cm x 180 cm) och en brandsläckare.

3. **Utrymningsvägar:**
   alla skolbyggnader måste ha tydligt markerade och fria utrymningsvägar. Det är viktigt att utrymningsvägarna gällande en hem- och konsumentkunskapssal är väl synliga, inte blockeras av möbler eller andra föremål och att de är lätta att nå och använda.

4. **Nödbelysning:**
   nödbelysning ska finnas längs utrymningsvägarna för att underlätta evakueringen vid strömavbrott eller dålig sikt på grund av rökutveckling.

5. **Brandskyddsutbildning och utrymningspraxis:**
all skolpersonal och eleverna bör utbildas i brandförebyggande åtgärder och hur man agerar vid brand. Det kan inkludera kunskap om brandsläckning, utrymningsvägar och hur man alarmerar brandkåren. Gällande undervisningen i hem- och konsument-kunskapssalen, är det viktigt att eleverna vet den praxis som gäller vid en utrymning, exempelvis att alla stänger av spisplattorna och spisen, går i rask takt genom utrymningsvägen till samlingsplatsen, samt att läraren stänger av huvudströmbrytaren, kontrollerar att alla har gått från salen innan den lämnas.

6. **Brandgenomgångar:**
skolledningen bör regelbundet genomföra brandgenomgångar och övningar för att säkerställa att alla inom skolan är medvetna om brandrutiner och kan agera korrekt vid en nödsituation.

7. **Branddörrar och brandväggar:**
vissa områden inom skolbyggnader kan kräva branddörrar och brandväggar för att förhindra spridning av brand och rök. Det är viktigt att dessa utrymmen hålls låsta när de inte används för att undvika obehörig åtkomst.

## 2.4.2. Hot och våld, kränkningar

Våld innebär att avsiktligt skada på en annan person, och det kan vara psykiskt, fysiskt eller materiellt. Hotet om våld hör inte hemma i en säker lär- och arbetsmiljö. Med våld på arbetsplatsen avses en våldssituation relaterad till utförandet av arbetsuppgifter, som uppstår mellan en anställd (t.ex. en lärare) och en kund (t.ex. en elev) eller mellan anställda. Med anställd avses här en lärare, en elev och annan skolpersonal.

Lagstiftningen som reglerar frågor relaterade till hot och våld på en skola i Sverige omfattar flera olika rättsakter. Några av de viktigaste lagarna och föreskrifterna som är relevanta gällande arbete i en hem- och konsumentkunskapssal:

1. **Skollagen (2010:800):**
   Skollagen är den centrala lagstiftningen som styr utbildnings-verksamheten i Sverige. Lagen innehåller bestämmelser om bland annat trygghet och studiero under lektionerna i hem- och konsumentkunskap. Skollagen betonar att elever ska kunna vistas och verka i en trygg och säker miljö och att åtgärder ska vidtas för att förebygga hot och våld.

2. **Arbetsmiljölagstiftningen:**
   Arbetsmiljölagen och Arbetsmiljöverkets föreskrifter om systematiskt arbetsmiljöarbete (AFS 2001:1) är relevanta när det gäller att skydda personalen mot hot och våld i skolmiljön. Arbetsgivaren har ansvar för att bedriva ett systematiskt arbetsmiljöarbete som inkluderar riskbedömning och åtgärder för att förebygga och hantera hot och våld.

3. **Diskrimineringslagen (2008:567):**
   Diskrimineringslagen förbjuder diskriminering och trakasserier på grund av kön, etnisk tillhörighet, religion, funktionsnedsättning, sexuell läggning eller annan liknande omständighet. Lagen är

tillämplig på skolmiljön och i arbetet i hem- och konsumentkunskapssalen. Den syftar till att skapa en inkluderande och trygg skolmiljö för elever och personal.

4. **Brott mot person:**
   Brott som hot, våld eller misshandel omfattas av den allmänna brottslagstiftningen i Brottsbalken (1962:700). Om hot eller våld inträffar på en skola kan polisanmälan göras och åtgärder vidtas enligt brottslagstiftningen. I HKK-undervisningen kan hot (4 kap. 5 §) innebära att en person hotar en annan, eller det kan handla om misshandel (3 kap. 5 §) om en person tillfogar en annan person kroppsskada eller smärta.

Den svenska skollagen har bestämmelser som reglerar frågor om våld och hot i skolmiljön, inklusive under hem- och konsumentkunskapslektioner. Enligt skollagen (2010:800) är skolan skyldig att erbjuda en trygg och säker miljö för eleverna och personalen. Detta innebär att i praktiken har skolan en skyldighet att förebygga och motverka kränkande behandling, trakasserier, våld och hot. Detta inkluderar att vidta åtgärder för att skapa en trygg och säker miljö där elever och personal kan känna sig skyddade.

Elever har en skyldighet att följa skolans ordningsregler, vilket vanligtvis innebär att de inte får hota eller utöva våld mot varken andra elever eller personal inom skolan. Att bryta mot skolans regler kan leda till disciplinära åtgärder från skolans sida. Skolan har befogenhet att vidta dessa åtgärder mot elever som bryter mot skolans ordningsregler. Det kan innebära varningar, omplaceringar, avstängningar eller andra åtgärder som syftar till att upprätthålla en trygg och säker miljö för alla elever och personal.

Enligt Skollagen (2010:800) har skolpersonalen anmälnings- och utredningsskyldighet, vilket innebär att de är skyldiga att anmäla till rektorn om de får kännedom om, eller misstänker att en elev utsätts för kränkande behandling, trakasserier, våld eller hot. Rektorn har sedan skyldighet att utreda händelsen och vidta lämpliga åtgärder. Skolan måste även ta konkreta åtgärder vid hot och våld. Om en elev utövar våld eller hot mot andra elever eller personalen måste skolan agera snabbt och effektivt. Åtgärderna kan innefatta att ge stöd och skydd till offret, samt att vidta disciplinära åtgärder mot förövaren. Skolan har skyldighet att informera och samråda med elevernas vårdnadshavare när det gäller åtgärder som vidtas mot eleverna på grund av deras beteende, samt ett ansvar för att erbjuda stödåtgärder till elever som varit inblandade i hot eller våldssituationer, både för att stödja dem och för att förebygga att liknande händelser inträffar i framtiden.

Skolan ska aktivt arbeta för att förebygga hot och våld genom att skapa en trygg och inkluderande miljö för alla elever och personal. Detta kan inkludera utbildning kring konflikthantering, främjande av positivt beteende och etablering av tydliga regler och rutiner för att hantera konflikter. Om skolan inte vidtar tillräckliga åtgärder för att förhindra eller hantera våld och hot i skolmiljön kan skolan bli skadeståndsskyldig gentemot den drabbade eleven eller personalen (2010:800). Det är viktigt att skolan har en tydlig handlingsplan och rutiner för hur man hanterar situationer som rör våld och hot i skolmiljön, inklusive under hem- och konsumentkunskapslektioner. Dessa åtgärder syftar till att säkerställa en trygg och säker miljö där eleverna kan lära och trivas.

## Lärarens och elevens perspektiv

Situationer som handlar om hot, våld och kränkningar under undervisningen i hem- och konsumentkunskap kan delas i elevens och lärarens perspektiv. Elevperspektivet omfattar ett flertal aspekter. Elever kan utsättas för hot och våld från sina klasskamrater under HKK-lektioner. Det kan vara fysiska övergrepp, verbala hot eller mobbning relaterat till deras prestationer, utseende eller andra egenskaper. Sådana situationer kan skapa en osäker och otrygg miljö för eleverna och påverka både deras välmående och inlärning. Elever kan också bli utsatta för kränkningar och diskriminering som kan handla om nedlåtande kommentarer, förlöjligande eller utestängning baserat på kön, etnicitet, religion, sexuell läggning eller andra faktorer. Dessa kränkningar kan påverka elevernas självkänsla, självförtroende, samt motivation och deltagande i olika typer av arbetsuppgifter under lektionerna (jmf. Folkhälsomyndigheten, 2022 c).

De tidigare nämnda situationer grundar sig ofta i ett finns bristande trygghet och respekt i klassrummet, vilket leder till en otrygg arbetsmiljö för eleverna. Detta kan göra det svårt för eleverna att koncentrera sig och lära sig om de känner sig hotade eller rädda. På detta sätt kan elevernas rätt att få en trygg och inkluderande lärmiljö kan bli försummad och detta kan allvarliga psykologiska konsekvenser för eleverna (Sonmark, Modin, 2017). Det kan leda till ångest, djup nedstämdhet, sänkt självkänsla och minskat intresse för skolan och ämnet. Eleverna kan också känna sig isolerade och ensamma om de inte vågar berätta om sina upplevelser för lärare eller andra vuxna. Om elever inte får lämpligt stöd och insatser när de utsätts för hot, våld eller kränkningar, kan de känna sig övergivna och maktlösa.

Det är viktigt att skolan har tydliga rutiner och mekanismer för att hantera och förebygga sådana situationer, samt att lärare och skolpersonal är lyhörda och agerar när problem uppstår. För att motverka problematiken är det viktigt att skolan arbetar aktivt med att främja en trygg och inkluderande lärmiljö (Gustafsson, Allodi Westling, Åkerman, Eriksson, Eriksson,

Fischbein, et al., 2010). Det kan inkludera utbildning och medvetenhet för elever om vikten av respekt och empati, implementering av tydliga riktlinjer mot mobbning och kränkande beteenden, samt att erbjuda stöd och intervention för elever som drabbas.

Problematiken med hot, våld och kränkningar i den svenska skolan är ett allvarligt och komplext ämne. När det gäller lärarens perspektiv finns det flera olika aspekter. Tyvärr upplever en del hem- och konsument-kunskapslärare att de har utsatts för hot och våld, samt kränkningar i samband med sitt arbete (enligt enkätundersökning år 2022 kände 8,2 procent och år 2024 8,6 procent sig konstant eller nästan konstant otrygga pga. olika typer av problematik med hot, våld och kränkningar i arbete). Lärare kan bli utsatta från elever, föräldrar eller andra personer i skolmiljön. Det kan innefatta verbala hot, fysiska övergrepp, trakasserier på nätet eller andra former av kränkande beteende. Enligt resultaten från enkät-undersökningarna (2020, 2021, 2022 och 2024) har dessa incidenter en negativ inverkan på lärarnas välmående, arbetsmiljö och förmåga att undervisa.

Det är inte heller ovanligt att lärare ställas inför utmaningar i samband med elevkonflikter, där elever är involverade i hotfulla eller våldsamma situationer med varandra. Lärare behöver ofta hantera och förebygga konflikter, samt hjälpa elever att utveckla konstruktiva sätt att lösa sina meningsskiljaktigheter utan att använda hot eller våld. Det är också relativt vanligt förekommande att lärare upplever att elever visar bristande respekt för reglerna i hem- och konsumentkunskapssalen, samt lärarens auktoritet, möjligen kränker dem verbalt eller genom andra beteenden. Det kan vara nedlåtande kommentarer, förlöjligande eller förolämpningar som påverkar lärarens självkänsla och välbefinnande. Sådana kränkningar kan också påverka undervisningens kvalitet och skapa en ogynnsam atmosfär i klassrummet.

Enligt svaren från enkätundersökningarna (2020, 2021, 2022 och 2024) behövs det behövs tydliga riktlinjer och kontinuerlig stöd för att stärka lärarrollen i hem- och konsumentkunskapssalen. Lärare kan känna sig osäkra eller överväldigade när det gäller att hantera hot, våld och kränkningar, särskilt om det inte finns tydliga riktlinjer eller stödstrukturer på skolan. Otillräcklig utbildning eller brist på resurser för att hantera sådana situationer kan göra det utmanande för lärare att känna sig trygga och tillräckligt professionella i sitt arbete.

Olika situationer som involverar hot, våld eller kränkningar kan ha allvarliga psykologiska konsekvenser för lärare. Upplevelser av rädsla, stress, ångest eller depression kan påverka deras välbefinnande och engagemang i arbetet. Det kan även leda till långvarig frånvaro från arbete och i vissa fall till att lärare överväger att byta yrke (enligt kommentarerna från enkäten år 2020, 2021, 2022 och 2024). För att hantera dessa utmaningar är det viktigt att skolor och myndigheter vidtar åtgärder för att förebygga och hantera hot, våld och kränkningar. Det kan inkludera utbildning och stöd för lärare, tydliga riktlinjer och policyer, förstärkta säkerhetsåtgärder och en kultur som främjar respekt och tolerans i skolmiljön.

*"Pågående dödligt våld"*

"Pågående dödligt våld" situationer innebär att det finns en akut fara för elevernas och personalens liv och säkerhet, förberedelser och åtgärder för att hantera pågående dödligt våldssituationer avgörande för att säkerställa elevernas och personalens säkerhet. PDV, eller Pågående Dödligt Våld, är ett polisiärt begrepp som beskriver våldshandlingar med avsikt att skada och döda (Myndigheten för samhällsskydd och beredskap, 2024). Dessa handlingar är vanligtvis planerade och utförs slumpmässigt mot personer på platsen. Det är viktigt att skolan har tydliga och effektiva nödprocedurer på plats och att personalen är vältränad och redo att agera snabbt och effektivt i en nödsituation.

1. **Aktivering av nödprocedurer:**
   skolan måste ha tydliga förfaringssätt för att hantera pågående dödligt våldssituationer. Det kan inkludera snabb aktivering av larmsystem och kommunikationskanaler för att varna personal och elever om faran. Dessa system måste vara anpassade även för hem- och konsumentkunskapssalen.

2. **Evakuering eller gömmande:**
   beroende på situationen kan skolan behöva genomföra en snabb evakuering av elever och personal till en säker plats utanför skolan. Om det inte är möjligt att evakuera säkert kan personalen behöva instruera eleverna att gömma sig på säkra platser inom skolan och att förbli tysta för att undvika att dra till sig uppmärksamhet.

3. **Kontakt med räddningstjänsten och polisen:**
   skolan måste snabbt kontakta räddningstjänsten och polisen för att rapportera situationen och få professionell hjälp och vägledning.

4. **Användning av säkerhetsprotokoll och träning:**
   det är viktigt att skolan har säkerhetsprotokoll och att personalen har genomgått träning för att hantera pågående dödligt våldssituationer.

Detta kan inkludera simuleringar och övningar för att öka personalens beredskap och reaktionsförmåga i en verklig nödsituation.

5. **Skydd för elever och personal:**
   skolan måste vidta åtgärder för att skydda elever och personal från faran. Det kan innebära att säkra dörrar, blockera ingångar eller använda andra fysiska skyddsåtgärder för att förhindra att angriparen får tillträde till skolan.

*Inrymning och utrymning*

Inrymning och utrymning är två olika säkerhetsåtgärder som kan vidtas för att hantera olika typer av hot eller faror i skolbyggnaden (Myndigheten för samhällsskydd och beredskap, 2024).

**Inrymning:**
- Inrymning innebär att elever och personal hålls inom skolbyggnaden och förblir i sina klassrum eller andra säkra platser.
- Inrymning kan användas som en säkerhetsåtgärd vid hot utifrån, såsom fara från farliga personer eller väderfenomen.
- Syftet med inrymning är att skydda elever och personal från faran genom att hålla dem säkra och borta från hotet utanför.

**Utrymning:**
- Utrymning innebär att elever och personal snabbt och säkert lämnar skolbyggnaden och flyttar till en utomstående samlingsplats.
- Utrymning används vanligtvis vid inre hot eller faror inom skolbyggnaden, såsom brand, gasläcka eller pågående dödligt våld.
- Syftet med utrymning är att ta elever och personal bort från faran och till en säker plats utanför skolbyggnaden där de kan vänta på ytterligare instruktioner eller hjälp från räddningspersonal.

En inspirationsbild av en traditionell HKK-sal i ett renoverat, gammalt skolhus.
Av E. Larsson med hjälp av ett grafikprogram och Ikeas planeringsverktyg.

# 3. Materiella ramfaktorer

Det här kapitlet handlar om ämnet hem- och konsumentkunskaps utifrån de materiella ramfaktorerna. Kapitlet är delat på följande sätt:

> 3.1. Planering och utförandet av HKK-salen, med fördjupning i Öppna ytor och Val av ytmaterial i HKK-salen
>
> 3.2. Belysning, el, vatten, avlopp, ventilation och ljudnivå
>
> 3.3. Köksutrustning
>
> 3.4. Vitvaror och köksmaskiner
>
> 3.5. Förvaring i HKK-salen
>
> 3.6. Material och praxis för olyckshantering
>
> 3.7. Läromaterial, som innehåller Livsmedel och Läroböcker och digital media.

*Vilka är de materiella ramfaktorerna som behövs för att undervisa elever i ämnet hem- och konsumentkunskap?*

För att säkerställa en likvärdig undervisning i ämnet krävs att undervisningsmiljön uppfyller de specifika krav som anges i Skollagen (2010:800) samt Skolverkets riktlinjer för ämnet. För att undervisningen i ämnet ska kunna genomföras på ett pedagogiskt optimalt sätt krävs en särskild anpassad sal som möjliggör den praktiska dimensionen av undervisningen. Som tidigare diskuterats, måste denna undervisningsmiljö vara anpassad till och följa de regelverk som styr både undervisning och arbetsförhållanden. Detta innebär att HKK-salar behöver vara utrustade enligt gällande standarder, så att eleverna kan utföra sina uppgifter säkert och med de rätta förutsättningarna för att lära sig både teoretiska och praktiska moment i ämnet.

Salarna måste utformas och utrustas med tillräckliga resurser för att uppfylla det centrala innehållet i ämnet, vilket inkluderar matlagning, näringslära och konsumentkunskap (2011a). Det handlar inte bara om tillgång till rätt verktyg och utrustning, såsom moderna spisar, arbetsytor och förvaringsmöjligheter, utan även om att skapa en miljö där lärandet kan ske tryggt och utan störningar. Arbetsmiljökrav, säkerhetsföreskrifter och tillgänglighet måste beaktas för att säkerställa att både elever och lärare kan utföra sina uppgifter på ett säkert sätt och utan onödiga risker.

Genom att tillhandahålla en funktionell och välutrustad HKK-sal skapas förutsättningar för eleverna att kunna omsätta sina teoretiska kunskaper i praktiken. Detta blir särskilt viktigt eftersom hem- och konsumentkunskap är ett ämne som förutsätter praktisk tillämpning. Eleverna ska kunna utveckla viktiga kunskaper för framtiden, som att laga näringsrik mat och göra medvetna val som konsumenter, och det är avgörande att de ges möjlighet att praktisera dessa färdigheter i en lämplig och säker miljö. Därmed är det skolans ansvar att se till att lokalerna och utrustningen lever upp till de krav som ställs i styrdokumenten, så att undervisningen blir så likvärdig och rättvis som möjligt för alla elever.

Skolverkets betoning på den pedagogiska klassrumsmiljön (2011a; 2022) understryker vikten av att ha ett säkert klassrum som är både utformat och utrustat för att uppnå ämnets mål. Detta framkommer även i lagstiftningen och de styrdokument som handlar om matlagning och livsmedelshantering i offentliga miljöer. Planeringsmässigt behövs det tillräckligt med optimalt och funktionellt planerat utrymme för par- och grupparbete, samt individuell inlärning. Dessa är avgörande för att stödja olika undervisningsmetoder och elevanpassningar. Utan dessa materiella ramfaktorer saknar eleverna de nödvändiga förutsättningarna för att kunna uppfylla alla kunskapskraven enligt Lgr22 (Skolverket, 2022).

Myndigheten för skolutveckling (2007) kopplar ihop elevernas läromiljö och ämnets pedagogiska måluppfyllelse: på grund av att kursplanens mål i hem- och konsumentkunskap är handlingsinriktade, är undervisning i en fullt utrustad sal ett grundläggande krav för att eleverna ska få ändamålsenlig undervisning, samt att kursplanens mål ska kunna uppfyllas och nås. Enligt enkätstudierna (2020, 2021, 2022 och 2024) upplevde var femte lärare att de saknade de basala materiella ramfaktorerna för undervisningen, vilket leder till att det inte är möjligt att nå likvärdig undervisning för alla elever. Om detta jämförs med ett annat praktiskt skolämne, exempelvis idrott, skulle det vara svårt att tänka sig att elever inte skulle ha tillgång i simhallen, bollhallen, eller att utföra aktiviteter, såsom orientering och dans. Det är ett faktum att ett välutrustat "klassrum" skapar en pedagogisk miljö som främjar aktivt lärande av både praktiska och teoretiska färdigheter.

En inspirationsbild av en traditionell HKK-sal i en nybyggd skola. Salen har
generösa ytor, stora fönsterpartier mot öst, och moderna,
ljusa elevkök kombineras med naturmaterial i golv och bord.
Av E. Larsson med hjälp av ett grafikprogram och Ikeas planeringsverktyg.

## 3.1. Planering och byggandet av en HKK-sal

Vid planering och byggande av en hem- och konsumentkunskapssal som ska
främja likvärdig och högkvalitativ undervisning, är det viktigt att säkerställa
att salen är välutrustad med nödvändigt material för att kunna följa den
gällande läroplanen, samt att den är säker att använda för både elever och
lärare. Dessutom bör salen vara optimalt planerad för att underlätta lärandet.

Enligt riktlinjerna i kapitel 2 bör utrymmet även ha möjligheter till god
hygien, vilket inkluderar tillgång till tvätt- och torkutrymmen samt
rengöringsmaterial. Dessutom bör salen vara utrustad med modern
pedagogisk teknologi, som datorer för informationssökning och digitala
läromedel, samt audiovisuella hjälpmedel, inklusive projektorer och
högtalare, för att underlätta visning av pedagogiska filmer och

presentationer. För att säkerställa att undervisningen kan bedrivas enligt Lgr22 (Skolverket, 2022), krävs även att salen har en lämplig uppsättning av köksmaskiner och vitvaror för att möjliggöra alla arbetsuppgifter och hygienrutiner. Ett ständigt uppdaterat lager av livsmedel och förbruknings-varor som krävs för matlagningsövningar är också nödvändigt för att möjliggöra en effektiv och målinriktad undervisning i hem- och konsument-kunskap.

Hem- och konsumentkunskapssalen bör vara utrustad på ett sätt som stödjer både undervisningens mål och elevernas lärande i enlighet med Lgr22. Detta innebär att salen ska ha ett tillräckligt antal arbetsplatser, anpassade efter elevgruppernas storlek, där varje kök är utrustad med spis, ugn, diskbänk och tillräckliga arbetsytor för effektiv matlagning. Dessutom bör salen ha mikrovågsugnar, kylskåp, frysar och ett brett urval av köksredskap, såsom kastruller, stekpannor, knivar, skärbrädor och blandningsskålar.

Många av ovannämnda ramfaktorer styrs av olika standarder, som kommer att tas upp senare i boken. En standard är ett dokument som fastställer specifika riktlinjer, specifikationer eller kriterier för att säkerställa att produkter, tjänster eller system fungerar på ett enhetligt, pålitligt och säkert sätt. Standarder utvecklas oftast genom en samarbetsprocess där experter från olika branscher, myndigheter och organisationer deltar. Dessa standarder är vanligtvis frivilliga att följa, men i samband med hem- och konsumentkunskapssalens utförande är de ofta tvingande på grund av att de tas upp i lagar eller regleringar. Standarder skapas för att generera en enhetlig grund så att produkter och system kan vara kompatibla över olika marknader och länder, samt att olika företag och organisationer kan lättare säkerställa att deras produkter eller tjänster håller en viss kvalitet. Standarder är viktiga speciellt utifrån en säkerhetsaspekt, då de ofta inkluderar säkerhetskrav för att skydda konsumenter och användare. Dessutom bidrar en standard till effektivare produktion och handel genom att eliminera behovet av att uppfinna "nya" lösningar för varje situation, samt skapa trygga, likvärdiga och optimala undervisningsmiljöer för hem- och konsumentkunskap.

Såsom nämnts i tidigare kapitel, finns det ett antal faktorer som tillsammans skapar en praktisk, säker och funktionell miljö, som främjar både elevernas inlärning och lärarens möjlighet att bedriva undervisning på en hög nivå. Det är viktigt att hem- och konsumentkunskapssalen består av öppna ytor utan skymmande överskåp. Detta ger läraren en tydlig överblick över elevernas arbete, vilket ökar säkerheten och möjliggör snabbare hjälp vid behov. Det främjar också en mer öppen och organiserad arbetsmiljö för eleverna, som kan röra sig fritt och nå sina redskap utan hinder. Lagom höga tak bidrar till en god akustik och ventilation, vilket minskar ljudnivån och förbättrar luftkvaliteten, något som gör lektionerna behagligare och mer koncentrerade.

Ljust och bra belysning säkerställer att eleverna ser tydligt under arbetet, vilket ökar säkerheten, speciellt vid användning av vassa redskap och heta apparater (Anttalainen, et.al. 2014). Det förbättrar också arbetsmiljön och bidrar till bättre inlärning genom att minska trötthet och koncentrationsproblem. Fritt rörelserum är viktigt för att eleverna ska kunna röra sig obehindrat mellan arbetsstationerna, vilket minskar risken för olyckor och främjar effektivt samarbete i grupp. Stabila och slitstarka material är avgörande för att möbler och utrustning ska hålla över tid trots tung användning. Det säkerställer en hållbar undervisningsmiljö där eleverna kan arbeta säkert och effektivt utan att behöva oroa sig för att saker går sönder eller inte fungerar korrekt.

> *En bra HKK-sal har tillräckligt många och väl utrustade kök så att eleverna kan arbeta parvis eller enskilt. I salen ska det också finnas fungerande utrymme och digital teknik för genomgångar etc.*
>
> *Salen ska vara utformad ändamålsenligt för både praktiskt och teoretiskt undervisningsinnehåll, och det ska vara enkelt att skapa en god växelverkan mellan dessa former av undervisning.*
>
> *Enkät 2022*

En kommentar från enkäten 2022 målar upp en idealbild av en hem- och konsumentkunskapssal, där fokus ligger på att salen är välutrustad och anpassad för undervisning. En sådan sal bör ha tillräckligt många kök för att möjliggöra att eleverna kan arbeta i par eller individuellt, vilket underlättar både lärande och praktiskt arbete. Utöver köken bör även salen ha tillräckligt med utrymme och fungerande digital teknik för genomgångar och undervisning. Salens utformning bör vara ändamålsenlig för både praktiskt och teoretiskt arbete, och det ska vara enkelt att skapa en smidig övergång mellan dessa undervisningsformer. Kommentarerna (enkät 2020, 2021, 2022, 2024) betonar vikten av en välplanerad och funktionell miljö för att stödja en mångsidig undervisning.

Av enkätsvaren framgår dock att en tredjedel av hem- och konsument-kunskapslärare inte har tillgång till en ändamålsenlig HKK-sal.

> *Undermåligt med ett kök med en diskho och två spisar: elevgruppen är för stor för utrymmet (12 elever). I år delar vi därför upp gruppen, så att 6 elever arbetar i köket medan 6 elever arbetar med teoretiska uppgifter i närheten. Detta gäller endast under praktiska moment, så det kommer nog att fungera. Men det är självklart tråkigt. Skolan ska rivas, och en ny skola planeras stå färdig inom ett par år, vilket gör att man inte ser någon vits med att försöka lösa problemet nu. Det finns ingen ekonomisk vinning i det.*
>
> *Enkät 2021*

Denna lärarkommentar från år 2021 belyser problematiken med bristfälliga undervisningslokaler för hem- och konsumentkunskap. Den beskriver en undermålig arbetsmiljö, där elever och lärare måste dela på ett begränsat kök med en diskho och två spisar. På grund av utrymmesbristen tvingas man dela upp elevgruppen, där hälften arbetar praktiskt i köket medan resten får arbeta med teoretiska uppgifter i närheten. Som ofta också framkommer i lärarnas berättelser förklarar skolledningen att 'det nuvarande tillståndet' med bristfälliga lösningar ska ses som tillfälligt, men förändringarna dröjer ofta i flera år (enkäten 2020, 2022, 2024). På grund av detta anses det inte värt att investera i förbättringar, eftersom det inte skulle ge några ekonomiska fördelar. Samtidigt uttrycker lärare som befinner sig i en sådan 'limbo-situation' frustration över de negativa effekterna på både undervisningen och deras egen arbetskapacitet. Den här lärarens kommentar är inte ovanlig, och enkätsvaren från åren 2020 till 2024 bekräftar att många nybyggda eller nyligen renoverade skolor har salar som redan väntar på renovering på grund av felplanering. Än värre är att det i många fall saknar skolorna ändamålsenligt utrustade salar för praktiskt-estetiska ämnen. *Vad innebär detta i praktiken, och vad kan denna situation bero på?*

Enligt resultaten från de fyra enkätstudierna (2020, 2021, 2022, 2024) verkar tillgången till ändamålsenliga undervisningslokaler inte vara direkt kopplad till skolornas placering i landet och socioekonomisk segregering, utan snarare en följd av friskolereformen. Idag är det inte obligatoriskt för alla skolor att ha särskilda lokaler för hem- och konsumentkunskap (Sveriges kommuner och landsting, 2007). Om en friskola i sin ansökan till kommunen tydligt beskriver hur undervisningen i praktiska ämnen ska genomföras, finns det inga krav på att skolan måste ha särskilda lokaler för dessa ämnen. Läroplanen för det obligatoriska skolväsendet, Lpo 94, ger utrymme för tolkningar (Linde, 2012), vilket innebär att skolledningen kan besluta att undervisningen i hem- och konsumentkunskap inte nödvändigtvis kräver ett specialutrustat klassrum med undervisningskök och tillhörande utrustning.

Utifrån forskning och resultaten från enkätstudierna tenderar friskolor att sakna HKK-salar (Lindblom, 2016), vilket även bekräftas av resultaten i enkätstudierna från 2020-2024. Samtidigt visar det sig att kommunala skolor, särskilt de byggda under 1960- till 1980-talet, generellt har välutrustade och genomtänkt planerade salar för praktiska ämnen. Detta kan förklaras av att när grundskolan infördes 1962, ställdes det tydliga och strikta krav på skolans lokaler och utrustning (Kungliga Skolöverstyrelsen, 1962; Skolöverstyrelsen, 1969), vilket inte gav enskilda skolor något större tolkningsutrymme för avvikelser från dessa standarder.

I Skolverkets rapport (2004) fann Cullbrand och Petersson att en av tio lärare ansåg att de saknade tillgång till en fullt utrustad sal som uppfyller syftet med undervisningen i hem- och konsumentkunskap. Lindbom et al. (2013) visade att 12 procent av de tillfrågade saknade detta, varav 29 procent arbetade på friskolor och 6 procent på kommunala skolor. Enkätstudierna bekräftar problematiken, dock var det ett mycket större antal lärare som hade otillräckliga undervisningsutrymmen: en tredjedel av lärarna var inte nöjda med utrustningen i sina kök och nästan hälften ansåg att konditionen var bristfällig utifrån pedagogisk syfte (enkät 2022, 2024). Detta är oroväckande, då detta i praktiken betyder att det i över hälften av de skolor som lärarna arbetar i, inte kan erbjudas likvärdig undervisning, jämfört med de skolor där man har ordentliga redskap och utrymmen.

En inspirationsbild av en traditionell HKK-sal
i ett äldre skolhus.
Av E. Larsson/Artelinas.

## 3.1.1. Öppna ytor

Enligt lärarnas kommentarer i enkäten (2022, 2024) framkommer att det är optimalt att undervisa i salar där man inte har skymmande överskåp vid elevköken. Även om det inte finns särskilda regler gällande överskåp i hem- och konsumentkunskapssal, finns det ett antal praktiska och pedagogiska anledningar för att undvika dessa i en undervisningsmiljö.

*Vi har en sal som är byggt på 60-talet med åtta kök, var av ett är anpassat för rörelseförhindrade, dvs. en elev som är rullstolsbunden. Det är bra, men köken har höga ovan skåp och sidoskåp. Jag ser inte helheten i salen, skåpen skymmer och eleverna göms bakom dem. Jag har ofta grupper med 14-16 elever och behöver ha koll på hela gruppen.*

*Enkät 2022*

## 1. Säkerhet och synlighet

För att säkerställa att läraren har god uppsikt över alla elever under lektionen kan det vara fördelaktigt att undvika överskåp. Överskåp blockerar synfältet, vilket gör det svårare för läraren att se vad eleverna gör, särskilt om det finns många kök och salen är stor. Dessutom är det extra viktigt att snabbt kunna upptäcka om elever använder knivar eller het utrustning på ett osäkert sätt. Ett öppet kök utan överskåp gör att läraren snabbt kan reagera om någon behöver hjälp eller ingriper vid en riskfylld situation.

## 2. Arbetsmiljö och städning

Överskåp samlar damm och smuts, särskilt på ovansidan, vilket leder till mer frekvent städning och underhåll. Att avstå från överskåp minskar arbetsbördan för både lärare och skolans städpersonal. Detta är ett praktiskt argument som kan stödjas av arbetsmiljöperspektiv, men det finns inga specifika krav kring detta i lagstiftningen.

## 3. Ergonomiska riktlinjer och Arbetsmiljökrav (AFS 2020:1)

Arbetsmiljöverkets föreskrifter betonar att arbetsplatser, även skolor, ska vara ergonomiskt utformade. Att undvika överskåp kan förbättra ergonomin för elever och lärare, särskilt om köksytorna anpassas för enkel tillgång till redskap och material utan att behöva nå högt upp. För elever och lärare kan överskåp vara svårare att nå, särskilt om det finns hyllor som är placerade högt upp, vilket kan leda till ergonomiska problem när man behöver sträcka sig eller använda en pall för att nå saker. Detta kan innebära en säkerhetsrisk. Det är också viktigt att köken är utformade på ett sätt som minimerar risker och optimerar arbetsflödet. Att ha arbetsytor som är lättåtkomliga och synliga kan vara ett säkerhetsplus i en undervisningsmiljö där många elever arbetar samtidigt.

> *Det är för trångt. Dålig planering av köken (lådor och skåp). Nästan allt förvaras i salen, skafferi, fryst och kylt. Lärarens egen arbetsdel är i salen, och fullt tillgänglig för eleverna.*
>
> *Det finns inte ordentligt med utrymme för bord och stolar till alla elever. De sitter väldigt trångt. Där är två bord för 4 personer för mycket, men de måste vara där tillsammans med extra stolar, eftersom jag behöver sittplats upp till 28 elever i salen.*
>
> *Enkät 2020*

Att behöva placera två extra bord för att rymma upp till 28 elever, tillsammans med fler stolar än vad som är lämpligt, kan leda till en oorganiserad och trång arbetsmiljö. Detta skapar inte bara hinder för ett effektivt arbetsflöde utan utgör också en betydande säkerhetsrisk i en köksmiljö, där stora elevgrupper kan vara svårare att övervaka och hantera på ett säkert sätt.

I en köksmiljö, där det ofta hanteras varma föremål, knivar och andra potentiellt farliga verktyg, är det särskilt viktigt att eleverna har tillräckligt med utrymme för att arbeta säkert och fokuserat. En välplanerad och rymlig inredning är avgörande för att optimera undervisningen och skapa en trygg miljö där eleverna kan koncentrera sig på uppgifterna utan att behöva oroa sig för trängsel eller olyckor. När utrymmet inte räcker till, kan eleverna känna sig stressade och ha svårt att samarbeta effektivt. Detta påverkar inte bara deras engagemang utan också deras inlärningsförmåga.

## 4. Pedagogiska undervisningsmiljöer

I hem- och konsumentkunskapssalar är det vanligt att tänka på praktisk utformning för att underlätta för lärare att undervisa och ha uppsikt över eleverna. Det är en praktisk och pedagogisk anpassning som ofta rekommenderas för att skapa en mer öppen och synlig miljö. Vikten av en god lärandemiljö för att barn och ungdomar ska kunna inhämta och utveckla kunskaper, är centralt för att skapa en optimal inlärningsmiljö i HKK-salar. En lärandemiljö som är både praktisk och pedagogisk innebär att eleverna har tillgång till rätt utrustning, verktyg och resurser, samtidigt som det främjar sociala relationer och ett positivt skolklimat, vilket har en stark koppling till elevers hälsa och välbefinnande.

Ur ett praktiskt perspektiv är det viktigt att salen är utrustad med tillräckligt många fullt utrustade kök för att alla elever ska kunna delta i undervisningen på lika villkor. Rätt utrustning – som spisar, arbetsytor, hygienutrymmen och teknologiska hjälpmedel – är avgörande för att skapa en miljö där eleverna kan genomföra alla nödvändiga arbetsmoment. Detta underlättar inte bara inlärningen av praktiska färdigheter utan bidrar också till trygghet, vilket betonas i Regeringens proposition om skollagen (2009/10:165).

För att skapa en optimal inlärningsmiljö i HKK-salar är det viktigt att beakta flera centrala faktorer, särskilt när det gäller utrymme och arbetsmiljö. Kommentar från en lärare pekar på några kritiska utmaningar:

> *Utrymmet är trångt, och det är lätt att snubbla över sopvagnar och annat som står överallt. Även om vagnarna är på hjul, finns det inget dedikerat utrymme för dem, vilket gör att det ändå blir trångt. Klassrummen kan verka rymliga vid första anblicken, men i praktiken saknas tillräckligt med plats. Detta borde ha varit något arkitekten tänkte på.*
>
> *Ofta saknas det också en dedikerad lärarplats och en allmän arbetsbänk för exempelvis livsmedel. På vissa skolor finns det inget förberedelserum, och ibland är huvudströmmen*

*kopplad till både diskmaskin och tvätt/tork, vilket gör det osäkert att använda dessa maskiner samtidigt som spisarna, om elever skulle glömma dem på.*

*Enkät 2020*

Enligt enkätsvaren (2020, 2021, 2022, 2024) är det ett ofta förekommande problem att ytorna i salen är för begränsade eller fel planerade. Om lokalen är för trång och inte är ordentligt planerad kan det påverka både lärarens och elevernas möjlighet att arbeta effektivt. En välplanerad arbetsmiljö är avgörande för att eleverna ska kunna koncentrera sig och utveckla sina kunskaper på bästa sätt (jmf. Anttalainen et.al., 2016). När det finns brist på utrymme för bord och stolar, och när det är trångt att arbeta, minskar möjligheterna för en aktiv och interaktiv undervisning.

Planeringen av förvaringsutrymmen är också en viktig aspekt. Om alla förvaringsutrymmen, som lådor och skåp, är belägna inom själva undervisningssalen kan det leda till en rörig och mindre funktionell arbetsmiljö. Detta kan skapa hinder för effektiv matlagning och för att upprätthålla en ordnad och säker arbetsmiljö (jmf. Svenska Arbetsmiljöverkets Föreskrifter, AFS 2020:1).

---

*25 § Arbetsplatser ska vara utformade för att medge tillräcklig rörelsefrihet för arbetet. Om detta inte är möjligt, på grund av särskilda förhållanden på arbetsplatsen, ska arbetstagarna ha tillräcklig rörelsefrihet nära den plats där arbetet utförs. Vid arbete där arbetstagaren måste utföra arbetsmoment som innebär kraftutövning eller arbete där arbetstagare behöver vrida, huka eller böja sig ned, ska det normalt finnas ett fritt arbetsutrymme om minst 0,8 meter. Då hjälpmedel och arbetsutrustning, eller annan teknisk utrustning.*

*Svenska Arbetsmiljöverkets Föreskrifter (AFS 2020:1)*

---

Om lärarens arbetsdel är integrerad i samma rum som elevernas arbetsytor, kan detta leda till att det blir ännu trängre och mindre organiserat. En separat arbetsyta för läraren, om möjligt, kan bidra till en mer ordnad och effektiv undervisningsmiljö.

Ur ett pedagogiskt perspektiv bidrar en välutrustad och funktionell sal till att lärarna kan genomföra undervisningen på ett sätt som uppfyller läroplanens krav, samtidigt som den ger utrymme för eleverna att utveckla sociala relationer och samarbeta. Ett tryggt och positivt skolklimat är avgörande för att elever ska känna sig motiverade och engagerade, vilket främjar likvärdig och högkvalitativ undervisning.

En inspirationsbild av en traditionell HKK-sal i en nybyggd skola. Salen har generösa ytor, och moderna, ljusa elevkök kombineras med naturmaterial i golv och bord.
Av E. Larsson med hjälp av ett grafikprogram och Ikeas planeringsverktyg.

## 3.1.2. Val av ytmaterial i HKK-salen

När det gäller valet av ytmaterial i en HKK-sal handlar flera aspekter även om att minska mängden av olika riskfaktorer i klassrummet. Enligt Europaparlamentets och rådets förordning om livsmedelshygien, 852/2004, finns det tydliga och ganska omfattande råd för hur en hem- och konsumentkunskapssal ska se ut gällande ytmaterial och faciliteter.

---

**I. lokaler där livsmedel bereds, behandlas eller bearbetas skall utformning och planering tillåta god livsmedelshygienisk praxis, bland annat skydd mot kontaminering mellan och under olika moment, särskilt när det gäller följande:**

---

**a)** Golvytor skall hållas i gott skick och vara lätta att rengöra och, när det är nödvändigt, desinficera. Detta kräver användning av ogenomträngliga, icke absorberande, tvättbara och giftfria material, såvida inte livsmedelsföretagarna kan övertyga de behöriga myndigheterna om att andra material som används är lämpliga. Golven skall, där så är lämpligt, vara försedda med adekvata avloppsbrunnar.

**b)** Väggytor skall hållas i gott skick och vara lätta att rengöra och, när det är nödvändigt, desinficera. Detta kräver användning av ogenomträngliga, icke absorberande, tvättbara och giftfria material samt att ytan är slät upp till en höjd som är lämplig för verksamheten i fråga, såvida inte livsmedelsföretagarna kan övertyga de behöriga myndigheterna om att andra material som används är lämpliga.

**c)** Innertak (eller, om innertak saknas, insidan på yttertaket) och installationer som är fästa i taket skall vara byggda och utformade på ett sådant sätt att ansamling av smuts förhindras och att kondensbildning, uppkomst av oönskat mögel och avgivande av partiklar begränsas.

**d)** Fönster och andra öppningar skall vara konstruerade på ett sådant sätt att ansamling av smuts förhindras. Om de är öppningsbara skall de, när det är nödvändigt, vara försedda med insektsnät som enkelt kan avlägsnas för rengöring. Om öppnande av fönster kan medföra kontaminering skall fönstren hållas stängda och låsta under produktionen.

**e)** Dörrar skall vara lätta att rengöra och, när det är nödvändigt, desinficera. Detta kräver användning av släta och icke absorberande material, såvida inte livsmedelsföretagarna kan övertyga de behöriga myndigheterna om att andra material som används är lämpliga.

**f)** Ytor (även ytor på utrustning) i utrymmen där livsmedel hanteras och särskilt de ytor som kommer i kontakt med livsmedel skall hållas i gott skick och vara lätta att rengöra och, när det är nödvändigt, desinficera. Detta kräver användning av släta, tvättbara, korrosionsbeständiga och giftfria material, så vida inte livsmedelsföretagarna kan övertyga de behöriga myndigheterna om att andra material som används är lämpliga.

**2. Adekvata anordningar skall, när det är nödvändigt, finnas för rengöring, desinficering och förvaring av arbetsredskap och utrustning. Dessa anordningar skall vara konstruerade av korrosionsbeständiga material, vara lätta att rengöra samt ha adekvat varm- och kallvattenförsörjning.**

**3. Adekvata möjligheter skall, när det är nödvändigt, finnas för att skölja livsmedel. Vaskar och liknande faciliteter för sköljning av livsmedel skall ha adekvat försörjning av varmt och/eller kallt dricksvatten i enlighet med kraven i kapitel VII, och de skall hållas rena och, när det är nödvändigt, desinficeras.**

*C1 EUROPAPARLAMENTETS OCH RÅDETS FÖRORDNING (EG) nr 852/2004 av den 29 april 2004 om livsmedelshygien, EUT L 139, 30.4.2004, s. 1*

Europaparlamentets och rådets förordning ger tydliga och konkreta råd gällande undervisningslokalens materiella egenskaper. *Vad betyder dessa i verkligheten för undervisningen i hem- och konsumentkunskap?*

Generellt sätt utsatts all ytmaterial i HKK-salen för kontinuerlig slitage och bör därför vara robust och tåla daglig användning. Detta är ett av baskraven även enligt Livsmedelslagen och Arbetsmiljöverkets föreskrift AFS 2018:4, som behandlar arbetsplatsens utformning. Genom att välja ett slitstarkt material kan man förlänga golvens livslängd och minska behovet av upprepat underhåll och utbyte. Ett av de viktigaste övervägandena är även att välja ett ytmaterial med god halksäkerhet (SFS 2003:778). HKK-salar innebär ofta fuktighet och risk för spill, vilket kan göra golvet halt. Säkerheten för eleverna är avgörande, så det är viktigt att välja ett material med en yta som ger bra grepp och minskar risken för halkolyckor. Hem- och konsumentkunskapssalen ska vara utformad, byggd och utrustad på ett sådant sätt att risken för brandstart är så låg som möjligt. Detta bör också beaktas vid val av ytmaterial, möbler och utrustning för utrymmet för hushållsundervisning: det är även bra för undervisningslokalens inrednings-textilier tillhör i klass SL 1, svår att fatta eld (BBR 2008).

Hem- och konsumentkunskapssalen är en lokal där livsmedel bereds, behandlas eller bearbetas, och därför ska den enligt Livsmedelslagen vara utformad och planerad för att möjliggöra god livsmedelshygienisk praxis (SFS 2006:804; AFS 2018:4). Golvytorna ska hållas i gott skick och vara lätta att rengöra och desinficera, vilket kräver användning av täta, icke absorberande material. Väggytorna ska vara lätta att rengöra och desinficera, med släta, tvättbara material upp till en höjd som passar verksamheten. Innertak och takinstallationer ska utformas för att förhindra smutsansamling, kondensbildning och mögel. Fönster och andra öppningar ska vara konstruerade för att förhindra smutsansamling och, om de är öppningsbara, vara försedda med avtagbara insektsnät. Om öppning av fönster kan leda till kontaminering, ska de hållas stängda och låsta under matlagningen. Dörrar ska vara lätta att rengöra och desinficera, med släta, icke absorberande material.

Det är grundläggande att alla ytor i HKK-salen, som kommer i kontakt med livsmedel, inklusive utrustning, ska hållas i gott skick, vara lätta att rengöra och desinficera, och vara tillverkade av släta, korrosionsbeständiga och giftfria material. Detta inkluderar att undvika att klistra lappar eller liknande material på ytor som kontinuerligt måste desinficeras. Dessa ytor, såsom bord och bänkar, behöver vara fria från sådana objekt för att säkerställa enkel och effektiv rengöring. Vidare bör läromaterial i form av bilder placeras på den sida av klassrummet som inte ligger i anslutning till köken. Detta är viktigt för att hålla området kring köket fritt från distraktioner och samtidigt säkerställa att livsmedelssäkerheten upprätthålls.

Enligt lärarnas kommentarer är gamla kök en stressfaktor som inte kan rengöras ordentligt då ytorna blivit för nötta:

> Köken är slitna, alla ytor repade och söndriga. Det blir aldrig riktigt rent, även om eleverna försöker att följa instruktionerna.
>
> *Enkät 2020*

Lärarens kommentar om slitna och skadade ytor i köken pekar på brister i både funktionalitet och hygien, vilket strider mot de hygienregler som gäller för livsmedelshantering. Enligt dessa regler ska alla ytor som kommer i kontakt med livsmedel vara släta, lätta att rengöra och i gott skick för att säkerställa en säker och hygienisk miljö: när ytor är repade eller söndriga, som i detta fall, blir det svårt att upprätthålla en tillräckligt hög hygiennivå. Detta innebär att även om eleverna följer instruktionerna för rengöring, kan det vara omöjligt att få ytorna helt rena, vilket ökar risken för bakterietillväxt och kontaminering. Dessutom kan repade eller slitna ytor vara en grogrund för smuts och bakterier, och om de inte kan rengöras ordentligt kan det leda till en undermålig hygienstandard. Lärarens kommentar visar att dessa problem påverkar både undervisningen och säkerheten, och att de materiella förutsättningarna i hem- och konsumentkunskapssalen behöver förbättras för att uppfylla de grundläggande hygienkraven.

Enligt Europaparlamentets och rådets förordning (EG) nr 852/2004 ska det även finnas lämpliga anordningar för rengöring, desinficering och förvaring av arbetsredskap och utrustning i HKK-salen, och dessa ska vara tillverkade av korrosionsbeständiga material med tillräcklig varm- och kallvattenförsörjning. Det ska även finnas möjligheter för att skölja livsmedel, med vaskar som har adekvat tillförsel av dricksvatten och som hålls rena och desinficeras vid behov.

*Hälsofrämjande ytmaterial*

Hälsoaspekten är en viktig faktor att ta hänsyn till vid valet av ytmaterial i hem- och konsumentkunskapssalen. Det är därför även väsentligt för lärare att ha kunskap om vilka ytmaterial som kan vara hälsofrämjande och farliga av flera skäl. För det första handlar det om att skydda elevernas hälsa; genom att identifiera och undvika riskabla material kan läraren minimera potentiella hälsorisker, såsom allergiska reaktioner eller kemisk exponering. Dessutom bidrar denna kunskap till att skapa en säker arbetsmiljö. Genom att vara medveten om riskerna kan läraren vidta nödvändiga åtgärder, exempelvis genom att påverka att det väljs säkra material till HKK-salen, eller se till att ytor rengörs och underhålls på rätt sätt. En annan viktig aspekt är att lärare kan utbilda sina elever i säkerhet och hälsa. Genom att dela med sig av kunskapen skapas en medvetenhet kring risker och goda rutiner, vilket är värdefullt för eleverna både i skolan och i deras egna kök.

Det finns ett antal hälsofrämjande aspekter gällande val av ytmaterial i HKK-salen:

1. **Inomhusluftkvalitet**
   Vissa ytmaterial, såsom plaster, laminat och komposit, kan avge VOC (flyktiga organiska föreningar) och andra skadliga ämnen som påverkar inomhusluftkvaliteten. Att välja material med låga VOC-utsläpp och som är fria från skadliga kemikalier är viktigt för att minimera risken för att elever och personal exponeras för potentiellt skadliga ämnen. Läraren bör vara medveten att om elever sätter varma saker på dessa ytmaterial ökar koncentrationen av VOC i luften, samt att skadade ytor är den mer mottagliga för bakterietillväxt och svamp, vilket påverkar hygienstandarden i köket.

2. **Hygien**
   Som tidigare nämnts i samband med Livsmedelslagen, bör alla ytmaterial vara lättskötta och hygieniska för att främja en ren och

säker arbetsmiljö. Det är viktigt att välja material som är motstånds-kraftiga mot fläckar, lätta att rengöra och som inte absorberar vätskor.

3. **Ljudabsorption**
   Ljudnivån i HKK-salen kan vara hög på grund av köksaktiviteter, diskussioner och användning av köksredskap. Att välja ytmaterial som erbjuder ljudabsorptionsegenskaper kan bidra till att minska ljudnivån och skapa en mer lugn och koncentrerad arbetsmiljö.

4. **Ergonomi**
   Valet av ytmaterial kan också påverka ergonomin i HKK-salen. Till exempel kan ett golv med viss elasticitet eller dämpning bidra till att minska påfrestningen på ben och leder för personer som är stående länge i köket. Att skapa en ergonomiskt vänlig miljö kan bidra till att minska risken för skador och obehag för elever och personal.

5. **Estetik och design**
   Utseendet och designen av ytmaterial är också en essentiell faktor. En trivsam och inbjudande miljö inspirerar eleverna och främjar deras engagemang och intresse för ämnet. Att välja ett ytmaterial som passar in i den övergripande estetiken och designen av salen kan bidra till att skapa en harmonisk och professionell atmosfär. Det underlättar även för elever med NPF-diagnoser som ADHD, autism och ibland dyslexi, där koncentration och sensorisk känslighet är viktiga faktorer att ta hänsyn till.

6. **Allergivänlighet**
   Vissa personer kan vara känsliga eller allergiska mot vissa material eller ämnen. Det är därför viktigt att välja material som är allergivänliga och inte utlöser allergiska reaktioner hos elever eller personal. Enligt Arbetsmiljöverket (2024) kan vanliga ytmaterial orsaka överkänslighetsreaktioner och är dessutom allergi-framkallande:
   - Lösningsmedel, lacker eller andra kemikalier som kan vara allergiframkallande för vissa personer. Exponering för dessa

material kan leda till andningsbesvär, hudirritation eller allergiska reaktioner.

- Vissa mjukplastmaterial, som PVC (polyvinylklorid), kan innehålla kemikalier som kan utlösa allergiska reaktioner hos känsliga individer. Kontaktdermatit och andningsbesvär är några vanliga symtom på allergi mot mjukplast.
- Nickel används ibland i byggnadsmaterial, såsom handtag, kranar eller bordsben. Personer med nickelallergi kan uppleva hudreaktioner, rodnad, klåda eller utslag när de kommer i kontakt med nickelhaltiga ytor.
- Latexallergi är vanligt och kan orsaka allergiska reaktioner vid kontakt med latexmaterial, såsom gummihandskar, bollmattor eller andra latexbaserade ytor.
- Kalk kan vara allergiframkallande. Den används i vissa typer av golv, väggar eller tak. Inandning av kalkdamm eller kontakt med kalkhaltiga ytor kan orsaka allergiska reaktioner, såsom hudirritation, klåda eller andningsbesvär.

## 7. Miljöaspekter

Valet av miljövänliga ytmaterial vara betydelsefullt för att minska miljöpåverkan och främja hållbarhet. Att välja material som är tillverkade av naturliga och förnybara resurser, återvunnet material eller som är återvinningsbara kan vara ett steg mot att skapa en mer miljövänlig HKK-sal (jmf. Nordisk Miljömärkning Bakgrundsdokument, 029/6.12, 2022).

- o Uppfyller hårda krav på hälso- och miljöfarliga kemikalier
- o Garanterar låga emissioner och en god innemiljö
- o Har hög andel förnybart och/eller återvunnet material
- o Har tillverkats energieffektivt

En inspirationsbild av en traditionell HKK-sal i en nybyggd skola. Salen är
kompakt med en enkel planlösning som ger maximalt rörelseutrymme.
Den har stora fönsterpartier mot norr och moderna, ljusa elevkök med trädetaljer,
kakelmönster och randig tapet på väggarna.
Av E. Larsson med hjälp av ett grafikprogram och Ikeas planeringsverktyg.

## 3.2. Belysning, el, vatten, avlopp, ventilation och ljudnivå

Belysning, el, vatten, avlopp, ventilation, ljudnivå har stor betydelse för att
säkerställa optimal undervisningskvalitet i en hem- och konsument-
kunskapssal. Det är avgörande att dessa planeras enligt regelverken för att
säkerställa en trygg och effektiv undervisningsmiljö. Generellt sätt
möjliggör säker och välplanerad elförsörjning trygg användning av
köksapparater, vilket minskar risken för olyckor och avbrott i
undervisningen. Ett fungerande vatten- och avloppssystem är nödvändigt för
hygienisk matlagning och rengöring, och lär eleverna rätt kökshantering.
God ventilation skapar en frisk inomhusmiljö genom att eliminera matos och

fukt, vilket förbättrar både luftkvaliteten och elevernas koncentration. Kontrollerad ljudnivå bidrar till en lugn och fokuserad miljö, där lärare och elever kan kommunicera effektivt. Ergonomiskt utformade arbetsstationer minskar belastningen på både elever och lärare, vilket främjar säkerhet och komfort. Genom att planera dessa aspekter noggrant kan undervisningen bedrivas smidigt, vilket höjer både arbetsmiljön och den pedagogiska kvaliteten.

*Varför ska läraren i hem- och konsumentkunskap ha kunskaper om föreskrifter gällande belysning, el, vatten, avlopp, ventilation, ljudnivå i HKK-salen?*

För det första bidrar en god förståelse av sådana föreskrifter till att säkerställa säkerhet och hälsa i skolmiljön (jmf. Skollagen). Genom att känna till gällande regler kan läraren hjälpa till att identifiera och åtgärda potentiella säkerhetsrisker i köksutrymmen, vilket är avgörande när elever använder spisar, ugnar och annan köksutrustning. En sådan insikt hjälper också till att skapa en arbetsmiljö som uppfyller de krav som ställs på säkerhet och hälsa, vilket minskar risken för olyckor och skador. En annan viktig aspekt är att lärarens kännedom om relevanta föreskrifter kan förbättra effektiviteten och funktionaliteten i köksutrymmena.

Att fråga en kompetent HKK-lärare om deras åsikter och önskemål i samband med bygg- eller renoveringsprojekt kan leda till en mer skräddarsydd och anpassade lösningar. Genom att förstå byggnormer och regler kan läraren bedöma om planerade ändringar, renoveringar eller byggplaner möter undervisningens behov. Det innebär att läraren kan bidra till att utforma utrymmen som är både praktiska och effektiva, vilket är viktigt för att stödja undervisningen och det pedagogiska arbetet i HKK-salen. Läraren, som dagligen är verksam i köksutrymmena, kan ge värdefulla insikter om hur utrymmet bör utformas för att bäst stödja undervisningen och den praktiska verksamheten. Detta bidrar till att skapa en miljö som inte bara är funktionell utan också trivsam och säker.

## 3.2.1. Belysning

En optimal belysning i en hem- och konsumentkunskapssal bör balansera både funktion och komfort för att skapa en säker och effektiv arbetsmiljö. Allmänbelysningen bör vara indirekt och jämnt fördelad för att undvika skuggor och bländning, vilket minskar risken för olyckor vid hantering av köksredskap. Varje kök bör kompletteras med riktade spotlights eller arbetsbelysning för att ge tillräckligt med ljus där eleverna arbetar med detaljerade uppgifter som matlagning och skärning. Naturligt ljus, särskilt genom fönster placerade mot norr eller öster, är idealiskt eftersom det ger jämn och mjuk belysning utan överhettning eller starkt solljus som kan blända. Detta bidrar till en behaglig och energisnål miljö där det artificiella ljuset inte alltid behöver vara påslaget. Såsom det framkommer i nedanstående kommentar:

> *Vi har stora fönsterpartier mot norr, vilket är riktigt bra: aldrig för varm eller direkt solljus, men mycket dagsljus. Det gör att vi inte behöver ha ljusen på hela tiden och ljuset känns behaglig i salen.*
>
> *Enkät 2022*

Denna lärarkommentar från enkäten 2022 beskriver vikten av att ha rätt belysning i en undervisningslokal. Läraren framhåller att indirekt belysning är fördelaktigt för att undvika bländning, vilket kan orsaka farliga situationer under praktiskt arbete.

För att säkerställa en hög kvalitet på undervisningen inom ämnet är det viktigt att komplettera allmänbelysningen med spotlights vid varje köksstation. Detta ger tillräckligt med ljus på de arbetsytor där det behövs som mest, exempelvis vid hantering av livsmedel och matlagning. God belysning är avgörande för att eleverna ska kunna göra säkra och korrekta bedömningar, såsom att identifiera gröna fläckar på potatis, vilka indikerar närvaron av solanin, ett giftigt ämne. Dessutom möjliggör riktad belysning att eleverna kan bedöma detaljer som såsers textur och färgförändringar, vilket är viktigt för att uppnå rätt smak och konsistens. Färgtemperaturen på belysningen spelar också en central roll för att stödja både praktiska och teoretiska moment. En neutral eller kall färgtemperatur är att föredra för att ge ett klart och naturligt ljus, vilket gör det lättare att upptäcka viktiga färgskiftningar under matlagnings- och bakningsprocessen. Detta är inte bara en fråga om säkerhet utan också om pedagogik. Enligt det centrala innehållet i Lgr22 ska eleverna kunna reflektera över och uttrycka sig om matens utseende, doft, smak, samt konsistens och struktur. Genom korrekt belysning blir det enklare för eleverna att uppmärksamma och diskutera dessa egenskaper i relation till olika matlagnings- och bakningsmetoder.

Läraren lyfter också fram fördelarna med stora fönsterpartier mot norr, som ger mycket dagsljus utan direkt solljus eller överhettning, vilket skapar en behaglig atmosfär i salen och minskar behovet av att ha artificiellt ljus på hela tiden. Detta bidrar till en ljus och bekväm arbetsmiljö för både elever och lärare.

Optimal belysning i en hem- och konsumentkunskapssal, enligt svenska och europeiska regler, ska uppfylla specifika krav för att skapa en säker och ergonomisk miljö som underlättar lärande och arbete. Här är några riktlinjer och standarder som gäller för belysning i utbildningsmiljöer:

1. **Svensk standard · SS-EN 12464-1:2021 och Europeisk Standard (EN 12464-1)**
   Dessa standarder anger belysningskrav för arbetsplatser inomhus, inklusive skolor och utbildningslokaler:
   - *Ljusnivå (lux):*
     För klassrum och undervisningsmiljöer, inklusive kök och HKK-salar, rekommenderas en belysningsstyrka på minst 300–500 lux på arbetsytor, såsom bänkar och arbetsstationer.

- *Jämn ljusfördelning:*
  Belysningen bör vara jämn utan stora skillnader mellan olika delar av rummet för att minimera bländning och skuggor, vilket kan påverka säkerheten, särskilt när man arbetar med skarpa föremål som knivar eller varm utrustning.

- *Bländskydd (UGR):*
  Bländning bör hållas på en låg nivå med ett UGR-värde (Unified Glare Rating) under 19 för att undvika obehag och ögontrötthet.

## 2. Svenska Arbetsmiljöverkets Föreskrifter (AFS 2020:1)

- *Arbetsmiljökrav:*
  I arbetsmiljöer där praktiska moment utförs, som i en HKK-sal, ska ljuset vara tillräckligt starkt och korrekt placerat för att minimera olycksrisken och främja en hälsosam arbetsmiljö.

- *Naturligt och artificiellt ljus:*
  Det är viktigt att ha en kombination av dagsljus och artificiell belysning. Dagsljus ska helst finnas och kompletteras med elektrisk belysning som har en jämn spridning över rummet.

- *Färgtemperatur och färgåtergivning:*
  Lampor med en färgtemperatur på 4000–5000 K (neutral till kallvitt ljus) är optimala för att ge en bra arbetsmiljö. Färgåtergivningsindex (Ra) bör vara över 80 för att korrekt återge färger, vilket är viktigt vid till exempel matlagning och hantering av livsmedel.

## 3. Säkerhetsaspekter

Belysningen ska också säkerställa god sikt vid hantering av köksredskap och heta ytor. Att arbeta i områden med låg belysning kan öka risken för olyckor. Därför är ljuskällor placerade direkt över arbetsytor viktiga.

En inspirationsbild av en modern HKK-sal i en nybyggd skola. Salen har generösa
ytor, stora fönsterpartier mot öst, och vita elevkök
kombinerade med naturmaterial samt röda accentfärger.
Av E. Larsson med hjälp av ett grafikprogram och Ikeas planeringsverktyg.

## Naturligt ljus

Såsom det framkommer tidigare, spelar naturligt ljus och fönstrens
utformning en viktig roll i en hem- och konsumentkunskapssal för att skapa
en optimal och säker läromiljö. Dagsljus främjar koncentration, minskar
trötthet och ökar elevernas välbefinnande. Detta skapar en mer stimulerande
och positiv lärmiljö i HKK-salen, där elever arbetar med både teoretiska och
praktiska uppgifter, som matlagning och hushållsekonomi. Fönster som
släpper in naturligt ljus bidrar till att minska behovet av artificiell belysning,
vilket skapar en mer avslappnad atmosfär och kan förbättra elevernas
engagemang och prestationer.

Studier har visat att elever som får tillräckligt med dagsljus i klassrummet
presterar bättre på tester och har lättare att koncentrera sig. Heschongs studie
(1999) visade att elever i klassrum med mycket dagsljus hade upp till 20

procent bättre resultat i matematik och läsförståelse än de som var i rum med mindre naturligt ljus. Forskning inom arbetsmiljö visar att anställda som arbetar i lokaler med tillgång till naturligt ljus rapporterar högre produktivitet och nöjdhet på jobbet (Newsham et al., 2009). Tillgång till naturligt ljus på arbetsplatsen kan förbättra medarbetares humör och arbetsinsats, vilket kan bero på att naturligt ljus stimulerar produktionen av serotonin, ett ämne som är kopplat till förbättrad sinnesstämning och minskad risk för depression. Brist på naturligt ljus, särskilt under vintermånaderna, kan bidra till säsongsbunden depression (SAD), vilket är vanligare i länder med mörkare vintrar, som Sverige. Studier har visat (Cheung et al., 2016) att exponering för naturligt ljus kan sänka nivåerna av kortisol, kroppens stresshormon, vilket minskar känslor av stress och ångest. Detta betyder att ljusa, naturligt upplysta miljöer kan förbättra det allmänna välbefinnandet och bidra till en lugnare och mer harmonisk atmosfär i skolor och arbetsplatser.

*Varför är det viktigt att ta hänsyn till tillgången på naturligt ljus vid planering och byggandet av en HKK-sal?*

Forskning visar att elever och anställda som vistas i miljöer med gott om naturligt ljus upplever färre problem som ögonbelastning och huvudvärk, något som ofta förekommer i rum med bristfällig eller överdrivet stark artificiell belysning (Heschong, 1999; Boubekri, 2016). Exponering för dagsljus har dessutom en positiv inverkan på sömnkvaliteten, särskilt för ungdomar i skolåldern, vilket i sin tur förbättrar deras förmåga att vara alerta och fokuserade under skoldagen. Detta beror på att dagsljus hjälper till att reglera kroppens dygnsrytm, vilket minskar trötthet och främjar en mer stabil energinivå. Genom att planera HKK-salar med god tillgång till dagsljus skapas inte bara en hälsosammare arbetsmiljö, utan även en mer stimulerande lärmiljö, där eleverna kan prestera på topp tack vare bättre koncentration och högre kognitiv förmåga.

I fall att man planerar fönsterpartier till en HKK-sal, är det är grundläggande att utgå ifrån Arbetsmiljöverkets föreskrifterför att skapa trygga arbets- och lärmiljöer för både elever och personal:

*37 § Öppningsbara fönster ska kunna manövreras på ett säkert sätt. De får inte medföra särskild risk för olycksfall i uppställt läge.*

*38 § Fönster och glaspartier ska vara utformade så att de inte brister vid den belastning de kan förväntas utsättas för. Allmänna råd: Exempel på sådan belastning är skolbarn som sitter i fönsternischer och taklanterniner som kan komma att beträdas.*

Svenska Arbetsmiljöverkets Föreskrifter (AFS 2020:1)

37 § betonar att öppningsbara fönster ska vara säkra att hantera och inte medföra olycksrisken i uppställt läge. I skolmiljöer, där många barn är närvarande, är det viktigt att fönster kan öppnas och stängas utan risk för att de oavsiktligt faller ner eller orsakar skador. Säker hantering av fönster minskar risken för olyckor och skador i klassrummet.

38 § säkerställer att fönster och glaspartier ska vara robusta nog att motstå belastningen från exempelvis elever som kan sitta i fönsternischer eller röra sig nära glaspartier. Detta är särskilt viktigt i skolmiljöer där barn kan vara mer aktiva och där olyckor lätt kan ske.

Fönster i en HKK-sal bidrar inte bara till att släppa in naturligt ljus, utan spelar även en viktig roll för ventilationen, särskilt när elever använder spisar, ugnar och annan köksutrustning. Vid planeringen och byggandet av stora fönsterpartier för att maximera ljusinsläppet är det dock avgörande att beakta risken för överhettning, särskilt under varma månader. Det finns flera strategier och lösningar för att balansera tillgången till dagsljus med en behaglig inomhustemperatur. Exempelvis kan yttre solavskärmningar som markiser, skärmtak eller persienner installeras för att reducera direkt solljus och därmed motverka överhettning. Dessa kan vara fasta eller justerbara beroende på solens läge och säsong. Även lameller och rullgardiner, som manuellt eller automatiskt justeras i förhållande till solens rörelse, kan användas för att effektivt skugga fönstren när solen är som starkast.

En annan lösning är att använda solskyddsglas, som är behandlat för att filtrera bort en del av solens infraröda strålar (värme) samtidigt som dagsljuset släpps igenom. Detta minskar värmeinsläppet betydligt utan att kompromissa med ljuset. Lågemissionsglas (Low-E) är ett alternativ som hjälper till att hålla värmen ute på sommaren och behålla den inomhus på vintern, vilket bidrar till en energieffektiv lösning. Byggnadens orientering spelar också en central roll. Fönster som vetter mot söder tar emot mest direkt sol och kan därför kräva extra skydd, medan fönster mot öst och väst också kan få starkt solljus under morgon och eftermiddag. Genom att noggrant planera fönstrens placering i relation till solens bana kan man optimera ljusinsläppet samtidigt som man undviker att rummen blir för varma.

En inspirationsbild av en HKK-sal
i ett äldre skolhus.
Av E. Larsson/Artelinas.

## 3.2.2. Elinstallationer

Elinstallationer måste vara skyddsjordade och korrekt placerade för att minimera risker med vattenstänk och överbelastning. Elsäkerhetslag SFS 2016:732 och Elinstallationsreglerna – SS 437 01 02 är de centrala regelverken för elinstallationer i Sverige. I dessa finns det specifika regler och rekommendationer för placering av eluttag i en hem- och konsument-kunskapssal, både när det gäller säkerhet och funktionalitet. Dessa regler och riktlinjer utgår främst från Elsäkerhetsverkets föreskrifter och Boverkets byggregler (BBR), samt arbetsmiljökrav och standarder för ergonomi och säkerhet.

Det finns specifika regler och rekommendationer för placering av eluttag i en hem- och konsumentkunskapssal, både när det gäller säkerhet och funktionalitet. Dessa regler och riktlinjer utgår främst från Elsäkerhetsverkets föreskrifter och Boverkets byggregler (BBR), samt arbetsmiljökrav och standarder för ergonomi och säkerhet.

Mängden av elkontakter och deras planering har en stor betydelse för salens funktionalitet och säkerhet i de pedagogiska situationerna:

> *Vi har en nybyggt skola och en ganska välfungerande hkk-sal, dock saknas det eluttag i köken och undervisningsdelen i salen. Vi har alltid förlängningssladdar framme och det är lätt att snubbla i dom. Eleverna måste även ladda sina laptoppar, det blir många sladdar kors och tvärs.*
>
> *Enkät 2024*

Lärarens kommentar säger egentligen ett betydande problem med funktionaliteten och säkerheten i den HKK-sal som används, trots att skolan är nybyggd. Placeringen av eluttag är bristfällig, och i vissa fall saknas uttag helt, vilket gör att förlängningssladdar måste användas kontinuerligt. Detta skapar en direkt säkerhetsrisk. Att ha sladdar liggande på golvet ökar risken för att eleverna snubblar, vilket både kan leda till olyckor och störa undervisningen. Problemet handlar dock inte bara om vanlig köksplanering; HKK-salen är ett pedagogiskt utrymme där läraren ska kunna demonstrera praktiska metoder för eleverna. Förutom att säkerställa tillräckliga eluttag för köksutrustningen måste el-planeringen stödja den pedagogiska aspekten av undervisningen, där lärare ska kunna visa tekniker i realtid, ibland med hjälp av digitala verktyg. Att använda digital media i undervisningen, som exempelvis projektorer eller skärmar för att visa instruktionsfilmer, kräver även att el-infrastrukturen är anpassad för att integrera moderna undervisningsformer. Brister i el-planeringen kan därmed inte bara påverka säkerheten utan också begränsa undervisningens kvalitet och möjligheterna att skapa en modern och dynamisk lärmiljö.

Bristen på eluttag påverkar även den pedagogiska miljön, eftersom eleverna behöver ladda sina laptoppar under lektionstid, vilket innebär ännu fler sladdar i en redan trång miljö. En optimal läromiljö skulle innebära tillräckligt med strategiskt placerade eluttag som stödjer både de praktiska arbetsuppgifterna och användningen av teknik, utan att kompromissa med säkerheten eller funktionaliteten. Detta exempel visar hur otillräcklig planering vid nybyggnation kan påverka undervisningens effektivitet och säkerhet, och understryker vikten av att följa standarder för elinstallationer, ergonomi och säkerhet i skolmiljöer. Tyvärr är detta inte ett enskilt fenomen utan ett vanligt förekommande problem, vilket framgår av flera enkätsvar (2020, 2022, 2024). Flera lärare vittnar om liknande utmaningar där brister i salarnas utformning, som otillräckliga och gamla eluttag, samt säkerhetsrisker med förlängningssladdar, påverkar både arbetsmiljön och undervisningens kvalitet.

## 1. Elsäkerhetsverket och Svensk Standard (SS 437 01 02)

Elsäkerhetsverket ansvarar för regler kring elinstallationer i Sverige, och det är viktigt att alla eluttag i hem- och konsumentkunskapssalar är installerade av professionella och certifierade elinstallatörer, samt enligt gällande föreskrifter för att minimera olycksrisken och garantera säker användning. Alla eluttag i kök och våtutrymmen måste vara skyddsjordade och utrustade med jordfelsbrytare. Detta gäller speciellt salar där det ofta finns risk för fukt och vatten nära elinstallationer. Diskbänkar och arbetsytor nära diskho anses vara potentiellt fuktiga utrymmen, vilket innebär att särskilda skydds-åtgärder, såsom jordfelsbrytare (max 30 mA) och korrekt placerade uttag, måste tillämpas. Utöver detta bör det finnas en huvudströmbrytare i salen, gärna utrustad med en timer, så att all elektricitet kan stängas av centralt när den inte används. Detta bidrar inte bara till ökad säkerhet utan också till energibesparingar och minskad risk för olyckor när eleverna lämnar arbetsstationerna.

## 2. Placering av eluttag i köksmiljöer

För att uppfylla säkerhets- och funktionskrav, bör eluttag placeras på ett sätt som minskar riskerna för vattenstänk och andra faror i köksmiljöer, och samtidigt vara lättåtkomliga för användning av hushållsapparater som elvisp, mixer, mikrovågsugn etc.

> *Jag har tejpat över vissa eluttag då eleverna kommer för nära diskhoar om de använder dem för att mixtra eller vispa med elvisp.*
>
> *Enkät 2020*

Felplacerade eller för få eluttag i en hem- och konsumentkunskapssal kan skapa betydande säkerhetsrisker, särskilt när eleverna använder köksmaskiner nära diskhoar och kranar. Om eluttag placeras för nära vattenkällor, ökar risken för elektriska stötar och kortslutningar om maskiner eller sladdar kommer i kontakt med vatten. Detta kan leda till allvarliga olyckor, särskilt i en miljö där eleverna inte alltid har full kontroll över utrustningen. Det är därför avgörande att eluttag installeras på säkra platser och i tillräckligt antal för att undvika användning av förlängningssladdar, som ytterligare kan öka risken för olyckor och kortslutningar i en redan komplex arbetsmiljö.

Enligt Elsäkerhetsverket och Svensk Standard (SS 437 01 02) ska eluttag i kök och HKK-salar vara placerade på en höjd mellan 15 cm och 120 cm ovanför arbetsytan, beroende på deras syfte. Uttag för mindre apparater bör vara lätta att nå ovanför köksbänkar, medan uttag för fasta installationer kan vara placerade lägre. Eluttag ska placeras på ett säkert avstånd från diskhoar och andra fuktiga ytor. Enligt Elsäkerhetsverkets föreskrifter ska eluttag inte placeras närmare än 60 cm från diskho eller andra våta ytor för att undvika risk för kortslutning eller elstötar. Uttag för spis, ugn och större vitvaror (t.ex. kyl och frys) ska installeras bakom enheten, så att de är dolda men ändå åtkomliga för service eller vid byte. Dessa uttag måste också vara skyddade mot fukt och ha korrekt märkning för att hantera högre strömstyrkor.

### 3. Ergonomi och arbetsmiljö (Arbetsmiljöverket)

Eluttag ska vara placerade så att både elever och lärare enkelt kan nå dem utan att behöva böja sig eller sträcka sig för mycket, vilket följer ergonomiska rekommendationer. Detta är särskilt viktigt i undervisningsmiljöer för att undvika olyckor. Varje elevkök bör ha tillgång till minst ett par eluttag för användning av köksapparater under undervisningen. Det är viktigt att dessa uttag är tillräckligt många för att undvika överbelastning av enskilda uttag med grendosor.

Eftersom flera elever använder elektriska apparater samtidigt, är det viktigt att kökssalar har tillräckligt många uttag med rätt kapacitet för att hantera alla apparater. Elsystemet bör vara dimensionerat för att undvika överbelastning, och säkringar samt jordfelsbrytare bör vara korrekt installerade för att säkerställa elsäkerheten. I en HKK-sal med ett flertal elevkök som köksöar kan det behövas eluttag på bordens eller öarnas sidor eller under arbetsytan. Dessa uttag bör ha skydd mot vattenstänk och vara placerade så att de inte utgör risk för att eleverna snubblar över sladdar eller att de hindrar köksarbetet.

### 4. Belysning och eluttag för apparater

I hem- och konsumentkunskapssal är det viktigt att ha ordentlig arbetsbelysning. Utöver vanliga eluttag bör det också finnas uttag för arbetsbelysning. Det är viktigt att arbetsytorna är väl belysta, och eluttag för denna belysning bör planeras separat från köksapparaternas uttag. Större apparater som spisar, diskmaskiner och kylskåp ska ofta vara fast anslutna till elnätet för att säkerställa att de fungerar korrekt och säkert, vilket kräver att dessa eluttag är permanent installerade och osynliga för elever. Dessutom är det viktigt att läraren enkelt kan se och kontrollera elevernas användning av eluttag och apparater i en undervisningsmiljö. Uttag som är dolda bakom utrustning eller på svåråtkomliga platser kan skapa en risk om elever använder dessa utan uppsyn.

## 3.2.3. Vatten och avlopp

Vatten och avlopp ska installeras säkert för att undvika läckage och vattenskador, samtidigt som ventilationen ska hantera matos och fukt, vilket främjar god luftkvalitet. Det finns regelverk i Sverige som styr säkerheten och funktionaliteten i hem- och konsumentkunskapssalar, särskilt när det gäller installation av vatten och avlopp samt ventilation. Dessa regler är viktiga för att säkerställa både elevernas och personalens hälsa och säkerhet. Här är några relevanta regelverk och riktlinjer:

**Bygglagstiftning och Boverkets föreskrifter:**

Boverkets byggregler (BBR) fastställer standarder för hela byggnader, inklusive installationer som vatten och avlopp. Reglerna kräver att alla installationer utförs på ett sätt som förebygger läckage och skador. Boverkets föreskrifter om inomhusmiljö (BFS 2011:6) styr bland annat ventilation och luftkvalitet i byggnader. De ställer krav på att ventilationssystem ska utformas för att säkerställa god luftkvalitet samt effektivt hantera matos och fukt.

1.  **Hälso- och miljöskyddslagstiftning**

     <u>Miljöbalken:</u> Reglerar frågor om miljöskydd, inklusive hantering av avfall och föroreningar som kan påverka luft- och vattenkvalitet. I skolmiljöer innebär detta krav på att installationer inte ska orsaka miljöskador eller hälsoproblem. HKK-läraren behöver vara medveten om hur man hanterar och instruerar eleverna kring avfallshantering, säker användning av kemikalier, och undvika miljöskador som kan uppstå genom felaktig hantering av fett och andra restprodukter.

2.  **Arbetsmiljölagstiftning**

     <u>Arbetsmiljölagen (AML) och Arbetsmiljöverkets föreskrifter (AFS):</u> Dessa regler syftar till att säkerställa en säker och

hälsosam arbetsmiljö. För skolor och hem- och konsumentkunskapssalar innebär detta att ventilation och säkerhet i köksutrymmen måste uppfylla krav för att skydda både elever och personal. Det är av stor vikt att läraren är väl bekant med relevanta föreskrifter. Genom att ha denna kunskap kan läraren bidra till att skapa en säker, funktionell och effektiv lärmiljö, samt vara en aktiv deltagare i att identifiera, anmäla och åtgärda eventuella brister.

### 3. Livsmedelsverkets riktlinjer

Även om dessa primärt riktar sig mot professionella kök och restauranger, ger de vägledning om hygien och säkerhet i köksutrymmen som kan vara tillämplig på skolors hem- och konsumentkunskapssalar. Dessa riktlinjer kan bidra till att säkerställa att vatten- och avloppssystem är korrekt installerade och att ventilationen är tillräcklig för att hantera matos och fukt.

Som lärare i hem- och konsumentkunskap är det viktigt att ha en grundläggande förståelse för regler och riktlinjer som påverkar den fysiska miljön i undervisningssalen. Läraren bör känna till de huvudsakliga säkerhetskraven för installation av vatten och avlopp, inklusive vad som behöver kontrolleras regelbundet för att undvika läckage och skador. Läraren ska även ha tydliga rutiner för hur eleverna hanterar och arbetar i köksmiljöer för att minimera risker och garantera en trygg arbetsplats, till exempel genom att förhindra att fetter hälls i avloppet för att undvika stopp.

*Vi har hkk-salen i ett gammalt skolhus och troligen är alla rör från 50-60-talet. Det är konstanta problem med avloppen och vattnet luktar illa. Samma sak med fläktsystemet, inget drag.*

*Enkät 2020*

Denna kommentar från enkäten 2020 beskriver specifika problem som påverkar HKK-salen i ett gammalt skolhus. Dessa problem än inte unika och det finns många liknande, där beskrivs olika typer av utmaningar med vatten och avlopp i lärosalarna. Det är vanligt att äldre installationer kan vara mer benägna att orsaka problem på grund av slitage och föråldrad teknik. Åstadkommande problem med avloppen kan tyda på att rören är igensatta eller att det finns annan underliggande problematik med avloppssystemet. Läraren berättar att vattnet luktar illa, vilket kan bero på bristande underhåll eller skador på rörsystemet: dålig vattenkvalitet är ett tecken på att installationerna kan behöva åtgärdas eller bytas ut.

Detta bekräftar att det är viktigt att förstå vilka säkerhetsrutiner som gäller för att hantera och rapportera eventuella problem med vatteninstallationer, samt förstå vikten av tillräcklig ventilation för att hantera matos, fukt och för att säkerställa god luftkvalitet. Det är bra att känna till hur ventilationssystemet fungerar och vilka tecken som kan indikera att det behöver underhållas eller justeras. Det är grundläggande att läraren vet hur man rapporterar eventuella problem med installationer eller ventilation till rätt myndigheter eller skolans förvaltning. Dessutom ska läraren ha en plan för regelbundet underhåll och inspektion av köksutrymmen och utrustning, och säkerställ att eventuella brister åtgärdas snabbt.

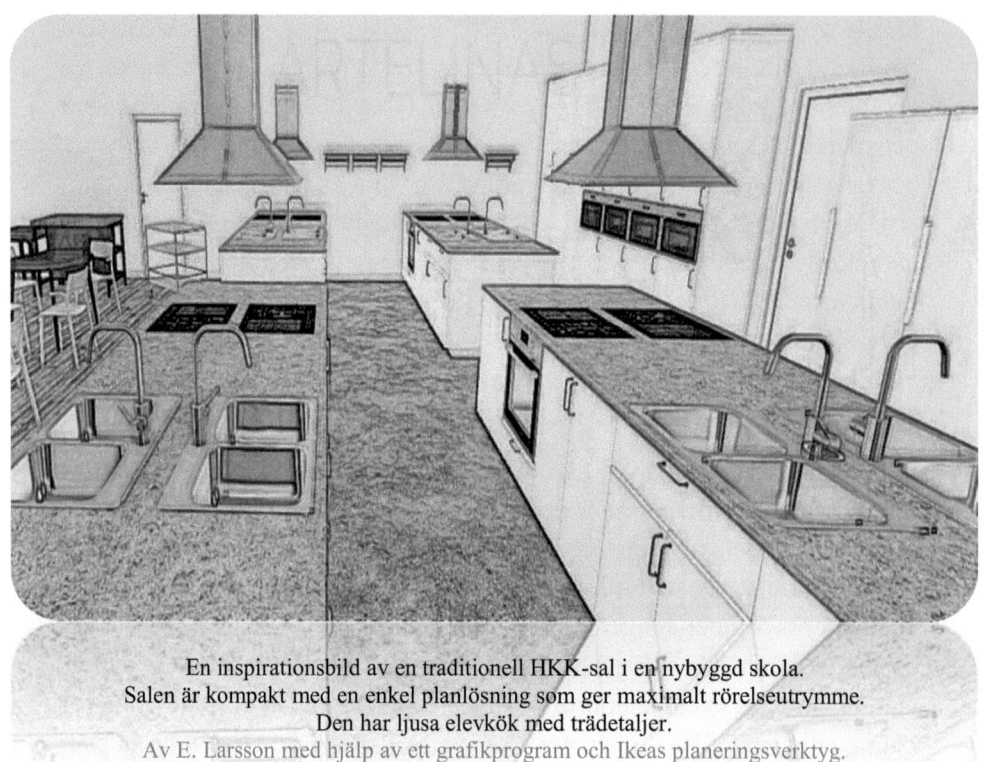

En inspirationsbild av en traditionell HKK-sal i en nybyggd skola.
Salen är kompakt med en enkel planlösning som ger maximalt rörelseutrymme.
Den har ljusa elevkök med trädetaljer.
Av E. Larsson med hjälp av ett grafikprogram och Ikeas planeringsverktyg.

## 3.2.4. Ventilation och inomhustemperatur

Många av lärarna tar upp ventilationen som ett problem för undervisnings-
kvaliteten, både på grund av buller och dålig ventilation.

> *Köken har inte reparerats eller underhållits på väldigt länge.*
> *Hemkunskapssalen är placerad i söderläge, vilket gör att redan på*
> *våren blir det väldigt hett i klassrummet. Detta varar oftast från*
> *mars till juni och påverkar kvaliteten i undervisningen: eleverna*
> *blir trötta och har svårt att koncentrera sig. Även lärarna klagar,*
> *då det påverkar både koncentrationen och i orken att klara de*
> *fysiska arbetsuppgifterna.*

*Det finns problem med luftflödet i fläktarna, systemet är gammalt och fungerar knappast. Fönstren går att öppna, men det hjälper inte mycket.*

*Enkät 2024*

Hem- och konsumentkunskapssalar, särskilt de som ligger i söderläge, kan bli mycket varma under vår- och sommarmånaderna. Det är viktigt att ha ett system för att reglera inomhustemperaturen för att förhindra överhettning, som kan leda till trötta och koncentrationssvaga elever samt påverka lärarens arbetskapacitet. Integrerade system för både kylning och uppvärmning bör övervägas för att hålla en stabil och behaglig inomhustemperatur. Om fönster kan öppnas, men inte tillräckligt för att kyla ner rummet, kan det vara nödvändigt att installera ytterligare kylsystem eller skugglösningar. Buller från ventilationssystemet kan påverka undervisningskvaliteten negativt. Det är viktigt att välja tysta och effektivt ljuddämpade system för att minimera störningar. Installation av ljudabsorbenter och skärmar kan också bidra till att reducera buller från både maskiner och externa källor.

Det finns regler och riktlinjer för ventilation och inomhustemperatur i undervisningslokaler, inklusive hem- och konsumentkunskapssalar, som syftar till att säkerställa en god arbetsmiljö för både elever och lärare. Dessa regler kommer från Boverkets byggregler (BBR) och Arbetsmiljöverket och tar hänsyn till både luftkvalitet och termisk komfort.

## 1. Ventilation

Enligt Boverkets byggregler och Arbetsmiljöverkets föreskrifter (AFS 2020:1) måste ventilationen i undervisningslokaler vara anpassad till rummets användning och antalet personer som vistas där. Eftersom hem- och konsumentkunskapssalar ofta har matlagning, som genererar matos och fukt, är en effektiv ventilation särskilt viktig. Ventilationssystemet ska kunna byta ut luften tillräckligt ofta för att hålla en god luftkvalitet.

Enligt BBR och Standarden SS-EN 16798-1:2019 bör den specifika luftflödeshastigheten vara minst 7 liter per sekund per person i klassrum och undervisningslokaler, men den kan behöva vara högre i HKK-salar på grund av den ökade belastningen från matlagning. Det bör också finnas ett effektivt system för att suga ut matos, i form av köksfläktar vid varje arbetsstation och ett centralt ventilationssystem som hanterar detta. Detta är särskilt viktigt för att upprätthålla en bra arbetsmiljö och förhindra att lukter och ånga sprider sig i rummet. Det är också viktigt att ventilationssystemen underhålls och rengörs regelbundet för att säkerställa att de fungerar korrekt och effektivt.

Svenska standarder:
- SS-EN 16798-1: Standard som specificerar krav och metoder för ventilationssystem i byggnader för att säkerställa god luftkvalitet. Denna standard ger riktlinjer för ventilation som kan vara relevanta för att upprätthålla luftkvalitet i hem- och konsumentkunskapssalar.
- SS-EN 15251: Denna standard ger specifikationer för inomhusklimat och hur ventilation bör utformas för att möta olika användningsområden, inklusive utbildningslokaler.

## 2. Inomhustemperatur

Arbetsmiljöverkets föreskrifter (AFS 2020:1) anger krav för temperatur i arbetsmiljöer, inklusive skolor. Inomhustemperaturen ska vara anpassad så att det är bekvämt att arbeta och studera i rummet. Inomhus-temperaturen i undervisningslokaler bör vanligtvis ligga mellan 20 och 24 grader Celsius. För hem- och konsumentkunskapssalar är det viktigt att temperaturen hålls inom detta intervall för att säkerställa att både elever och lärare kan arbeta bekvämt, särskilt när flera värmekällor som spisar och ugnar används under lektionerna.

Forskningen visar att både för höga och för låga temperaturer kan påverka prestation och koncentration negativt (Taylor et.al. 2016; Turunen et.al.

2014). Höga temperaturer kan leda till obehag och fysiska besvär, såsom huvudvärk, svettningar och uttorkning. Detta påverkar inte bara elevernas komfort utan också deras förmåga att delta aktivt i undervisningen och ta in information. På detta sätt har hög inomhustemperatur en negativ inverkan på viktiga kognitiva funktioner såsom koncentration, minne och problem-lösning.

Elever och lärare upplever ofta en minskad förmåga att fokusera och bearbeta information effektivt, vilket försämrar undervisningens kvalitet. Studier (Taylor et.al. 2016; Turunen et.al. 2014) har även visat att en ökad inomhustemperatur leder till ökad trötthet och irritabilitet, vilket i sin tur påverkar både inlärning och akademiska prestationer negativt. Förutom detta kan det skapa en farligare arbetsmiljö i HKK-salar, där fysisk trötthet och minskad koncentration ökar risken för olyckor, särskilt när eleverna arbetar med vassa redskap eller vid spisar och ugnar. Kombinationen av hög temperatur och praktiska moment som kräver precision kan leda till fler olyckstillbud och farliga situationer.

Det är därför viktigt att undvika överhettning under lektioner, särskilt när köksutrustning används. Ventilationssystemet måste kunna reglera temperaturen effektivt för att undvika att rummet blir för varmt, vilket kan påverka elevernas koncentration och trivsel negativt. Om ventilationen inte är korrekt utformad kan drag uppstå, vilket kan leda till att vissa områden i rummet blir kalla. Det är viktigt att ventilationen fördelas jämnt för att upprätthålla en stabil och behaglig temperatur i hela lokalen. Det är viktigt att regelbundet övervaka inomhustemperaturen för att säkerställa att den hålls inom ett optimalt intervall. Termometrar eller digitala temperatur-mätare kan användas för att kontinuerligt övervaka temperaturen och göra justeringar vid behov.

## 3.2.5. Ljudnivå

Ljud kan uppfattas som störande när det upplevs negativt, och då betraktas det som brus (Naturvårdsverket, 2023). Enligt enkätsvaren (2020, 2021, 2022, 2024) anser många lärare att höga ljudnivåer är problematiska och försämrar deras arbetsförmåga. Hur ljud bedöms beror på både situationen och den person som utvärderar det – vad som kan vara normalt ljud för en person kan upplevas som brus för en annan. Ljudkänslighet varierar individuellt, och personer som är mer känsliga för buller upplever inte bara större störning, utan kan också drabbas av ökade hälsoeffekter vid bullerexponering. I hem- och konsument-kunskapssalen kan både lärare och elever utsättas för störande ljud från hushållsmaskiner och andra aktiviteter. För att skydda anställda från de skador som buller kan orsaka har regeringen utfärdat en förordning (85/2006) som fastställer drift- och gränsvärden för daglig bullerexponering. Detta innebär att åtgärder måste vidtas för att säkerställa en säker ljudmiljö i undervisningslokalerna.

Ljudnivån i HKK-salar bör hållas under kontroll för att skapa en god arbetsmiljö och minimera störningar som kan påverka både elever och lärare negativt. Höga ljudnivåer kan upplevas som ett problem, särskilt i lokaler där buller från elever, redskap och köksmaskiner, samt ventilationen, blir påtagligt. Detta buller kan försvåra kommunikationen mellan elever och lärare, vilket i sin tur påverkar undervisningens kvalitet. I salar med högt i tak blir problemet ofta ännu större på grund av ekot som kan uppstå, särskilt i större elevgrupper. Denna situation skapar en arbetsmiljö där det blir svårare att koncentrera sig och förstå instruktioner, vilket i längden påverkar elevernas lärande negativt.

Enligt Arbetsmiljöverkets föreskrifter om buller (AFS 2005:16) finns det tydliga regler kring hur ljudnivåer ska hållas inom säkra gränser för att undvika skadliga effekter på hälsan. Miljöbalkens (SFS 1998:808) nionde kapitel, som behandlar miljöfarlig verksamhet och hälsoskydd, inkluderar även regler om buller i § 1, vilket betonar vikten av att skydda människor från skadliga miljöfaktorer:

---

*användning av mark, byggnader eller anläggningar på ett sätt som kan medföra olägenhet för omgivningen genom buller, skakningar, ljus, joniserande eller icke-joniserande strålning eller annat liknande.*

---

Det är därför avgörande att åtgärder vidtas för att minska buller i undervisningslokaler, genom att använda ljudabsorberande material och anpassa utrymmet för att minimera ekon och onödiga ljudnivåer, vilket skapar en trygg och effektiv lärmiljö.

Kunskapskravet gällande bullernivåer i skolan och inne i hem- och konsumentkunskapssalen innebär att alla som planerar eller driver en verksamhet eller genomför en åtgärd måste skaffa sig den nödvändiga kunskapen för att skydda människors hälsa och miljön mot skador (SFS 1998:808, 2 kap. 2 §). För den som driver en bullrande verksamhet innebär detta att de måste vara medvetna om hur mycket buller verksamheten orsakar och vilka åtgärder som kan vidtas för att minska bullret. De har också ansvar för att regelbundet övervaka bullernivåerna och ha rutiner för att undvika onödigt buller. Tillsynsmyndigheten har rätt att kräva att en verksamhetsutövare tar fram nödvändiga utredningar och underlag om buller från verksamheten för att underlätta tillsynen (SFS 1998:808).

Boverkets byggregler, BBR, fastställer minimikraven för hur byggnader ska utformas för att uppfylla de grundläggande kraven i plan- och bygglagen (PBL) och plan- och byggförordningen (PBF). En av dessa viktiga aspekter är skydd mot buller, vilket har stor betydelse för inomhusmiljön i olika typer av lokaler, inklusive hem- och konsumentkunskapssalar. Även om BBR (Boverket, 2024) anger minimikraven, finns det inget som hindrar att bygga med högre ljudstandarder för att förbättra ljudmiljön. Tanken på HKK-ämnets speciella arbetssätt, är det ännu viktigare att tänka på att salen har en optimal ljudmiljö för både kommunikation och praktiskt arbete i köken.

Två svenska standarder ger vägledning om ljudklasser: SS 25267, som gäller bostäder, och SS 25268, som handlar om lokaler. För en HKK-sal är SS 25268 särskilt relevant, eftersom den anger riktlinjer för hur man ska skapa en miljö med tillräckligt låg bullernivå för att främja undervisning och arbetsmiljö. Det innebär att vid planering och utformning av en HKK-sal är det viktigt att beakta ljudisolering och akustik för att minimera störande ljud från exempelvis hushållsmaskiner och ventilation. En bättre ljudklass än minimikraven i BBR kan förbättra både undervisningsmiljön och arbetsmiljön för både elever och lärare. Även buller från de maskiner och utrustning som används HKK-undervisningen får föras in i de omgivande utrymmena, vilket bör beaktas vid den akustiska utformningen av utrymmet.

1. **Arbetsmiljöverkets föreskrifter om buller och vibrationer (AFS 2005:16)**
   Dessa föreskrifter fastställer gränsvärden för bullerexponering på arbetsplatser, inklusive skolor. Enligt dessa föreskrifter får ljudnivån under en arbetsdag inte överstiga 85 decibel (dBA) i genomsnitt över en åttatimmarsperiod.

2. **Skolverkets allmänna råd om arbetsmiljö (AFS 2015:4)**
   Skolverket har fastställt allmänna råd som syftar till att främja en god arbetsmiljö för elever och personal i skolan. Råden inkluderar krav på att vidta åtgärder för att minska bullerexponeringen och skapa en god ljudmiljö i skolorna.

3. **Boverkets byggregler (BBR)**
   Boverket ställer krav på ljudisolering och ljudmiljö i byggnader, inklusive skolor. Reglerna omfattar exempelvis krav på ljudklassning av olika utrymmen och minimikrav på ljudisolering mellan olika delar av byggnaden.

Om buller riskerar att påverka människors hälsa negativt, måste den som ansvarar för verksamheten vidta nödvändiga skyddsåtgärder. Enligt miljöbalkens 9 kap. 3 § definieras olägenhet för hälsan som en störning som, baserat på medicinska eller hygieniska bedömningar, kan ha en skadlig effekt på hälsan och som inte är obetydlig eller tillfällig.

> *Vi har för hög tak i salen och alla ljud ekar fruktansvärt, speciellt då man har större grupper. Det installerades några skivor på innertaket för att minska ljudnivån, som inte har hjälpt mycket. Jag har fått problem med hörseln och tinnitus på grund av flera års arbete med höga ljud.*
>
> *Enkät 2020*

För HKK-lärare innebär detta att de, tillsammans med skolledningen, har ett ansvar att kräva och säkerställa en arbetsmiljö som inte utsätter elever eller personal för skadligt buller. Om bullernivåerna i salen kan ha en negativ inverkan på hälsan, måste skolan vidta åtgärder för att minska störningarna. Detta kan innebära förbättrad ljudisolering, installation av tystare utrustning, eller förändringar i hur lektionerna organiseras för att minska bullret. Lärarna behöver vara uppmärksamma på dessa risker, meddela ledningen och på detta sätt aktivt arbeta tillsammans med skolans ledning för att säkerställa en trygg och hälsosam arbetsmiljö.

> *Jag har ett stort behov av tystnad och saknar en lugn plats för återhämtning i personalrummet. Jag har föreslagit för ledningen att vi bör ha sådana utrymmen samt möjligheten att låna hörselkåpor, och jag väntar nu på svar. Det vore fantastiskt att ha något liknande en tyst kupé, som på tåget, där man kan välja att dra sig undan från kollegor och få en stund för sig själv. Annars är jag glad att jag oftast har hem- och konsumentkunskapssalen för mig själv, där jag kan sitta ner, blunda och djupandas mellan lektionerna.*
>
> *Även om ämnet är otroligt givande och uppskattat, känner jag av belastningen eftersom jag arbetar 80% för att vara*

*föräldraledig, och samtidigt har fler elever än någonsin – 8 klasser med ungefär 25-26 elever i varje. Är det normalt att ha så många elever?*

*Enkät 2022*

Arbetsmiljöverket (2010) påpekar att det finns tekniska åtgärder för att minska bullret, genom

---

- *att minska luftburet buller, t.ex. med hjälp av skärmar, inbyggnader eller ljudabsorbenter i tak och på väggar,*
- *att minska strukturburet buller t.ex. genom dämpning eller isolering.*

---

För läraren och undervisningen i hem- och konsumentkunskap innebär detta att buller i klassrummet kan ha en direkt påverkan på både arbetsmiljön och lärandemiljön, vilket kan påverka både elevernas och lärarens hälsa och koncentrationsförmåga negativt. Arbetsmiljöverket (2010) påpekar att det finns tekniska åtgärder för att minska buller, såsom installation av ljudabsorbenter i tak och på väggar för att reducera luftburet buller och dämpning eller isolering för att minska strukturburet buller från maskiner eller installationer. Såsom påtalat tidigare innebär detta för läraren att hen behöver vara medveten om dessa åtgärder och arbeta för att skapa en så bra arbetsmiljö som möjligt. Skolledningen har ett ansvar att vidta skydds-åtgärder, och läraren kan behöva påtala brister eller behov av förbättringar. Enligt försiktighetsprincipen krävs åtgärder om det finns en risk att bullret kan skada hälsan. Detta innebär att för att säkerställa en säker och effektiv undervisningsmiljö behöver skolor vidta bullerdämpande åtgärder, särskilt i HKK-salar där maskiner som fläktar, diskmaskiner och andra apparater kan bidra till en högre ljudnivå.

*Disk, tvätt och iordningställande av sal. då alla maskiner finns mitt i salen kan aldrig disk eller tvätt ske under lektionstid pga. ljudnivån som uppstår.*

*Enkät 2024*

Lärarkommentaren belyser de dagliga utmaningar som ljudmiljön i hem- och konsumentkunskapssalar medför. Många lärare berättar att vitvarorna ofta är relativt gamla, vilket bidrar till en hög ljudnivå (enkät 2020, 2022). Detta gör det omöjligt att diska och tvätta under lektionstid, vilket begränsar både lärarens och elevernas förmåga att arbeta effektivt. Den höga ljudnivån påverkar inte bara undervisningens dynamik, utan även elevernas möjlighet att nå sina lärandemål. Enligt lärarens kommentar ovan skapar placeringen av maskinerna mitt i salen ytterligare hinder för det praktiska arbetet och understryker bristen på en genomtänkt design som inte beaktar akustiska faktorer. Genom att åtgärda dessa problem kan man skapa en mer funktionell och produktiv lärandemiljö.

Arbetsmiljöverket (2024) beskriver i texten *"Buller från maskiner"* att vid val av maskiner och utrustning i hem- och konsumentkunskapssalar bör särskild hänsyn tas till deras ljudnivåer. Detta gäller särskilt för apparater som används frekvent under lektioner, såsom diskmaskiner, universalmaskiner och mikrovågsugnar, men även för teknisk utrustning som projektorer. Enligt standard för klassrumsmiljöer bör ljudnivån från VVS-system inte överstiga 28 dB LAeq (genomsnittlig ljudnivå) eller 33 dB LAmax (maximal ljudnivå). När det gäller lokaler hänvisar Boverkets byggregler (BBR) till standarden SS 25268, ljudklass C, som det minimikrav som gäller för utrymmen där bullerregler är tillämpliga. Detta omfattar vårdlokaler, förskolor, fritidshem, undervisningsrum i skolor samt rum i arbetslokaler som används för kontorsarbete, samtal eller liknande.

I en HKK-sal innebär detta en maximal ljudnivå på 52 dB. Även om det inte finns specifika standarder för ljudnivåer för hushållsmaskiner i undervisningsmiljö, rekommenderas det att ljudnivån för de maskiner som används ofta under lektioner inte överskrider dessa gränser. För utrustning i en hem- och konsumentkunskapssal är det viktigt att hålla ljudnivån låg – en diskmaskin bör till exempel ligga på cirka 45-50 dB och ett modernt kylskåp runt 35 dB – för att skapa en lugn och produktiv arbetsmiljö för både elever och lärare. Detta är viktigt för att skapa en behaglig och koncentrationsvänlig arbetsmiljö för både elever och lärare.

I Sverige finns det specifika regler och riktlinjer som styr ljudnivån som orsakas av VVS (Värme, Ventilation och Sanitet) utrustning. Reglerna varierar beroende på vilken typ av utrustning det gäller.

1. **Boverkets byggregler (BBR)**
   Boverket ställer krav på ljudisolering och ljudmiljö i byggnader, inklusive ljudnivån från VVS-utrustning. BBR anger bland annat krav på ljudisolering mellan olika delar av byggnaden för att minimera ljudöverföring. Kraven varierar beroende på byggnadstyp och användningsområde.

2. **SS-EN ISO 3822-serien**
   Detta är en internationell standard som behandlar ljudnivån från VVS-utrustning i byggnader. Standarden ger riktlinjer för ljudmätningar och gränsvärden för olika typer av VVS-utrustning, till exempel ventilationssystem, värmeanläggningar och sanitetsinstallationer.

3. **Specifika tillverkarrekommendationer**
   Tillverkare av VVS-utrustning har specifika rekommendationer för ljudnivåer för deras produkter. Dessa rekommendationer kan användas som vägledning vid planering och installation av VVS-system.

## Risker med buller

Arbetsmiljöverket (2020) lyfter i sin publikation "*Bort med bullret i skolan*" fram olika risker som buller innebär och föreslår åtgärder för att minska dessa. Bland lokalrelaterade åtgärder betonas vikten av ökad ljudabsorption och bättre ljudisolering mellan olika utrymmen. När det gäller inredning och utrustning föreslås åtgärder som att installera tystare maskiner, välja ljuddämpande utrustning och förse stolar med tassar för att minska skrapljud.

> *Jag är fruktansvärd trött på alla ljud nuförtiden, alla elevgrupper har minst 15 elever och det är mycket skramlande och bankande. Specialelever låter konstant. Jag måste sova efter arbetsdagen, så trött är jag konstant.*

> *Enkät 2021*

De lärare som har påtalat bullerproblem upplever ofta en försämrad ork och koncentrationsförmåga, vilket kan påverka deras arbete och välbefinnande negativt. På både organisatorisk och pedagogisk nivå rekommenderas det att man arbetar med mindre grupper för att skapa en mer hanterbar och mindre bullrig undervisningsmiljö (Arbetsmiljöverket, 2020). Det är också viktigt att ge tydlig information och erbjuda utbildning för att säkerställa att både lärare och elever förstår de gemensamma värderingarna och ordningsreglerna i klassrummet. För att minimera störande ljud och skapa en mer effektiv arbetsmiljö bör lektioner planeras på ett sätt som undviker onödigt spring och störningar.

Det är också avgörande att göra särskilda anpassningar för elever och lärare som är extra känsliga för buller. Vissa elever med specifika behov kan påverkas negativt av höga ljudnivåer och har svårt att hantera längre arbetspass. Speciellt utsatta elever för buller i undervisningsmiljön är de som är känsliga för ljud, såsom de med sensoriska bearbetningsstörningar eller autismspektrumstörningar. De kan uppleva buller som mycket störande och påfrestande. Elever med ADHD kan ha svårare att fokusera och hålla koncentrationen när det finns mycket ljud i bakgrunden, vilket kan påverka deras förmåga att delta i undervisningen och slutföra uppgifter. Buller kan ytterligare försvåra koncentrationen och förståelsen för elever med inlärningssvårigheter, som dyslexi eller dyskalkyli. Elever som redan upplever hög stressnivå kan bli extra känsliga för störande ljud, vilket kan förvärra deras stress och påverka deras allmänna välbefinnande. För elever med hörselnedsättningar kan buller göra det svårare att höra och förstå undervisningen, vilket kan påverka deras inlärning och kommunikation negativt. Nya elever kan känna sig extra störda av buller när de fortfarande anpassar sig till den nya miljön och rutinerna.

Enligt försiktighetsprincipen i artikel 191 i FEUF, EUF-fördraget (EUR-Lex, 2016) om det finns en risk för skada på människors hälsa, krävs åtgärder eller försiktighetsmått. Försiktighetsprincipen, som innebär att åtgärder krävs om det finns en risk för skada på människors hälsa, har sitt ursprung i både internationella och nationella rättsliga och policybaserade sammanhang. Enligt denna princip bör åtgärder vidtas för att förebygga miljö- och hälsoeffekter även när vetenskaplig osäkerhet råder.

I Sverige är försiktighetsprincipen integrerad i miljöbalken (1998:808), som är den övergripande lagen för miljöskydd och naturresurshantering. Enligt miljöbalken ska försiktighetsprincipen tillämpas när det finns risk för skada på miljön eller människors hälsa, även om det inte finns fullständig vetenskaplig säkerhet om skadans omfattning. I praktiken innebär detta att myndigheter som Arbetsmiljöverket och Naturvårdsverket har befogenhet att kräva att skyddsåtgärder vidtas om de bedömer att buller eller andra miljöfaktorer kan vara skadliga, trots att det kanske inte finns fullständiga bevis på skadligheten. Detta syftar till att skydda hälsa och miljö genom att förebygga risker innan skador inträffar. Om en tillsynsmyndighet bedömer att bullret i en HKK-sal är skadligt, kan de kräva att skyddsåtgärder vidtas eller begränsningar införs (Naturvårdsverket, 2023).

Försiktighetsprincipen innebär att man först identifierar risker som kan påverka hälsa och välbefinnande. I en HKK-sal kan buller från maskiner som diskmaskiner, köksfläktar eller andra utrustningar vara en sådan risk, särskilt om det är för högt eller om ljudnivåerna varierar kraftigt. En konkret åtgärd är att använda bullermätare i hem- och konsumentkunskapssalen för att övervaka och förbättra ljudmiljön. Bullermätare ger realtidsdata om ljudnivåerna och kan hjälpa till att identifiera när ljudnivåerna överskrider rekommenderade gränser. Detta är särskilt viktigt eftersom höga ljudnivåer kan påverka både elevernas och lärarnas hälsa och välbefinnande negativt, genom att öka stress och minska koncentrationen. Man ska installera bullermätare på centrala platser i salen för att få en tydlig bild av den generella ljudmiljön. Det är viktigt att placera mätaren där den kan få en representativ avläsning av ljudnivåerna utan att vara utsatt för direkt ljudkälla. Regelbunden analys av de insamlade data kan avslöja mönster och tider på dagen när ljudnivåerna är särskilt höga, vilket gör det möjligt att vidta riktade åtgärder för att minska buller.

Åtgärder som kan övervägas baserat på mätresultaten inkluderar att använda ljudabsorberande material, förbättra klassrumsarrangemanget eller implementera regler för att hålla ljudnivåerna under kontroll. Att öka medvetenheten bland eleverna om vikten av att hålla en lämplig ljudnivå kan också bidra till att skapa en bättre lärandemiljö.

En inspirationsbild av en modern HKK-sal i en nybyggd skola. Salen har vita elevkök kombinerade med öppna ytor. Av E. Larsson med hjälp av ett grafikprogram och Ikeas planeringsverktyg.

## 3.3. Köksutrustning

Enkätstudierna genomförda mellan 2020 och 2024 avslöjade att nästan hälften av lärarna uttryckte oro kring sina hem- och konsument-kunskapssalar, särskilt när det gällde lokalernas bristande kondition. Många lärare påpekade att de saknade en lämplig sal för undervisning, vilket kraftigt begränsade deras pedagogiska möjligheter. Det mest påtagliga problemet var att köken ofta var föråldrade och led av bristfällig eller föråldrad köks-utrustning. Dessutom rapporterade många lärare om trasiga vitvaror, vilket ytterligare försvårade den praktiska undervisningen och gjorde det utmanande att genomföra effektiva och inspirerande lektioner.

> *Det är synd att ugnarna är för gamla. Arbetsuppgifterna blir inte gjorda på ett korrekt sätt då ugnarna inte når rätt temperatur, de gräddar ojämnt pga. att luckan inte går att stänga ordentligt. Det är både jag och eleverna som blir frustrerade då metoderna som skulle användas ger misslyckade resultat.*
>
> *Enkät 2020*

Denna lärarkommentar belyser en betydande brist i den optimala lärmiljön för att träna matlagningsmetoder. När ugnarna är för gamla och inte kan nå rätt temperatur, påverkar det direkt kvaliteten på de maträtter som tillagas. Detta leder till ojämn gräddning och frustrerar både läraren och eleverna. När de praktiska uppgifterna inte utförs korrekt, hindras eleverna från att lära sig och utveckla sina färdigheter på ett effektivt sätt. En välfungerande ugn är avgörande för att eleverna ska kunna genomföra recept och matlagnings-metoder som de har lärt sig, och bristande utrustning kan i längden skada deras motivation och intresse för ämnet.

Problemet har även varit att köksplaneringen inte fungerar i undervisnings-syfte. I vissa fall har man byggt om någon annan sal till HKK-sal och ibland delar man sal med till exempel kemiundervisning eller fritidsverksamheten:

> *Vi använder fritishemmets kök för hkk-lektionerna. Det är utmanande, bara tre spisar, tre diskhoar och två mikron.*
>
> *Enkät 2020*

> *Skolbyggnad är egentligen en kontorslokal. Vi har för många elever i byggnaden. Köken byggdes utan att fråga en hkk-lärare om åsikter. Det finns 4 kök till 16-17 elever. Helt otroligt trångt.*
>
> *Enkät 2024*

Att omvandla en annan sal till hem- och konsumentkunskapssal och dela utrymme med ämnen, såsom kemi eller fritidsverksamhet, leder till flera utmaningar för undervisningen. För det första kan det påverka den praktiska undervisningen negativ: en HKK-sal behöver specifik utrustning och anpassningar för matlagning och hygien, vilket kanske inte finns i en multifunktionell lokal. Dessutom kan utrymmesbrist leda till olika typer av störande moment under lektionerna, vilket kan påverka elevernas koncentration och lärande.

Dela sal med andra aktiviteter kan också skapa en mindre strukturerad miljö, där eleverna har svårare att fokusera på matlagningens praktiska aspekter. Utrymmet kanske inte är optimerat för de krav som ämnet ställer, vilket kan innebära att viktiga funktioner saknas, exempelvis tillräckligt med arbetsytor eller förvaringsutrymmen för livsmedel och köksutrustning. Detta kan också leda till säkerhetsrisker, då felaktigt utformade eller anpassade utrymmen kan göra det svårt att säkerställa att arbetsmiljön är ergonomisk och säker för både elever och lärare.

Enligt Boverkets byggregler (BBR) ska kök vara funktionella och säkra. Utifrån regelverket (jmf. Anttalainen et.al., 2014) ska de fasta och fria möbler vara placerade på ett sådant sätt att det finns tillräckligt med utrymme för säkert arbete och passering. I synnerhet måste det finnas tillräckligt med arbets- och passageutrymme runt spisar och ugn. Enligt enkätsvaren (2020, 2021, 2022, 2024) finns det brister i dessa sammanhang, både på grund av köksplanering och för stora elevgrupper, vilket gör att för många elever tränger ihop sig på för små ytor. Enligt svenska och europeiska riktlinjer för kökssäkerhet och arbetsmiljö är det rekommenderat att ha avställningsytor på båda sidor av spisen, även om det inte alltid är ett absolut krav i alla situationer.

> *Vi har en hkk-sal som är egentligen ett visningskök, eller något sådant. Den ligger vid matsalen och vi saknar tex. egna spisplattor, det har lösts med att köpa fyra portabla plattor som jag lyfter på borden innan lektionerna. Inte så säkert.*
>
> *Enkät 2022*

Lärarens kommentar belyser flera problem relaterade till en optimal och likvärdig lärmiljö, särskilt utifrån aspekter som kökssäkerhet och planering i hem- och konsumentkunskapssalar. Trots Boverkets byggregler, som kräver att kök ska vara både funktionella och säkra, fungerar den aktuella salen i praktiken som ett visningskök och saknar de nödvändiga förutsättningarna för att bedriva säker undervisning. Att eleverna inte har egna spisplattor och att problemet lösts genom att läraren manuellt placerar portabla plattor på borden inför varje lektion, utgör en tydlig säkerhetsrisk. Dessa omständigheter, tillsammans med överfyllda utrymmen och för stora elevgrupper, strider mot både svenska och europeiska riktlinjer för kökssäkerhet och arbetsmiljö. Den begränsade ytan och avsaknaden av fasta avställningsytor kring spisar ökar risken för olyckor, vilket direkt påverkar elevernas möjlighet till en trygg och likvärdig lärmiljö. Detta understryker vikten av genomtänkta lösningar och anpassningar för att undervisningen ska kunna bedrivas på ett säkert och effektivt sätt.

Vid planeringen och utformningen av en hem- och konsumentkunskapssal måste flera regelverk tas hänsyn till:

## 1. Svenska Byggregler (BBR)

Enligt Boverkets byggregler (BBR) ställs krav på att kök ska vara funktionella och säkra, både i hem och undervisningslokaler som hem- och konsumentkunskapssalar. Även om det inte finns ett exakt mått på hur mycket avställningsyta som krävs på båda sidor om spisen, betonas funktionalitet och säkerhet: Det ska finnas tillräckligt med avställningsyta nära spisen för att kunna hantera heta kastruller och matvaror på ett säkert sätt. Detta bidrar till att minimera riskerna för olyckor, exempelvis genom att du enkelt kan flytta heta kärl från spisen utan att behöva gå långt. Arbetsytor ska placeras på ett sådant sätt att matlagning kan ske ergonomiskt, med tillgång till tillräckligt utrymme för förvaring och förflyttning. Detta inkluderar placering av ytor för tillbehör eller redskap nära spisen.

## 2. Köksplaneringsstandarder (EN 1116)

Den europeiska standarden för köksplanering, EN 1116, betonar också säkerhet och arbetsflöde i kök. Rekommendationen är att ha minst 40 cm avställningsyta på vardera sida om spisen, om möjligt. Detta säkerställer att heta kärl kan ställas åt sidan snabbt och säkert. Om det inte är möjligt att ha avställningsyta på båda sidor, bör man prioritera att åtminstone ha avställningsyta på ena sidan, gärna den mest använda sidan.

## 3. Arbetsmiljökrav

För en undervisningsmiljö, som en hem- och konsumentkunskapssal, är det särskilt viktigt att ha tillräckligt med utrymme för att undvika olyckor, speciellt när flera elever arbetar samtidigt. Utrymmet på sidorna av spisen hjälper till att hantera heta kastruller och andra potentiellt farliga föremål på ett säkert sätt. Köksmöbler bör placeras så att det finns tillräckligt med utrymme för att arbeta säkert och röra sig obehindrat i köket. Det är viktigt att skapa tillräckligt med arbetsutrymme och passageutrymme runt värmealstrande utrustning, som spisar och ugnar. Exempelvis bör det finnas nog med plats runt spisen för att undvika olyckor vid matlagning, som att någon oavsiktligt stöter till en kastrull med kokande vatten.

*Diskhons placering*

Enligt Svenska Byggregler (BBR) bör diskhon placeras i närheten av spisen för att underlätta matlagning och minska behovet av att bära heta kärl eller vattenlådor långa sträckor. Rekommendationen är att ha diskhon inom ett arbetsflöde mellan spis, diskho och arbetsyta, som kallas "köks-triangeln".

Precis som för spisen rekommenderas det att ha avställningsytor på båda sidor om diskhon, så att du har plats att lägga disk, redskap eller matvaror på ett säkert och bekvämt sätt. Minst 60 cm arbetsyta på ena sidan och 40 cm på den andra är en riktlinje för ergonomisk arbetsyta. Den europeiska standarden EN 1116 för köksplanering rekommenderar att diskhon placeras mellan kylskåpet och spisen. Detta optimerar arbetsflödet genom att underlätta förflyttning av ingredienser, rengöring av livsmedel och hantering av kastruller och redskap. I en HKK-sal innebär det att man har tillräckligt mycket utrymme för matförberedelse och bakning i samband med diskho och spis.

Diskhon ska placeras på en höjd som gör det bekvämt att arbeta vid utan att anstränga ryggen. För vuxna rekommenderas en bänkhöjd på cirka 85–95 cm, men den kan justeras beroende på användargrupp.

> *Vi har en ny hemkunskapssal och de har lagt bara en liten diskho per kök! Det räcker inte om man ska kunna diska effektivt. Nu har vi köpt plasthinkar för att diska ordentligt. Helt galet.*
>
> *Enkät 2022*

Kommentarerna från enkäten 2022 belyser en viktig aspekt av planeringen och pedagogiken i en hem- och konsumentkunskapssal. Det framgår att den nuvarande lösningen med en liten diskho per kök är otillräcklig för effektiv diskning, vilket hindrar smidiga arbetsflöden under praktiska övningar. Att bara ha en diskho gör det svårt för eleverna att diska ordentligt, vilket leder till ineffektivitet och störningar i undervisningen. Som en tillfällig lösning har läraren köpt plastskålar för att hantera diskningen, men detta är inte en optimal lösning. Det visar på ett bristande inslag i den ursprungliga planeringen där tillräckliga ytor för disk och en sköljho skulle ha bidragit till en mer funktionell och praktiskt anpassad köksmiljö. En välgenomtänkt planering av HKK-salen bör inkludera tillräckligt med diskhoar per kök för att stödja både effektiv rengöring och ett smidigt arbetsflöde, vilket i sin tur främjar en bättre pedagogisk miljö. Den nuvarande bristen på lämpliga ytor understryker behovet av att ompröva och förbättra planeringen för att stödja en mer praktisk och lärandeundervisning.

Diskhon bör inte placeras direkt vid en vägg eller ett hörn, eftersom detta begränsar arbetsutrymmet och kan göra det obekvämt att arbeta. Det rekommenderas att ha minst 30 cm utrymme från diskhon till en närliggande vägg eller hörn för att säkerställa tillräcklig arbetsyta. Diskhon ska även placeras på ett sådant sätt att den inte utgör en säkerhetsrisk eller ett hinder i arbetsflödet. Det innebär att diskhon bör vara lättillgänglig för att undvika att elever eller kockar behöver korsa varandras arbetsytor under matlagning, vilket kan skapa olycksrisker. Om möjligt, ska diskhon placeras nära en sop- eller återvinningsstation för att underlätta hantering av avfall och matrester under matlagningen, eller att man använder sig av flyttbara sopkärl. I en undervisningsmiljö är det viktigt att ha en dubbeldiskho så att man kan använda en sida för diskning och den andra för sköljning. Detta förbättrar effektiviteten och säkerheten.

Vid utformning och placering av köksmöbler i hem- och konsument-kunskapssalen är det viktigt att noggrant ta hänsyn till ergonomiska aspekter. Eftersom elever kan ha mycket varierande längd, även om de flesta är vuxna, bör bänkskivorna ha en standardhöjd på 850–900 mm. Samtidigt bör avståndet mellan bänkskivan och överskåpen vara mindre än de vanliga riktlinjerna rekommenderar, för att underlätta åtkomst för alla (Svensk standard · SS-EN 1116:2018 Inredning - Köksinredning och apparater - Måttsamordning). Det är även en bra idé att inkludera arbetsytor i olika höjder i undervisningsköket. Detta ger eleverna möjlighet att välja den yta som bäst passar deras längd - kortare elever kan föredra en lägre arbetsyta, medan längre elever kanske föredrar en högre. Dessutom bör minst en av dessa arbetsytor vara anpassad för användning av någon som sitter i rullstol, vilket innebär att den ska vara tillgänglig och ergonomiskt utformad för arbete sittande.

*En lista över saker som behövs i en HKK-sal för att kunna bedriva undervisning:*

## 1. Köksteknik och Vitvaror

- Spisar med ugnar (helst en per elevgrupp)
- Mikrovågsugnar
- Diskmaskiner
- Tvättmaskin och torktumlare
- Kylskåp och frysar
- Fläktar för ventilation
- Stavmixers
- Elvispar
- Matförberedare
- Vattenkokare
- Våg och termometrar

## 2. Köksredskap och Verktyg

- Kastruller och stekpannor i olika storlekar
- Ugnsformar och bakplåtar
- Bunkar i olika storlekar
- Kavlar och bakbord
- Skärbrädor (färgkodade för olika livsmedel)
- Rivjärn, potatisstötar
- Durkslag och sil
- Knivar (brödknivar, kockknivar, små knivar)
- Träslevar, stekspadar
- Slevar, soppslevar och degskrapor
- Slickepottar och penslar
- Vispar (spiral- och ballongvispar)
- Potatisskalare, osthyvlar
- Konservöppnare, vitlökspressar
- Måttsats (decilitermått, matskedsmått, teskedsmått)
- Mortlar

## 3. Förbrukningsvaror

- Bakplåtspapper
- Plast- och aluminiumfolie
- Muffinsformar och andra formar
- Plastpåsar, förvaringsburkar och matlådor
- Diskmedel, tvättmedel och rengöringsmedel
- Pappershanddukar och kökshanddukar
- Disktrasor och –svampar
- Diskborstar
- Torkställ
- Golvborstar, moppar och hinkar

## 5. Servering och dukning

- Tallrikar, glas och bestick
- Muggar och serveringsfat
- Serveringskannor och karaffer
- Underlägg och bakgallrar
- Servetter

## 6. Kökstextilier

- Grytvantar och grytlappar
- Kökshanddukar (diskhanddukar, frottéhanddukar)
- Förkläden

## 7. Livsmedel och Ingredienser

- Grundläggande basvaror (mjöl, socker, ris, pasta, olja, kryddor)
- Färska och frysta ingredienser

## 8. Säkerhetsutrustning

- Första hjälpen-kit
- Brandsläckare och brandfiltar
- Skyltar för nödinformation

## 9. Möbler och elevkök

- 6-8 elevkök med arbetsytor, diskhoar, spisar och hällar
- Stolar och bord för teoriundervisning
- Arbetsplats för läraren (bord, stol, skåp för läromaterial, arbetskläder osv.)
- Olika typer av förvaringsskåp för utrustning
- Utrymme för diskstation, tvättstuga, skafferi

## 10. Digitala verktyg och Läromedel

- Projektor eller smartboard
- Datorer eller surfplattor för planering och dokumentation
- Litteratur och receptböcker
- Papper, pennor, sudd, pennvässare

## HKK-sal – allas egendom?

Enkätsvaren visar att lärare i hem- och konsumentkunskap ofta känner att de inte uppskattas på samma sätt som lärare i andra ämnen. Dessutom används HKK-salen ofta för ändamål som inte är pedagogiska:

> *Skolans personal använder hkk-salen för sina personalfester och för att laga egna måltider. De plockar inte efter sig och redskap försvinner. Jobbigt att komma till salen då ingen tar ansvar och läraren får städa efter kollegorna.*
>
> *Enkät 2022*

Kommentaren från enkäten 2022 reflekterar en oroande attityd gentemot hem- och konsumentkunskapsämnet och dess resurser. När skolans personal använder salen för egna fester och måltider, utan att ta ansvar för att städa upp efter sig eller återlämna redskap, visar det en brist på respekt för ämnet och dess betydelse. Detta beteende påverkar negativt den pedagogiska miljön och kan leda till flera problem. För det första, bristen på respekt för HKK-salen och dess resurser kan signalera att ämnet inte prioriteras högt inom skolan, vilket kan påverka hur det uppfattas både av elever och personal. För det andra, när redskap försvinner eller är i dåligt skick på grund av andras användning, får läraren ta itu med följderna, vilket kan leda till frustration och en känsla av att inte få det stöd och den respekt som behövs för att undervisa effektivt.

Denna situation pekar också på ett behov av tydligare regler och riktlinjer för hur skolans resurser ska användas. Utan dessa riktlinjer kan det bli svårt att upprätthålla ordning och säkerställa att resurserna är tillgängliga och i gott skick för undervisningen. För att förbättra situationen är det viktigt att höja medvetenheten om HKK-ämnets betydelse och införa rutiner som säkerställer att alla anställda respekterar och ansvarar för skolans resurser. Detta skulle bidra till en mer professionell och stödjande arbetsmiljö, vilket i sin tur gynnar undervisningen och elevernas lärande.

*Varje vecka försvinner något från salen, allt från ugnsfasta formar och tallrikar till bestick och köksredskap. Elvispar och mixerstavar försvinner spårlöst.*

*Enkät 2020*

*Folk "lånar" material och redskap utan att lämna tillbaka dem. Dessutom uppmuntrar delar av ledningen övrig personal att använda HKK-materialet fritt, vilket förvärrar situationen.*

*Enkät 2021*

Kommentarerna från enkäterna 2020 och 2021 belyser betydande utmaningar i hanteringen av material och redskap i HKK-salen. Det framgår att det finns ett återkommande problem med att viktiga köksredskap, som ugnsfasta formar, tallrikar, bestick, elvispar och mixerstavar, försvinner. Detta tyder på bristande kontroll och säkerställande av materialets tillgång och skick. När sådana verktyg försvinner påverkar det undervisningens kvalitet och effektivitet negativt, eftersom lärare och elever inte kan genomföra sina praktiska moment som planerat.

En särskild försvårande omständighet är att vissa delar av ledningen uppmuntrar övrig personal att använda HKK-materialet fritt. Detta försvårar situationen ytterligare genom att det blir svårare att spåra och återlämna materialet, vilket tyder på en brist på tydliga riktlinjer och regler för hantering och användning av materialet. För att förebygga dessa problem behövs förbättrade rutiner, såsom inventering, spårning och återlämning, samt tydliga regler och stöd från ledningen. Ett förslag för att ytterligare förbättra arbetsflödet och säkerheten i HKK-salarna är att införa specifika nycklar för dessa lokaler, på samma sätt som för NO-salarna. Detta skulle underlätta åtkomst och säkerhet, särskilt när extra stöd behövs för att hantera de praktiska momenten i undervisningen.

*Jag önskar nya redskap, man får plocka ihop och försöka hitta på tex loppis och till skänks. Liten budget att fylla på med nyare redskap.*

*Enkät 2022*

Kommentarerna från 2022 pekar på en utmaning med att upprätthålla en välutrustad HKK-sal på grund av begränsade resurser. Det framgår att det finns ett behov av nya köksredskap, men att budgeten är knapp. Läraren måste därför ofta leta efter redskap på loppmarknader eller donationer för att fylla på utrustningen.

Denna situation belyser en betydande begränsning av resurser som direkt påverkar kvaliteten på undervisningen. När tillräckliga medel saknas för att köpa in nya och moderna redskap kan det vara svårt att upprätthålla en funktionell och engagerande lärandemiljö. Användningen av begagnade eller donerade redskap kan vara en kostnadseffektiv lösning för att komplettera utrustningen, men det innebär också utmaningar, såsom ojämn kvalitet och avsaknad av specifika verktyg som kan vara viktiga för undervisningen. För att ändå kunna ge eleverna en god utbildning blir det nödvändigt att prioritera de mest väsentliga redskapen. Här krävs både effektiv resursförvaltning och kreativ problemlösning för att skapa en inspirerande och praktiskt fungerande undervisningsmiljö, trots de ekonomiska begränsningarna.

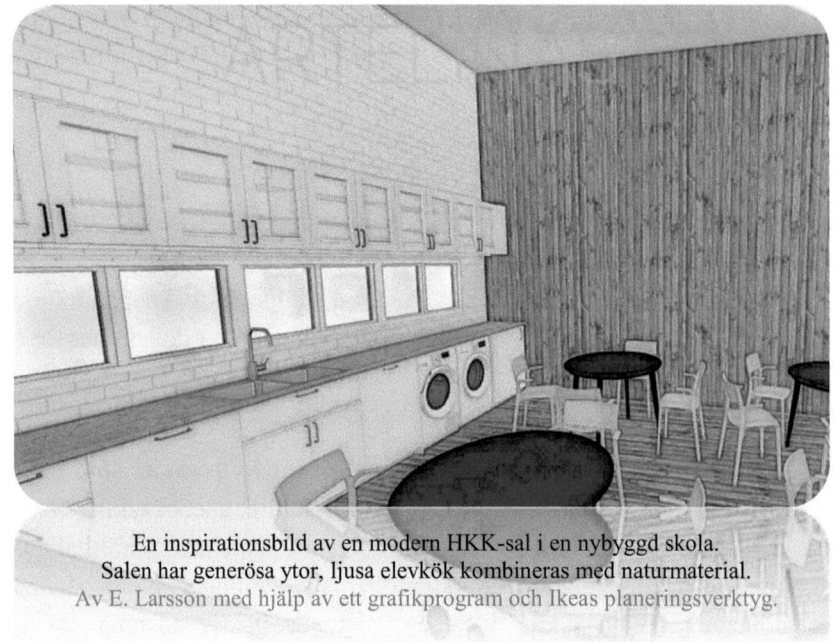

En inspirationsbild av en modern HKK-sal i en nybyggd skola.
Salen har generösa ytor, ljusa elevkök kombineras med naturmaterial.
Av E. Larsson med hjälp av ett grafikprogram och Ikeas planeringsverktyg.

## 3.4. Hushållsmaskiner och vitvaror

I en hem- och konsumentkunskapssal utgör hushållsmaskiner och vitvaror en viktig uppsättning mekaniska hjälpmedel och utrustning, som används för att stödja undervisningen och ge eleverna praktiska färdigheter inom områden som matlagning, städning och hushållshantering. Dessa maskiner och vitvaror är centrala för att skapa en realistisk och effektiv lärandemiljö, där eleverna kan tillämpa sina kunskaper i praktiska situationer. För att upprätthålla en säker och pedagogiskt optimal arbetsmiljö är det avgörande att både lärare och elever har kunskaper om korrekt och säker användning av dessa redskap. Detta bidrar inte bara till ett bättre lärande, utan är också avgörande för att förebygga olyckor och skador. Det är också avgörande att förstå hur dessa apparater underhålls och rengörs för att garantera långvarig funktionalitet och bibehålla god hygien. Genom att hålla sig uppdaterad med den senaste tekniken och innovationerna får eleverna dessutom en bredare insikt i moderna hushållslösningar och deras funktioner.

> *Jag har fått nya stavmixer och elvisp. Det underlättar och är mycket säkrare att jobba med än de gamla som vi hade tidigare.*

> *Enkät 2022*

För eleverna innebär det att de får en säkrare och mer berikande miljö där de kan utveckla praktiska färdigheter utan risk för olyckor. Genom att lära sig korrekt användning, underhåll och rengöring av hushållsmaskiner och vitvaror, lär de sig också viktiga livsfärdigheter som de kan tillämpa hemma. Dessutom ger insikt i ny teknik och innovationer eleverna en bredare och mer aktuell kunskap om hushållsteknik. För lärarna innebär detta att de måste ha tillräcklig kunskap om både säkerhetsföreskrifter och hur maskinerna fungerar för att kunna undervisa effektivt och säkert.

Lärarna behöver också se till att eleverna följer säkerhetsrutinerna och att de praktiska momenten genomförs på ett hygieniskt och korrekt sätt. Genom att uppdatera sig om nya teknologier och innovationer kan de säkerställa att undervisningen är relevant och anpassad till dagens moderna hushåll. Samtidigt får lärarna ansvar för att vägleda eleverna i hur de kan göra hållbara och energieffektiva val.

# 1. Hushållsmaskiner

a. *Hushållsmaskiner:*
- Kaffebryggare, vattenkokare och mikrovågsugn: används för att lära eleverna om olika metoder för uppvärmning och tillagning.
- Elvisp och stavmixer, möjligen brödrost, voffeljärn, smörgåsgrill: hjälper till med att lära sig om olika tekniker för matberedning och hantering av köksutrustning.

b. *Matberedningsmaskiner (eventuellt):*
- Köksmaskin (t.ex. hushållsassistent): används för bakning och matberedning, som att knåda deg och vispa ingredienser.
- Matberedare: för att hacka, riva och blanda ingredienser effektivt.

# 2. Vitvaror

a. *Kylskåp och frys:*
- Kylskåp: förvaring av färska livsmedel för att förhindra att de förstörs.
- Frys: förvaring av frysta livsmedel och ingredienser.

b. *Spis och ugn:*
- Häll och ugn: grundläggande för matlagning och bakning. Viktigt att förstå hur man använder dem korrekt och säkert.

c. *Diskmaskin, Tvättmaskin, Torktumlare/torkskåp*
- Diskmaskin: för att diska elevernas disk i form av bestick, glas och tallrikar efter måltiden, lära sig om effektiv rengöring av köksutrustning och att förstå hur man sparar tid och vatten genom användning av moderna apparater.
- Tvättmaskin: för att tvätta kökstextilierna och skyddsklädseln i jämna mellanrum för att upprätthålla kökshygien i salen.
- Torktumlare/torkskåp: för att torka kökstextilierna och skyddsklädseln.

*Val av vitvaror och köksmaskiner*

Kommentarerna i enkätsvaren (2020, 2021, 2022, 2024) belyser flera viktiga aspekter av planeringen och byggandet av en HKK-sal, speciellt kring vitvaror, deras kondition och val av nya:

> *Köket är bara 5 år gammalt, men spisar, ugnar var omoderna redan när de sattes in. Har gammeldags spisar med plattor. Val av material på bänkar och skåp börjar redan bli slitna. Man vill att köket ska hålla minst 30 år, men har valt material som i bästa fall håller 10 - 15 år. Sorgligt att när man bygger en helt ny skola, och de väljer att snåla på dessa saker.*

> *Enkät 2020*

Denna kommentar säger egentligen att man inte valt högkvalitativa produkter: trots att köket är relativt nytt, är både spisarna och ugnarna redan omoderna, och materialet på bänkar och skåp börjar visa tidigt slitage. Detta pekar på vikten av att välja modern och hållbar utrustning samt material av hög kvalitet som kan motstå långvarig användning. I enkäten från 2020, 2022, och 2024 framkommer det en frustration över att skolan har valt billigare lösningar på viktiga detaljer, trots att det finns en önskan om att köket ska vara funktionellt och hållbart. Detta indikerar att det är avgörande att göra långsiktiga investeringar som reflekterar det långvariga syftet med rummet. Att snåla på kvalitet kan leda till högre kostnader på sikt för underhåll och ersättning, vilket är en viktig aspekt av ekonomisk planering. Kommentarerna visar också att brist på prioritering av kvalitet och hållbarhet vid byggandet kan påverka både estetik och funktionalitet negativt. Kortvariga besparingar kan skapa en miljö som inte möter behoven för en inspirerande och effektiv undervisning. Det understryker behovet av att balansera initiala kostnader med framtida hållbarhet och att skapa en optimalt utrustad lärmiljö.

Även om det är oftast inte hem- och konsumentkunskapsläraren som bestämmer vilka vitvaror och hushållsmaskiner köps till salen, är det viktigt att ha en god förståelse om dem för av flera skäl:

1. **Pedagogiskt Syfte:**
   Genom att känna till hur olika vitvaror och hushållsmaskiner fungerar kan läraren effektivt undervisa om deras funktioner. Detta inkluderar att förklara hur olika apparater bidrar till matlagning, städning och andra hushållsaktiviteter, vilket är centralt för ämnet hem- och konsumentkunskap.

2. **Hygien och Säkerhet:**
   Kännedom om hygienstandarder, inklusive korrekta temperaturer och rengöringsrutiner, är avgörande för att säkerställa att eleverna lär sig att upprätthålla god hygien. Läraren behöver kunna informera eleverna om hur man använder och underhåller apparater för att förhindra bakterietillväxt och kontaminering, vilket är en viktig del av undervisningen.

3. **Praktiska Kunskaper:**
   Även om läraren kanske inte själv ansvarar för valet av utrustning, kan kunskap om de olika alternativens funktioner och kvalitet hjälpa dem att maximera nyttan av de resurser som finns tillgängliga. Detta gör det också möjligt för läraren att ge värdefull återkoppling om vilken utrustning som skulle bäst gynna undervisningen.

4. **Energieffektivitet:**
   En förståelse för energiförbrukning och hur man väljer energieffektiva apparater hjälper läraren att undervisa om hållbarhet och miljöpåverkan. Genom att lära eleverna om energieffektiva alternativ kan läraren bidra till att de blir medvetna konsumenter som gör miljövänliga val.

5. **Kostnad och Investering:**
   En djupare förståelse för de långsiktiga kostnaderna och fördelarna med olika vitvaror och maskiner kan hjälpa lärare att argumentera för mer genomtänkta investeringar och rättvis resursfördelning i hem- och konsumentkunskapsundervisningen. Detta kan i sin tur bidra till att skolans resurser används effektivt och att utrustningen uppfyller de pedagogiska behoven på ett optimalt sätt.

Då man planerar inköp av hushållsmaskiner och vitvaror finns det flera faktorer att ta hänsyn till:

1. *Funktioner och användningsändamål*
   Man bör definiera vilka specifika funktioner behövs för att kunna genomföra olika hushållsuppgifter i HKK-salen: tänka även på hur många ugnar, spisar, kylskåp, frys, diskmaskiner, mikrovågsugnar, matberedare, blandare eller andra hushållsmaskiner behövs för matlagning och matförvaring.

2. *Storlek och kapacitet*
   Man ska bestämma den optimala storleken och kapaciteten för varje apparat baserat på antalet kök och elever i klassen, samt den mängd mat eller ingredienser som behövs hanteras, samt säkerställa att maskinerna är tillräckligt stora för att rymma volymen av mat eller ingredienser som förväntas att arbetas med.

3. *Energiklass och energieffektivitet*
   Man bör tänka på att välja apparater med hög energiklass för att minska energiförbrukningen och på så sätt spara pengar och vara mer miljövänlig. Maskiner med energieffektivitetsbetyg som A++ eller högre brukar vara mer energisnåla.

4. *Kvalitet och pålitlighet*
   Man behöver undersöka olika märken och modeller för att välja pålitliga och hållbara produkter: läsa recensioner och bedömningar från andra användare för att få en uppfattning om produktens kvalitet och hållbarhet över tid. Det är även viktigt att tänka på garantier och service som erbjuds av tillverkaren.

5. *Säkerhetsfunktioner*
   Man ska kontrollera att maskinerna har nödvändiga säkerhets-funktioner som överhettningsskydd, barnlås och korrekt ventilation för att undvika olyckor och skador.

6. *Pris och budget*

Man bör sätta en budget för inköpen och jämför priser från olika återförsäljare för att hitta de bästa erbjudandena – dock tänka på att kvalitet och pålitlighet kan vara viktigare än att bara välja den billigaste produkten.

7. *Underhåll och rengöring*

Man bör ta reda på hur lätt det är att underhålla och rengöra apparaterna. Apparater som är enkla att rengöra och har löstagbara delar underlättar underhållsarbetet och bidrar till god hygien i HKK-salen.

8. *Användarvänlighet*

Välja maskiner som är enkla att använda och har tydliga och intuitiva kontroller. Det kan vara särskilt viktigt i en utbildnings-miljö där eleverna ska kunna använda maskinerna själva.

## *Maskin- och elsäkerhet*

Då man köper köksmaskiner och vitvaror till hem- och konsument-kunskapssal ska man utgå ifrån ett flertal elsäkerhetsaspekter. Vid inköp av maskiner och utrustning ska man se till att de uppfyller säkerhetskraven, det vill säga att de ska ha CE-märkning. De bör också användas i enlighet med tillverkarens anvisningar och endast för det ändamål de är avsedda för. Undervisningslokalen ska ha en nödströmbrytare placerad på ett lättillgängligt ställe, som kan användas för att stänga av strömmen till alla elektriska apparater som används på en gång, med undantag för belysning, diskmaskiner och kylskåp. Det är bra att ha en tidbrytare som stänger av vattentillförseln i diskmaskiner: på så sätt är risken för vattenskador så liten som möjligt när maskinerna lämnas igång efter lektionerna är över. Defekt utrustning måste tas ur bruk eller repareras på lämpligt sätt. Läraren ska även råda eleverna att utan dröjsmål anmäla utrustningsfel och brister.

En inspirationsbild om förvaring i en HKK-sal.
Av E. Larsson/Artelinas.

## 3.5. Förvaring i HKK-salen

Hem- och konsumentkunskap är det enda ämnet i skolan där man behöver förvara livsmedel och se till att hygienreglerna följs.

### Mikrobiologiska faror med livsmedel

Mikrober gömda i maten förökar sig snabbt under gynnsamma förhållanden (Modin R., Lindblad, M., 2011). Dåliga livsmedel kan orsaka matförgiftning, vars symtom är till exempel illamående och diarré. Mögel och jästsvampar förstör maten, och vissa typer av mögel kan orsaka allvarlig sjukdom. Många infektionssjukdomar kan också spridas genom förorenad mat. De vanligaste orsakerna till matförgiftning är otillräcklig uppvärmning, för långsam nedkylning, för varm förvaring och försummelse av hygien. Det är därför absolut viktigt för hälsan att maten både förvaras och hanteras på rätt sätt. God handhygien, det vill säga att tvätta händerna noggrant med tvål och vatten, samt torka dem med en ren handduk, är en central del av den praktiska undervisningen i hem- och konsumentkunskap. Alla som arbetar i undervisningslokaler, både lärare och elever, har en skyldighet att ta hand om sin personliga renlighet och samtidigt förstå sitt ansvar för andras hälsa och välbefinnande.

> *Kylskåpen är gamla och svåra att hålla samma temperatur hela tiden. De är nog inte helt täta, inte frysen heller, den skulle man behöva avfrosta jämt. Har påpekat detta till ledningen, men de har andra saker som prioriteras, till exempel att måla listor och dörrar i skolan osv.*

> *Enkät 2021*

Flera lärare har påpekat (enkätsvaren 2020, 2021, 2022, 2024) att vitvarorna i HKK-salarna inte håller rätt temperaturer, och att utrymmena för förvaring är otillräckliga eller felaktigt utformade. För att skapa en trygg och säker miljö för undervisning är det avgörande att livsmedelssäkerheten garanteras. Livsmedel och råvaror kan innehålla bakterier som snabbt förökar sig under gynnsamma förhållanden, vilket kan leda till att maten blir farlig att äta. Exempelvis kan mögel inte bara förstöra maten, utan vissa mögelarter kan även orsaka allvarliga hälsoproblem. Många smittsamma sjukdomar sprids dessutom via förorenad mat, vilket gör det extra viktigt att livsmedel lagras och hanteras korrekt. De vanligaste orsakerna till matförgiftning inkluderar bristfällig uppvärmning, för långsam kylning, felaktig förvaring vid för hög temperatur och bristande hygien. Det är därför viktigt att både kyl- och frysskåp fungerar korrekt och att förvaringsutrymmen är ändamålsenliga för att upprätthålla säker livsmedelshantering i undervisningen.

Enligt Livsmedelsverkets föreskrifter och allmänna råd (SLVFS 2001:30) om livsmedelshygien, som bygger på den europeiska Hygienförordningen (EG nr 852/2004) ska förvaringsomständigheterna och temperaturerna för olika lagringsutrymmen i HKK-salen variera beroende på de specifika behoven och materialen som ska förvaras.

## 1. Kylskåp

Kylskåpet är vanligtvis avsett för att förvara färska livsmedel och bör hållas vid en temperatur på cirka 4 °C. Detta är den optimala temperaturen för att hålla livsmedel som mejeriprodukter, kött, fisk och grönsaker fräscha och säkra att äta. Man ska se till att förpacka livsmedlen ordentligt och undvik korskontaminering.

## 2. Frys

Frysen används för att förvara frysta livsmedel och bör hållas vid en temperatur på -18 °C eller lägre. Denna temperatur håller livsmedel som kött, fisk, grönsaker, bröd och glass frysta och säkra att äta under en längre tid. Man ska förvara frysta livsmedel i väl förseglade förpackningar för att skydda dem mot frysbränna och bevara kvaliteten.

## 3. Skafferi

Skafferiet är vanligtvis avsett för att förvara torra livsmedel och mat som ej behöver kylning, exempelvis konservburkar, oöppnade glasburkar med sylt och marmelad. Temperaturen i skafferiet kan vara rumstemperatur, vilket vanligtvis ligger mellan 20-25 °C. Det är viktigt att se till att förpackningarna är ordentligt förseglade för att hålla borta fukt och skadedjur.

## 4. Kryddhylla

Kryddhyllan bör förvaras vid rumstemperatur eller något svalare, runt 15-20 °C. Det är viktigt att hålla kryddor på en sval, mörk plats för att bevara deras smak, doft och kvalitet över tid.

## 5. Diskskåp

Diskhyllan används för att förvara disk- och köksredskap. I detta fall är det viktigt att se till att föremålen är rena och torra innan de placeras i skåpet för att undvika bakterietillväxt. Temperaturen ska vara liknande som rumstemperatur i hemmet.

*Tvättstuga*

I en tvättstuga är förvaringsomständigheterna och temperaturerna vanligtvis inriktade på att förvara tvätt relaterade produkter och rengöringsartiklar.

1. **Tvättmedel och rengöringsprodukter**
   Förvaringsområden för tvättmedel och rengöringsprodukter bör vara torra och svala för att bevara deras effektivitet och säkerhet. Man ska undvika att förvara dem i direkt solljus eller i fuktiga områden. En temperatur på rumstemperatur eller något lägre är vanligtvis lämplig.

2. **Tvättmaskin och torktumlare**
   Tvättmaskin och torktumlare behöver inte specifika temperatur-förhållanden för förvaring. Man ska se till att de är installerade på en lämplig plats med god ventilation och tillräckligt utrymme runt dem för att undvika överhettning eller överbelastning.

3. **Tvättkorgar och tvätt säckar**
   Tvättkorgar och tvätt säckar kan förvaras i tvättstugan vid rums-temperatur eller där det är mest praktiskt. Man ska hålla dem rena och torra för att undvika dålig lukt eller mögelbildning.

4. **Strykjärn och strykbräda:**
   Strykjärn och strykbräda kan förvaras i tvättstugan vid rumstemperatur. Man ska se till att strykjärnet är avstängt och svalt innan det placeras i förvaring för att undvika risk för brand.

5. **Övriga förvaringsutrymmen:**
   Förvaringsskåp eller hyllor i tvättstugan kan användas för att organisera och förvara andra tvätt relaterade föremål såsom extra handdukar, klädnypor, tvättmedel och reservdelar. Man ska se till att de är torra, rena och välorganiserade för att underlätta användningen.

## Kemikalier, rengöringsmedel och rengöringsmedel

I hem- och konsumentkunskapssalar används en mängd olika rengörings- och skötselprodukter för att upprätthålla hygien och säkerhet i undervisningen. Det är viktigt att dessa kemikalier hanteras korrekt för att undvika hälso- och säkerhetsrisker för både elever och personal. Eleverna ska därför läras att noggrant läsa och förstå förpackningsetiketter samt följa bruksanvisningar för varje produkt som används i salen. Rätt hantering minskar risken för olyckor, irritationer eller skador på huden och andningsorganen. Vissa rengöringsmedel som används i HKK-salar omfattas av kemikalielagen och kan innehålla ämnen som är skadliga eller frätande. Sådana produkter måste förvaras i separata, låsta utrymmen, vilket säkerställer att de inte används oavsiktligt av elever. Förpackningarna ska vara tydligt märkta med varningssymboler som anger faran, och säkerhetsblad som beskriver riskerna och de rekommenderade skydds-åtgärderna måste finnas tillgängliga i eller nära förvaringsutrymmet.

Det är också viktigt att eleverna förstår vikten av att följa anvisningarna noggrant. Vid felaktig användning, som exempelvis överdosering av rengöringsmedel eller kombination av inkompatibla kemikalier, kan hälsofarliga ämnen frigöras, vilket kan utgöra en risk för hela klassrummet. Om starka kemikalier förvaras i HKK-salen, ska information om säker användning av kemikalier finnas till hands och tillgänglig från både tillverkare och leverantörer, vilket ytterligare hjälper till att säkerställa en trygg och säker arbetsmiljö i HKK-salen.

Eleverna får använda neutrala eller svagt alkaliska rengöringsmedel för att rengöra undervisningsutrymmet. De vanligaste rengöringsprodukterna som används i köket är diskmedel och allrengöringsspray, som är både effektiva och säkra för elever att hantera. Dessa medel är tillräckliga för att rengöra ytor och redskap efter matlagning och andra aktiviteter i köket. Naturvänliga rengöringsprodukter som kan användas i köket inkluderar ättika, bikarbonat, citron, såpa och vitvinsvinäger. Ättika är effektivt för att ta bort kalkavlagringar och fungerar bra som allrengöringsmedel, medan bikarbonat är ett milt skrubbmedel som också tar bort lukt. Citron har naturliga desinfekterande egenskaper och kan användas för att rengöra ytor och eliminera oönskade lukter. Såpa är en skonsam rengöringslösning som är snäll mot både ytor och miljön, och vitvinsvinäger fungerar bra som avfettningsmedel och rengöring för ytor. Dessa produkter är både miljövänliga och effektiva för rengöring i HKK-salen utan att behöva använda starka kemikalier.

Utöver de produkter som eleverna använder, hanterar städpersonalen ofta starkare rengöringsmedel för att säkerställa en mer grundlig rengöring och hygien. Detta inkluderar alkaliska och starkt alkaliska medel, som används för att ta bort fett och envis smuts, samt sura rengöringsmedel som är effektiva mot mineralavlagringar och rost. Städpersonalen kan också använda desinficerande rengöringsmedel för att eliminera bakterier och andra mikroorganismer som kan finnas på ytor efter livsmedelshantering. För golvvård används specifika produkter som golvvårdsmedel och vax för att hålla golven rena, skyddade och i gott skick, vilket bidrar till både säkerhet och hållbarhet i undervisningsmiljön. Dessa mer kraftfulla rengöringsmedel hanteras främst av utbildad personal för att minimera risken för skador och säkerställa att städningen sker på ett säkert och effektivt sätt.

## 3.6. Material och praxis för olyckshantering

*Första hjälpen*

Skolverket (2024c) understryker vikten av att skolpersonal är väl förberedd för att hantera krissituationer genom omfattande utbildning och övningar i säkerhet och krisberedskap, enligt deras riktlinjer från 2024. En sådan utbildning är avgörande för att säkerställa att personalen kan agera snabbt och effektivt när en nödsituation uppstår. Första hjälpen är en central del av denna beredskap. Det omfattar livräddande åtgärder som hjärt-lungräddning (HLR), som är avgörande vid hjärtstillestånd eller stroke, och tekniker för att hantera kvävning eller akut blödning. HLR-rådet erbjuder nationella riktlinjer och rekommendationer för första hjälpen och HLR, vilket ger en standard för hur dessa kritiska första hjälpen-åtgärder ska utföras.

Vidare tillhandahåller Myndigheten för samhällsskydd och beredskap (MSB) utbildningar och resurser som täcker ett brett spektrum av säkerhetsaspekter, inklusive barns och ungas säkerhet, krisberedskap, brand- och olyckshantering, hantering av farliga ämnen, samt informationssäkerhet. Dessa utbildningar hjälper skolor att förbereda sig för olika typer av kriser och olyckor. Dessutom kan skolor och förskolor dra nytta av resurser som *Lilla Krisinfo*, en plattform som erbjuder krisinformation anpassad för barn och unga, liknande den allmänna Krisinformation.se. Denna typ av material är viktigt för att öka medvetenheten och förståelsen för säkerhetsåtgärder bland elever.

För att säkerställa att både personal och elever i HKK-salen är väl förberedda på att hantera skador och sjukdomar är avgörande för att kunna agera snabbt och effektivt vid en olycka. En välutrustad första hjälpen-station och utbildning i första hjälpen bidrar till att minimera skador och garantera allas säkerhet i klassrummet. Enligt Skolverket (2024b) är det viktigt att skolpersonal regelbundet får utbildning i första hjälpen och relaterade säkerhetsåtgärder. Denna utbildning bör även omfatta hur man korrekt använder första hjälpen -utrustning och hur man förbereder sig för att hantera medicinska nödsituationer. Genom att vara väl förberedd och utbildad kan skolpersonal och elever bättre skydda sig själva och varandra, och säkerställa en trygg och säker lärmiljö.

I enlighet med Skollagens krav ska varje skola ha en tydlig beskrivning av sina rutiner för elevvård och säkerhet. Det är viktigt att denna beskrivning omfattar strategier för att förebygga och hantera olyckor, samt att den inkluderar detaljerade instruktioner för första hjälpen och behandlingsvägledning. Dessa riktlinjer bör vara i linje med nationella standarder och inkludera ett program för olycksförebyggande åtgärder samt beskriva det samarbete som är nödvändigt för att säkerställa en säker skolmiljö. Elevvården på skolan bör innehålla avtalade rutiner för hur olyckor förebyggs, hur första hjälpen ges, hur behandling ska hanteras, samt hur olycksfall ska övervakas och rapporteras. Detta innebär att det ska finnas rutiner för att uppdatera och utvärdera bruksanvisningar samt att skolans personal, elever och vårdnadshavare måste vara väl informerade om och bekanta sig med dessa instruktioner.

I hem- och konsumentkunskapssalen ska ett välutrustat första hjälpen-skåp finnas tillgängligt. Detta skåp ska innehålla nödvändig utrustning och instruktioner för att hantera skador och olyckor. Det grundläggande innehållet bör omfatta första hjälpen-instruktioner, utrustning för behandling av sår och brännskador, ögonspolningsutrustning, samt verktyg som sax, pincett och säkerhetsnålar. Skyddshandskar och aktuella nödnummer bör också ingå för att säkerställa att all personal och elever har tillgång till det som behövs för att snabbt och effektivt kunna hantera akuta situationer.

## I ett första hjälpen-kit för en HKK-sal ska det finnas:

1. **Förbandsmaterial**: Olika typer av förband och plåster för att behandla mindre sår och skador. Det kan inkludera sterila förband, kompresser, gasbindor, elastiska bindor och plåster i olika storlekar.

2. **Desinfektionsmedel**: För att rengöra sår och förhindra infektion kan det finnas desinfektionsmedel som alkoholbaserade lösningar, till exempel sprit eller desinfektionsvätska.

3. **Vätskor**: En flaska med steril koksaltlösning eller liknande kan finnas för att rengöra ögon eller skölja sår.

4. **Sax och pincett:** För att klippa bort kläder eller bandage och för att hantera små föremål kan en sax och pincett vara användbara.

5. **Handskar**: Engångshandskar av latex eller annat material kan finnas för att förhindra smitta och för att skydda den som utför första hjälpen.

6. **Räddningsfilt**: En räddningsfilt kan användas för att hålla en person varm eller för att skydda mot kyla vid en nödsituation.

7. **Andningsmask**: En andningsmask kan finnas för att ge andningshjälp om någon har andningsproblem eller behöver återupplivning.

8. **Första hjälpen-instruktioner:** En grundläggande första hjälpen-guide eller instruktionshäfte kan vara till hjälp för att ge råd och vägledning vid olika typer av akuta situationer.

*Cederroth, 2023.*

*Sår*

Ytliga sår kan vanligtvis behandlas med ett plåster. Om blödningen är riklig måste den stoppas omedelbart och blödningen måste stoppas på något sätt. Fingrarna eller handflatan pressas direkt på läckagepunkten. Vid behov placeras den skadade i viloläge. Ett tryckförband läggs över såret och den skadade skickas till vård. Vid en situation där en elev får ett sår i HKK-salen, är det viktigt att agera snabbt och korrekt för att ge rätt första hjälp.

1. **Bedöm säkerheten:**
   Se till att både den skadade eleven och du själv befinner er i en säker miljö. Se till att eventuella faror, som vassa föremål eller halkiga ytor, inte utgör något hot.

2. **Stoppa blödningen:**
   Om såret blöder, använd engångshandskar (om tillgängligt) och tryck försiktigt en ren trasa eller förband direkt över såret. Applicera stadigt tryck för att hjälpa till att stoppa blödningen. Om blodet genomsyrar förbandet, lägg ett annat ovanpå utan att ta bort det första. Fortsätt applicera tryck tills blödningen minskar eller tills sjukvårdspersonal kan ta över.

3. **Rengör såret:**
   När blödningen har stoppats, rengör såret försiktigt med ljummet vatten och mild tvål. Undvik att använda alkohol eller väteperoxid, eftersom dessa kan skada vävnaden och fördröja läkningsprocessen. Torka sedan försiktigt runt såret med en ren handduk eller gasväv.

4. **Skydda såret:**
   Applicera ett sterilt förband eller en ren gasväv över såret för att skydda det från smuts och bakterier. Se till att förbandet sitter ordentligt och inte är för tätt eller för löst. Om såret är djupt eller om det behövs stygn, bör eleven skickas till vårdcentralen.

5. **Övervaka elevens tillstånd:**
Håll ögonen på den skadade eleven och informera vårdnadshavare, samt elevens mentor om händelsen. Om skadan är allvarlig, måste rektorn informeras.

*Brännskada*

Enligt Krisinformationens hemsida (Krisinformation, Brännskador 2024) första hjälp vid brännskada gäller följande:

Agera snabbt och korrekt vid en brännskada orsakad av en brand:

1. **Larma:**
   Om det inte redan har gjorts, varna omgivningen och se till att någon larmar räddningstjänsten.

2. **Säkerhet:**
   Innan du går närmare branden eller eleven, se till att det är säkert att närma sig och att det inte finns någon kvarstående fara.

3. **Eldsläckning:**
   Om det finns en brand, försök att släcka den om det är säkert att göra det. Använd lämplig släckutrustning som brandsläckare eller brandfilt. Försök att inte utsätta dig själv eller eleven för ytterligare fara.

4. **Flytta eleven till säker plats:**
   Om det är möjligt och det inte innebär ytterligare skada, flytta eleven bort från branden till en säker plats.

5. **Kyla skadan:**
   Spola omedelbart det brännskadade området med svalt vatten i minst 10-20 minuter. Detta hjälper till att kyla ner vävnaden och lindra smärtan. Var noga med att inte använda kallt vatten som kan orsaka ytterligare skada. Kyl inte längre än 15 minuter eftersom det ökar risken för att man blir nedkyld, inte heller med is då det kan förvärra skadan.

6. **Ta bort kläder:**
   Försök försiktigt att ta bort kläder från det skadade området, om de inte sitter fast i huden. Dra inte i kläderna om de fastnat.

7. **Bedöm skadans allvar:**
Utvärdera skadans omfattning och allvar. Om det är en mindre brandskada, som endast påverkar det övre hudlagret (ytlig brännskada), kan det ibland räcka med att kyla och skydda området. Om det är en mer allvarlig skada, såsom en djup brännskada eller om den täcker stora områden, kontakta omedelbart sjukvårds-personal eller ring nödnumret.

8. **Lugna eleven:**
Ge tröst och lugn till eleven. Smärta och rädsla kan vara över-väldigande vid en brandskada, så försök att vara stödjande och uppmuntrande.

9. **Förhindra infektion:**
Skydda den brännskadade ytan genom att täcka den med ett sterilt förband eller en ren, torr trasa. Detta hjälper till att förhindra infektion.

10. **Kontakta vårdpersonal:**
Oavsett skadans allvar är det viktigt att kontakta sjukvårdspersonal för bedömning och vidare behandling. De kan ge mer specifik rådgivning baserad på skadans omfattning och behovet av medicinsk intervention.

*Agera snabbt och korrekt vid en brännskada orsakad av kokande vatten eller het ugn:*

Agerandet vid en brännskada orsakad av kokande vatten eller en het ugn skiljer sig från en skada orsakad av en brand, då det inte handlar om eldsläckning utan främst om att omedelbart kyla den skadade huden. De viktigaste skillnaderna i agerandet vid en brännskada i hem- och konsument-kunskapssalen:

1. **Säkerhet först:**
   Vid brännskador från kokande vatten eller kontakt med en het ugn behövs inte brandsläckning. Däremot är det viktigt att omedelbart avlägsna den skadade från värmekällan, till exempel genom att flytta bort eleven från spisen eller ugnen.

2. **Kyl skadan snabbt:**
   Vid en brännskada från kokande vatten eller en het ugn ska den skadade huden omedelbart kylas med svalt, rinnande vatten i minst 10-20 minuter. Kylningen är avgörande för att minimera skadans omfattning, lindra smärta och påskynda läkning.

3. **Ta bort kläder försiktigt:**
   Vid kokande vattenbrännskador är det särskilt viktigt att ta bort blöta, varma kläder eller smycken så snabbt som möjligt eftersom de kan hålla kvar värmen på huden. Om kläderna har fastnat i huden, dra inte bort dem, utan vänta på medicinsk hjälp.

4. **Undvik infektion:**
   När kylningen är klar, täck det skadade området med ett rent, sterilt förband för att förhindra infektion. Det gäller både vid skador från kokande vatten och heta ugnar, eftersom huden kan vara ömtålig och sårbar för bakterier.

5. **Kontakta vårdpersonal:**
   Efter att ha hanterat skadan initialt, bedöm allvaret och kontakta sjukvårdspersonal för vidare behandling. Djupare eller mer omfattande brännskador kräver professionell vård, oavsett om de orsakats av vatten eller hetta från ugnen.

Det viktigaste vid brännskador från värme i köket är att agera snabbt och korrekt för att kyla ned skadan och förhindra förvärrad vävnadsskada, samtidigt som man minimerar risken för infektion och andra komplikationer.

Enligt Krisinformationens information om brännskador (2024) är ovanstående riktlinjer inte ersätter formell första hjälpen-utbildning. Man ska kontakta genast en vårdcentral, jouröppen mottagning eller akutmottagning om en eller flera av följande saker stämmer:

- Brännskadan sitter på ett känsligt område, till exempel i ansiktet, på könsorgan, händer, fötter eller över stora leder, det vill säga axlar, armbågar, höfter eller knän.
- Skadan har orsakats av kemikalier eller elektricitet.
- Ett litet barn har fått en brännskada.
- Du har andats in brandrök.
- Det har bildats blåsor och brännskadan är större än den egna handen.
- Du har bränt huden så djupt att skadan är vit eller brunsvart, samtidigt som du har tappat känseln i hudområdet.

Krisinformation, 2024

*Ögonskador*

Om orsaken till skadan är värme eller en kemikalie som stänker in i ögonen (t.ex. het olja eller rengöringsmedel) sköljs den drabbades ögon med mycket vatten, även under locken, i minst 15 minuter och skickas för vidare behandling. Vid svåra fall av täcks båda ögonen och den skadade transporteras omedelbart liggande på rygg för vidare behandling.

Enligt Krisinformation (2024) om en elev har fått en ögonskada i HKK-salen är det viktigt att agera snabbt och korrekt för att minimera skadan och förhindra ytterligare komplikationer. Dessa åtgärder är viktiga att vidta som första hjälp:

1. **Bevara lugnet:**
För att hjälpa eleven och förhindra panik är det viktigt att du som lärare eller ansvarig person bevarar lugnet och agerar snabbt och metodiskt.

2. **Bedöm skadans allvar:**
Om möjligt, bedöm omfattningen av ögonskadan. Titta efter synlig smuts eller föremål som kan vara fast i ögat, blödning, rodnad eller svullnad. Uppmuntra eleven att inte gnugga eller röra vid ögat, eftersom det kan förvärra skadan.

3. **Tvätta händerna:**
Innan du vidtar några åtgärder bör du tvätta dina händer noggrant för att undvika att infektioner överförs till ögat.

4. **Skölj ögat:**
Be eleven att skölja ögat med rikliga mängder rent, ljummet vatten i cirka 15 minuter. Detta kan hjälpa till att spola bort eventuell smuts eller kemikalier som kan ha orsakat skadan. Se till att eleven håller ögat öppet under sköljningen.

**5. Skydda ögat:**
Om möjligt, täck det skadade ögat med en steril förbandsservett eller en ren trasa för att skydda det från ytterligare skador.

**6. Ring efter hjälp:**
Kontakta omedelbart elevens vårdnadshavare och informera dem om händelsen. Be dem att ta eleven till en ögonläkare eller till en akutmottagning för vidare medicinsk bedömning och behandling.

**7. Dokumentera händelsen:**
Det är viktigt att noggrant dokumentera händelsen, inklusive tidpunkten för skadan, de åtgärder som vidtogs och eventuella symptom eller förändringar i elevens tillstånd. Detta kan vara värdefullt för vårdgivaren och för skolans administrativa ändamål.

Dessa steg representerar generella riktlinjer för första hjälpen vid ögonskador. Det är alltid bäst att följa specifika riktlinjer från medicinsk personal och vid behov ringa 1177 för att få omedelbar hjälp i akuta situationer.

*Elolyckor*

Enligt Elsäkerhetsverket (2017) skiljer sig första hjälpen-instruktioner vid elolyckor från de som ges för andra typer av olyckor på grund av de unika risker och faror som är förknippade med elektricitet. Den centrala skillnaden är att för att undvika att själv bli skadad, är det absolut nödvändigt att först bryta strömmen innan du vidtar första hjälpen-åtgärder. Detta kan göras genom att stänga av strömbrytaren eller dra ur kontaktledningen, men det ska endast göras om det är möjligt och säkert. Om strömmen inte bryts kan det resultera i fler stötar eller skador för både den drabbade och räddaren.

En elektrisk stöt kan orsaka allvarliga skador på kroppens inre organ och nervsystem och elektriska brännskador kan vara mycket allvarliga och djupt penetrerande, eftersom elektrisk ström kan orsaka skador både på hudens yta och djupt in i vävnaden.

Vad ska du göra om en elolycka inträffat?

- *Bryt strömmen!*
- *Om det inte går att bryta strömmen – berör inte bar hud, utan dra i kläder eller använd ett icke-ledande föremål mellan dig och den skadade.*
- *Kontrollera den skadades tillstånd.*
- *Tillkalla hjälp från omgivningen och kontakta sjukvården – berätta att olyckan är orsakad av el.*
- *Undersök den skadade och påbörja första hjälpen vid behov.*
- *Vid allvarliga olyckor – ring 112!*

Börja med Första hjälpen:

---

- *Kontrollera hjärta och andning – starta hjärt-lungräddning om det behövs, grundläggande HLR (kompressionspuff-HLR).*
- *Kyl brännskador. Brännskador täcks med ett rent bandage. Offret skickas omedelbart till en läkare.*
- *Undersök hela kroppen*

---

Det är en bra idé att installera en tavla definierad av elektrisk arbetssäkerhetsstandard SFS 6002 - Elolycksfall första hjälpen på väggen i hushållets undervisningslokal. I samtliga fall ska en person som har fått en elektrisk stöt omedelbart lämnas in till medicinsk personal för undersökning.

Elsäkerhetsverket (2017) anser att vid en elolycka är det viktigt att följa en specifik anmälningsprocess för att säkerställa att både säkerheten och den drabbades rättigheter hanteras på rätt sätt.

### 1. Anmäl olyckan till din arbetsgivare:

Om en lärare eller elev är inblandad i en elolycka, är den första åtgärden att omedelbart rapportera händelsen till arbetsgivaren, det vill säga rektorn, som är huvudansvarig för skolans arbetsmiljö. Det är viktigt att detta görs så snart som möjligt för att initiera rätt procedurer och säkerställa att alla relevanta åtgärder vidtas.

### 2. Arbetsgivaren anmäler till Arbetsmiljöverket:

Efter att läraren har rapporterat olyckan, är det arbetsgivarens ansvarig för att i samråd med skyddsombudet rapportera incidenten till Arbetsmiljöverket. Arbetsmiljöverket är den myndighet som övervakar arbetsmiljö och säkerhet och kommer att granska olyckan för att utvärdera vad som gått fel och hur sådana incidenter kan förebyggas i framtiden.

### 3. Anmälan till Elsäkerhetsverket:

Om olyckan involverade nätägare eller innehavare av kontaktledning, är det deras ansvar att rapportera händelsen till Elsäkerhetsverket. Elsäkerhetsverket övervakar elsäkerheten i Sverige och deras insyn är avgörande för att säkerställa att elektriska installationer och system uppfyller säkerhetsstandarder.

### 4. Kontakta Försäkringskassan:

Arbetsgivare ska även informera Försäkringskassan om de skador läraren har drabbats av till följd av olyckan. Försäkringskassan hanterar frågor om arbetsskadeersättning och kommer att behöva information om olyckan och de skador som uppstått. Läraren ska även anmäla själv händelsen till sitt försäkringsbolag och skicka in en ansökan för att få ekonomisk ersättning för de skador eller sjukdomar som uppstått på grund av olyckan.

### 5. Ansök om arbetsskadeersättning:

Det är viktigt att notera att även om din arbetsgivare anmäler skadorna till Försäkringskassan, är det arbetstagarens ansvar att själv ansöka om arbetsskadeersättning. Läraren behöver fylla i och skicka in en ansökan till Försäkringskassan för att få ekonomisk ersättning för de skador eller sjukdomar som uppstått på grund av olyckan.

### 6. Sök stöd och hjälp:

Om man behöver hjälp med processen kan man vända dig till sitt skyddsombud och fackliga organisationen. Dessa instanser kan erbjuda stöd och vägledning genom anmälnings- och ersättningsprocessen och säkerställa att ens rättigheter tillvaratas.

*Allergiska reaktioner*

All mat som lagar och serveras i skolan och i HKK-salen ska naturligtvis vara säker att äta. Enligt *Nationella riktlinjer för måltider i skolan* (Livsmedelsverket, 2022) ska eleverna känna sig trygga och inte bli sjuka av maten. Det är viktigt att läraren och personalen har kunskap om livsmedelssäkerhet och det ska finnas rutiner för hur faror ska hanteras, förebyggas och åtgärdas, även då eleverna involveras i mat- och måltidsförberedelser. Det behövs särskilda rutiner för att säkerställa att elever med allergi och överkänslighet inte blir sjuka av maten.

Enligt Livsmedelsverket (2022) kan problemen med allergiska reaktioner minskas genom att:

- Det är viktigt att de som arbetar med elever i ämnet hem- och konsumentkunskap har aktuella kunskaper om allergier och specialkost.
- Lärarens ska ha kunskap om elevernas allergi och överkänslighet, exempelvis genom att uppdatera elevinformation och ta upp ämnet i början av varje termin. (exempelvis intyg).

För att effektivt hantera allergier och överkänsligheter i skolmiljön är det avgörande att hem- och konsumentkunskapsläraren och annan personal både besitter relevant kompetens och ges möjlighet till kontinuerlig utbildning (Elevhälsoportalen, 2024). Utbildningen bör inkludera kunskap om allergener och olika typer av födoämnesallergier för att säkerställa att personalen är väl informerad och kan agera korrekt i alla situationer.

Kunskap om matens innehåll är central för att förebygga allergiska reaktioner. Enligt Livsmedelsverket inkluderar detta:

- *Recept:* Förståelsen av vad som ingår i skolmaten genom detaljerade recept.
- *Ingrediensförteckningar:* Granskning av ingredienslistor för att identifiera eventuella allergener.
- *Inköp:* Säkerställ att inköpta livsmedel är allergivänliga och uppfyller skolans riktlinjer.
- *Ursprungsförpackningar:* Användning av ursprungliga förpackningar eller bevarande av förpackningar för att kunna verifiera innehållet vid behov.
- *Märkning:* Tydlig märkning av uppackade livsmedel samt den färdiga maten för att undvika förväxling och säkerställa att allergener inte oavsiktligt introduceras.
- *Bevaring:* Exempelvis glutenfria råvaror och livsmedel ska bevaras separat.

För att undvika korskontaminering och säkerställa att maten är allergivänlig bör följande åtgärder vidtas i hem- och konsumentkunskapssalen

1. **Undvik allergener:**
   Matlagning och servering ska ske utan nötter, mandlar, jordnötter och sesamfrön, som är kända för att orsaka allvarliga allergiska reaktioner även vid små mängder.

2. **Håll isär och håll rent:**
   Se till att råvaror förvaras separat, skyddat för att undvika kontaminering. Använd särskilda tillagningsytor och redskap för allergivänlig mat, eller se till att redskapen är väl rengjorda mellan användningar.

3. **Rengöring:**
   Kök och maskiner bör rengöras regelbundet för att förhindra rester av allergener från att påverka maten.

4. **Handtvätt:**
   Regelbunden handtvätt är ett grundläggande steg för att upprätthålla god hygien och minska risken för allergenöverföring.

Skolan måste etablera och följa rutiner för att säkerställa att elever med allergier och överkänsligheter får lämplig och säker mat. För att effektivt hantera specialkost är det avgörande att den person som ansvarar för detta har adekvat kompetens inom området och genomgår regelbunden fortbildning. Eftersom måltider i skolan ofta innehåller en rad allergiframkallande ingredienser, är det viktigt att all personal som hanterar och serverar mat är kunnig om matrelaterade allergier och överkänsligheter. För att förebygga försämringar av allergiska reaktioner i skolmiljön är det viktigt med effektiva allergiförebyggande åtgärder. En grundläggande del av detta är att upprätthålla hög standard på städning och ventilation i skolorna, vilket bidrar till att minimera allergennivåer och skapa en hälsosam miljö för elever med allergier.

Nötter och jordnötter är några av de vanligaste och mest potentiellt farliga allergenerna. I Europa uppskattas mellan två och fem procent av barnen ha nötallergi, medan en till två procent lider av jordnötsallergi. Dessa allergier är särskilt allvarliga eftersom även mycket små mängder av nötter eller jordnötter kan utlösa kraftiga allergiska reaktioner, såsom anafylaxi, som kan vara livshotande. Därför är det av största vikt att dessa livsmedel undviks i skolmiljöer för att säkerställa elevernas säkerhet. Många skolor har infört förbud mot nötter och jordnötter som en förebyggande åtgärd. Detta inkluderar inte bara att exkludera nötter från skolmatsalar, utan även att informera om deras närvaro i mat som eleverna själva tar med hemifrån, samt i klassrumsaktiviteter. Trots att luftburen nötallergi – där allergiska reaktioner uppstår genom att inandas allergenpartiklar – är mycket sällsynt, är försiktighetsåtgärder nödvändiga. Skolor måste ta ansvar för att minimera risken för oavsiktlig kontakt eller exponering och bör därför upprätta tydliga rutiner för hantering av allergener i undervisnings- och måltidsmiljöer. Att skapa en trygg skolmiljö kräver samverkan mellan skolpersonal, föräldrar och elever för att säkerställa att alla är medvetna om de risker som nötter och jordnötter kan medföra för dem som lider av allergi. Detta innebär att strikt följa allergenfria riktlinjer, säkerställa att information om mat och ingredienser är tillgänglig, samt att ha beredskap för att hantera eventuella allergiska reaktioner om de skulle uppstå.

## Symtom på matallergi

Matallergi kan orsaka mer eller mindre allvarliga symptom (Livsmedelsverket, 2022). Det vanligaste är att man får symtom från mag-tarmkanalen (illamående, magont, diarré), eller huden (eksem eller nässelutslag), samt att ens luftvägarna ger symptom (astma). Andra symtom är svullnade läppar och svalg, klåda i munnen, samt snuva och rinnande ögon. Vissa allergiker kan få väldigt starka, livshotande reaktioner, alltså drabbas av en allergisk chock eller så kallad anafylaktisk reaktion. Detta livshotande tillstånd och kan leda till döden om personen inte omedelbart får läkarvård. Det är ytters viktigt att skolpersonal och elever är medvetna att alla allergener som orsakar matallergi också kan orsaka anafylaktiska reaktioner.

Symtom på en allvarlig allergisk reaktion:
- stickningar och stickningar i hud och mun
- uppvärmning
- rodnad
- klåda
- hjärtklappning
- vikt i bröstet
- illamående
- nästäppa
- svullnad
- nässelutslag
- hostanfall
- buksmärtor
- diarré

En elev som lider av andnöd kan få patientens egen astmamedicin. Antihistamin- och kortisontabletter hjälper långsammare, men de kan underlätta situationen. Be elevens vårdnadshavare om tillstånd att administrera läkemedlet. Vid en allvarlig allergisk reaktion i HKK-salen är det viktigt att agera snabbt och korrekt för att hjälpa personen:

1. **Bedöm situationen:**
   Se till att personen är säker och bort från allergenet om möjligt. Kontrollera om personen har några allergiska reaktioner, såsom svullnad i ansikte, hals eller tunga, andningssvårigheter, yrsel, hudutslag eller anafylaxi (en allvarlig och potentiellt livshotande allergisk reaktion).

2. **Larma om nödvändigt:**
   Om personens tillstånd försämras snabbt eller om de uppvisar tecken på anafylaxi, ring omedelbart nödnumret (112 eller motsvarande) och be om medicinsk hjälp.

3. **Hjälp personen sitta bekvämt:**
   Låt personen sitta ned med upprätt överkropp och be dem att försöka vara lugna. Detta kan underlätta andningen och minska risken för chock.

4. **Kontrollera om personen har adrenalinpenna:**
   Om personen är medveten och har en adrenalinpenna för sin allergi, hjälp dem att använda den. Följ instruktionerna noggrant och hjälp dem att injicera adrenalin i låret. Detta kan hjälpa till att motverka de allvarliga effekterna av allergin.

5. **Underlätta andningen:**
   Om personen har svårt att andas kan du hjälpa till genom att fråga om de har någon form av astmaspray eller inhalator och hjälpa dem att använda den om det är möjligt. Hjälp personen att sitta i en bekväm position och ge stöd.

6. **Be om hjälp från skolpersonal:**
   Se till att informera lärare eller skolpersonal om situationen så att de kan assistera och få ytterligare hjälp om det behövs.

*Allergi*

Livsmedelsverket (2023c) erbjuder en detaljerad översikt över de vanligaste allergenerna och deras effekter, vilket är viktigt för att säkerställa en säker och allergivänlig miljö i skolmatsalarna. EFSA (European Food Safety Authority) har mer omfattande dokument gällande allergener: *Scientific Opinion on the evaluation of allergenic foods and food ingredients for labelling purposes* (2014).

**1. Allergener och symtom:**

*Orsaker:* Allergier orsakade av särskilda proteiner i maten, såsom de som finns i mjölk, ägg, fisk, skaldjur, jordnötter, soja, nötter, frön och vete. Dessa proteiner kan utlösa immunologiska reaktioner hos känsliga individer.

*Symtom:* Vanliga symtom på matallergier inkluderar magont, kräkningar, diarré, hudutslag och astma. I allvarliga fall kan en allergisk reaktion leda till en livshotande allergisk chock. Tillväxthämning kan även förekomma som en följd av allergiska reaktioner eller näringsbrist.

**2. Celiaki (Glutenintolerans):**

*Orsaker:* Celiaki orsakas av gluten, som finns i vete, råg, korn och dinkel (spelt), samt kamut och deras korsningar. Vanlig havre är ofta kontaminerad med gluten, men glutenfri havre finns tillgänglig som ett alternativ. Alternativ inkluderar naturligt glutenfria livsmedel som potatis, ris, majs och quinoa. Dessutom finns specialprodukter som glutenfri pasta, bröd och bakverk, ofta gjorda av ris, majs, hirs eller bovete, eller med glutenreducerad vetestärkelse. Dessa produkter märks vanligtvis med "glutenfri" eller "mycket låg glutenhalt".

*Symtom:* Gluten skadar och inflammerar tunntarmen, vilket kan leda till näringsbrist. Symtom på celiaki inkluderar magont, kräkningar, diarré och tillväxthämning. Trötthet och allmän sjukdomskänsla kan också förekomma.

## 3. Spannmålsallergi

*Orsaker:* Spannmålsallergi, som ofta drabbar personer med en allergi mot vete, innebär att man har allergiantikroppar mot vete i blodet.

Symtom: De varierar och inkluderar eksem, magont, kräkningar, astma och allergisk snuva. I vissa fall kan veteallergi leda till allvarliga anafylaktiska reaktioner, och även dödsfall har rapporterats.

*Skilj på spannmålsallergi och celiaki*

Det är viktigt att skilja på spannmålsallergi och celiaki eftersom de är olika tillstånd med olika behandlingar och risker. Celiaki är en autoimmun sjukdom där gluten skadar tunntarmen, vilket kräver en livslång glutenfri kost. Spannmålsallergi, som veteallergi, är en allergisk reaktion som kan vara akut farlig och leda till symtom som utslag, svullnad och anafylaxi. Behandlingen för allergi innebär att undvika det specifika spannmålet och ibland använda akutmedicin. Att förstå skillnaden är avgörande för att undvika felbehandling och allvarliga hälsokonsekvenser.

## 3. Laktosintolerans:

*Orsaker:* Laktosintolerans orsakas av en brist på laktas, det enzym som behövs för att bryta ner laktos (mjölksocker) i maten.

*Symtom:* Vanliga symtom på laktosintolerans inkluderar magont, gaser och diarré efter intag av mjölkprodukter.

## 4. Mjölkproteinallergi:

*Orsaker:* Mjölkproteinallergiker reagerar på proteinerna som finns i mjölken, som till exempel kasein och vassle. Dessa proteiner kan orsaka en allergisk reaktion när de konsumeras, eftersom kroppens immunsystem felaktigt identifierar dem som skadliga och svarar genom att producera allergi-antikroppar. Symtomen kan vara omedelbara eller fördröjda och variera från milda till allvarliga.

*Symtom:* Vanliga reaktioner inkluderar hudutslag, klåda, eksem, svullnad, magont, kräkningar, diarré och i svåra fall anafylaxi, som är en livshotande allergisk reaktion. Eftersom även små mängder mjölkprotein kan utlösa dessa symtom, måste personer med mjölkproteinallergi noggrant undvika alla produkter som innehåller mjölk eller mjölkderivat.

*Skilj på mjölkproteinallergi och laktosintolerans*

Mjölkproteinallergi och laktosintolerans är två helt olika diagnoser. Laktosintoleranta kan inte bryta ned kolhydraterna i mjölken (laktos) medan mjölkproteinallergiker inte tål proteinerna i mjölken. I hårdost och laktosfri mjölk finns nästan ingen laktos kvar men det finns mycket mjölkprotein. En person med mjölkproteinallergi ska därför aldrig serveras laktosfri mjölk, ost eller någon annan form av mjölk. Om en allergisk person får i sig det hen inte tål kan det ge mycket allvarliga och i värsta fall livshotande symtom. Även mycket små mängder, som en droppe mjölk, kan framkalla en reaktion hos mjölkproteinallergiker. De flesta med laktosintolerans tål den mängd laktos som finns i en deciliter mjölk.

## 5. Äggallergi

*Orsaker:* Vid äggallergi reagerar kroppen oftast på proteiner som finns i äggvitan. Denna allergi är vanlig bland små barn, men kan också förekomma hos äldre barn och vuxna. Det exakta antalet personer med äggallergi är inte helt fastställt, men uppskattningar visar att mellan 0,5 och 2 procent av barn kan vara drabbade. Många barn växer ifrån sin äggallergi, medan vissa fortsätter att vara allergiska även i vuxen ålder. Allergi mot proteiner i äggulan är mer sällsynt. De som har denna typ av allergi kan också reagera på hönskött.

Lysozym, med beteckningen E 1105, är ett konserveringsmedel som utvinns från ägg och används i vissa ostar. Vid några tillfällen har ostar innehållit lysozym utan att det tydligt angivits på förpackningen, vilket har lett till allergiska reaktioner hos personer med äggallergi. Ungefär en tredjedel av äggallergiker kan reagera på lysozym. Därför är det viktigt att det framgår i ingrediensförteckningen att E 1105 har ett äggursprung.

*Symtom:* Vanliga symtom på äggallergi inkluderar hudreaktioner som eksem. Allergin kan också orsaka astma, kräkningar, magont och diarré. Även om det är sällsynt kan allvarliga allergiska reaktioner förekomma.

## 6. Fiskallergi

*Orsaker:* Fiskallergi orsakas vanligtvis av en reaktion mot flera olika fiskarter, men i vissa fall kan allergin vara begränsad till bara några få arter. Den debuterar oftast i tidig barndom och brukar vara livslång.

<u>*Symtom:*</u> Vanliga symtom på fiskallergi inkluderar nässelutslag, eksem och illamående. Allvarligare reaktioner som anafylaxi, en form av allergisk chock, kan också förekomma. För de som är mycket känsliga kan även inandning av fiskångor, exempelvis vid kokning, utlösa astmaanfall.

<u>Andra reaktioner relaterade till fisk</u>
Vissa fiskarter, särskilt tonfisk och makrill, kan innehålla höga halter av histamin. Histamin bildas när fisken hanteras felaktigt vid för höga temperaturer och kan orsaka förgiftningssymptom såsom magsmärtor, kräkningar och diarré. Dessutom har mycket histamin påvisats i escolar, en fisk som ofta kallas smörfisk men kan leda till histaminförgiftning vid höga halter.

## *Tillsatser i maten*

Många uttrycker oro över tillsatser i mat, särskilt när det handlar om livsmedel för barn (Livsmedelsverket, 2023). Det är dock viktigt att veta att alla tillsatser som används i livsmedel inom EU noggrant bedöms av Europeiska myndigheten för livsmedelssäkerhet, EFSA. Endast de tillsatser som anses säkra för både barn och vuxna, och som är nödvändiga för att underlätta hanteringen av livsmedel eller som ger konsumenterna ett tydligt mervärde, godkänns. Dessutom beaktar EFSA potentiella kombinations-effekter mellan olika tillsatser vid sina bedömningar för att säkerställa att de inte utgör någon risk för hälsan. Alla tillsatser som används i livsmedel måste deklareras tydligt på förpackningen, och varje tillsats tilldelas ett E-nummer. HKK-lärare och konsumenter som vill veta mer om vad de olika E-numren står för kan vända sig till Livsmedelsverkets E-nummernyckel, som är tillgänglig på deras webbplats. Genom att använda denna nyckel kan man få information om de specifika tillsatser som används i olika produkter och göra informerade val om vilka livsmedel man vill konsumera. Detta system bidrar till att öka transparensen och tryggheten kring användningen av tillsatser i mat.

## Förgiftningar

När det gäller undervisningen i hem- och konsumentkunskapssalen är det avgörande att ha en hög medvetenhet om de potentiella risker som förgiftning kan innebära. Detta blir särskilt viktigt med tanke på den stora variation av kemikalier och råvaror som hanteras i undervisningen. Förgiftningar kan uppstå från olika källor, såsom hushållskemikalier, rengöringsmedel, handsprit eller till och med vissa växter. Vissa livsmedel och råvaror kan orsaka förgiftning, exempelvis om de är för gamla, inte förvaras på rätt sätt eller hanteras på ett osäkert sätt (t.ex. korskontaminering mellan rått kött och andra livsmedel). Förgiftning kan även uppstå genom matförgiftning om bakterier (som Salmonella eller E. coli) sprids på grund av dålig hygien eller otillräcklig tillagning av mat. Därför är det viktigt att både lärare och elever har en tydlig förståelse av hygien- och säkerhetsrutiner och att en genomarbetad beredskapsplan finns på plats för att snabbt kunna hantera eventuella nödsituationer.

Vid misstanke om förgiftning är det avgörande att agera snabbt. Lärarna ska instruera eleverna att omedelbart ringa 112 och begära kontakt med Giftinformationscentralen, snarare än att vänta på symtom. Eftersom första hjälpen varierar beroende på vilket ämne som orsakat förgiftningen och hur det kommit in i kroppen, är det väsentligt att alla involverade känner till säkerhetsdatabladen för de kemikalier och material som används i undervisningen. Dessa datablad ger nödvändig information om hur man ska agera i olika situationer, inklusive vad som ska göras om ett ämne förväntas orsaka förgiftning. Huvudregeln vid förgiftning är att omedelbart stoppa intaget av det giftiga ämnet och förhindra att det sprids i kroppen, vilket understryker vikten av att ha tydliga och informerade rutiner på plats. Genom att skapa en säker och medveten läromiljö kan riskerna minimeras och elevernas hälsa skyddas.

Vid en situation där en elev har blivit förgiftad är det viktigt att agera snabbt och korrekt för att ge rätt första hjälp (Krisinformation.se, 2022):

1. *Bevara säkerheten* och se till att både den drabbade eleven och du själv befinner er i en säker miljö. Om det finns farliga ämnen i närheten, se till att skydda dig själv genom att använda handskar och undvik direkt kontakt med det misstänkta giftet.

2. *Ta reda på information* genom att försöka att fastställa vilken typ av förgiftning det handlar om och vilken substans eleven kan ha kommit i kontakt med. Om möjligt, fråga eleven eller någon i närheten om de har information om vad som har hänt. Det kan vara till hjälp när du ringer nödnumret.

3. *Kontakta nödnumret* genom att ringa omedelbart nödnumret (112) och informera om situationen. Ge dem så mycket information som möjligt om eleven, förgiftningen och eventuella symtom eleven uppvisar.

4. *Bevara elevens stabilitet.* Om eleven är vid medvetande och kan svälja, kan du bli ombedd att ge dem vatten eller mjölk för att späda ut giftet, men undvik att ge något om du inte har fått instruktioner från nödoperatören. Försök hålla eleven lugn och stanna hos dem tills professionell hjälp anländer.

5. *Följ instruktioner* genom att kommunicera och lyssna noggrant på instruktionerna från nödoperatören.

6. *Säkra bevis och spårbarhet* enligt Livsmedelsverkets regelverk och exempelvis HACCP-system: Om möjligt, försök att säkra bevis genom att behålla eventuella förpackningar, behållare eller rester av det misstänkta giftet. Detta kan vara viktigt för läkare och giftinformationscentralen när de bedömer förgiftningens art och behandling.

Enligt giftinformationscentralen ska första hjälpen vid akut läge följa dessa åtgärder:

1. *En person med andningsbesvär, tilltagande slöhet, medvetslöshet eller kramper ska omedelbart till sjukhus. Ring 112 och kalla på ambulans.*

2. *En medvetslös person läggs i stabilt sidoläge så att tungan eller kräkning inte täpper till svalget och orsakar kvävning.*

3. *Om personen andas onormalt eller inte alls, larma 112 och starta hjärt-lungräddning.*

4. *Framkalla inte kräkning. Framkalla aldrig kräkning utan att först kontakta Giftinformationscentralen. Kräkning behövs sällan utan kan tvärtom förvärra skadan*

*Giftinformationscentralen, 2023*

# 3.7. Läromaterial

Läromaterialet inom hem- och konsumentkunskapsundervisningen kan delas in i två huvudkategorier: det som rör livsmedel och relaterade produkter eller material, samt det traditionella pedagogiska läromaterialet. Den första kategorin omfattar allt från råvaror, livsmedel och köksutrustning till produkter som är direkt kopplade till undervisningens praktiska moment, som exempelvis matlagning och livsmedelssäkerhet. Den andra kategorin innefattar de vanliga pedagogiska verktygen som används för teoretisk undervisning, såsom läroböcker, arbetsblad, digitala resurser och andra material som stödjer förståelsen för de teoretiska aspekterna av ämnet, som näringslära, ekonomi och hållbar konsumtion. Tillsammans möjliggör dessa material en helhetsorienterad undervisning där både praktiska och teoretiska färdigheter utvecklas och knyts samman.

Skollagen (2010:800) har uppdaterats den första Juni 2024 gällande läromedel: det betonas att alla elever ska ha tillgång till rätt sorts läromedel, innebär att skolan är skyldig att se till att varje elev får tillgång till anpassade och adekvata resurser för sitt lärande. Detta omfattar både fysiska och digitala läromedel som är relevanta för ämnets innehåll och elevens individuella behov, oavsett om det gäller tryckta böcker, digitala resurser eller specialanpassade material för elever med särskilda behov.

Enligt den förtydligade definitionen i Skollagen (1 kap. 3 §) omfattar läromedel inte bara traditionella böcker eller digitala verk utan även utrustning och material som används i undervisningen. För ämnet hem- och konsumentkunskap kan livsmedel därför definitivt betraktas som ett lärverktyg, eftersom de är en oersättlig del av den praktiska undervisningen. Det innebär att livsmedel, som används i undervisningen för att lära elever om näringslära, matlagning, hållbar konsumtion och ekonomi, faller under definitionen av "material" som behövs för att genomföra lektionerna och uppnå målen i kursplanen. Med andra ord, livsmedel är lika viktiga för undervisningen i hem- och konsumentkunskap, såsom böcker och digitala verktyg är i andra ämnen.

Förtydligandet i Skollagen innebär att skolor måste säkerställa tillgången till livsmedel på samma sätt som de tillhandahåller andra lärverktyg. Detta kan leda till ett stärkt krav på att skolorna budgeterar för inköp av livsmedel, vilket gör dem till en grundläggande del av undervisningen och en prioriterad post i skolans budget för att eleverna ska kunna nå ämnets mål. I praktiken innebär detta att skolorna måste säkerställa att läromedel som används stödjer elevernas utveckling och lärande på ett likvärdigt sätt. Dessa läromedel ska vara uppdaterade, inkluderande och tillgängliga för alla elever. Därtill handlar det om att erbjuda digitala verktyg och teknologier som stödjer modern pedagogik och en mer varierad undervisning, vilket kan bidra till att minska skillnader mellan elever och ge dem lika möjligheter att lyckas.

En inspirationsbild om livsmedel.
Av E. Larsson/Artelinas.

## 3.7.1. Livsmedel

Läromaterial spelar en central roll inom alla skolämnen. Enligt ramfaktorteorin påverkar faktorer som rummets utformning och tillgången till läromaterial de förutsättningar som skapas för lärande (Dahllöf, 1967). Enkätsvaren från åren 2020, 2021, 2022 och 2024 understryker att resurser för livsmedelsinköp har en avgörande betydelse för undervisningens kvalitet. En generös budget för livsmedel och råvaror är fördelaktig, då den möjliggör praktisk och engagerande undervisning. Genom att använda livsmedel som läromedel får eleverna värdefulla erfarenheter som utvecklar deras färdigheter inom matlagning, kökshygien, näringslära och hållbarhet. Dessutom ger dessa praktiska moment eleverna insikt i privatekonomi, där de lär sig om matinköp och planering på ett verklighetsnära och tillämpbart sätt. Exempelvis lär de sig att skapa och följa en budget, jämföra priser, utnyttja erbjudanden och hantera sina matutgifter på ett ekonomiskt hållbart sätt.

Enkätsvaren från åren 2020-2024 visar att över 20 procent av lärarna saknar tillräckliga resurser för de praktiska läromedlen, vilket tvingar dem att välja bort flera typer av livsmedel och råvaror. Detta leder till att eleverna inte får en likvärdig undervisning, då viktiga delar av kursinnehållet riskerar att utebli. Resurstilldelningen kan även hänga ihop med skolledningens bristande förståelse för ämnets mångsidiga innehåll. Alla ser inte behov att täcka kostnaden för alla delar av undervisningen: livsmedlen, de materiella och tekniska redskapen och maskinerna, hushållstextilierna, rengörings-medlen, samt all undervisningsmaterial från pennor till böcker och tekniken för digital media. Den nya lagändringen i Skollagen, som tydliggör att läroböcker, läromedel och andra lärverktyg ska vara tillgängliga för eleverna, innebär att skolledningen nu måste ta ett större ansvar för att säkerställa att alla nödvändiga resurser erbjuds. För hem- och konsumentkunskap, där livsmedel och andra praktiska resurser som köksutrustning, maskiner, hushållstextilier och rengöringsmedel är centrala, innebär det att skolledningen måste ha en bättre förståelse för ämnets komplexitet och mångsidighet. Bristande förståelse för detta kan leda till att resurser tilldelas felaktigt eller otillräckligt, men med den nya lagändringen blir det tydligare att alla dessa resurser (inklusive livsmedel) ska ses som grundläggande lärverktyg.

Eftersom livsmedel och annan utrustning nu tydligare klassificeras som lärverktyg, förväntas skolledningen att inkludera dessa kostnader i budgeten på samma sätt som för andra undervisningsämnen. Detta kan bidra till en mer rättvis resursfördelning och säkerställa att hem- och konsumentkunskap får den finansiering som krävs. Skolledningen får nu ett större ansvar att förstå de olika behoven i ämnet. Det räcker inte att tillhandahålla läroböcker, utan också att säkerställa att elever har tillgång till alla de material och resurser som behövs för de praktiska momenten i undervisningen, såsom livsmedel, hushållsutrustning och tekniska hjälpmedel. Med den tydliga definitionen av lärverktyg i skollagen måste skolor erbjuda eleverna resurser som täcker ämnets centrala innehåll. Detta inkluderar alla praktiska och teoretiska delar, vilket innebär att de inte längre kan avfärda kostnader för livsmedel eller tekniska hjälpmedel som mindre viktiga. I undervisningen i hem- och konsumentkunskap bör tillgängliga baslivsmedel täcka en rad grundläggande behov för att ge eleverna en heltäckande och praktisk utbildning.

**Baslivsmedel för måltider:**
- Grönsaker, rotfrukter och frukt
- Kött, fisk, kyckling och ägg
- Mejeriprodukter: mjölk, grädde, ost, smör

**Torra varor och konserver:**
- Mjöl: olika sorter för bakning och matlagning (inklusive glutenfritt)
- Gryn och korn produkter, exempelvis havregryn
- Potatis- och majsmjöl
- Ströbröd
- Konserverade livsmedel, såsom bönor och tomatsås
- Torra varor: pasta, ris, linser, frön och torkad frukt
- Ättika, vinäger, sojasås, ketchup och senap
- Bakpulver, bikarbonat och jäst
- Socker, vaniljsocker, sirap och honung

**Örter och kryddor:**
- Salt, peppar och olika örter och kryddor, samt buljonger

*Lärare som förebild*

Enligt enkätsvaren (2020, 2021, 2022, 2024) strävar hem- och konsument-kunskapslärare efter att vara förebilder för sina elever, till exempel genom att köpa miljövänliga och hållbara produkter. Många lärare påpekar dock att de saknar de ekonomiska resurser som krävs för att kunna köpa närproducerade eller etiskt framställda varor till lektionerna, vilket hindrar dem från att fullt ut demonstrera dessa värderingar i praktiken.

När lärare upplever att de inte kan agera som förebilder genom att handla närproducerade eller etiskt korrekta livsmedel, påverkar det undervisningens kvalitet och autenticitet på flera sätt. Ämnet inkluderar ofta mål som att lära eleverna om hållbar konsumtion, etiska val och miljöpåverkan. Om lärarna inte har möjlighet att tillämpa dessa principer i praktiken, exempelvis genom att köpa närproducerade eller etiskt framställda livsmedel, kan det skapa en motsägelsefull signal för eleverna. Detta kan försvåra för lärarna att framstå som trovärdiga förebilder och att på ett övertygande sätt visa hur teorin kan omsättas i praktiska handlingar. Att inkludera inköp av närproducerade eller etiska produkter är en viktig del av undervisningen om hållbar konsumtion och ger eleverna konkreta exempel på hur de kan göra medvetna val i vardagen.

Om lärare inte har möjlighet att inkludera dessa aspekter på grund av begränsade resurser eller skolans budgetprioriteringar, går eleverna miste om viktiga lärdomar om hur de kan göra medvetna och hållbara val i sin egen konsumtion och hushållning. Detta kan påverka deras förståelse av hållbarhet och etisk konsumtion, och riskerar att försvaga sambandet mellan teoretisk kunskap och praktisk tillämpning. Att kunna visa eleverna hur de kan integrera hållbara val i sin vardag är avgörande för att förbereda dem för en framtid där de kan bidra till en mer ansvarsfull och medveten livsstil. Genom att handla etiskt och hållbart får eleverna också en förståelse för de verkliga kostnaderna och värdet av sådana produkter. Om eleverna enbart arbetar med billigare, kanske mindre hållbara alternativ, får de en skev bild av vad som krävs för att handla på ett ansvarsfullt sätt. Om skolans resurser inte räcker för att stötta lärarnas ambitioner att handla hållbart och etiskt, skapar det en inkonsekvens mellan vad som lärs ut i teorin och vad som praktiseras i undervisningen. Detta kan undergräva elevernas förståelse av ämnet och minska deras engagemang för hållbarhetsfrågor.

## Livsmedel och ämnets centrala innehåll

Lärare i hem- och konsumentkunskap använder livsmedel och råvaror som läromaterial i ämnet på många olika sätt. Dessa användningsområden kan överlappa alla ämnets centrala innehåll i Lgr22.

1. **Recept och matlagning:**

   Livsmedel och råvaror är centrala för att lära sig olika recept och matlagningsmetoder. Eleverna kan få erfarenhet av att hantera och förbereda olika livsmedel, följa recept, och utforska olika matlagningsmetoder. Genom att tillaga olika rätter kan de lära sig om smaker, texturer, och hur olika ingredienser interagerar med varandra. Livsmedel och råvaror kan också fungera som en källa till kreativitet, där eleverna får möjlighet att planera och förbereda både välsmakande och visuellt tilltalande maträtter. De kan även dekorera bakverk eller skapa matarrangemang, vilket inte bara utvecklar deras färdigheter inom matlagning utan även främjar deras estetiska sinne och kreativa förmåga.

2. **Näringslära:**

   Genom att använda livsmedel och råvaror kan eleverna lära sig om näringslära och kost. De kan undersöka näringsämnen i olika livsmedel, som protein, kolhydrater, fetter, vitaminer och mineraler. Eleverna kan också lära sig om olika kost och deras inverkan på hälsa och välbefinnande.

## 3. Hygien och livsmedelssäkerhet:

Genom att arbeta med livsmedel och råvaror kan eleverna lära sig om hygieniska rutiner och livsmedelssäkerhet. De kan få praktisk erfarenhet av att hantera livsmedel på ett säkert sätt, inklusive korrekt handtvätt, förvaring av livsmedel i korrekta temperaturer, och förebyggande av korskontaminering (ex. implementera HACCP-systemet i praktiken).

## 4. Privatekonomi i budgetplanering:

Genom att använda livsmedel och råvaror som exempel kan eleverna lära sig att planera en budget för matinköp. De kan undersöka och jämföra priser på olika livsmedel och råvaror för att få en uppfattning om kostnaderna. Eleverna kan lära sig att skapa en realistisk matbudget och hantera sina utgifter. Genom att använda livsmedel och råvaror kan eleverna lära sig att skapa inköpslistor baserat på sina matbehov och budget. De kan undersöka olika faktorer att beakta vid inköp, som pris, näringsvärde och hållbarhet.

Eleverna kan även lära sig att prioritera och göra smarta val för att optimera sina matinköp. Genom att undersöka priser på livsmedel och råvaror kan eleverna lära sig att jämföra priser och leta efter erbjudanden. De kan lära sig att använda reklamblad, online plattformar eller appar för att hitta de bästa priserna och spara pengar. Eleverna kan även lära sig att vara medvetna om marknadsföringstaktiker och fatta välgrundade beslut vid matinköp.

## 5. Hållbarhet:

Genom att använda livsmedel och råvaror som exempel kan eleverna lära sig om hållbarhet och ekologiska aspekter av matproduktion. De kan undersöka hur olika val, som att välja ekologiska eller närproducerade livsmedel, kan påverka miljön. Eleverna kan även lära sig om livsmedelsavfall och hur man kan minska det genom att planera inköp och hantera matresterna på ett ansvarsfullt sätt. Genom att arbeta med livsmedel och råvaror kan eleverna lära sig att planera sina måltider för att undvika matsvinn och minska kostnaderna. De kan lära sig att använda återstående råvaror från en måltid i nästa, utforska kreativa sätt att återanvända matrester, eller lära sig om metoder för att förlänga livsmedels hållbarhet. Eleverna kan på detta sätt spara pengar genom att minska matsvinnet och optimera sin matanvändning.

## 3.7.2. Läroböcker och digital media, samt annat

För en optimal undervisning i hem- och konsumentkunskap kan olika typer av läromaterial vara till nytta för att ge en varierad och engagerande inlärningsupplevelse. Enligt enkätsvaren från 2020, 2021, 2022 och 2024 använder hem- och konsumentkunskapslärare olika typer av läromedel – både digitala och traditionella – för att ge en varierad, engagerande och anpassad undervisning. Komponeringen av dessa verktyg möjliggör en bredare tillgång till kunskap och stödjer olika lärostilar. Sammanfattningsvis används det:

1. **Eget material**

   Läraren skapar egna undervisningsmaterial såsom arbetsblad, presentationer, övningar och lektionsplaner. Detta material är ofta anpassat till klassens specifika behov, nivå och intresseområden. Det kan vara både digitalt och fysiskt, och ger läraren full kontroll över innehållets kvalitet och relevans.

2. **Läroböcker**

   Traditionella tryckta läroböcker är en värdefull resurs för att ge en grundläggande kunskapsbas inom olika områden i hem- och konsumentkunskap. Läroböcker ger en strukturerad genomgång av ämnet och fungerar som en pålitlig resurs för eleverna att studera från, både i klassrummet och hemma. Böcker täcker ämnen som matlagningsmetoder, näringslära, privatekonomi och konsumentkunskap.

3. **Rekommenderade recept och matlagningsguider**

   Att ha tillgång till receptsamlingar och matlagningsguider är viktigt för att eleverna ska kunna lära sig att laga olika typer av måltider. Det kan inkludera recept med olika svårighetsgrader, specialkostalternativ och tips för att anpassa måltider efter individuella behov och preferenser.

4. **Betalda digitala läromedel**

   Onlineplattformar och appar som skolan eller läraren betalar för, exempelvis läroplattformar med interaktiva övningar, videolektioner och tester. Dessa läromedel är ofta ämnesspecifika och tillhandahåller pedagogiskt anpassat innehåll som kan användas för att förstärka undervisningen.

5. **Digitala läromedel**

   Kostnadsfria digitala resurser som till exempel utbildningssidor, öppna utbildningsplattformar eller nedladdningsbara undervisningsmaterial. Dessa ger tillgång till läroresurser utan kostnad men kan variera i kvalitet och anpassning till kursplanen. Interaktiva och multimedia-baserade läromedel på datorer, surfplattor eller online plattformar kan erbjuda en interaktiv inlärningsupplevelse. Det kan inkludera interaktiva övningar, quiz eller spel, videor, ljudfiler och bilder som kompletterar textbaserade material och gör innehållet mer engagerande och lättillgängligt.

6. **Google Classroom eller annan läroplattform**

   Digitala plattformar som används för att organisera och leverera undervisningsmaterial, hantera uppgifter, kommunicera med elever och ge återkoppling. Dessa plattformar underlättar både distansundervisning och klassrumsundervisning genom att samla allt material och interaktion på ett ställe.

7. **Online-resurser och webbplatser**

   Det finns många organisationer och statliga myndigheter som har ett varierande utbud av online-resurser och webbplatser som kan vara användbara för undervisning. Det kan vara webbplatser som erbjuder näringsinformation, tips för miljövänlig livsstil, krisinformation eller videolektioner som visar olika färdigheter.

8. **Skolan ger eleverna datorer, surfplattor eller andra digitala verktyg**

Tillgång till en-till-en-enheter där varje elev får en dator eller surfplatta för att använda i undervisningen. Detta främjar digitalt lärande och ger alla elever lika tillgång till verktyg och resurser som behövs för att delta i moderna undervisningsformer.

9. **Läromedel via sociala medier (t.ex. TikTok, YouTube, olika poddar)**

Användningen av innehåll från sociala plattformar kan stödja undervisningen genom att eleverna får tillgång till utbildningsmaterial från populära plattformar, där lärande sker genom korta videoklipp, handledningar och instruktionsguider eller infografik. Denna metod kan göra lärandet mer tillgängligt och engagerande för dagens digitalt orienterade elever, men ställer krav på att läraren noggrant utvärderar innehållets kvalitet och relevans för att säkerställa att det uppfyller undervisningens mål och standarder.

10. **Demonstrationer om praktiska övningar**

För att eleverna ska kunna utveckla praktiska färdigheter inom hem- och konsumentkunskap är det värdefullt att ha tillgång till olika typer av demonstrationer av de praktiska momenten som behandlas i undervisningen. Detta kan innebära att läraren visar exempel på matlagningstekniker, genomför experiment inom näringslära, eller demonstrerar andra praktiska färdigheter som är relevanta för ämnet. Genom dessa demonstrationer får eleverna en konkret och visuell förståelse för de moment de själva ska arbeta med, vilket stärker deras lärande och förmåga att tillämpa kunskaperna i praktiken.

## 11. Fallstudier och verklighetsbaserade exempel

Att använda fallstudier och verklighetsbaserade exempel kan ge eleverna möjlighet att förstå och tillämpa sina kunskaper inom hem- och konsumentkunskap i autentiska situationer. Genom att undersöka och analysera olika scenarier, som hushållsekonomi, budgetering, matsäkerhet eller hållbara levnadssätt, får eleverna en praktisk inblick i hur teorin fungerar i vardagen. Exempelvis kan de arbeta med material från organisationer som Kronofogden, Konsumentverket eller rådgivare inom skuldsanering för att bättre förstå de utmaningar som kan uppstå i verkliga livet och hur man kan hantera dem på ett ansvarsfullt sätt.

## 12. Tävlingar

Elever kan uppmuntras för att delta i olika typer av tävlingar där de kan prova sina kunskaper och blir inspirerade att anpassa dem i verkliga situationer. Sådana kan vara exempelvis Kockduellen och Resterkocken.

## 13. Gästföreläsare och experter

Att bjuda in gästföreläsare och experter inom olika områden av hem- och konsumentkunskap kan ge eleverna en unik möjlighet att lära sig från professionella inom relevanta branscher. Föreläsare som kockar, näringsfysiologer eller hållbarhetsexperter kan dela med sig av sin expertis och praktiska erfarenheter. Dessutom kan inbjudna föreläsare från organisationer som banker eller Ung Företagsamhet bidra med värdefull kunskap om privatekonomi och entreprenörskap, vilket ger eleverna en bredare förståelse för hur dessa ämnen tillämpas i det verkliga livet.

Lärarkommentaren från enkäten 2024, betonar vikten av att hålla undervisningen aktuell och anpassad till dagens digitala verktyg:

> *Vi ska börja låta eleverna börja även lyssna på hkk -podden.*
> *Det är viktigt att vi är med och inte blir mossiga.*
>
> *Enkät 202*

Genom att integrera poddar i undervisningen vill läraren undvika att undervisningen blir föråldrad och främja en modern, uppdaterad lärmiljö. Detta knyter an till det sistnämnda om vikten av variation i läromaterialet, där läraren aktivt försöker möta olika inlärningsstilar och behov hos eleverna. Kombinationen av digitala resurser som poddar med praktiska och teoretiska inslag skapar en mer dynamisk och engagerande undervisning.

Det är viktigt att ha en varierad blandning av läromaterial för att tillgodose olika inlärningsstilar och behov hos eleverna. Genom att kombinera traditionella och digitala resurser, praktiska övningar och teoretiskt material kan man skapa en stimulerande och effektiv undervisningsmiljö inom ämnet.

> *Jag har samlat ihop en mängd olika material, såsom kläder,*
> *livsmedelsförpackningar, tidskrifter och receptböcker. Jag har*
> *även utvecklat egna pedagogiska verktyg, som till exempel*
> *kortspel, memory-spel och frågespel, för att göra*
> *undervisningen mer interaktiv och engagerande.*
>
> *Enkät 2021*

Enligt enkätstudierna från åren 2020 till 2024 framkommer en tydlig brist på läromaterial bland hem- och konsumentkunskapslärare, där ungefär tre fjärdedelar av dem anser att de behöver nya resurser i form av uppgifter, böcker och undervisningsfilmer. Denna brist på aktuellt och relevant material har en direkt inverkan på undervisningens kvalitet och på elevernas lärande. Vidare visar studierna att många lärare känner sig tvingade att spara in på teoretiska läromedel, vilket delvis beror på att skolledningen inte helt förstår ämnets unika karaktär som både ett teoretiskt och praktiskt processämne.

Förutom grundläggande redskap och funktionella vitvaror är det också avgörande att lärarna har tillgång till moderna tekniska hjälpmedel, såsom projektorer, smartboards och datorer. Många av de tillfrågade lärarna uppger att de saknar dessa viktiga resurser, vilket hindrar dem från att kunna genomföra en kvalitativ och likvärdig digital undervisning. Dessa faktorer sammanfattar den utmanande situation som många hem- och konsumentkunskapslärare står inför, där en brist på både teoretiska och tekniska resurser kan leda till en undermålig lärandemiljö för eleverna. Det är därför avgörande att skolledningar erkänna behovet av att investera i adekvata läromedel och utrustning för att säkerställa en effektiv och inkluderande undervisning inom ämnet.

Skolverket (2009b) ser betydande, indirekta samband mellan arbetsmiljön i klassrummet och elevers resultat. Genom en statlig utredning, Samling för skolan Nationell strategi för kunskap och likvärdighet (SOU 2017:35), vill man höja kunskapsresultat, höja kvalitén i undervisningen och öka likvärdigheten. Ofta tillämpas ramfaktorteorin i en form av målstyrning av utbildning, vilket följs av resultatanalys och därmed utvärdering. Skolverkets ambition att höja kunskapsnivån ska göras i hem- och konsumentkunskap på flera olika nivåer: studien visar att baskraven inom de olika delarna av materiella och strukturella ramfaktorer måste uppfyllas.

Enkätstudierna från åren 2020-2024 visar att läromaterialet i ämnet inte är konsekvent och uppfyller inte alltid kraven för ämnets pedagogiska uppgift. Ett problem med läromedlen gäller bedömningen: läromaterialen är inte alltid kopplade till Lgr22; ämnets centrala innehåll eller kunskapskraven, samt att bedömningsmatriser saknas. Många lärare berättar att de önskar en enhetlig, centralstyrd bas för läromedel i ämnet. Det skulle förenkla och tydliggöra det pedagogiska upplägget gällande det centrala innehållet och kunskapskrav i undervisningen.

Resultaten från enkätstudierna visar dessutom att det saknas grundläggande undervisningsmaterial för elever med speciella behov eller nyanlända elever. Ett flertal lärare upplever att det inte finns tillräckligt med undervisnings-material för att bemöta dessa elevernas behov och därmed blir elevers undervisning inte anpassad efter de individuella behoven så som Skolverket förutsätter. Likvärdighet innebär att utbildningen ska anpassas efter varje enskild elevs behov och förutsättningar och att denne har rätt till denna anpassade utbildning oavsett vilken skola den går i. I Skollagens inledande bestämmelser formuleras att

---

*Alla ska, beroende av geografisk hemvist och sociala och ekonomiska förhållanden, ha lika tillgång till utbildning i skolväsendet.*

*1 kap. 8§*

---

En inspirationsbild av en traditionell HKK-sal i en nybyggd skola.
Salen har generösa ytor och moderna,
ljusa elevkök kombineras med naturmaterial i golv och bord.
Av E. Larsson med hjälp av ett grafikprogram och Ikeas planeringsverktyg.

# 4. Strukturella ramfaktorer

Inom skolämnet hem- och konsumentkunskap refererar begreppet strukturella ramfaktorer till de fundamentala och övergripande aspekter som påverkar och formar organisationen, samt strukturen för både undervisning och inlärning. Dessa ramfaktorer omfattar en mängd organisatoriska och praktiska element som i sin tur har en betydande inverkan på hur ämnet bedrivs och upplevs av eleverna.

Detta huvudkapitel kommer att utforska detta omfattande område genom att dela upp det i flera underkapitel, där varje del fokuserar på specifika aspekter av de strukturella ramfaktorerna. Genom att göra detta hoppas vi belysa de

olika faktorer som bidrar till att forma undervisningsmiljön, resurs-
tillgången, läromedel, samt hur dessa påverkar elevernas engagemang och
lärande i hem- och konsumentkunskap. Målet är att skapa en djupare
förståelse för de förutsättningar som ligger till grund för en optimal
undervisning inom ämnet. Kapitlet är delat på följande sätt:

4.1. Timplan, schemaläggning och lektionerna
- o Timplan med *Undervisningstid, Timplan i hem-
  och konsumentkunskap*
- o Lektionslängd och schemaläggning med
  *Elevperspektiv, Lärarperspektiv och
  Schemaläggning utifrån arbetstagarens perspektiv*

4.2. Gruppstorlek, arbets- och studiero

4.3. Ramfaktorernas påverkan i bedömning
- o Ramfaktorernas påverkan
- o Formativ och summativ bedömning med *Formativ
  bedömning, Summativ bedömning och
  Individanpassning*
- o Validering för bedömning

4.4. Lärarnas dokumentationskrav och arbetet utanför
undervisningen med *Mentorskap och
Sammanfattning om HKK-lärarens
kärnuppdrag*

4.5. Livsmedelsköp och budget med *Inflation* och
*Upphandlingsavtal*

4.6. Institutionsvård
- o Ställtid
- o Städning och underhåll
- o Hantering av köksutrustning
- o Beställningar av livsmedel och lagerhantering
- o Hygien och säkerhet

4.7. Lärarkompetens, stödpersonal och vikarier
- o Lärarkompetens och dess betydelse
- o Kompetensutveckling
- o Stödpersonal
- o Samarbete med andra ämnen
- o Vikarier
- o Arbetsrelaterad stress

Den övergripande strukturen för undervisningen i hem- och konsument-kunskap påverkas i hög grad av läro- och timplaner som fastställs av utbildningsmyndigheterna. Medan läroplanens innehåll har förklarats i det första kapitlet, kommer detta kapitel att fokusera på timplanens betydelse för undervisningen, samt hur den påverkar undervisningskvaliteten. Timplanen, som omfattar aspekter som schemaläggning och lektionslängd, har en direkt inverkan på hur ämnet lärs ut och i vilken omfattning läroplanen kan implementeras i praktiken. Genom att noggrant överväga hur ämnet delas upp under läsåret och hur tidsramarna är utformade, kan vi få en tydligare bild av de förutsättningar som råder för effektiv undervisning. Detta inkluderar hur resursfördelning, elevengagemang och möjligheter till praktiska övningar påverkas av dessa strukturella faktorer. Målet är att belysa hur en välfungerande timplan kan stödja och förbättra kvaliteten på undervisningen i hem- och konsumentkunskap.

Skolledningens beslut och resursfördelning är grundläggande för de strukturella ramfaktorerna för hem- och konsumentkunskap. Tillgängliga resurser för inköp av råvaror, material och utrustning påverkar bredden och kvaliteten på de praktiska aktiviteterna och experimenten. Bortsett de materiella resurserna, innefattar denna tilldelning av tid, personalresurser för att stödja ämnet, samt professionella vikarier. Även elevgruppernas storlek har en stor påverkan i undervisningskvaliteten, då det kan direkt kopplas ihop exempelvis med arbets- och studiero. En viktig del av strukturella ramfaktorer är möjligheten till kompetensutveckling och öka sin lärarkompetens, samt tvärvetenskapligt samarbete och integrering av ämnet med andra ämnen. Dessa faktorer berikar undervisningen och ger eleverna en mer mångsidig och helhetsorienterad lärandeupplevelse.

En del av strukturella ramfaktorer är arbetsuppgifterna utanför det pedagogiska arbetet, sådana är exempelvis dokumentationskrav, mentorskap och möten, samt elevanpassningarna. uppgifter som ingår i institutionsvård, arbetet som görs för att skapa en säker, ren och organiserad miljö i HKK-salen: bland annat kontinuerliga uppgifter kring städning, hygien och säkerhet, samt underhåll bland annat av köksutrustning och beställningar av livsmedel och lagerhantering. Dessa strukturella ramfaktorer varierar stort mellan olika skolor.

De strukturella ramfaktorerna har en avgörande betydelse för undervisningens likvärdighet och kvalitet i ämnet, samt hur väl det bidrar till elevernas välbefinnande och trygghet i skolan. Skollagen understryker att alla elever ska ha rätt till en likvärdig utbildning, vilket innebär att undervisningen i hem- och konsumentkunskap måste organiseras på ett sätt som ger alla elever samma möjligheter att tillgodogöra sig utbildningen, oavsett var de går i skola. Enligt Skollagen ska alla elever tillförsäkras en studiemiljö där utbildningar utpräglad av trygghet och undervisningen av studiero (Skollagen 5 kapitel 3 §). En studiemiljö som präglas av trygghet innefattar flera olika aspekter som främjar studenternas välbefinnande och skapar en atmosfär där de kan trivas och lära sig på bästa sätt.

*En trygg studiemiljö omfattar:*

*Fysisk säkerhet:*
Schemaläggning, lektionernas längd och hur ämnet fördelas över läsåret är exempel på faktorer som påverkar elevernas upplevelse av trygghet och studiero. Den utdelade undervisningstiden har även en direkt inverkan på kvaliteten i undervisningen, liksom på elevernas möjlighet att förstå och tillämpa det som lärs ut. En trygg studiemiljö kräver att de fysiska hem- och konsumentkunskapssalarna är säkra och uppfyller grundläggande krav för brand- och byggsäkerhet. Det innebär också att det finns tydliga riktlinjer och åtgärder för att hantera eventuella nödsituationer.

*Psykologisk och emotionell trygghet:*
Det är viktigt att skapa en atmosfär där studenter känner sig psykologiskt och emotionellt trygga. Detta kan uppnås genom att främja respektfullt och inkluderande beteende, bekämpa mobbning

och trakasserier samt erbjuda stödresurser för studenternas psykiska hälsa.

*Socialt stöd:*

En trygg studiemiljö inkluderar också socialt stöd från både lärare och elever. Det kan innebära att främja samarbete och grupparbeten, skapa möjligheter för social interaktion och delta i gemensamma aktiviteter som främjar gemenskap och samhörighet.

*Tydliga förväntningar och rättvisa:*

En trygg studiemiljö kräver tydliga och rättvisa regler och förväntningar. En välorganiserad miljö där det finns tydliga rutiner för städning, kökshygien och säkerhet skapar förutsägbarhet och kontroll. Elever som arbetar i en miljö där det råder ordning har lättare att känna sig trygga och koncentrera sig på sina uppgifter. Det minskar också stress och osäkerhet som kan uppstå i kaotiska eller oorganiserade utrymmen.

Lärare och personal ska även ge klara riktlinjer för beteende och prestation samt se till att bedömningar och betygssättning är rättvisa och transparenta.

*Tillgång till stödresurser:*

För att skapa en trygg studiemiljö är det viktigt att erbjuda tillgång till stödresurser som kan hjälpa elever i deras kunskapsmässiga och personliga utveckling.

## 4.1. Timplan, schemaläggning och lektionerna

### 4.1.1. Timplan

Elever i grundskolan har rätt till ett minsta antal garanterade undervisnings-timmar per stadium, i detta fall mellanstadiet och högstadiet. Detta framgår av Skollagen (2010:800) och Skolförordningen (SFS 2011:185). Timplanen anger hur dessa undervisningstimmar ska fördelas mellan de olika ämnena. Undervisningstiden ska regleras med stöd av följande bestämmelser:

- **Total undervisningstid:** Enligt 10 kap. 5 § skollagen regleras den totala undervisningstiden som elever har rätt till under sin skolgång.

- **Läsår och schemaläggning:** I 3 kap. 2-4 och 6 §§ skolförordningen finns riktlinjer för hur läsåret ska struktureras och hur skolarbetet ska fördelas över tid samt hur elevernas schema ska utformas.

- **Undervisningstid och valmöjligheter:** I 9 kap. 3-9 och 11 §§ skolförordningen anges detaljerat hur undervisningstiden ska användas, inklusive regler för språkval, elevens val och skolans val.

När det gäller skolans fördelning av undervisningstid har skolan, inom vissa ramar, möjlighet att göra justeringar i hur timmarna fördelas mellan olika ämnen. Antalet timmar som anges i timplanen för ett specifikt ämne eller en ämnesgrupp kan minskas med högst 20 procent, om skolan anser att det är lämpligt med hänsyn till en särskild läroprofil. Detta ger skolorna en viss flexibilitet att anpassa undervisningen utifrån egna pedagogiska prioriteringar och elevernas behov.

Från och med höstterminen 2024 har riksdagen avskaffat elevens val i grundskolan. Regeringen har beslutat hur den tid som tidigare avsatts för elevens val ska omfördelas mellan de övriga ämnena i timplanen. Den reviderade timplanen har trätt i kraft för alla elever i samtliga årskurser. Enligt den gällande timplanen har hem- och konsumentkunskap idag en undervisningstid på 40 timmar per år under låg- och mellanstadiet, och 90 timmar per år under högstadiet (Skolverket, 2024). Totalt innebär detta 130 timmar för hela grundskolan. Jämfört med andra ämnen framstår hem- och konsumentkunskap som det ämne som har minst undervisningstid. För exempelvis idrott och hälsa avsätts 600 timmar, matematik får 1230 timmar, medan både musik och bild är tilldelade 240 timmar vardera. Detta belyser hur ämnets tid på schemat tydligt är mer begränsad än många andra ämnen, trots dess betydelse i den breda skolutbildningen.

*Undervisningstid*

En annan faktor som påverkar förutsättningarna för undervisningen är tillgången på undervisningstid. Enligt Skolinspektionen (2019) varierade den planerade undervisningstiden i de granskade skolorna mellan 51 och 106,7 timmar. År 2019 gällde fortfarande den tidigare timplanen, där HKK-ämnet skulle tilldelas totalt 118 undervisningstimmar under hela skolgången. Skolinspektionens granskning visade dock att ingen av de granskade skolorna erbjöd eleverna alla de undervisningstimmar de hade rätt till. Det är ett oroande resultat, särskilt eftersom vissa skolor valde att undervisa eleverna under mindre än hälften av den tid de är berättigade till. Följaktligen fick dessa elever inte optimal undervisning i ämnet, vilket påverkade deras möjligheter att tillgodogöra sig heltäckande kunskaper inom ämnets centrala innehåll. Dessutom innebär detta att om den planerade undervisningstiden motsvarar den faktiska, kan en lärare ha dubbelt så mycket tid som en kollega på en annan skola för att genomföra undervisningen enligt ämnets syfte och centrala innehåll. Det påverkar både kvaliteten på undervisningen och elevernas möjlighet att ta till sig den avsedda kunskapen.

Den totala undervisningstiden för Hem- och konsumentkunskap har ökat med 12 timmar för både mellan- och högstadiet, vilket innebär att ämnet nu tilldelas totalt 130 timmar för hela grundskolan. Även om denna förändring är positiv eftersom det ger eleverna mer tid att tillgodogöra sig kunskaper inom ämnet, har det också lett till nya utmaningar, särskilt när det gäller schemaläggning och lärarnas arbetsbelastning:

> *Det ökade antalet undervisningsminuter pressar den arbetsplatsförlagda tiden, vilket innebär att det finns alldeles för lite tid för förberedelser och efterarbete. Känslan av att aldrig hinna utveckla undervisningen är påtaglig. Utvärderingar sker, men det finns sällan möjlighet att ompröva och testa nya metoder i den utsträckning jag skulle önska. Små justeringar görs varje år, men inte i den omfattning som behövs.*
>
> *Det är också sällan vi hinner träffa kollegor för att gemensamt skapa en tydlig bild av enskilda elevers behov, vilket är avgörande för att öka måluppfyllelsen.*
>
> *Rast är en lyx vi sällan hinner med, och ibland är det till och med svårt att få tid att gå på toaletten, trots att vi är nöjda med vårt schema.*
>
> *Kostnadseffektiviseringar i skolan, som resulterar i ökad undervisningstid, bidrar till den ökade stressen i svensk skola idag. Detta kan också vara en orsak till den försämrade kvaliteten och resultaten, enligt min mening.*
>
> *Enkät 2024*

Ökad undervisningstid utan motsvarande ökning av tid för förberedelse och efterarbete leder till en känsla av otillräcklighet bland lärarna. Trots att lärarna ofta utvärderar sin undervisning, finns det sällan tillräckligt med tid för att genomföra större förändringar eller testa nya metoder. Detta kan innebära att undervisningen blir mindre dynamisk och anpassningsbar, vilket kan påverka elevernas lärande negativt. Bristen på tid för samarbete och utbyte med kollegor är en annan konsekvens av den ökade undervisningstiden. Detta samarbete är avgörande för att kunna skapa en tydlig och gemensam bild av elevernas behov, vilket i sin tur är viktigt för att kunna öka elevernas måluppfyllelse. När detta inte sker riskerar elevernas individuella behov att förbises, vilket kan påverka deras resultat negativt.

Den ökade arbetsbelastningen som följer med längre undervisningstid har en negativ inverkan på lärarnas välbefinnande. Lärarna känner sig stressade och pressade, och även grundläggande behov, såsom raster och tid för att gå på toaletten, får ibland stå tillbaka. Detta speglar en arbetsmiljö där lärarnas tid är mycket knapp och stressen påtaglig. Kostnadseffektiviseringar inom skolan, där ökad undervisningstid används som ett sätt att spara pengar, framstår ofta som en viktig orsak till de problem som beskrivs. Genom att öka undervisningstiden minskar man på tiden för annat nödvändigt arbete, vilket bidrar till försämrad arbetsmiljö för lärarna och minskad kvalitet i undervisningen.

## Timplan i hem- och konsumentkunskap

De schemalagda timmarna för hem- och konsumentkunskap kan fördelas olika mellan årskurserna. På mellanstadiet (årskurs 4-6) kan ämnet exempelvis ges under en termin med cirka 140 minuter per vecka. Det kan vara uppdelat på olika sätt, som till exempel 100 minuter praktiskt arbete i HKK-salen och 40 minuter teori, eller 110 minuter praktiskt och 30 minuter teori. På högstadiet varierar det också, där man kan ha 100 minuter per vecka under en hel termin för alla årskurser, eller en annan modell där en årskurs, exempelvis årskurs 8, har 100 minuter under ett helt läsår, medan årskurs 9 får 100 minuter under en termin. Ämnet är dock sårbart eftersom lektionerna ofta påverkas av andra aktiviteter såsom aktivitetsdagar, studiedagar, lov, nationella prov med mera, vilket kan leda till att undervisningstiden minskas.

Om en skola utnyttjar möjligheten att justera undervisningstiden genom skolans val och minskar antalet timmar för ämnet med upp till 20 procent, kan detta ha betydande konsekvenser för undervisningen. Eftersom ämnets centrala innehåll är brett och omfattar flera viktiga områden som matlagning, konsumentkunskap, privatekonomi och hållbarhet, kan en sådan nedskärning begränsa lärarens förmåga att täcka alla dessa aspekter på ett tillräckligt ingående sätt. Med färre timmar minskar också möjligheten att balansera teori och praktik på ett effektivt sätt, vilket leder till att eleverna får mindre praktisk erfarenhet och sämre förståelse för de teoretiska delarna av ämnet. Detta påverkar direkt i elevernas långsiktiga lärande och deras förmåga att tillämpa kunskapen i framtiden.

Under den senaste tiden har det diskuterats mycket kring hur ämnets timplan tilldelas för olika årskurser, samt hur mycket av undervisningstimmarna som kan tas bort när det gäller det praktiska ämnesinnehållet (Olsson, 2024). Enligt enkätsvaren 2022 och 2024 är denna utveckling skrämmande, då det händer att skolledningar vill ändra ämnet till ett i större utsträckning teoretiskt ämne, vilket strider mot ämnets läroplan och elevens rätt för likvärdig undervisning enligt Skollagen. Det blir omöjligt att bedöma ämnets kärnkunskaper, om undervisningen av de praktiska färdigheterna baserat endast på teoretiska lektioner.

Att minska mängden praktiska lektioner och istället göra ämnet mer teoretiskt begränsar elevernas möjlighet att verkligen förstå och tillämpa de matlagningsmetoder och motoriska färdigheter som krävs för att bli självständiga och medvetna konsumenter. Forskning visar att det inte räcker att enbart instruera om vad som bör ätas för att motivera elever till att skapa hälsosammare och mer hållbara vanor (Blomhoff et al., 2023; Willet et al., 2019). När undervisningstiden minskas får eleverna färre tillfällen att öva och repetera de praktiska matlagningstekniker och metoder som behövs i köket. Detta innebär att de inte utvecklar de fin- och grovmotoriska färdigheter som krävs för att kunna laga olika typer av rätter. Repetition är också avgörande för kognitivt lärande, där teoretiska kunskaper kopplas till praktiska färdigheter. Genom att öva regelbundet kan eleverna förbättra sina matlagningsmetoder och få en djupare förståelse för arbetsprocesserna, inklusive hur matlagningens kemi och fysik fungerar i praktiken.

Ämnet inkluderar undervisning om köksorganisation, planering av måltider och hantering av matlagningstid. Minskad undervisning gör det svårare för eleverna att planera och strukturera sitt arbete i köket, vilket leder till ineffektivitet och svårigheter att få en smidig matlagning. Samtidigt som det innebär att eleverna får mindre kunskap om olika livsmedel, dess egenskaper och hur de bäst kan användas i matlagning, vilket påverkar deras förmåga att välja rätt ingredienser, anpassa recept och vara kreativa i köket. HKK-ämnet inkluderar även undervisning om specialkost, såsom vegetarisk eller allergivänlig matlagning. Minskad undervisning gör det svårare för eleverna att anpassa måltider till olika kostbehov och matpreferenser, vilket blir en nackdel när de möter olika matsituationer.

Om man minskar undervisningstiden, särskilt i de praktiska delarna som matlagning, påverkar det direkt elevernas möjligheter att utveckla viktiga färdigheter som samarbete, kommunikation och problemlösning. Dessa praktiska moment är centrala för att främja en social och interaktiv inlärningsmiljö, där eleverna kan arbeta tillsammans och stödja varandra i processen. Enligt Skolverket (2020) är målet att skapa en öppen, uppmuntrande och stressfri atmosfär, vilket kräver aktivt deltagande från både lärare och elever. Genom att skära ned på praktiska moment går eleverna miste om dessa värdefulla erfarenheter, vilket kan leda till en mindre engagerande och stödjande miljö. Forskning (Jones & Jones, 2007; Levin & Nolan, 2010) visar att ogynnsamma inlärningsmiljöer ofta skapar problem med arbetsmoral och motivation. Elever tenderar att ifrågasätta regler och arbetssätt när de inte upplever att undervisningen tar hänsyn till deras behov och inlärningsprocess. John Hatties forskning (2012; 2014) betonar också vikten av en integrerad och stöttande miljö där eleverna känner sig trygga att göra misstag och lär sig av dem. När praktiska moment och samarbetsmöjligheter försvinner, förlorar eleverna möjligheten att ta dessa risker, vilket kan hämma deras motivation och lärande. Istället för att fokusera på att kunna rätt svar och rätt sorts slutprodukt, får de mindre chans att delta aktivt i själva lärandeprocessen, vilket är avgörande för att de ska utveckla både färdigheter och självförtroende.

Minskningen av undervisningstimmar i ämnet hem- och konsument-kunskap inom hälsokunskaper kan ha olika konsekvenser för eleverna (jmf. Skolinspektion, 2018). Genom att minska undervisningstimmar inom ämnet får eleverna mindre kunskap om olika aspekter av hälsosamma måltider och val av hälsofrämjande livsmedel, tillräcklig kunskap om att upprätthålla en hälsosam livsstil. De nordiska näringsrekommendationerna (NNR) från 2023 betonar vikten av praktiska erfarenheter för att kunna förstå och implementera de senaste kostråden (Blomhoff et al., 2023). Minskad tid ökar risken för ohälsa, såsom övervikt, dålig kost, brist på fysisk aktivitet och bristande hantering av stress. Utbildning inom hälsokunskaper kan också bidra till elevernas personliga utveckling genom att främja själv-medvetenhet, självkänsla, relationer och livskompetenser. Minskad undervisning kan innebära att eleverna går miste om dessa möjligheter till personlig tillväxt och välbefinnande. För att eleverna ska kunna lära sig att uppskatta olika smaker och förstå kulturell variation i matlagning, räcker det inte att bara läsa eller höra om det (Belasco, 2008; Højlund, 2020; Schmidt & Mouritsen, 2020). Elever behöver pröva, öva och ompröva för att verkligen kunna skapa nya matvanor. Genom att bekanta sig med nya, mer miljövänliga livsmedel i praktiken kan elever ändra sina smakpreferenser och på så sätt äta både hälsosamt och hållbart (Højlund, 2020).

Såsom det nämns i början av boken, i fall att ämnets lektionstimmar minskas, väljer lärare oftast att koncentrera sig på de viktigaste delarna i ämnets centrala innehåll, och speciellt frågor kring jämställdhet och arbetsdelning, resurshantering och privatekonomi blir åsidosatta (Skolinspektion, 2018). Det framkommer av lärarnas kommentarer att ämnets timmar kan tas bort utan specifika anledningar (enkätsvaren 2022, 2024). Enligt styrdokumenten har skolorna möjlighet att satsa på vissa inriktningar, såsom matematik, musik eller idrott, och då är det möjligt att använda högst 20 procent av ämnets undervisningstimmar för "skolans val", dock finns det ett flertal exempel hur lektionernas längd förkortats eller att antal av dem försvinner från årsschemat.

*Årskurs 6 förlorar mer än 30% av sina timmar, och den undervisningen kommer de aldrig att få senare. Vi har inte någon speciell inriktning i skolan, så det finns inget legitims anledning och ta från ämnet.*

*Enkät 2024*

Minskningen av undervisningstimmar har flera konsekvenser för eleverna när det gäller kunskaper om miljömedvetenhet, privatekonomi och konsumentval. Om undervisningstimmarna i ämnet minskas riskerar elevernas medvetenhet om miljöfrågor och deras förmåga att fatta miljömedvetna beslut att bli begränsad. För att förstå skillnaden mellan olika livsmedelskvaliteter och matlagningsprodukter behöver eleverna få möjlighet att testa detta i praktiken och uppleva hur det påverkar den tillagade måltidens smak, doft och konsistens. Dessa praktiska erfarenheter är avgörande för att hjälpa eleverna att ändra och utveckla sina vardagsvanor till mer miljövänliga alternativ, samtidigt som de skapar nya preferenser för hållbar och välsmakande mat.

Minskat antal undervisningstimmar leder också till att eleverna får mindre möjlighet att utveckla sin träning och kunskap om viktiga konsumentfrågor, såsom hur man tolkar produktinformation, förstår reklamens påverkan, bedömer prissättning och utvärderar kvalitet på olika varor. Denna brist på kunskap gör ungdomarna mer sårbara för manipulation och påverkan från marknadsföring. Utan en grundlig förståelse för reklamstrategier och sina rättigheter som konsumenter, får de svårt att identifiera och stå emot de manipulativa taktiker, som syftar till att påverka deras köpbeteende (Nicholson, Sinnewe, 2023; Nyrhinen et.al. 2023).

Ungdomarna behöver få likvärdig undervisning inom de ämnesområden som de har rätt till. Dessutom finns det oroväckande brister gällande kunskaper i privatekonomi och förändringar i konsumtionsmönster hos unga vuxna. Enligt Kronofogden (2022) har medianskulden hos unga kvinnor fördubblats under de senaste tio åren, mellan 2011-2021. Denna ökning beror i högsta grad på konsumtionsskulder. Även om antalet skuldsatta unga vuxna i åldersgruppen 18–25 år har minskat hos Kronofogden, har skuldbeloppet för åldersgruppen ökat med 410 miljoner. För få undervisningstimmar gör att eleverna mister möjligheter att lära sig och förstå grundläggande ekonomiska begrepp och principer. Det leder till bristande kunskaper om budgetering, sparande, skatter, lån, investeringar och andra ekonomiska ämnen som är viktiga för att hantera sin privatekonomi. Undervisningen inom privatekonomi syftar ofta till att ge eleverna verktyg för att fatta informerade och ekonomiskt ansvarsfulla beslut. Minskad undervisning begränsar elevernas förmåga att analysera ekonomiska alternativ, bedöma risker och göra ekonomiska beslut som gynnar deras ekonomiska välbefinnande.

Allt detta påverkar i elevernas förmåga att göra medvetna och fördelaktiga konsumentval. Det kan leda till en bristande förberedelse för det verkliga vuxenlivets hushållsekonomi och andra vardagskunskaper. Bristfälliga kunskaper om sparande och investeringar begränsar elevens förståelse kring vikten av att skapa stabil ekonomisk framtid och hur man bygger upp ekonomiska resurser på lång sikt. Det är viktigt att eleverna får information och strategier för att hantera sina ekonomiska tillgångar och möjligheter till ekonomiskt välbefinnande i framtiden. Dåliga kunskaper om privatekonomi gör eleverna mer sårbara för ekonomisk stress och svårigheter senare i livet, då de lättare får svårigheter att hantera budgetering, skuldsättning och andra ekonomiska utmaningar som kan uppstå i vuxenlivet. Enligt ICA Bankens rapport, Pengakollen 2023, känner nästan 17 procent av svenskarna ekonomisk ångest flera gånger i månaden på grund av att de har spenderat mer än de har råd med. Denna oro är ännu vanligare bland unga vuxna, där 34 procent av de som är mellan 18 och 29 år upplever återkommande ekonomisk stress. Var femte ung person tvingas regelbundet använda sitt sparande för att kunna hantera sina utgifter och hushållskostnader. Ekonomiskt självförtroende och självständighet är avgörande i vuxenlivet;

eleverna ska kunna utveckla förmågan att hantera sin ekonomi på ett ansvarsfullt sätt och känna sig trygga i sina ekonomiska beslut.

## 4.1.2. Lektionslängd och schemaläggning

Enligt enkätsvaren (2020, 2021, 2022, 2024) har ett optimalt schema för en hem- och konsumentkunskapslärare balans mellan undervisning, praktiska förberedelser, administrativa uppgifter och återhämtning. Schemat ska ge läraren möjlighet att bedriva högkvalitativ undervisning utan att riskera överbelastning eller brist på återhämtning.

*Lektionslängd*

Lektionslängd är en av de grundläggande faktorerna för optimal undervisning inom ämnet och lärare har gett många kommentarer kring detta:

> *Jag tycker att lektioner som är mellan 120 och 140 minuter långa är bäst. Under den tiden hinner vi gå igenom hela arbetsprocessen i ämnet. Vi kan planera vårt arbete, genomföra det och sedan utvärdera resultatet.*
>
> *Enkät 2022*

Denna lärarkommentar från enkäten 2022 uttrycker en preferens för längre lektionspass, mellan 120 och 140 minuter, vilket läraren anser vara den mest effektiva lektionslängden. Under dessa längre pass hinner eleverna gå igenom hela arbetsprocessen, från planering till genomförande och utvärdering. Det ger möjlighet att fördjupa sig i både det praktiska arbetet och reflektionen kring resultaten, vilket läraren ser som centralt för en välstrukturerad undervisning. Lärarens åsikt överensstämmer med tidigare forskning (Lindblom, 2016), som anger 120 minuter som optimal lektionslängd, och ligger även nära enkätsvaren som anger 100-120 minuter som idealisk.

> *Kunskap i handling, vi hinner samtala både före och efter lektionen samt att eleverna hinner arbeta i lugn och ro, vi behöver inte stressa samt att jag skulle vilja göra lite mer avancerade lektioner med de äldsta barnen och få möjlighet*

*att hinna gå ut och plocka tex nässlor med år 7 för att sedan gå in och tillaga en nässelsoppa, prata om varför de är nyttiga, få möjlighet att smaka och uppleva det som naturen har att bidra med.*

*Dessutom är det roligt att få laga mat under andra omständigheter tex ute på en muurikka och ge dessa erfarenheter till barn som inte har detta med sig hemifrån, osv.*

*Enkät 2024*

Denna lärarkommentar från enkäten 2024 framhäver hur längre lektionspass, mellan 100-120 minuter, bidrar till en mer optimal undervisningsmiljö. Med längre lektionspass ges möjlighet till fördjupade samtal både före och efter de praktiska övningarna, vilket främjar reflektion och bättre förståelse. Eleverna får tid att arbeta i ett lugnare tempo, utan stress, och läraren kan genomföra mer avancerade lektioner, särskilt med äldre elever. Exemplet med att plocka nässlor och tillaga nässelsoppa illustrerar hur längre lektioner möjliggör praktiska upplevelser som kopplar samman teori med verkliga erfarenheter, exempelvis att diskutera näringsvärde och naturens resurser. Kommentarens fokus på utomhusmatlagning på en muurikka (en stekhäll) visar också på hur dessa längre lektionspass ger elever möjlighet att uppleva nya former av matlagning, vilket är särskilt värdefullt för de som inte får dessa erfarenheter hemifrån.

*Vi måste se till att vi hinner med att laga mat och äta tillsammans utan stress. Jag har jobbat så länge att jag märker hur dåligt bordsskick och samtal vid matbordet har blivit. Det verkar som att många inte lär sig detta hemma, så vi som lärare i hem- och konsumentkunskap måste verkligen ta oss an det här och hjälpa våra elever att utveckla bättre vanor och ett trevligare sätt att umgås vid måltider.*

*Enkät 2020*

Lärarkommentaren ger en tydlig bild av vikten av att skapa en stressfri och gemenskaplig atmosfär under matlagning och måltider i hem- och konsumentkunskap. Läraren betonar att det är avgörande att hinna med både matlagning och gemensam måltid, vilket ger eleverna möjlighet att praktisera och diskutera bordsskick samt hur man kommunicerar vid matbordet. Genom sin erfarenhet har läraren observerat en nedgång i dessa viktiga sociala färdigheter, vilket antyder att många elever inte får denna typ av träning hemma. Detta pekar på en tydlig uppgift för HKK-lärare: att inte bara undervisa i matlagningens praktiska aspekter, utan också att integrera värderingar kring gemenskap och goda vanor vid måltider.

## Elevperspektiv

För korta HKK-lektioner i schemat orsakar flera pedagogiska problem för eleven och deras lärande. Forskningen visar att stress har en omfattande och negativ inverkan på både teoretisk inlärning, praktiska uppgifter som matlagning, och förmågan att koncentrera sig (Hattie, 2012; 2014; Martin et.al. 2024). Detta understryker vikten av att skapa en lugn och strukturerad miljö för att främja effektiv inlärning och prestation. För begränsad tid för inlärning orsakar stress. Om lektionerna är för korta får eleverna inte tillräckligt med tid att förstå och tillämpa kunskapen i ämnet. Det kan bli svårt att förstå uppgiften i sin helhet, anpassa sina kunskaper till praktiken, samt använda de färdigheter som behövs för att utföra uppgiften och utvecklas inom matlagningsmetoderna.

> *120 minuter är bra, med den tiden kan vi arbeta utan att stressa eleverna. Det finns gott om tid både för teoretiska genomgångar och praktiska moment, även för de elever som behöver extra stöd. Dessutom finns det tid för att ta hand om måltidssituationen och för att städa upp ordentligt efteråt.*
>
> *Enkät 2024*

Stress i klassrummet påverkar lärandet inom det praktiska arbetet på flera sätt. Den påverkar de två typerna av minnen – implicita (färdigheter och rutiner) och explicita (medveten återkallning av information). Stress kan försämra förmågan att använda dessa minnen effektivt i en situation, vilket minskar koncentrationen och förmågan att tillämpa kunskap i praktiska situationer (Hattie, 2012; 2014). Detta leder till nedsatt koncentration och svårigheter att fokusera på uppgifterna. Det praktiska arbetet i hem- och konsumentkunskap kräver uppmärksamhet på detaljer, säkerhet och korrekt utförande av olika moment med passande metoder (Lupien et.al., 2001). Att känna sig jäktad eller pressad ökar mängden av misstag och misslyckanden, vilket leder till att eleverna tappar intresset för matlagning och andra hushållsaktiviteter, vilket i sin tur påverkar deras långsiktiga läromotivation och inlärning (Martin et.al. 2024). Stress försämrar finmotoriska färdigheter och koordination, vilket är avgörande i praktiska uppgifter som matlagning. Nervositet och stress kan leda till att man gör fler misstag, vilket påverkar kvaliteten på det praktiska arbetet. Om eleverna känner sig pressade och har bråttom att slutföra uppgifterna ökar risken för olyckor i köket eller vid hantering av verktyg och utrustning. Det praktiska arbetet kräver noggrannhet och säkerhetsmedvetenhet, och om eleverna är stressade kan det öka risken för incidenter.

Stresspåverkan är speciellt skadlig för elevernas lärande inom ämnet där teorin ska användas i praktiska övningar då den ökar den kognitiva belastningen, vilket gör det svårare att bearbeta och komma ihåg ny information. Detta påverkar inlärningen av teoretiska koncept negativt, samt deras anpassning i det praktiska köksarbetet. När hjärnan är upptagen med att hantera stress, har den mindre kapacitet för att fokusera på och förstå komplex ny information.

En essentiell del av undervisningen i hem- och konsumentkunskap är att eleverna får möjlighet att praktiskt öva på matlagning, hantering av köksredskap och att utföra vardagliga hushållsuppgifter. Om lektionerna är för korta kan det vara svårt att tilldela tillräckligt med tid för praktisk träning, vilket påverkar elevernas förmåga att utveckla och förbättra sina färdigheter inom matlagningsmetoder, samt fin- och grovmotorik. Det praktiska arbetet i köket inkluderar även användning av kreativitet och utforskning av olika smaker, recept och matlagningstekniker. Dessutom minskar stress elevernas förmåga att njuta av det praktiska arbetet i ämnet och engagera sig fullt ut, samt begränsar elevernas förmåga att vara nyskapande och att experimentera i köket. Tidspressen gör också att lärare väljer att använda mycket enkla recept som inte kräver några svårare metoder och går att laga under tidspress. Elevernas initiativförmåga minskar då de strikt tvingas följa instruktioner och undvika att ta risker eller prova nya saker.

Det praktiska arbetet i ämnet involverar samarbete och kommunikation mellan eleverna. Stress påverkar elevernas förmåga att samarbeta effektivt och kommunicera på ett tydligt sätt, vilket kan påverka gruppens dynamik och arbetsflödet. För att skapa en gynnsam lärandemiljö i det praktiska arbetet är det viktigt att minimera stressfaktorer och främja en positiv och stödjande atmosfär. Det kan innefatta att ge eleverna tillräckligt med tid och resurser, tydliga instruktioner och stöd, samt uppmuntra till kreativitet och utforskning utan onödig press och stress. Sammanfattningsvis kan för korta HKK-lektioner begränsa elevens inlärning, förståelse och praktiska träning inom ämnet. Det kan också påverka motivationen och möjligheten att tillgodose individuella behov. Att ha tillräckligt med tid i schemat för att täcka ämnet på ett grundligt och meningsfullt sätt är viktigt för att maximera elevernas lärande.

*Lärarperspektiv*

Den optimala lektionslängden i hem- och konsumentkunskap bör vara minst 100 minuter, enligt enkätsvar från 2020 till 2024 där över 70 procent av HKK-lärarna anser att detta är nödvändigt för att kombinera teori och praktiskt köksarbete. Att ha för korta lektioner, exempelvis 40 till 80 minuter, kan skapa problem för både planering och genomförande av undervisningen. Detta beror på att ämnet innefattar både praktiska moment, som matlagning, och teoretiska delar om näringslära, konsumtion och miljö. För att eleverna ska få en djupare förståelse och hinna genomföra alla moment ordentligt, behövs längre lektionspass.

Enligt enkätsvaren framkommer det att korta lektioner som inkluderar praktiskt arbete i köket, skapar en stressig situation för både lärare och elever. Undervisningen blir ofta pressad och fragmenterad, vilket påverkar elevernas lärande negativt. I praktiken innebär korta lektionspass att det inte finns tillräckligt med tid för att först förbereda eleverna teoretiskt inför köksarbetet, sedan genomföra de praktiska momenten och slutligen städa upp ordentligt. Detta begränsade tidsutrymme minskar undervisningens effektivitet och kvalitet, vilket gör det svårt att uppnå de pedagogiska målen och ger eleverna en sämre inlärningsupplevelse.

Läraren ska kunna övervaka arbetets alla delar och alla arbetsplatser så att de kan bedöma alla elever individuellt, samt att kunna ge kommentarer. Lärandet i processämnet kräver teori, praktiskt repetition och reflektion. Inlärning i hem- och konsumentkunskap är en aktiv och social process hos eleven, där observationer tolkas både i ljuset av ny kunskap och tidigare erfarenheter och uppfattningar. I en studie om städning (Aulanko, 2008) fann man att eleven behöver upprepa en praktisk uppgift upp till sex gånger för att kunna både utföra uppgiften och samtidigt reflektera över vad man gör. Undervisningens likvärdighet försämras om läraren är förhindrad att kommentera och bedöma alla elever på ett likvärdigt sätt, vilket enligt dessa enkätstudier upplevs som problem i ett flertal skolor.

Enligt Skolinspektionens rapport (2016) har lärare i ämnet svårigheter med att helt täcka ämnets centrala innehåll. Enkätsvaren ger en tydlig bild av de viktigaste anledningarna till detta: minskad tid och för korta lektioner gör det problematiskt för läraren att täcka alla nödvändiga områden och färdigheter. Hem- och konsumentkunskap innefattar många olika ämnen, inklusive matlagningsmetoder och planering av måltider, kost och näring, livsmedelssäkerhet, samt privatekonomi och miljökunskaper. Under korta lektioner hinner man inte gå igenom den teori som behövs för att fördjupa förståelsen av dessa komplexa koncept samt för att tillämpa dem i praktiken.

> *Det är hemskt att skolan har valt att lägga ämnet som teori i helklass under ett halvår och sedan ska den andra halvan använda teorin i praktiken nästa år. Ingen lär sig något och alla är stressade, speciellt de som har inlärningssvårigheter. Man kan inte lägga ett processämne i 50 minuters pass- när ska maten lagas, ätas och allt städas efteråt?*
>
> *Enkät 2024*

Lärarkommentaren belyser tydligt vikten av att integrera teori och praktik i undervisningen: teori i handling. Genom att placera teoridelen ett halvår eller ett år före den praktiska tillämpningen riskerar skolan att eleverna inte knyter an till det de lär sig. Detta kan leda till att kunskaperna glöms bort eller inte förstås fullt ut, vilket särskilt påverkar elever med inlärningssvårigheter negativt. Stress är en annan central aspekt som lyfts fram. Den snäva tidsramen, där lektionsinnehållet ska gås igenom på 50 minuter, begränsar möjligheten att genomföra praktiska moment som matlagning och städning på ett meningsfullt sätt. Det skapar en press som gör det svårt för eleverna att fokusera och lära sig effektivt. Genom att istället sträva efter en mer sammanhängande och integrerad lärprocess, där teori och praktik sker parallellt, främjas en djupare förståelse och minska stressen. En sådan helhetssyn på lärande motsvarar lärosättet i Lgr22 samt ger eleverna bättre förutsättningar för att verkligen ta till sig kunskapen och tillämpa den i praktiken.

För korta lektioner leder till en bristande förmåga att ge eleverna en heltäckande och balanserad kunskapsbas inom ämnet.

### 1. Begränsad tid för praktiskt arbete:

Hem- och konsumentkunskap är en praktiskt inriktad disciplin där eleverna behöver tillräckligt med tid för att utföra matlagning, öva på matlagningsmetoder och de färdigheter som behövs, samt genomföra olika hushållsuppgifter. Om lektionerna är för korta kan läraren behöva kämpa med att ge eleverna tillräckligt med tid för praktisk träning, vilket kan påverka elevens förmåga att utvecklas.

### 2. Svårigheter med att ge individuell uppmärksamhet:

I en kortare lektion är det utmanande för läraren att ge tillräcklig individuell uppmärksamhet åt varje elev. Det kan bli svårt att svara på frågor, ge återkoppling och stödja elevernas individuella behov och framsteg.

### 3. Ökad stress och press på läraren:

Att ha för kort tid i schemat för att täcka ämnets centrala innehåll ökar stressen och pressen på läraren. Det kan vara svårt att balansera undervisning, praktiskt arbete, bedömning och planering inom en begränsad tidsram. Det påverkar även lärarens förmåga att förbereda sig ordentligt och skapa engagerande och meningsfulla lektioner.

### 4. Begränsad möjlighet till variation och differentiering:

Med kortare lektioner får läraren begränsade möjligheter att variera undervisningsmetoder, inkludera differentiering och anpassa lärandet efter elevernas individuella behov. Detta kan påverka både kvaliteten och individualiseringen av undervisningen negativt. Eftersom eleverna kan ha olika kunskapsnivåer och behov inom ämnet, både motoriskt och teoretiskt, gör de korta lektionerna det svårt för läraren att ge tillräckligt med stöd och hjälp. Det begränsar också möjligheten att anpassa undervisningen på ett sätt som tillgodoser alla elevers behov, vilket kan leda till att vissa elever inte får det stöd de behöver för att utvecklas optimalt.

## 5. Bedömning och återkoppling:

Enligt forskning kan elever känna rädsla för misslyckande och uppleva stress inför bedömning i hem- och konsumentkunskap (Lindblom, 2016). Den begränsade undervisningstiden ökar denna stress, vilket i sin tur kan leda till fler misstag, misslyckanden och skador. För att minska denna stress är det viktigt att tydliggöra bedömningskriterierna och syftet med uppgifterna. Genom att göra detta kan eleverna känna sig tryggare och mindre pressade inför nya och utmanande moment, samt förstå att ett misslyckande inte nödvändigtvis leder till sämre betyg. Detta skapar en mer stödjande och konstruktiv lärandemiljö där eleverna kan utvecklas utan att känna sig överväldigade av prestationsångest. (Höijer, 2024).

Det är en känt forskningsdata, att arbetet med matlagningsmetoderna kan ta över i HKK-undervisningen på bekostnad av diskussion och reflektion (Bohm, 2021; Granberg, 2018; Höijer, 2013; Lindblom, 2016). Det är därför avgörande att schemalägga lektionerna i tillräckligt långa pass. Genom att ge tillräckligt med tid skapas möjlighet för en mer undersökande och frågestyrd undervisning, där fokus inte bara ligger på att tillaga maträtter, utan även på att träna, diskutera, reflektera och engagera sig personligt. Längre lektionspass gör det möjligt att integrera övningar, samtal och reflektioner som uppmuntrar eleverna att utforska ämnet djupare och utveckla egna idéer och arbetssätt. Att implementera sådana metoder kan vara en utmaning för lärarna på grund av tidsbegränsningar, men det främjar en helhetsförståelse av ämnet och stimulerar lärande genom praktisk handling och engagemang.

Sammantaget orsakar för korta HKK-lektioner problem för läraren när det gäller att täcka ämnet fullständigt, ge tillräckligt med tid för praktiskt arbete, erbjuda individuell uppmärksamhet, hantera stress och skapa variation och differentiering. Att ha tillräckligt med tid i schemat för att genomföra en välplanerad och meningsfull undervisning är viktigt för lärarens arbete och elevernas lärande inom ämnet.

## Schemaläggning utifrån arbetstagarens perspektiv

Inför schemaläggningen bör ett planeringssamtal hållas mellan medarbetaren och rektorn för att säkerställa en rimlig arbetsbelastning (Sveriges lärare, 2024). Detta ger möjlighet att diskutera specifika behov och utmaningar kopplade till ämnet och lärarrollen. Under samtalet kan medarbetaren lyfta ämnesspecifika delar, exempelvis särskilt krävande undervisningsmoment eller arbetsuppgifter som påverkar arbets- belastningen, för att skapa ett schema som är både effektivt och hållbart.

### Rektors ansvar:

Rektor har det övergripande ansvaret för att de scheman som tas fram är hållbara. Detta innebär att de ska vara utformade på ett sätt som inte leder till överbelastning eller en ohållbar arbetssituation för medarbetarna.

### Medarbetarnas ansvar:

Medarbetarna har ansvar för att följa det schema som läggs. Om de upplever att schemat inte fungerar eller att arbetsbelastningen blir för tung, är det deras ansvar att påtala detta för rektor. Att vara tydlig med sina upplevelser och behov är avgörande för att kunna skapa en långsiktig, hållbar arbetsmiljö.

Av arbetsmiljöskäl bör scheman inte komprimeras, det vill säga att schemalägga många arbetsuppgifter eller lektioner tätt inpå varandra. Komprimering minskar möjligheten till återhämtning under arbetsdagen, vilket kan leda till trötthet, stress och försämrad undervisningskvalitet.

Därför är det viktigt att planera in tillräckliga pauser och sammanhängande tid för förberedelser och reflektion.

Enligt Sveriges Lärare (2024) bör de gemensamma moment som berör alla lärargrupper först tidsättas och fastställas innan schemaläggningen påbörjas. Detta säkerställer en strukturerad och effektiv planering för hela skolan. Exempelvis regelbundna konferenser, arbetslagsmöten och arbetsplatsträffar (APT) ska ha avsatt tid i schemat, så att lärare kan delta och bidra till kollegialt samarbete, gemensam planering och skolutveckling. Tids-planeringen måste även inkludera rasttillsyn, där lärare ansvarar för att övervaka elever under raster. Detta moment bör spridas rättvist mellan lärarna och vara tydligt schemalagt för att undvika överbelastning.

En standardiserad längd på lektionerna bör fastställas för att skapa en enhetlig rytm i undervisningen, vilket hjälper både lärare och elever att planera sina arbetsdagar på ett tydligt och förutsägbart sätt. Schemat måste även ge utrymme för det nödvändiga för- och efterarbetet som är kopplat till olika undervisningsmoment. Detta innefattar tid för att förbereda lektioner, byta arbetsuppgifter och förflytta sig mellan klassrum eller verksamheter. För HKK-lärare innebär det att även uppgifter som institutionsvård och ställtid måste ingå i planeringen. Dessa arbetsuppgifter omfattar bland annat städning och underhåll, avfallshantering, hantering av köksutrustning, beställningar av livsmedel och lagerhantering.

## *Välbalanserat schema*

Som hem- och konsumentkunskapslärare är det avgörande att schemat är välplanerat och balanserat för att möjliggöra både undervisning och andra arbetsuppgifter på ett hållbart sätt. På scheman bör därför följande ingå:

1.  **Undervisning och övriga uppdrag**
    Schemat ska innehålla medarbetarens undervisningstimmar samt eventuella övriga ansvarsområden som till exempel planering, utvecklingsarbete eller möten.

2.  **Ramtid**
    Schemat ska innehålla en tydlig ramtid, vilket innebär en specificerad start- och sluttid för arbetsdagen, så att arbetsdagen är strukturerad och förutsägbar

3.  **Tid mellan lektioner**
    Schemat måste inkludera tillräcklig tid mellan lektionerna för att läraren ska kunna genomföra både för- och efterarbete, samt de olika arbetsuppgifterna inom institutionsvård. Tiden som ges för detta bör anpassas utifrån ämnets karaktär, lokalens placering, elev-gruppernas storlek och klassernas sammansättning, så att läraren får rimlig arbetsro och kan utföra sitt arbete utan stress.

4.  **Rast**
    En rast på minst 30 minuter ska planeras in och måste enligt Arbetstidslagen SFS 1982:673, 15§ tas senast efter fem timmars arbete. Detta ger läraren en välbehövlig paus för att kunna återhämta sig och upprätthålla arbetskapaciteten. Vid en pedagogisk måltid, där läraren äter med eleverna, räknas tiden som arbetstid, och detta måste beaktas i schemat.

5.  **Paus**
    Förutom lunchrasten bör det också finnas schemalagda kortare pauser under både för- och eftermiddagen, enligt Arbetstidslagen i 17§, eller motsvarande utifrån hur arbetet är förlagt. Detta bidrar till att läraren orkar hålla fokus och energi genom hela arbetsdagen.

6. **Tid för ställtid, för- och efterarbete, institutionsvård samt förflyttning**
Det är viktigt att schemat ger rimliga tidsmarginaler för ställtid, för- och efterarbete, såsom lektionsplanering, rättning och reflektion över undervisningen. Tiden måste också ta hänsyn till institutionsvård, förflyttningar mellan olika klassrum, lektioner eller andra verksamheter.

7. **Jämn fördelning av uppgifter under arbetsveckan**
Arbetsbelastningen ska vara jämnt fördelad under veckan, så att det inte uppstår överdriven arbetsbörda vid vissa tidpunkter medan andra dagar är alltför lätta.

8. **Jämn fördelning av undervisning**
Vid schemaläggning är det viktigt att sträva efter en jämn fördelning av undervisning under hela veckan för att undvika överbelastning vid vissa dagar och ge läraren en hållbar arbetsrytm.

9. **Lektionen i samma årskurs, ämne och lokal**
För att minimera ställtid och effektivisera arbetsdagen bör lärarens lektioner i samma årskurs, ämne och lokal placeras efter varandra. Detta minskar behovet av förflyttningar och gör det enklare att hålla fokus. Samtidigt måste det säkerställas att läraren har tillräckligt med tid för nödvändigt för- och efterarbete, såsom lektionsplanering och reflektion.

10. **Sammanhängande undervisningsfri tid**
Sträva efter att ge lärarna sammanhängande, undervisningsfri tid mellan lektionerna. Detta ger möjlighet till planering, förberedelser och återhämtning, vilket främjar både undervisningens kvalitet och lärarens välbefinnande.

11. **Alla arbetsuppgifter i det individuella arbetstidsschemat**
Det är viktigt att alla arbetsuppgifter och uppdrag, inklusive institutionsvård, möten, planeringstid och rasttillsyn, tydligt schemaläggs i det individuella arbetstidsschemat. På så sätt får

läraren en helhetsbild över sina uppdrag och arbetsbelastningen kan hanteras på ett strukturerat sätt.

12. **Särskild hänsyn till fritidshemslärare med ämnesundervisning**
    För lärare som arbetar i fritidshem och samtidigt har ämnesundervisning, exempelvis i hem- och konsumentkunskap, behöver särskild hänsyn tas till längden på deras planeringstid. Denna tid måste vara tillräcklig för att förbereda undervisning för båda verksamheterna och säkerställa att läraren har möjlighet att ge varje del av sitt arbete den uppmärksamhet som krävs. För lärare som arbetar i förskoleklass eller fritidshem och samtidigt har ämnesundervisning i andra skolformer, ska schemat innehålla tillräcklig planeringstid för båda skolformerna. Detta säkerställer att läraren får den tid som krävs för att förbereda sig för alla sina undervisningsuppgifter på ett kvalitativt sätt.

När ett schema sträcker sig över flera veckor kan arbetstiden variera från vecka till vecka, men sett över hela avräkningsperioden måste den totala arbetstiden följa avtalet. Om den överstiger avtalsenlig tid uppstår övertid, vilket inte får planeras i förväg utan endast får uppstå tillfälligt, enligt Arbetstidslagen. Detta innebär att noggrann uppföljning krävs för att undvika att lärare tvingas arbeta övertid utöver vad som är avtalat. Om det förekommer ensamarbete, till exempel vid öppning eller stängning av verksamheten, måste detta särskilt beaktas. Ensamarbete, som regleras av Arbetsmiljöverkets föreskrifter (AFS 1982:3), kräver att särskilda risker bedöms och åtgärdas för att säkerställa tryggheten för den som arbetar ensam.

*Medarbetarens ansvar enligt Sveriges Lärare (2024):*

- Läraren är ansvarig för att följa det schema som läggs, men också att uppmärksamma chefen om schemat upplevs som ohållbart eller om det finns specifika ämnesrelaterade utmaningar som bör beaktas. Det kan exempelvis röra sig om för korta lektioner, för många eller för stora elevgrupper, ett flertal elever som behöver extra anpassningar i grupperna, livsmedelsbeställningar och institutions-vård - det vill säga olika omständigheter, som kräver extra arbetsinsatser.

- Under medarbetarsamtalet har läraren ett ansvar att lyfta fram olika delar av ramfaktorerna i sitt uppdrag som förväntas under läsåret och peka på eventuella risker för ohälsa. Detta ger möjlighet att diskutera vilka förutsättningar som krävs för att uppdraget ska vara hållbart och genomföras på ett sätt som inte påverkar arbetsmiljön negativt.

- Läraren ska göra riskanalyser om potentiellt farliga arbetssituationer (exempelvis för stora eller stökiga elevgrupper), samt anmäla hotande händelser och olycksfall som inträffar på arbetsplatsen, så att dessa kan åtgärdas och förhindra framtida incidenter.

Om läraren har arbetsmiljörelaterade frågor eller upplever problem med sin arbetssituation, kan hen kontakta skyddsombudet på sin arbetsplats, det lokala fackliga ombudet eller förhandlingsombudet för Sveriges Lärare, för att få stöd med att lösa situationen.

En inspirationsbild av en traditionell HKK-sal i en nybyggd skola. Salen är kompakt med en enkel planlösning som ger maximalt rörelseutrymme.
Av E. Larsson med hjälp av ett grafikprogram och Ikeas planeringsverktyg.

## 4.2. Gruppstorlek, arbets- och studiero

Den optimala gruppstorleken i hem- och konsumentkunskap beror på flera faktorer: det totala antalet elever per undervisningsgrupp, antalet kök som dessa elever fördelas över, och hur många kök läraren måste övervaka samtidigt. Dessutom påverkar det hur många elever med särskilda anpassningar som ingår i gruppen, och i vilken utsträckning dessa elever har svårt att arbeta i grupp. Det högsta rekommenderade elevantalet är 16, uppdelat på 8 kök, vilket möjliggör pararbete i varje kök. Trots detta visar enkätsvar från 2022 och 2024 att en stor andel lärare, upp till 65 procent, har mer än två elever i ett kök. Detta försvårar lärarens möjligheter att ge lämpligt stöd och kan hindra eleverna från att uppnå sin fulla potential i lärandet. Att uppnå en optimal balans i gruppstorlekar är därför avgörande för att skapa en lugn och inkluderande lärandemiljö.

En gruppstorlek på maximalt 16 elever, fördelade på 8 kök med parvis arbete, möjliggör att varje elev får det stöd som krävs för en trygg och lärorik miljö, och det säkerställer att läraren kan övervaka säkerheten. Den rekommenderade gruppstorleken blir särskilt viktig när elever har särskilda behov som kräver extra uppmärksamhet. Det finns stöd för upplägget i flera lagar och styrdokument:

## 1. Skollagen (2010:800)

- *Krav på säkerhet och arbetsmiljö:*
  Skollagen kräver att skolan ska erbjuda en trygg och säker miljö som främjar elevernas lärande (5 kap. 3 § och 1 kap. 4 §). Att ha för många elever i en HKK-sal kan anses motverka en säker arbetsmiljö för både lärare och elever, särskilt om eleverna använder utrustning som innebär potentiella risker (ugnar, knivar, värmeelement etc.).
- *Rätt till stöd och anpassning:*
  Enligt 3 kap. 3 § har elever rätt till stöd för att nå kunskapsmålen. Med stora elevgrupper blir det svårt för läraren att ge individanpassat stöd, särskilt om vissa elever behöver extra hjälp eller har särskilda behov.

## 2. Arbetsmiljölagen (1977:1160)

- *Lärarens arbetsmiljö och arbetsbelastning:*
  Arbetsmiljölagen gäller också för lärare, och skolan är skyldig att se till att deras arbetsmiljö är trygg och rimlig (2 kap. 1 §). En överbelastning med för många elever per kök kan öka stress och påverka lärarens arbetsmiljö negativt.
- *Fysiska och psykiska påfrestningar:*
  Enligt 2 kap. 1a § ska arbetet anpassas efter den enskildes förutsättningar. Detta innebär att läraren ska kunna övervaka och stödja eleverna på ett effektivt sätt. Om gruppstorleken är för stor

för att läraren ska kunna hantera säkerhetsrisker, kan detta utgöra en arbetsmiljörisk som arbetsgivaren måste ta hänsyn till.

### 3. Arbetsmiljöverkets riktlinjer och föreskrifter

Arbetsmiljöverket har föreskrifter som handlar om undervisnings-miljö och säkerhet i skolor (AFS 2009:2). Föreskrifterna kräver att arbetsgivare (i detta fall skolan) gör riskbedömningar för att säkerställa trygg arbetsmiljö. För HKK innebär det att skolan behöver bedöma om gruppstorleken är säker och hållbar för såväl läraren som eleverna.

### 4. Skolverkets och Sveriges Lärares rekommendationer

Både Skolverket och Sveriges Lärare påpekar vikten av anpassade gruppstorlekar för praktiska ämnen. HKK är ett ämne som kräver ständig handledning, övervakning och snabb respons, särskilt när elever använder potentiellt farlig utrustning.

### 5. Barnkonventionen och rätt till utbildning av god kvalitet

Enligt Barnkonventionen, som är lag i Sverige, har alla barn rätt till en utbildning som håller hög kvalitet. Stora grupper och få kök i HKK-salen försämrar utbildningens kvalitet och begränsar elevernas möjligheter att uppnå kunskapsmålen.

Den nationella utvärderingen av grundskolan som genomfördes 2003 hade som huvudsyfte att undersöka i vilken grad undervisningen möjliggjorde för eleverna att nå målen. Genom den nationella utvärderingen av hem- och konsumentkunskap (Cullbrand & Petersson, 2005) framkom att de ramfaktorer som lärarna anser i högst grad påverkar deras undervisning är:

- Elevgruppens storlek
- Undervisningssal och utrustning
- Lektionslängden
- Budget för ämnet samt
- Tillgång till läromedel

Den nationella utvärderingen visar att en av de viktigaste faktorerna som påverkar undervisningens kvalitet, och därmed även studiero, är storleken på elevgruppen. Lärarna i studien ansåg att större elevgrupper försvårar möjligheten att skapa en lärandemiljö där eleverna kan nå sina mål. Andra viktiga ramfaktorer som påverkar undervisningen, såsom lektionslängd, undervisningssalens utrustning och budget för ämnet, spelar också in, men elevgruppens storlek framstod som den mest betydelsefulla. Detta indikerar att mindre elevgrupper skulle kunna främja bättre studiero och effektivare undervisning.

Studiero är mycket viktigt i ett ämne som är både teoretisk och praktisk, innehåller många krävande moment, samt kräver koncentrationsförmåga och tränande av motoriska kunskaper.

> *Elevgrupper om 28 stycken i en sal som är anpassad för 16. Elever som inte lämnar in skrivarbeten. Jag har minst tre planeringar igång samtidigt.*
>
> *Enkät 2024*

Den beskrivna situationen, med elevgrupper om 28 i en sal anpassad för 16, och med elever som inte lämnar in arbeten, tillsammans med flera pågående planeringar, skapar en utmanande läromiljö. En ovanstående situation är inte ovanlig enligt lärarnas kommentarer i enkätsvaren (2020, 2021, 2022, 2024). För det första innebär för stora grupper i en begränsad plats att läraren får svårt att garantera en säker läromiljö, samt ge individuellt stöd, vilket kan leda till farliga situationer i salen och att vissa elever hamnar utanför och missar viktig information. Detta kan ytterligare förstärkas av att många elever inte lämnar in de teoretiska arbetsuppgifterna, vilket tyder på bristande motivation eller engagemang. Att ha minst tre planeringar igång samtidigt bidrar också till en splittrad fokus för både lärare och elever. Det blir en utmaning att hålla en röd tråd i undervisningen, vilket kan leda till att eleverna känner sig osäkra på sina framsteg och får svårare att följa med i kursens innehåll. Dessutom påverkar en överfull sal trivsel och studiero negativt, vilket kan göra det svårare för eleverna att delta aktivt och engagera sig i lärandeprocessen. Lärarens situation visar tydligt behovet av att anpassa undervisningen mer, och det är avgörande att skapa en mer inkluderande och stödjande lärmiljö. För att förbättra lärmiljön behövs det åtgärder som minskar gruppstorlekarna, ökar resurserna för individuellt stöd och ser över planeringsstrukturen så att den blir mer hanterbar och effektiv.

För ämnet hem- och konsumentkunskap innebär en stor elevgrupp att läraren kan ha svårt att ge individuellt stöd och uppmärksamhet till varje elev, vilket är särskilt utmanande i praktiska moment som matlagning och andra handgripliga aktiviteter. Enligt rapporten som Sveriges Lärare (2023) gjort om grupp- och klasstorlekar, extra anpassningar och särskilt stöd i Svenska skolan, upplever mer än 70 procent av lärarna att de inte hinner ge den hjälp som behövs till elever som behöver extra stöd, vilket är ännu mer kritiskt i hem- och konsumentkunskap där praktisk handledning är avgörande. För lärare i grundskolans lägre årskurser (1–3) är detta ännu mer påtagligt, med 90 procent av lärarna som rapporterar att de inte kan ge den hjälp som krävs. Även i högre årskurser (4–9) påverkar stora grupper studiero, vilket kan leda till störningar i undervisningen och svårigheter att hålla en effektiv och strukturerad lärandemiljö.

I hem- och konsumentkunskap, där praktiskt arbete och individuell återkoppling är centralt, kan dessa utmaningar leda till mindre effektiv undervisning och försämrad inlärning för elever som behöver extra stöd. Gruppstorleken kan ha olika betydelser för en studiemiljö där utbildningar utpräglas av trygghet i en HKK-sal, där elever lär sig om matlagning, hushållning och näringslära. Här är några särskilda aspekter att ta hänsyn till i detta sammanhang:

1. **Praktiskt lärande**
   I en HKK-sal är det ofta viktigt att eleverna har tillräckligt med utrymme och resurser för att genomföra praktiska uppgifter som matlagning. En för stor grupp begränsar elevernas tillgång till

utrustning och arbetsytor, vilket kan påverka deras trygghet och förmåga att delta aktivt i lektionerna.

2. **Arbetsmiljö och säkerhet**
Att ha rätt antal elever i en HKK-sal är också viktigt för att säkerställa en säker arbetsmiljö. För många elever i en begränsad yta kan öka risken för olyckor och skador. Genom att ha en lämplig gruppstorlek kan läraren bättre övervaka och ge individuell vägledning och uppmärksamhet, vilket skapar en tryggare arbetsmiljö.

3. **Samarbete och interaktion**
En mindre gruppstorlek kan underlätta samarbete och interaktion mellan eleverna i HKK-salen. Det kan vara lättare för eleverna att kommunicera, dela erfarenheter och arbeta tillsammans i mindre grupper. Detta kan främja en känsla av trygghet, samhörighet och ömsesidigt stöd.

4. **Delaktighet och ansvar**
En mindre gruppstorlek kan också främja ökad delaktighet och ansvar hos eleverna. Genom att vara en del av en mindre grupp kan eleverna känna sig mer bekväma att delta, ta initiativ och ta ansvar för sina egna inlärningsprocesser. Detta kan bidra till en positiv studiemiljö där eleverna känner sig trygga och motiverade att lära sig.

5. **Individuella anpassningar**
Forskningen betonar vikten av individanpassning, variation och utmaningar i en trygg, stödjande och uppmuntrande lärandemiljö studier (Jones, Jones 2007; Levin, Nolan 2010). Lärandet bör bygga på elevernas tidigare kunskaper och erfarenheter. Lärare som kan använda en variation av undervisningsmetoder, erbjuda alternativa förklaringar och använda olika undervisningsmaterial samt utmanande uppgifter skapar bättre förutsättningar för elevernas lärande och stimulerar deras lust att lära. Lärare som anpassar undervisningen efter elevernas olika inlärningsstilar och utvecklar

olika strategier för lärandet bidrar mer effektivt till elevernas utveckling än de som antar att alla elever lär sig på samma sätt och undervisar därefter.

6. **Individuell återkoppling**

   I en mindre gruppstorlek kan läraren ge mer individuell återkoppling och stöd till varje elev. Läraren kan observera och bedöma elevernas framsteg och utveckling på närmare håll, vilket skapar en känsla av trygghet och personlig uppmärksamhet. Detta kan vara särskilt viktigt när det handlar om att lära sig praktiska färdigheter och tekniker i matlagning.

Det är viktigt att balansera gruppstorleken för att skapa en trygg och produktiv studiemiljö, i enlighet med Skollagen. Samtidigt är det avgörande att läraren har de resurser och strategier som krävs för att hantera olika behov och kunskapsnivåer hos eleverna, oavsett gruppstorlek. En viktig åtgärd för att säkerställa en säker arbetsmiljö är att kommunicera med skyddsombudet eller en facklig representant, samt att genomföra en riskanalys för potentiellt farliga arbetssituationer, särskilt om dessa är återkommande och långvariga. Det är lika viktigt att lyfta dessa frågor till ledningen, eftersom rektorn är ansvarig både för elevernas studiemiljö och för lärarens arbetsmiljö. På så sätt kan en optimal och hälsosam arbetsmiljö säkerställas för lärarna, vilket i sin tur påverkar både deras välbefinnande och kvaliteten på undervisningen.

Hem- och konsumentkunskap är ett uppskattat ämne blad eleverna. Detta påverkar dock ibland negativt i undervisningen, då elever som inte har lektionen gärna vill delta i den:

> *Under lektionerna knackar många elever på klassrumsdörren för att bli insläppta av sina vänner. Det är nödvändigt att stå vid dörren och be om ursäkt för att avvisa elever som stör, vilket kan ske 10–15 gånger per lektion.*
>
> *Enkät 2020*

Lärarkommentaren belyser en tydlig utmaning med att upprätthålla studiero i salen, särskilt när yttre störningar från elever som knackar på dörren inträffar upprepade gånger under lektionstid. Detta påverkar inte bara lärarens möjligheter att upprätthålla en trygg och produktiv miljö utan skapar även en distraktion för de elever som försöker koncentrera sig på sina uppgifter. Genom att behöva avvisa störande elever, upp till 10–15 gånger per lektion, påverkas undervisningens flyt och lärarens fokus på undervisningen. Den här typen av situationer kan också skapa en stressig och splittrad miljö som försvårar både samarbetet mellan elever och deras individuella lärandeprocess. Trots att läromiljön bör främja dialog och vägleda elever till samarbete, gör dessa frekventa störningar att det blir svårt att bibehålla en atmosfär som stödjer fokus och koncentration.

I det större sammanhanget påvisar detta vikten av att balansera grupp-storleken och ha resurser samt strategier för att hantera både elevernas olika behov och externa störningar och därmed skapa en stabil och effektiv inlärningsmiljö. Läromiljön bör främja dialog och vägleda elever att arbeta som medlemmar i gruppen. Målet är en öppen, uppmuntrande, stressfri och positiv atmosfär vars ansvar ligger hos både läraren och eleverna (Skolverket, 2020). Enligt studier (Jones, Jones 2007; Levin, Nolan 2010) orsakar ogynnsam inlärningsmiljö problem även beträffande arbetsmoral och motivation: eleverna ifrågasätter lättare reglerna och arbetssätten. Elever kan förväntas stödja klassregler och sättet att arbeta endast när hela inlärningsprocessen tar hänsyn till dem och deras behov.

Forskning visar (Hattie 2012; 2014) att elever lär sig bäst i miljöer som är integrerade och stöttande, där misstag inte bara tolereras utan också välkomnas. Det handlar om att skapa proaktiva och stödjande klassrum där eleverna kan ta intellektuella risker och där fokus ligger på själva lärandeprocessen snarare än bara på att kunna rätt svar. I sådana miljöer får olika uppfattningar komma fram och alternativa förklaringar undersöks. När läraren visar tolerans för olika åsikter, respekterar och visar intresse för elevernas idéer och låter dem påverka, främjar det även att eleverna utvecklar samma sätt. Stämningen under lektionerna bör främja dialog och vägleda studenter att arbeta som medlemmar i gruppen. Målet är en öppen, uppmuntrande, stressfri och positiv atmosfär vars ansvar ligger hos både läraren och eleverna. En ogynnsam inlärningsmiljö gör att eleverna enkelt motsätter sig regler och förfaranden. Elever kan förväntas stödja klassregler och förfaranden endast när hela inlärningsprocessen respekterar dem och deras behov. (Jones & Jones 2007: 196, Levin & Nolan 2010: 10, 49–60.)

Gruppstorlekens centrala betydelse för undervisningens kvalitet och säkerhet har länge varit en avgörande fråga inom ämnet hem- och konsumentkunskap, vilket tydligt framgår i såväl historiska som nutida diskussioner. Hjälmeskog (2006) betonar vikten av reglerade gruppstorlekar och hänvisar till riksdagsbeslutet från 1919, där specifika riktlinjer fastställdes för undervisningen i hushållsgöromål. Enligt detta beslut skulle antalet elever i en undervisningsgrupp vara mellan 8 och 16, och endast i undantagsfall tillåtas överstiga 20, med inspektörens godkännande:

> ... att antalet lärjungar i kursen icke understiger 8, ej heller överstiger 16, såvida icke statens vederbörande folkskole-inspektör det medgiver, varvid antalet dock under inga förhållanden får överstiga 20.

Detta regelverk syftade till att säkerställa en trygg och effektiv undervisningsmiljö, där lärarens utbildning och tillgång till ändamålsenliga lokaler också var avgörande faktorer. Det är dock viktigt att reflektera över att de förutsättningar som gällde 1919 skiljer sig markant från dagens. På den tiden riktades undervisningen enbart till unga kvinnor och ämnet omfattade inte elever på mellan- och högstadienivå, som är fallet idag. Dessutom har både pedagogiska metoder och synen på disciplin genomgått betydande förändringar, vilket kräver anpassningar i undervisningen. I en modern kontext innebär detta att fler aspekter måste tas i beaktning, såsom elevers individuella behov, ett mer inkluderande synsätt samt olika inlärningsstilar, vilket ytterligare understryker vikten av att hålla grupp-storlekar hanterbara för att främja studiero och optimal undervisning.

Att upprätthålla kontroll i klassrummet är avgörande av flera skäl, inte minst för att garantera säkerheten under lektionerna. I undervisning, där elever arbetar med potentiellt farliga redskap och heta ytor, är det särskilt viktigt att läraren snabbt kan ingripa vid behov. Lärarnas kommentarer från enkäten (2020, 2021, 2022, 2024) berättar om stressande exempel på risker i HKK-salar som inkluderar att fett kan överhettas och börja brinna, att elever av misstag placerar lättantändliga föremål på spisen, eller att konflikter uppstår mellan elever som kan eskalera. Det handlar också om att vara förberedd på olyckor, som att någon bränner sig, skär sig med en kniv eller får en akut allergisk reaktion.

> *Extremt stressigt att ha stora elevgrupper. Jag har grupper i årskurs 7 som springer ifrån klassrummet, samtidigt som de andra leker eller gör dumheter. Jag berättar till kollegorna och ringer hem, men problemen kvarstår. Man har ju tillsynsansvar och kan inte lämna någon utanför salen heller.*
>
> *Enkät 2021*

För det första är denna kommentar inte ovanlig, den identifierar konkreta och vanligt förekommande risker som kan uppstå under lektionerna. Läraren uttrycker en känsla av stress och frustration över att hantera stora elevgrupper, där elever kan bli rastlösa och agera impulsivt, vilket gör det ännu svårare att upprätthålla en trygg och ordnad lärmiljö. Lärarens ansvar att ha tillsyn över alla elever, samtidigt som de tampas med oordning och osäkerhet, förstärker vikten av att skapa en strukturerad och stödjande undervisning. Dessa typer av situationer pekar på behovet av resurser, såsom extra personal eller mindre grupper, för att effektivt kunna hantera dessa utmaningar och säkerställa både elevernas säkerhet och en positiv lärandemiljö. Enligt enkätsvaren upplever lärare ofta känsla av maktlöshet, trots att de kommunicerar problemen med kollegor och hemmet, vilket understryker vikten av att hitta konkreta lösningar som förbättrar dessa pedagogiska situationer.

Läraren påpekar korrekt att hen har tillsynsansvar. Detta grundar sig i gällande styrdokument: tillsynsansvar innebär att den som har vårdnaden om ett barn är skyldig att se till att barnets behov tillgodoses och att det inte utsätts för skada (Föräldrabalken 6 kap. 2 § (SFS 1949:381). När ett barn befinner sig i skolan övergår detta ansvar från barnets vårdnadshavare till huvudmannen för verksamheten. Det är huvudmannen som har det yttersta ansvaret för att skapa en trygg och säker miljö, och därför har skolan en skyldighet att se till att barnet får sina behov tillgodosedda, skyddas från skador och inte skadar andra.

HKK-lärarens tillsynsansvar under lektionerna omfattar flera viktiga aspekter som syftar till att skapa en trygg och stödjande lärmiljö. För det första måste läraren säkerställa att eleverna arbetar under säkra förhållanden, särskilt under praktiska moment som matlagning och hantverk. Det innebär att identifiera och hantera potentiella risker, som brandfara eller hantering av skarpa verktyg. Läraren har också ansvar för att aktivt övervaka alla elever för att se till att ingen hamnar i riskfyllda situationer, som att springa iväg eller leka på ett sätt som kan leda till skador. Dessutom är det viktigt att ge stöd och vägledning, både i praktiska uppgifter och när konflikter uppstår mellan elever. En annan central del av tillsynsansvaret är att anpassa undervisningen efter elevernas olika behov. Det kan innebära att ge extra hjälp till dem som har svårigheter, så att alla kan delta och utvecklas.

Enligt enkätsvaren från 2021-2024 har det förekommit en rad obehagliga situationer där vissa har haft goda förutsättningar att agera snabbt och effektivt, medan andra känt sig överväldigade och stressade, vilket har påverkat deras förmåga att reagera i tid. Denna stress kan vara en konsekvens av stora elevgrupper, en ofördelaktig utformning av klassrummet eller brist på tillräckliga säkerhetsrutiner, vilket kan försvåra lärarens möjligheter att ha full uppsikt över alla elever. Det understryker problemet av att inte bara ha tydliga säkerhetsprotokoll, utan också en rimlig arbetsbelastning och tillräckliga resurser för att garantera både elevernas och lärarens välbefinnande i klassrummet.

Både nationella och internationella undersökningar visar på problem i arbetsmiljön i skolan och det gäller bland annat bristande studiero under lektionerna. I TIMSS-undersökningen (Skolverket 2016a) upplever de svenska lärarna och rektorerna att det finns mer problem med trygghet (SOU 2017:35), det gäller bland annat problem med ordningen och arbetsron i klassrummen. Frågan om gruppstorlek utgår under lång tid från de regler kring gruppstorlek som staten föreskriver. I hem- och konsumentkunskap handlar gruppstorleken om elevernas säkerhet, lärarens liksom elevernas arbetsmiljö samt förutsättningarna för att kunna bedriva kvalitativ undervisning. I skolan i stort finner Skolverket (2009b) i allmänhet svaga kopplingar mellan lärartäthet och elevernas resultat. Betydligt större effekt har dock också gruppstorlek och lärartäthet på elever med svagt stöd hemifrån och sämre studieresultat (Skolverket, 2009b).

Den nationella utvärderingen av grundskolan från 2003 syftade till att undersöka hur väl undervisningen möjliggjorde för eleverna att nå sina mål. Inom ramen för den specifika utvärderingen av hem- och konsumentkunskap (Cullbrand & Petersson, 2005) framkom flera centrala ramfaktorer som lärarna ansåg hade betydande inverkan på deras undervisning. För det första identifierade lärarna elevgruppens storlek som den mest avgörande faktorn. Större elevgrupper kan leda till att lärarna får svårare att ge individuell uppmärksamhet och stöd, vilket i sin tur påverkar studiero och lärande-möjligheterna negativt.

Vidare betonades betydelsen av undervisningssalens utformning och utrustning. En välutrustad och genomtänkt lärmiljö främjar studiero och effektivt lärande, medan en bristande miljö kan leda till distraktioner och hinder för elevernas engagemang. Lektionslängden visade sig också vara en viktig faktor. För långa lektioner kan resultera i trötthet och minskad koncentration bland eleverna, medan korta lektioner kan försvåra djupgående diskussioner och praktiskt arbete. Dessutom påpekade lärarna att budgeten för ämnet har en avgörande roll. En begränsad budget kan hindra tillgången på nödvändiga resurser och material, vilket påverkar undervisningens kvalitet och elevernas möjligheter att nå sina mål. Slutligen framhölls tillgången till läromedel som en central aspekt. Relevanta och aktuella läromedel är avgörande för att stödja elevernas lärande, och bristande tillgång kan begränsa undervisningens effektivitet.

Utmaningarna kring en bra studiero handlar inte bara om undervisningen i hem- och konsumentkunskap. Nationella och internationella undersökningar lyfter fram betydande problem i skolans arbetsmiljö, däribland sena ankomster, ogiltig frånvaro och bristande studiero under lektionstid. Enligt den senaste TIMSS-undersökningen (Skolverket, 2016a) upplever svenska lärare och rektorer att frågor kring trygghet och ordning i skolan är mer påtagliga jämfört med genomsnittet i EU- och OECD-länderna. Särskilt framträdande är problemen med ordning och arbetsro i klassrummen, vilket innebär att svenska skolor står inför större utmaningar på dessa områden än många andra länder. Detta understryks även i SOU 2017:35, där kommissionen beskriver en sammanhållen problembild och strategi för att hantera dessa frågor.

Arbetsmiljölagen och Arbetsmiljöverkets föreskrifter om systematiskt arbetsmiljöarbete (AFS 2001:1) innehåller också bestämmelser som gäller för arbetsmiljön vid för stora elevgrupper.

1. **Riskbedömning:**
   Arbetsgivaren är skyldig att genomföra en riskbedömning av arbetsmiljön, vilket inkluderar att bedöma riskerna för ohälsa och olycksfall för eleverna. Om elevgrupperna är för stora kan detta utgöra en risk för både elevernas hälsa och för lärandemiljön.

2. **Arbetsbelastning:**
   För stora elevgrupper kan leda till en ökad arbetsbelastning för både elever och lärare. Detta kan påverka elevernas möjlighet att tillgodogöra sig undervisningen och kan även öka risken för stress och utbrändhet hos lärarna.

3. **Tillräckliga resurser:**
   Arbetsgivaren är skyldig att tillhandahålla tillräckliga resurser för att säkerställa en säker och hälsosam arbetsmiljö. Detta kan inkludera tillräckligt med personal och utrustning för att hantera och övervaka stora elevgrupper på ett säkert och effektivt sätt.

4. **Anpassningar:**
   Vid för stora elevgrupper kan det vara nödvändigt att göra anpassningar i undervisningen och arbetsmiljön för att säkerställa att elevernas behov tillgodoses. Det kan innebära att införa alternativa undervisningsmetoder, differentierad undervisning eller att dela upp gruppen i mindre grupper för att underlätta lärandet.

5. **Utbildning och information:**
   Arbetsgivaren är även skyldig att se till att personalen får adekvat utbildning och information om hur man hanterar stora elevgrupper på ett säkert och effektivt sätt. Detta kan inkludera metoder för att hantera och organisera undervisningen samt för att upprätthålla en god arbetsmiljö.

Genom att följa dessa bestämmelser och vidta lämpliga åtgärder kan skolor och utbildningsinstitutioner minska riskerna för ohälsa och olycksfall vid stora elevgrupper, samt skapa en trygg och säker arbetsmiljö för både elever och personal.

En inspirationsbild på en renoverad HKK-sal i en äldre skolbyggnad. Salens moderna design kombinerar funktionalitet med skolans klassiska arkitektur.
Av E. Larsson med hjälp av ett grafikprogram och Ikeas planeringsverktyg.

## 4.3. Ramfaktorernas påverkan i bedömning

För att undervisningen och bedömningen ska kunna bedrivas på bästa möjliga sätt är det avgörande att läraren har tillgång till rätt resurser och stöd. Såsom det framkommer tidigare, inkluderar detta både materiella resurser, såsom köksutrustning och pedagogiska verktyg, samt tillräckligt med tid för planering (och för institutionsvård). En annan viktig aspekt för en högkvalitativ undervisning är att undervisningsgruppen hålls på en optimal storlek, med högst 16 elever, vilket möjliggör en mer individanpassad undervisning och bättre lärar-elev-interaktion.

När antalet elever överstiger den optimala gruppstorleken, minskar lärarens förmåga att övervaka varje elevs arbete tillräckligt noggrant, vilket kan äventyra både säkerheten och ordningen i klassrummet. Lektionslängden bör dessutom vara mellan 100 och 120 minuter för att eleverna ska ha tid att genomföra alla moment, reflektera över sitt arbete och få meningsfull återkoppling från läraren. Om dessa grundläggande förutsättningar brister, kan det direkt påverka kvaliteten på undervisningen, vilket i sin tur riskerar att göra bedömningen av eleverna mindre rättvis och effektiv (jmf. Ingvarsson & Wallin, 2023).

De materiella ramfaktorerna har betydande påverkan på bedömningen inom ämnet hem- och konsumentkunskap på flera sätt. Kvaliteten och tillgängligheten av arbetsmaterial i HKK-salen kan påverka hur väl eleverna kan genomföra praktiska uppgifter och övningar. Tillgången till lämplig köksutrustning är avgörande för att eleverna ska kunna tillaga måltider och utföra andra praktiska uppgifter effektivt. Bristande eller otillräcklig utrustning kan begränsa elevernas möjligheter att visa sin förmåga och därmed påverka deras bedömning. En säker och bekväm arbetsmiljö är viktig för elevernas välbefinnande och prestation. Otillräckliga förhållanden när det gäller el, vatten, avlopp, ventilation, ljudnivå och ergonomi kan påverka elevernas förmåga att fokusera och utföra uppgifter på ett effektivt sätt, vilket i sin tur kan påverka deras bedömning. Tillgången till läromaterial såsom livsmedel, läroböcker och digitala medier är avgörande för att stödja elevernas lärande och kunskapsutveckling. Otillräckliga eller bristfälliga läromaterial begränsar elevernas möjligheter att förvärva kunskap och därmed påverka deras bedömning

Ett välbalanserat schema och en rimlig arbetsbelastning är också viktiga komponenter. Om läraren är överbelastad med arbete och inte ges tillräckligt med tid för att noggrant förbereda lektionerna, kan detta leda till att undervisningen inte är så genomtänkt som den borde vara. Detta påverkar i sin tur bedömningen, som riskerar att bli mindre noggrann och rättvis. Skolledningen har en central roll i att säkerställa att lärarna får den tid och de verktyg de behöver för att kunna utföra sitt arbete effektivt och professionellt. Dessutom är det viktigt att alla lärare ges likvärdiga resurser och stöd för att upprätthålla en jämn och rättvis kvalitet i både undervisningen och bedömningen. Om vissa lärare har bättre förutsättningar än andra, riskerar detta att skapa en ojämn kvalitet, vilket i längden kan påverka bedömningens likvärdighet. Därför bör skolor aktivt arbeta för att se till att både resurser och bedömningsmetoder är enhetliga för att garantera rättvisa och konsekventa resultat för alla elever.

Enligt enkätsvar från 2020, 2021, 2022 och 2024 upplever över hälften av hem- och konsumentkunskapslärare att de inte har möjlighet att planera och genomföra sina lektioner på ett optimalt sätt. Detta kan bero på brist på resurser, otillräcklig tid för förberedelser eller bristande stöd från skolledningen. När lärare inte har tillräckliga verktyg eller tid, kan det leda till sämre kvalitet på undervisningen och en ojämn bedömning mellan elever och skolor. För att förbättra situationen är det viktigt att skolledningen och beslutsfattare tar hänsyn till dessa ramfaktorer. Det innebär att säkerställa att lärare har tillgång till adekvata resurser, tillräcklig planeringstid och det stöd som behövs för att skapa en rättvis och effektiv bedömning. Genom att skapa en arbetsmiljö där lärare kan utföra sitt arbete under rättvisa och optimala förutsättningar kan vi förbättra både kvaliteten på undervisningen och bedömningens likvärdighet.

*Betygskriterierna*

Betygskriterierna är tydliga beskrivningar av vad en elev behöver uppnå för att få ett visst betyg, exempelvis ett A, i ett ämne. De fungerar som riktlinjer för både lärare och elever och beskriver vilka kunskaper och färdigheter som ska visas inom olika områden, samt på vilken nivå. Kriterierna ger en konkret bild av vad som bedöms, exempelvis elevens förmåga att planera och utföra uppgifter, analysera och reflektera över sitt arbete, samt förstå och tillämpa olika teoretiska begrepp. Betygskriterierna säkerställer att bedömningen blir rättvis och konsekvent. Enligt Lgr22 är betygskriterier för betyget A i slutet av årskurs 9

---

*1. Eleven planerar och tillagar måltider och hanterar andra praktiska uppgifter som förekommer i ett hem genom att använda väl fungerande tillvägagångssätt. Eleven värderar på ett välutvecklat sätt hur arbetsprocessen har påverkat resultatets kvalitet.*

*2. Eleven beskriver på ett välutvecklat sätt faktorer och beslut som kan påverka privatekonomi och konsumtionsval.*

*3. Eleven värderar på ett välutvecklat sätt hur val och handlingar som förekommer i ett hem påverkar hälsa, ekonomi och miljö.*

*Skolverket, 2022*

---

En optimal undervisning bör utgå från A-kriterierna eftersom de representerar den högsta nivån av kunskap och färdigheter som en elev kan uppnå inom ett ämne. Genom att sträva efter dessa kriterier skapar läraren höga förväntningar och en utmanande lärmiljö som ger alla elever möjlighet att utvecklas maximalt, oavsett deras utgångspunkt. Att utgå från A-kriterierna innebär att undervisningen fokuserar på djup förståelse, avancerad problemlösning och välutvecklade resonemang, vilket gynnar elevernas långsiktiga lärande. Samtidigt kan undervisningen anpassas för att stödja elever på olika nivåer, men genom att sikta högt främjas en kvalitativ och ambitiös utbildning.

1. **Planering och tillagning av måltider samt hantering av praktiska uppgifter:**
   Eleven ska visa förmåga att planera och tillaga måltider samt hantera andra praktiska uppgifter som förekommer i ett hem. Eleven förväntas använda väl fungerande tillvägagångssätt, vilket innebär att de metoder och tekniker som används ska vara effektiva och lämpliga för uppgiften.

2. **Värdering av arbetsprocessens påverkan på resultatets kvalitet:**
   Eleven ska kunna reflektera över och analysera hur arbetsprocessen har påverkat kvaliteten på det slutliga resultatet. Eleven behöver göra detta på ett välutvecklat sätt, vilket innebär att de ska kunna identifiera specifika aspekter av arbetsprocessen som har bidragit till resultatets styrkor och svagheter, samt kunna motivera sina slutsatser med konkreta exempel.

3. **Beskrivning av faktorer och beslut som påverkar privatekonomi och konsumtionsval:**
   Eleven ska kunna identifiera och beskriva olika faktorer som påverkar privatekonomi och konsumtionsval. Eleven förväntas göra detta på ett välutvecklat sätt, vilket innebär att de ska kunna ge en detaljerad och nyanserad beskrivning av hur olika beslut kan påverka ekonomin och konsumtionsmönster. Detta inkluderar att förstå konsekvenserna av dessa beslut på kort och lång sikt.

4. **Värdering av hur val och handlingar i ett hem påverkar hälsa, ekonomi och miljö:**
   Eleven ska kunna analysera och värdera hur olika val och handlingar som utförs i ett hem påverkar hälsa, ekonomi och miljö. Eleven

förväntas göra detta på ett välutvecklat sätt, vilket innebär att de ska kunna se sambanden mellan sina handlingar och de bredare konsekvenserna. Detta inkluderar att kunna resonera kring hur olika val påverkar inte bara den egna hälsan och ekonomin utan även miljön, och att kunna diskutera möjliga förbättringar eller alternativ.

En inspirationsbild om matlagning i en HKK-sal.
Av E. Larsson/Artelinas.

## 4.3.1. Ramfaktorernas påverkan

Ramfaktorer spelar en avgörande roll i bedömningen inom hem- och konsumentkunskap, eftersom de sätter gränser och möjligheter för undervisningen. Dessa faktorer påverkar hur väl lärare kan genomföra och utvärdera elevernas lärande i ämnet, i fall att dessa faktorer är begränsade eller otillräckliga kan de skapa hinder för att uppnå en rättvis och likvärdig bedömning.

1. **Materiella resurser och utrustningens kvalitet**

   Som nämnts tidigare, har lärare rapporterat om slitna köksredskap och omodern utrustning som snabbt går sönder eller inte uppfyller moderna standarder. Dessa förhållanden påverkar lärarnas möjlighet att undervisa på ett effektivt sätt. Om eleverna inte har tillgång till välfungerande ugnar, spisar eller köksredskap, blir det svårt att bedöma deras praktiska färdigheter på ett tillförlitligt sätt. Detta kan leda till en snedvriden bild av deras verkliga förmågor, då bedömningen inte speglar deras kapacitet under ideala förhållanden. Validering av bedömningsmetoder kan bli en utmaning om ramfaktorer som utrustning och verktyg inte är pålitliga.

## 2. Tidsramar och arbetsbelastning

Brist på tid för förberedelse och genomförande av lektioner kan påverka både undervisningen och bedömningen negativt. Om lärare är överbelastade eller har otillräcklig tid att förbereda välplanerade lektioner, kan de inte genomföra de bedömningsmetoder som krävs för att få en fullständig bild av elevernas kunskaper. Tidsbrist kan leda till att bedömningen blir ytlig eller förenklad, och i vissa fall enbart fokuserar på teoretiska aspekter, vilket missar de praktiska färdigheter som är centrala i HKK. Som diskuterats tidigare, kan en tidspressad miljö även skapa stress hos elever, vilket i sin tur försämrar deras praktiska prestationer och minskar kvaliteten på bedömningen.

> *Jag har ynka 10 min mellan lektionerna och lektionerna är på 75 min, så eleverna hinner aldrig bli klara i tid. Inte jag heller.*
>
> *Enkät 2020*

Tidsbrist kan påverka reliabiliteten negativt inom bedömningen i hem- och konsumentkunskap på flera sätt:

> *Det är inte enskilda uppgifter som stressar, det är helheten, att aldrig känna att man är i fas, sitta på jobbet till åtta några kvällar för att jobba ikapp känns liksom fel även om det är enda sättet att se till att saker blir gjorda (som ska hinnas inom ramtiden).*
>
> *Enkät 2022*

*Jag har arbetat på andra skolor med bättre förutsättningar. Det här känns och är förhoppningsvis ett ytterst tragiskt undantag, men lektionstiden är också en avgörande aspekt av förutsättningarna. Det spelar ingen roll hur fin salen är eller hur små grupperna är; tiden är en avgörande faktor för goda förutsättningar. Och vi vet ju redan från start att lektionstiden är en bristvara.*

*Skolan (koncernen) jag arbetar på har minskat ämnet med mer än de 20% som är tillåtna enligt Skolverket. Eleverna förlorar därmed, i varierande grad, upp till 70% av den garanterade undervisningstiden i ämnet. Detta omöjliggör någon form av fördjupning, och jag, i min tjänst på 100%, ska genomföra samma centrala innehåll som andra skolor där lärarna har minst 175% tjänst. Lektionstiden räcker inte till, och eleverna får inte heller någon kompensation under annan tid.*

*Enkät 2024*

Det som beskrivs av läraren belyser tydligt de strukturella utmaningar som påverkar möjligheterna till optimal och likvärdig undervisning inom hem- och konsumentkunskap. När en skola har minskat ämnets undervisningstid med över 20 procent, vilket är mot styrdokumenten, försvagas grundläggande förutsättningar för att kunna erbjuda en kvalitativ utbildning. Lektionstiden är avgörande för att eleverna ska kunna fördjupa sina kunskaper och få den praktiska erfarenhet som ämnet kräver.

Utan tillräcklig tid för att utföra praktiska moment och reflektera över dem, blir det nästan omöjligt för läraren att nå de lärandemål som fastställs av Skolverket. Det skapar en situation där eleverna inte bara missar viktig undervisning, utan även riskerar att bedömas utifrån orealistiska förväntningar, där de förväntas nå samma kunskapsnivå som elever med mer undervisningstid. Dessutom förstärker detta ojämlikheten i utbildningssystemet. Elever i skolor med mer resurser och längre undervisningstid ges en klart bättre möjlighet att nå de kunskapsmål som krävs för att uppnå högre betyg. Det innebär att elever i mindre gynnade skolor kan bli missgynnade, oavsett deras individuella förmåga och insats.

För korta lektionerna leder till att lärare får det svårt att observera och bedöma elevernas prestationer tillräckligt noggrant om tiden är knapp. Det kan leda till att läraren inte får en fullständig bild av elevens kunskaper och förmågor. Om läraren har ont om tid kan det vara svårt att erbjuda eleverna möjligheter till upprepning av olika uppgifter eller moment. Upprepning är viktigt för både för elevens möjlighet att öva sina praktiska kunskaper, och även för att läraren ska få en tillförlitlig bild av elevens kunskapsnivå och för att säkerställa reliabiliteten i bedömningen.

> *Jag har för korta lektioner (80 minuter) och hinner aldrig med alla uppgifter, förbereda lektioner under rasten (10 min), dra teorin innan eleverna börjar arbeta i köken, de hinner inte bli klara med efterarbetet (städning, disk, undanplockande) och jag hinner inte dokumentera elevernas arbete (varje elevens prestationer). Mycket stressigt.*
>
> *Enkät 2024*

Det som beskrivs i detta enkätsvar belyser tydligt de utmaningar som läraren står inför i den pedagogiska situationen, vilket i sin tur påverkar kvaliteten på bedömningen. De korta lektionerna på 80 minuter, i kombination med en begränsad förberedelsetid, skapar en stressig miljö där det är svårt att genomföra alla nödvändiga moment i undervisningen. Läraren hinner inte ge tillräcklig teoretisk genomgång innan eleverna går in i praktiska moment, vilket kan leda till att eleverna saknar den kunskapsgrund de behöver för att utföra uppgifterna på ett effektivt sätt.

Den bristande tiden för efterarbete, såsom städning och disk, resulterar i att eleverna inte fullföljer viktiga moment som bidrar till deras lärande och ansvarstagande. Sammantaget pekar detta på en pedagogisk situation där tidsbristen hindrar en djupare lärprocess och effektiv bedömning. Den stressiga miljön kan också påverka lärarens förmåga att ge kvalitetssäkrad återkoppling, vilket är avgörande för elevernas fortsatta utveckling. Dessutom hindrar den tidspressade situationen läraren från att dokumentera varje elevs prestationer ordentligt, vilket är avgörande för att kunna ge en rättvis och precis bedömning av elevernas individuella framsteg. Denna lärarens situation är inte ovanlig då många lärare vittnar om att bristen på tid hindrar dem från att dokumentera varje elevs prestationer under lektionerna, vilket gör att viktiga observationer och kommentarer lätt kan glömmas bort om de ska noteras senare samma dag. Denna brist på systematisk dokumentation kan leda till att elevens prestationer inte fångas på ett rättvist och korrekt sätt, vilket kan få långtgående konsekvenser för både undervisning och bedömning.

Tidsbrist kan kraftigt påverka validiteten i bedömningsprocessen, eftersom lärare ofta tvingas fatta snabba beslut utan att ha möjlighet till tillräcklig eftertanke eller djupgående analys. Denna press att agera snabbt ökar risken för felbedömningar och minskar reliabiliteten i hela bedömningssystemet. När läraren inte har tillräckligt med tid för att planera, kan kvaliteten på bedömnings-uppgifterna och själva bedömningsprocessen lida. Detta kan resultera i att bedömningsmetoderna blir otillräckligt varierade och att bedömningskriterierna inte är tydligt definierade, vilket ytterligare påverkar bedömningens reliabilitet.

En rättvis bedömning innebär att alla elever bedöms på ett likvärdigt och rättvist sätt. Med stora elevgrupper och hög arbetsbelastning kan det vara utmanande att säkerställa att bedömningen är rättvis och att alla elever ges likvärdiga möjligheter att visa sina kunskaper och färdigheter. Att säkerställa en trygg och organiserad lärmiljö är en förutsättning för att kunna genomföra rättvisa och korrekta bedömningar av elevers prestationer. Sammantaget visar dessa exempel att ramfaktorerna, från fysiska resurser till lärmiljön och lärarnas arbetsbelastning, har en djupgående inverkan på hur bedömning genomförs i ämnet.

### 3. Gruppstorlek och lärandemiljö

Gruppstorleken har också en direkt påverkan på bedömningen. Större grupper kan innebära att läraren får svårare att ge individuell återkoppling eller övervaka alla elever tillräckligt noggrant, vilket kan leda till orättvisa bedömningar. I enkäterna framgår att vissa lärare kämpar med att hålla studiero i klassrummet när obehöriga elever stör, och detta påverkar både undervisningens och bedömningens kvalitet.

> *Har bara 4 kök och grupper med 11-16 elever så det är mycket bråk på lektionerna om att demontera vill vara i stora grupper eller vill hellre jobba två och två. Blir svårare för mig att berömma varje enskilt elevs insats när de är så många i samma grupp. I värsta fall fem elever i varje grupp.*

> *Enkät 2024*

När elevgrupperna är för stora kan det uppstå flera problem och utmaningar i samband med formativ bedömning, särskilt med hänsyn till konstruktivistiskt lärande och målet att uppnå en optimal och rättvis bedömning (jmf. Alexander, 2010). Med stora elevgrupper blir det svårt för läraren att ge tillräckligt med individuell uppmärksamhet åt varje elev. Detta leder till att vissa elever inte får den specifika återkoppling och vägledning de behöver för att utvecklas i sin inlärning. Att ge formativ återkoppling tar tid och med stora elevgrupper ökar tidspressen avsevärt. Det blir utmanande för HKK-läraren att hinna ge meningsfull återkoppling till varje elev inom den givna tidsramen. Dessutom kräver varierande inlärningsbehov differentierad undervisning och bedömning. I stora elevgrupper blir det väldigt svårt att särskilja undervisningen och anpassa bedömningen till varje elevs unika behov och förutsättningar.

> *Det som stressar mest är att jag har tre dagar i veckan som är så intensiva med mycket undervisning att jag verkligen är helt slut, både under dagen och framförallt när jag ska hem. En av dessa tre dagar är absolut värst, men jag får ett lugnare schema på våren.*

> *En av orsakerna är att jag har två grupper (årskurs 6) samma dag, med knappt någon rast, och lektionerna är 130 minuter långa. Grupperna är stora och eleverna är väldigt frågvisa och högljudda, men de är trevliga, glada och motiverade. Ändå blir man väldigt trött.*

> *Enkät 2020*

Kommenteraren ger en tydlig bild av flera utmaningar i lärande-miljön i HKK-salen. Läraren beskriver en arbetsbelastning som innebär att tre av veckans dagar är mycket intensiva, vilket leder till trötthet både under dagen och efter arbetet. Långa lektioner på 130 minuter utan tillräckliga raster och ett schema som ger lite tid för återhämtning gör det svårt att hålla energin uppe, vilket påverkar lärarens välmående. En särskild utmaning är att undervisa två stora grupper med elever som både är frågvisa och högljudda, vilket kan vara påfrestande, även om de beskrivs som trevliga, glada och motiverade. Trots att eleverna är engagerade och har en positiv attityd, blir läraren trött av den höga ljudnivån och den intensiva arbetsbelastningen. Detta tyder på att lärandemiljön, även om den är dynamisk och positiv, också innebär stora utmaningar för lärarens arbetsmiljö och stresshantering. Detta är en vanlig erfarenhet som framkommer i enkätsvaren (2020, 2021, 2022, 2024). Med en sådan arbetsmiljö blir det särskilt svårt att främja aktiv interaktion och deltagande från alla elever. Vissa elever kan känna sig bortglömda eller tveka att delta i klassdiskussioner eller andra interaktiva aktiviteter.

## 4. Salens utförande och dess påverkan i bedömningen

Lärare upplever att för små ytor och en dålig planering i HKK-salen gör att det blir svårt att ha kontroll över eleverna och lärosituationen. Detta förvärras även av andra faktorer så som för stora grupper, elever med speciella behov, aggressiva elever eller hög bullernivå. Enligt enkätstudierna (2020, 2021, 2022, 2024) upplever ett flertal lärare att deras lärosal är fel planerad på ett sådant sätt att de är förhindrade att observera eleverna under lektionens gång. Det optimala är att läraren kan kontrollera hela salen; läraren måste ha möjlighet att enkelt övervaka arbetet i alla led och på alla arbetsplatser (Anttalainen, Manninen et.al. 2014).

Undervisningen i hem- och konsumentkunskap ska ge eleverna möjlighet att utveckla sina kunskaper genom att öva och tillämpa utvalda förmågor i verklighetstrogna situationer (de Ron & Feldt, 2013). Om läraren inte har full kontroll över hela hem- och konsumentkunskapssalen kan det påverka bedömningen på flera sätt. Detta är särskilt relevant eftersom eleverna behöver en strukturerad och säker miljö för att effektivt kunna träna och utveckla sina förmågor i autentiska sammanhang.

> *Jag har för få kök (fem stycken) och dessutom är köken inte utformade för ungdomar, trots att en arkitekt har planerat dem. Till exempel har jag fem kök men bara fyra ugnar, och ugnarna är placerade så att eleverna måste röra sig genom hela salen för att nå dem (det ser visserligen fint ut).*

*Diskhoarna är små och runda, vilket gör det svårare för eleverna att diska miljövänligt, och diskvattnet rinner ofta över kanten och hamnar på golvet. Eftersom hoven är limmad ovanpå köksbänken är det dessutom svårt att få tillbaka vattnet ner i hoven igen.*

*Enkät 2024*

Denna lärarens pedagogiska arbetsmiljö illustrerar flera kritiska aspekter av en säker undervisningsmiljö, som är avgörande för att möjliggöra optimal och likvärdig bedömning i ämnet. För det första, den begränsade tillgången på kök och ugnar kan leda till trängsel och oordning, vilket inte bara skapar en stressig miljö för eleverna utan även ökar risken för olyckor. När eleverna måste navigera genom rummet för att nå ugnarna, kan detta leda till att de ständigt avbryter varandra, vilket påverkar deras möjlighet att fokusera på arbetsuppgifterna. Detta kan i sin tur påverka hur väl de presterar och därmed hur rättvist de bedöms.

Dessutom försvårar den utformning av diskhoarna som beskrivs, där de är små och runda, för en effektiv och miljövänlig diskprocess. Det faktum att diskvatten ofta rinner över kanten och hamnar på golvet kan skapa en halkrisk, vilket ytterligare hotar säkerheten i undervisningsmiljön. De praktiska problemen med hoven, visar på bristen på funktionalitet i köken. Det är självklart att en säker och välfungerande miljö är avgörande för att eleverna ska kunna delta fullt ut i undervisningen och för att läraren ska kunna genomföra en rättvis och informerad bedömning av deras prestationer.

*Vi har en relativt ny sal, men den är delad i två utrymmen. Jag kan inte se och observera hela gruppen samtidigt, vilket inte är säkert eller bra ur lärandeperspektiv. Jag har inte koll på eleverna och springer hela tiden mellan olika rum, eftersom skafferiet ligger ytterligare ett rum bort från salarna. Jag vet att köken först byggdes som visningskök, men vem har visningskök för vanlig hkk-undervisning för vanliga elevgrupper?*

*Enkät 2022*

Denna kommentar belyser flera viktiga aspekter av bedömning inom hem- och konsumentkunskap. Det är inte ovanligt att utformningen av HKK-salar inte är ändamålsenliga för ett praktiskt pedagogiskt arbete. Såsom det framgår i lärarens berättelse, påverkar den fysiska utformningen av undervisningslokalen lärarens förmåga att observera och bedöma elevernas prestationer. När salen är delad i två utrymmen och läraren inte kan se hela gruppen samtidigt, skapas en risk för att elevernas arbete inte övervakas på ett effektivt sätt. Detta kan leda till att vissa elever får mindre stöd och vägledning, vilket kan påverka deras lärande och prestationer negativt. Dessutom pekar kommentaren på att den ständiga rörelsen mellan rum och bristen på översikt över eleverna kan skapa en känsla av otrygghet och stress, både för läraren och för eleverna. Utan möjlighet att aktivt observera och interagera med alla elever kan läraren missa viktiga observationer som är avgörande för att kunna ge rättvis och informerad återkoppling.

Om läraren inte kan kontrollera hela salen kan det leda till brister i observationen av elevernas arbete och beteende. Det kan vara svårt för läraren att upptäcka och följa upp elevernas framsteg och utmaningar i arbetet med att träna upp specifika färdigheter. Läraren kanske inte kan ge tillräcklig individuell vägledning och återkoppling till varje elev om de inte kan övervaka hela salen. Det kan leda till att vissa elever inte får det stöd och hjälp de behöver för att utveckla sina kunskaper och färdigheter. Om läraren inte kan kontrollera hela salen kan det också finnas en risk för ojämlik bedömning. Elever som inte får tillräckligt med uppmärksamhet eller stöd från läraren kan ha svårigheter att visa upp sina kunskaper på ett rättvist sätt jämfört med de som får mer individuell vägledning.

Optimal bedömning innebär en mångfald av bedömningsformer som är utformade för att skapa en strukturerad och engagerande lärandemiljö för både elever och lärare. Enligt forskare som Stiggins (2010) och Black & William (1998) är det centralt att kunskapsbedömning används aktivt i klassrummet för att stödja undervisning och lärande. Detta kan innebära formativ bedömning, där läraren kontinuerligt samlar in och analyserar information om elevernas prestationer för att justera undervisningen i realtid. Den systematiska användningen av bedömning som ett verktyg för lärande har visat sig ha en avsevärd positiv inverkan på elevernas motivation (Black et al., 2003; Lindström & Lindberg, 2005; Jönsson, 2009). När eleverna involveras i bedömningsprocessen och får möjlighet att reflektera över sina prestationer, utvecklar de mer effektiva strategier för sitt lärande. Genom att sätta upp tydliga mål och ge återkoppling som är skräddarsydd efter varje elevs behov, blir undervisningen mer målinriktad och meningsfull, vilket ökar engagemanget och främjar djupare förståelse.

Forskningen visar att denna typ av bedömningsarbete kan bidra till att minska skillnaderna i prestation mellan elever med olika bakgrund, både socialt och språkligt (Black & William, 1998; Shute, 2008). Genom att fokusera på vad eleverna faktiskt kan och behöver utveckla, snarare än att enbart jämföra dem utifrån traditionella betygssystem, kan lärarna skapa en mer inkluderande och rättvis lärandemiljö. Detta är särskilt viktigt i dagens mångfacetterade klassrum, där elever kommer från olika bakgrunder och har varierande erfarenheter. Optimal bedömning kan ses som en dynamisk och integrerad del av undervisningen, som inte bara syftar till att mäta kunskaper utan också aktivt stödjer och förbättrar elevernas lärande genom att skapa engagemang och anpassa undervisningen efter deras behov.

## 5. Lärarens möjlighet till fortbildning

Fortbildning och professionell utveckling utgör en central ramfaktor för att säkerställa hög kvalitet i undervisningen och bedömningen. När lärare regelbundet får möjlighet att delta i fortbildning kan de hålla sig uppdaterade om moderna bedömningsmetoder, aktuell forskning och pedagogiska innovationer. Detta är avgörande för att kunna anpassa bedömningen till nya kunskapskrav och säkerställa att den speglar de färdigheter och förmågor som samhället och arbetslivet efterfrågar. Utan kontinuerlig fortbildning riskerar lärarens bedömningar att bli föråldrade och mindre relevanta, vilket kan leda till att elever bedöms på ett sätt som inte motsvarar moderna standarder. Vidare är det genom fortbildning som lärare får verktygen för att utveckla formativa och summativa bedömningsstrategier, som både stödjer elevens lärande och ger en rättvis bild av deras prestationer. Fortbildning främjar därmed inte bara kvaliteten på bedömningen, utan bidrar också till lärarens professionella säkerhet i hur de använder dessa kriterier på ett rättvist och konsekvent sätt.

## 6. Likvärdighet och bedömningens rättvisa

Enligt Messicks (1996) valideringsteori är likvärdighet en grundpelare för att säkerställa att alla elever bedöms på ett rättvist och konsekvent sätt. Om lärarna har olika tillgång till resurser, till exempel genom bättre utrustning, mindre elevgrupper eller mer tid för förberedelser, kan bedömningsprocessen bli ojämlik. Dessa skillnader i undervisningsmiljö och förutsättningar påverkar elevernas möjligheter att prestera enligt betygskriterierna, vilket i sin tur riskerar att skapa en obalans i hur olika elever bedöms. I praktiken innebär detta att elever som går i skolor med bättre förutsättningar kan få högre betyg inte på grund av deras faktiska kunskaper, utan på grund av de gynnsamma omständigheterna de haft. För att upprätthålla rättvisan i bedömningssystemet är det därför avgörande att lärarna har likvärdiga arbetsvillkor och tillgång till resurser, så att alla elever bedöms efter samma standard. Denna rättvisa gäller inte bara för bedömningens struktur, utan även i hur lärarna använder sig av bedömningskriterierna och säkerställer att ingen elev missgynnas på grund av faktorer utanför deras kontroll.

En inspirationsbild av en HKK-sal i ett äldre skolhus.
Av E. Larsson/Artelinas.

## 4.3.2. Formativ och summativ bedömning

*Formativ bedömning*

Skolverket (2011c:64) beskriver återkoppling som en metod för att stödja elevernas inlärning genom att erbjuda hjälp och vidta åtgärder som förbättrar deras lärande. Formativ bedömning, även känd som förbättringsorienterad återkoppling eller Bedömning för Lärande (BFL), även kallad "Assessment for Learning" (Black & Wiliam, 1998; Lundahl & Folke-Fichtelius, 2010), är en återkopplingsstrategi som syftar till att stärka elevens lärandeprocess. Den skapar en viktig länk mellan undervisning och lärande, och många experter betonar dess potential för att främja effektiva lärandeprocesser. Det innebär att läraren behöver tydliggöra för eleven hur de ligger till i förhållande till kunskapskraven och ge vägledning för att stötta elevens fortsatta utveckling. Istället för att bara bedöma om svaren är rätt eller fel, eller om resultatet är bra eller dåligt, fokuserar den formativa bedömningen på mer detaljerade bedömningar (Hattie, 2012). Det är en metod där läraren ger återkoppling till eleverna för att främja deras lärande istället för att enbart fokusera på att sätta betyg eller poäng.

Formativ bedömning handlar om att läraren genom sin återkoppling kan fördjupa elevens förståelse och hjälpa denne att utveckla sina kunskaper (Hattie, 2009). En typiskt formativ metod är att istället för att bara ge betyg eller poäng på läxförhör eller prov, ger läraren återkoppling genom exempelvis kommentarer. Detta sätt att arbeta bidrar till ett gynnsamt lärande och utgör en grundläggande del av formativt lärande. Det inkluderar korrigeringar av kunskaper, förklaringar och aktiviteter som främjar fördjupat lärande, eftersom den går att omvandla till andra uppgifter (Hattie 2012; Jönsson 2013). Det är också typiskt att de formativa bedömningarna engagerar eleven i själva bedömningsprocessen. Dessutom fungerar dessa bedömningar som en viktig resurs för lärarna när de strävar efter att förbättra kvaliteten och effektiviteten i sin undervisning.

Wiliam (2013) betonar att kontinuerlig användning av formativ bedömning förbättrar elevprestationer genom att fungera som en bro mellan undervisning och lärande. En formativ inställning kräver att läraren skapar stimulerande lärmiljöer som engagerar eleverna och främjar deras lärande. En viktig del av detta är att återkoppling ska utlösa tankeprocesser hos eleverna, inte bara väcka känslor. Återkopplingen bör fokusera på att guida eleverna framåt istället för att bedöma vad som var bra eller dåligt. Den fungerar som vägledning för framtida åtgärder och eleverna bör ha tillräckligt med tid för att förbättra sitt arbete eller reflektera över nästa steg i sin inlärningsprocess. Det ökade interaktionsutrymmet och deltagandet som återkopplingen möjliggör är centrala aspekter av formativ bedömning och främjar en aktiv elevroll i lärandet.

I praktiken inom hem- och konsumentkunskap innebär formativ bedömning att läraren kontinuerligt observerar och utvärderar elevernas kunskaper och färdigheter under arbetets gång för att stödja deras lärande. Det handlar om att ge återkoppling och vägledning som hjälper eleverna att förbättra sitt arbete och utveckla sina färdigheter. Exempel på formativ bedömning i hem- och konsumentkunskap kan vara att ge konkreta kommentarer och tips under matlagningsövningar, att använda frågor för att stimulera reflektion kring kost och hälsa, eller att ge utrymme för eleverna att diskutera och dela med sig av sina erfarenheter kring olika ämnesrelaterade frågor. Genom att integrera formativ bedömning i undervisningen kan läraren skapa en dynamisk och interaktiv lärmiljö där eleverna får kontinuerlig vägledning och möjlighet att aktivt delta i sitt eget lärande.

Elevunderlag har betydelse för bedömningen:

> *Elevernas baskunskaper är många gånger på väldigt låg nivå. Elever som inte kommer till skolan och är undervisningsbara/klara. Svårt att hålla undervisningen på ok nivå om eleven kommer trött/ hungrig/ utan studieteknik/ utan motivation.*

> *Enkät 2024*

Denna lärarkommentar klarlägger flera centrala utmaningar kring bedömningen i ämnet. Det framkommer att många elever har låga baskunskaper, vilket skapar ett grundläggande hinder för att nå de kunskapsmål som ställs. När eleverna kommer till skolan utan att vara förberedda, till exempel om de är trötta eller hungriga, blir det svårt för läraren att upprätthålla en kvalitativ undervisning. Detta påverkar i sin tur förmågan att genomföra den planerade lektionen och hinna med allt som var tänkt att täckas inom den avsatta lektionstiden.

Den bristande motivationen hos vissa elever påverkar inte bara deras egna prestationer, utan kan även påverka hela klassens dynamik och lärandemiljö. Läraren kan stå inför en utmaning i att anpassa undervisningen för att möta dessa varierande behov, vilket i sin tur påverkar bedömningen. Om eleverna inte är i en optimal lärandesituation, kan det leda till ojämlikhet i bedömningarna och risk för att de inte får en rättvis chans att visa vad de kan. Dessutom visar kommentaren att det finns en koppling mellan elevens välbefinnande och deras förmåga att delta i undervisningen. Utan en stabil grund, både emotionellt och fysiskt, blir det svårt för eleverna att engagera sig och lära sig effektivt. Det innebär att bedömningssystemet måste ta hänsyn till dessa faktorer för att verkligen reflektera elevernas kunskaper och färdigheter. Sammanfattningsvis visar detta på behovet av en mer holistisk syn på bedömning, där elevens hela situation beaktas för att kunna skapa en rättvis och inkluderande lärandemiljö.

## Summativ bedömning

Summativ bedömning, enligt Skolverket (2011c), är en typ av bedömning som används för att utvärdera en elevs kunskapsnivå och används som grund för att ge omdömen och betyg. Syftet med summativ bedömning är att ge en tydlig och sammanfattande bild av en elevs kunskaper i relation till de uppsatta kunskapskraven. Den används för att bekräfta att eleven har uppnått de kompetenser och färdigheter som utbildningen avser att utveckla (Korp, 2003). Till skillnad från formativ bedömning, som kontinuerligt ger återkoppling för att främja och stödja lärandet, syftar summativ bedömning främst till att sammanfatta elevens prestationer vid ett visst tillfälle. Detta innebär att den inte erbjuder direkt återkoppling till eleven (Jönsson, 2011), vilket kan begränsa elevens möjligheter att förbättra sina kunskaper och nå målen (Lundahl, 2011).

En av utmaningarna med summativ bedömning är att den ofta genomförs i ett senare skede, som i slutet av en termin eller kurs. Detta begränsar elevens möjlighet att agera på den information som bedömningen ger, eftersom det inte finns tillräckligt med tid kvar för att korrigera eller fördjupa sina kunskaper. Å andra sidan kan en senareläggning av betygssättningen ge eleverna möjlighet att få en mer nyanserad bild av sitt lärande, eftersom fler lärandeaktiviteter och bedömningstillfällen har ägt rum (Skolverket, 2011b). För att uppnå en balanserad och rättvis bedömningsprocess bör läraren kombinera både formativ och summativ bedömning under terminens gång. Genom att använda formativ bedömning kan eleven kontinuerligt utvecklas och förbättras, medan summativ bedömning vid terminens slut sammanfattar de kunskaper som eleven tillägnat sig.

> *Mängden elever som ska bedömas både praktiskt och teoretiskt, och all denna dokumentation! Jag har 12 grupper och alla uppgifter ska dokumenteras.*

> *Allt arbete kring för- och efterarbete som är kring varje pass ryms inte inom ramtiden utan det arbetet får man bjuda på. Har nu gjort det i 36 år.*

> *I enkätstudien markerade jag mentorskap som mest stressande faktor, då jag har kämpat med det i större delen av mitt liv, dock inte längre.*

> *Enkät 2020*

Denna kommentar belyser flera viktiga aspekter relaterade till optimal och likvärdig pedagogik och bedömning, lärarens kompetens, arbetsmiljö samt dess påverkan på summativ bedömning. För det första framkommer de utmaningar som en lärare möter när det gäller att bedöma ett stort antal elever, både praktiskt och teoretiskt. Att varje elev ska bedömas individuellt och att all denna bedömning dessutom måste dokumenteras skapar en betydande administrativ börda. När en lärare hanterar många grupper, som i detta fall 12 grupper, blir det svårt att säkerställa en noggrann och rättvis bedömningsprocess för varje elev. Detta riskerar att påverka kvaliteten på både bedömningen och undervisningen negativt.

Arbetsmiljön påverkas också av dessa förutsättningar, eftersom läraren måste utföra ett omfattande för- och efterarbete, som inte ryms inom den avsatta arbetstiden. Detta leder till att läraren tvingas arbeta utöver sina timmar, vilket bidrar till ökad stress och arbetsbelastning. När detta sker kontinuerligt, som i det här fallet under 36 år, blir det en långvarig arbetsmiljöproblematik som kan ha allvarliga konsekvenser för lärarens välbefinnande och effektivitet. Dessutom nämns mentorskap som en särskilt stressande faktor, vilket ytterligare försvårar lärarens möjlighet att ge eleverna det stöd de behöver. Mentorskapet, i kombination med den ökade arbetsbördan, kan leda till en försämrad kvalitet i både den pedagogiska interaktionen och den summativa bedömningen, eftersom läraren inte har tillräckligt med tid eller resurser för att följa upp och utvärdera elevernas prestationer på ett rättvist sätt.

Den summativa bedömningen, som ska ge en helhetsbild av elevens kunskapsnivå, påverkas särskilt negativt av sådana situationer. Enkätsvaren bevittnar om en hög arbetsbelastning där under åren 2020-2024 över hälften av HKK-lärare känner sig pressade och känner arbetsrelaterad stress. När exempelvis har läraren kontinuerligt begränsad tid för att samla in och bearbeta tillräckligt med bedömningsunderlag kan resultatet bli mindre pålitligt och rättvist. Bristen på tid för noggrant efterarbete och analys innebär att betygssättningen riskerar att bli mer fragmentarisk, och att elevernas faktiska kunskapsutveckling kanske inte fullt ut reflekteras i de betyg som sätts. Dessutom blir det svårt att ge elever som behöver komplettera en rättvis chans, eftersom lektionsschemat redan är fullspäckat och läraren inte har tillräckligt med tid att erbjuda extra stöd.

Den summativa bedömningen grundar sig på samma elevprestationer som används för att ge formativ återkoppling, vilket innebär att den måste vara tillförlitlig och rättvisande. För att uppnå en hög tillförlitlighet bör bedömningen inte baseras på enstaka prestationer eller provtillfällen, utan istället på en varierad bedömningsgrund som innefattar olika typer av uppgifter och aktiviteter. Detta skapar en mer nyanserad och pålitlig bild av elevens kunskapsutveckling (Jönsson, 2011; Korp, 2011). I Sverige tillämpas en målrelaterad läroplan, där bedömningen görs i relation till de specifika kunskapskrav som anges i Lgr22. Denna målrelaterade bedömning innebär att lärare använder ett brett spektrum av lärandeaktiviteter, såsom skriftliga uppgifter, praktiska moment, gruppdiskussioner och projekt, under terminen för att utvärdera elevens prestationer på olika sätt. Genom att använda en bred och varierad bedömningsgrund kan läraren säkerställa att bedömningen inte bara speglar elevens prestationer vid en viss tidpunkt, utan ger en helhetsbild av deras förmågor och utveckling över tid, vilket också bidrar till en mer rättvis och transparent betygssättning. Strukturella brister, såsom stor arbetsbelastning och tidsbrist, påverkar inte bara arbetsmiljön utan också möjligheten att bedriva en rättvis, likvärdig och pålitlig summativ bedömning, vilket i sin tur påverkar elevernas möjlighet att nå de mål som ställs i läroplanen.

## Individanpassning

Individanpassning i undervisningen är avgörande för elevers motivation och kunskapsutveckling. Forskningen (Wiliam, 2015; Lundahl, 2011; Lawrence & Anthony, 2009) visar tydligt att anpassad undervisning, i kombination med tilltro till elevens förmåga, elevens aktiva delaktighet i lärandet och ett gott ledarskap från lärarens sida, är avgörande faktorer för att eleverna ska lyckas i skolan. När undervisningen anpassas efter varje elevs unika behov och förutsättningar, skapas en mer motiverande och stödjande miljö där elever kan utvecklas på sin egen nivå.

Trots att forskningen är enig om vikten av individanpassning, framgår det i Skolinspektionens rapport (2012) att många lärare upplever att de saknar möjligheter att ge tillräckligt stöd till de elever som är i störst behov av det. Denna verklighet bekräftas även av enkätsvaren från 2020, 2021, 2022 och 2024. Detta kan bero på flera strukturella faktorer, såsom tidsbrist, brist på resurser eller en för stor arbetsbelastning, vilket försvårar arbetet med att sätta upp och sträva mot meningsfulla och utmanande mål tillsammans med eleverna. Denna brist på stöd är särskilt allvarlig då forskningen understryker att lärarens insats har en avgörande roll i elevens framgång.

Det är inte tillräckligt att enbart ta hänsyn till forskningsresultaten; det krävs även en noggrann reflektion kring de strukturella och organisatoriska faktorer som försvårar för lärare att genomföra individanpassning i praktiken. Genom att förbättra dessa förutsättningar, till exempel genom att minska klasstorlekar, ge lärarna mer tid och resurser, och öka stödet till de elever som har störst behov, kan forskningsresultaten omsättas i praktiken, vilket skulle öka chanserna för att individanpassad undervisning verkligen sker i skolan.

> *Att man ska hinna med alla mål på ca 8 bedömningsbara lektioner under läsåret och att sedan sätta betyg. Även betyg till jul ska sättas efter ca 3-4 lektioner. Att ha fyra veckor (ibland mer då det kan vara ledig dag eller lov) mellan lektionerna gör att det inte blir någon kontinuitet.*
>
> *Det är också svårt när någon behöver få möjlighet att komplettera för att nå godkänt betyg då de 8 lektioner jag har under läsåret fylls med mål ända till slutet. Behöver någon komplettera får jag ibland låna eleven under annan lektion under min egen planering och då drabbas även min egen mentorsklass då jag inte hinner med det jag ska göra där.*
>
> *Dessutom handlar jag alltid, varje vecka, på min fritid då planeringen inte räcker till det. Då använder jag egen bil utan att få ersättning.*
>
> *Enkät 2020*

Denna lärarkommentar belyser flera problem och utmaningar med individanpassade och summativa bedömningar. För det första framgår det att den begränsade tiden, både i antal lektioner och lektionernas spridning över terminen, gör det svårt att bedöma elevernas prestationer på ett rättvist och genomtänkt sätt. Att sätta betyg efter endast 8 bedömningsbara lektioner under ett läsår, eller till och med 3–4 lektioner inför jullovet, skapar en pressad situation för läraren där det är svårt att hinna med att ge eleverna tillräcklig möjlighet att visa sina kunskaper. Bristen på kontinuitet, med flera veckor mellan lektionerna, påverkar elevernas förutsättningar att befästa och utveckla sina kunskaper, vilket kan leda till att läraren får en begränsad bild av deras långsiktiga kunskapsutveckling. Detta påverkar den summativa bedömningen negativt eftersom betygen riskerar att bli baserade på en smal eller ojämn bedömningsgrund snarare än en sammanhängande progression.

Ett annat problem som kommentaren belyser är svårigheten att hantera kompletteringar. När elever behöver komplettera för att nå godkänt, finns det ingen tydligt inplanerad tid för detta, vilket tvingar läraren att ta av sin egen planeringstid eller hantera situationen på annat sätt, vilket kan påverka både undervisningen och lärarens andra åtaganden negativt. Slutligen nämner läraren också de praktiska aspekterna som att handla material på sin fritid utan ersättning, vilket pekar på bristen på organisatoriskt stöd. Det visar hur summativ bedömning inte bara är en fråga om rättvisa och tidsåtgång i själva klassrummet, utan också hur externa faktorer som resursbrist och arbetsbelastning utanför lektionstid kan påverka kvaliteten på bedömningen.

### 4.3.3. Validering för bedömning

Validering för bedömning i hem- och konsumentkunskap handlar om att säkerställa att bedömningsmetoderna faktiskt mäter det de avser att mäta, och att de bedömningar som görs ger en rättvis och korrekt bild av elevernas kunskaper och färdigheter. Det innebär att läraren noggrant överväger vilka kunskaper och förmågor som ska bedömas, samt att bedömningen speglar dessa på ett tillförlitligt sätt. Detta inkluderar både teoretiska kunskaper, såsom näringslära och konsumenträtt, och praktiska färdigheter, såsom matlagningstekniker, hygien och hantering av köksutrustning.

En central del i valideringsprocessen är att använda olika underlag och evidens för att tolka elevernas prestationer. Det kan handla om skriftliga prov, praktiska moment och löpande observationer under lektionerna. Genom att kombinera flera olika bedömningsformer kan läraren få en mer heltäckande bild av elevens kompetens, vilket i sin tur ökar tillförlitligheten och giltigheten i bedömningen. Detta kräver en kontinuerlig process där läraren regelbundet utvärderar och justerar bedömningsmetoder för att säkerställa att de verkligen mäter de avsedda kunskapsmålen.

För att uppnå detta är tydlighet avgörande. Läraren måste vara noggrann med att definiera vad som bedöms, hur det bedöms och vilka kriterier som används. En transparent och begriplig bedömningsstruktur hjälper både elever och lärare att förstå förväntningarna, och det säkerställer att bedömningen blir mer rättvis och objektiv (Wiliam, 2015; Lundahl, 2011; Lawrence & Anthony, 2009). I praktiken innebär detta att läraren inte bara ska vara noga med de specifika bedömningskriterierna, utan också att reflektera över hur bedömningen används som pedagogiskt verktyg. Det kräver en löpande anpassning och utvärdering för att garantera att bedömningen är meningsfull och främjar elevernas lärande, snarare än att enbart fungera som en kontrollfunktion.

Det är viktigt att använda en bred och varierad uppsättning av underlag för att säkerställa att en bedömning är giltig och rättvis (Messick, 1996). En giltig bedömning ska inte bygga på en enda datakälla eller metod, utan snarare på en kombination av flera olika typer av underlag. Detta tillvägagångssätt bidrar till att skapa en mer mångfacetterad och korrekt bild av elevens prestationer. Inom hem- och konsumentkunskap innebär detta att läraren bör använda sig av en rad olika bedömningsmetoder, såsom praktiska övningar, skriftliga tester, observationer under matlagning och långsiktiga projektarbeten. Genom att kombinera dessa metoder kan läraren få en bättre förståelse för både elevens praktiska färdigheter och teoretiska kunskaper. Exempelvis kan praktiska uppgifter ge insikt i hur eleven hanterar olika moment i matlagning, såsom hygien och säkerhet i köket, medan skriftliga prov kan bedöma elevens förståelse av näringslära eller konsumenträtt. Återkoppling från elever och deras reflektioner kring sitt eget arbete kan också vara en värdefull källa till bevis som stärker bedömningens giltighet. Att tillämpa en mångfacetterad bedömningsstruktur hjälper läraren att identifiera elevens styrkor och utvecklingsområden på ett mer nyanserat sätt, vilket främjar en mer rättvis och pedagogisk bedömning.

Wolming (1998) belyser de utmaningar som kan uppstå när teoretiska ideal om validering ska implementeras i verkligheten. Trots att forskningen erbjuder en rad riktlinjer och metoder för att säkerställa en korrekt och rättvis bedömning, är det inte alltid enkelt att omsätta dessa i praktiken. Lärare kan uppleva hinder som tidsbrist, stora elevgrupper eller begränsade resurser, vilket gör det svårt att fullt ut tillämpa de komplexa metoder som rekommenderas i teorin. I hem- och konsumentkunskap kan detta exempelvis innebära att läraren, trots sin önskan att använda en bred uppsättning av bedömningsmetoder, i praktiken tvingas prioritera enklare och snabbare alternativ på grund av tidspress eller begränsad utrustning. Detta kan leda till att bedömningen blir mindre nyanserad och kanske inte fullt ut speglar elevens verkliga kompetens. Att överbrygga klyftan mellan teori och praktik är därför en utmaning som kräver att läraren både har en djup förståelse för bedömningsmetoder och stöd från skolledning och resurser för att kunna tillämpa dessa metoder på ett effektivt sätt.

Validering av bedömningsmetoder är en dynamisk och pågående process som kräver kontinuerlig uppmärksamhet och anpassning (Wolming, 1998). För att säkerställa att bedömningsverktygen förblir giltiga och tillförlitliga måste lärare regelbundet reflektera över och justera sina metoder. Denna process kan innefatta att samla in återkoppling från både elever och kollegor för att identifiera områden där bedömningen kan förbättras. Till exempel, en lärare i hem- och konsumentkunskap kan märka att vissa praktiska uppgifter inte ger en rättvis bild av elevens förmågor, vilket kan kräva en omvärdering av bedömningskriterierna eller utformningen av uppgifterna. Läraren kan även analysera elevernas prestationer över tid för att se om de nuvarande metoderna ger konsekventa och rättvisa resultat, eller om förändringar i undervisning och bedömning behövs för att möta olika elevers behov. Genom att regelbundet uppdatera sina metoder kan läraren hålla bedömningarna relevanta och anpassade till förändrade undervisningsmål och elevförmågor.

En annan viktig aspekt av validering är att vara medveten om att det kan finnas flera möjliga förklaringar till en elevs resultat (Messick, 1998). Det innebär att en lärare inte bara ska lita på den första tolkningen av en elevs prestation, utan istället överväga andra faktorer som kan ha påverkat utfallet. Till exempel, om en elev presterar dåligt på ett teoretiskt prov, kan det vara för att frågorna var formulerade på ett förvirrande sätt, eller att eleven var nervös eller stressad vid provtillfället. Det kan också finnas externa faktorer, såsom personliga omständigheter eller tillfälliga koncentrationssvårigheter, som påverkade resultatet. Att överväga alternativa förklaringar gör det möjligt för läraren att närma sig bedömningen mer nyanserat och rättvist. Detta kan även innebära att läraren tillämpar kompletterande bedömningsmetoder, som muntliga genomgångar eller praktiska uppgifter, för att få en mer helhetsbild av elevens kunskaper. Att kontinuerligt utvärdera och reflektera över dessa faktorer stärker bedömningens validitet och säkerställer att elevernas prestationer tolkas på ett rättvisande sätt.

För att vara säker på att bedömningen är valid, ska läraren bedöma eleverna utifrån de specifika kunskapskrav som är fastställda för ämnet i läroplanen Lgr22 för (jmf. Jönsson, 2011). Om läroplanen kräver att eleverna ska kunna planera och genomföra en matlagning med säker hantering av livsmedel, ska lärarens bedömningsverktyg (t.ex. prov, praktiska övningar) fokusera på dessa aspekter. Då ska man undvika att bedöma eleverna på grundval av andra irrelevanta faktorer, som deras förmåga att uttrycka sig i text, om det inte är en del av de specificerade kunskapskraven. I fall läraren använder öppna svarsutrymmen i prov eller uppgifter, ska man se till att ha tydliga bedömningskriterier som hjälper eleverna att fokusera på de relevanta kunskaper som ska bedömas. Läraren kan skapa detaljerade bedömnings-mallar eller rubriker som specificerar vad som förväntas i svaren, vilket hjälper till att undvika subjektiv bedömning och säkerställa att man bedömer det som är avsett. I praktiska moment som matlagning, där eleverna använder köksutrustning och hanterar livsmedel, kan faktorer som läs- och skrivförmåga eller stress påverka deras prestationer.

Messick (1996) påpekar att inkludering av irrelevanta faktorer av lärare utgör ett hot mot validiteten, vilket kan påverka bedömningen av elevernas prestationer. Detta kan resultera i en bedömning som saknar trovärdighet och tillförlitlighet. För att säkerställa att bedömningen i hem- och konsumentkunskap är både giltig och tillförlitlig, måste den vara fri från irrelevanta faktorer som inte direkt påverkar elevens prestationer inom ämnet, enligt Messicks observationer. För att uppnå detta bör bedömningsmiljön utformas så att störande faktorer minimeras. Till exempel, om stress påverkar eleverna, kan läraren ge dem tillräcklig tid och stöd under de praktiska övningarna för att hjälpa dem att prestera på bästa sätt, eller ge möjlighet att komplettera ett mindre lyckat resultat genom att förklara arbetsprocessen, sina metodval och resultat muntligt eller skriftligt.

För att säkerställa validitet bör läraren samla in olika typer av bedömningsunderlag för att bedöma elevernas kunskaper och färdigheter. Till exempel, utöver skriftliga prov och praktiska tester, kan läraren använda observationer av elever under praktiska övningar, självbedömningsrapporter och kamratbedömningar. Detta ger en mer komplett bild av elevens förmågor och säkerställer att bedömningen är rättvis och omfattande. Det är viktigt att regelbundet utvärdera och justera bedömningsmetoder för att säkerställa att de förblir relevanta och effektiva. Om man märker att vissa bedömningsverktyg inte riktigt mäter vad de ska eller om eleverna har svårt att förstå vad som bedöms, bör nödvändiga förändringar göras: detta kan innebära att revidera provfrågor, justera praktiska uppgifter eller förtydliga bedömningskriterier.

## *Sammanställning kring bedömningen*

### 1. Fokus på relevanta kriterier
Bedömningen ska baseras på relevanta kriterier och förmågor som är direkt kopplade till ämnets mål och syften, såsom praktiska kökskunskaper, teoretisk förståelse och tillämpning av livsmedelssäkerhet. Bedömningskriterierna bör vara tydliga och relevanta för de specifika kunskaper och färdigheter som undervisningen syftar till att utveckla.

### 2. Undvik påverkan av irrelevanta faktorer
Läraren måste vara medveten om att undvika faktorer som inte är relevanta för det som bedöms. Detta kan innefatta att undvika bedömning baserat på elevernas personliga egenskaper, deras tidigare prestationer utanför ämnet eller andra faktorer som inte är direkt relaterade till de specifika målen för hem- och konsumentkunskap.

### 3. Säkerställ validitet
För att uppnå validitet måste bedömningen reflektera de faktiska inlärningsmålen och kunskaper som eleverna förväntas uppnå. Det innebär

att bedömningarna måste vara anpassade till kursens mål och syften och att de verktyg och metoder som används för att bedöma elevernas prestationer verkligen mäter det som är avsett.

## 4. Säkerställ reliabilitet

För att säkerställa reliabilitet behöver bedömningarna vara konsekventa och rättvisa. Det innebär att olika lärare ska komma fram till liknande bedömningar av samma elevprestationer, förutsatt att bedömningskriterierna är desamma. För att uppnå detta kan det vara användbart att ha gemensamma bedömningsstandarder och att genomföra kollegial granskning av bedömningar.

## 5. Professionellt förhållningssätt

Enkätstudierna (2020, 2021, 2022, 2024) visar att majoriteten av respondenterna följer Skolverkets riktlinjer för bedömning, vilket innebär att lärarna i hög grad tillämpar en professionell och systematisk metod för bedömning. Detta bidrar till att säkerställa att bedömningen är både valid och reliabel, vilket är avgörande för att ge en rättvis och noggrann bedömning av elevernas prestationer inom ämnet.

En inspirationsbild på en renoverad HKK-sal
i en äldre skolbyggnad.
Av E. Larsson med hjälp av ett grafikprogram
och Ikeas planeringsverktyg.

## 4.4. Lärarnas dokumentationskrav och arbetet utanför undervisningen

Enkätsvaren från hem- och konsumentkunskapslärare (2020, 2021, 2022, 2024) visar tydligt att dokumentationsbördan har ökat avsevärt de senaste åren. Lärarnas dokumentationskrav kan delas in i två huvudsakliga kategorier: pedagogisk dokumentation och övrig dokumentation som ligger utanför det ämnesspecifika arbetet. Den pedagogiska dokumentationen omfattar bedömningar av elevernas kunskapsutveckling, planering och utvärdering av undervisningen samt uppföljning av individuella elevers prestationer. Denna typ av dokumentation är direkt kopplad till lärarens professionella ansvar att säkerställa att eleverna når de mål som ställs upp i läroplanen. Den andra kategorin, dokumentation utanför den ämnesspecifika pedagogiken, innefattar administrativa uppgifter som ofta handlar om rapportering och uppföljning som inte är direkt kopplade till undervisningen. Enligt lärarnas enkätsvar har denna typ av dokumentation ökat markant de senaste åren, vilket kan bero på förändrade krav från Skolverket, skolledningar eller andra myndigheter (enkät 2020, 2021, 2022, 2024). Denna ökning har lett till att många lärare upplever en större arbetsbörda, vilket i sin tur påverkar deras möjlighet att fokusera på undervisningens kvalitet och elevernas lärande.

Ökningen av dokumentation utanför den pedagogiska ramen innebär att lärarna tvingas ägna en betydande del av sin arbetstid åt uppgifter som inte direkt förbättrar undervisningen eller elevens kunskapsutveckling. Detta riskerar att leda till minskad tid för elevnära arbete, såsom individuella anpassningar och återkoppling. Många lärare upplever dessutom att denna administrativa börda påverkar deras arbetsmiljö och yrkesutövning negativt, då tiden för att förbereda och genomföra kvalitativ undervisning reduceras. Samtidigt framstår den ökade dokumentationsbördan som ett hinder för att bedriva en effektiv och likvärdig undervisning, då mer tid och energi måste ägnas åt uppgifter som inte är direkt relaterade till elevernas lärandeprocess.

Åsa Hirsch sammanfattar i sin artikel *Perspektiv på skolans pedagogiska dokumentation* (2017) fem olika anledningar varför läraren ska dokumentera i sitt arbete: dokumentation som information och möjliggörande av delaktighet, dokumentation som minnesstöd vid bedömning och betygssättning, dokumentation som rättssäkerhet, dokumentation som grund för analys och utveckling och dokumentation som styrning och kontroll. Utifrån enkätsvaren och lärarnas kommentarer (enkät 2020, 2021, 2022, 2024) är hem- och konsumentkunskapslärarens primära behov för dokumentation:

1. **Dokumentation kring planering:**
Läraren behöver planera inför undervisning och lektioner, samt dokumentera och reflektera över sin egen undervisning.

2. **Bedömning och utvärdering av läroprocessen:**
Läraren måste bedöma elevernas prestationer och framsteg, ge återkoppling och betygssättning. Läraren kan även behöva utvärdera sina egna undervisningsmetoder och anpassa dem efter elevernas behov utifrån elevernas reaktioner och resultat.

3. **Individuell anpassning:**
Lärare behöver identifiera och arbeta med elever som har särskilda behov eller som behöver extra stöd. Det kan innebära att skapa individuella utvecklingsplaner, anpassa undervisningsmaterial eller samarbeta med skolans elevhälsoteam.

4. **Efterarbete och uppföljning:**
Efter avslutad undervisning behöver läraren utvärdera elevernas prestationer, analysera resultat och planera för nästa steg i undervisningen.


Lärarförbundets undersökning (2019) "*Dokumentationsbördan – ett hot mot lärares kärnuppdrag*" visar på en oroande trend bland svenska lärare. Undersökningarna genomfördes av Kantar Sifo i samarbete med Lärarförbundets medlemspanel. Den första undersökningen ägde rum i december 2020 och hade en svarsfrekvens på 49 procent. Den andra genomfördes mellan maj - juni och hade en svarsfrekvens på 42 procent. Enkäterna besvarades av personal från förskola till högskola. Denna rapport innehöll svar från 480 lärare som arbetar inom grundskolan årskurs 7-9, gymnasieskolan eller vuxenutbildning. Undersökningen avslöjar att en överväldigande majoritet av lärarna upplever dokumentationskraven som en betydande belastning:

> 9 av 10 lärare anser att kraven är stressande.

> 9 av 10 lärare anser att kraven minskar deras arbetsglädje.

9 av 10 lärare anser att kraven ökar deras arbetsbelastning.

8 av 10 lärare anser att kraven minskar deras lust att vara lärare.

Dessa siffror belyser de negativa effekterna som dokumentationskraven har på lärarnas yrkesutövning och välbefinnande. Den ökade arbetsbördan som kommer med omfattande dokumentationskrav påverkar inte bara lärarnas arbetsglädje och motivation, utan hotar även deras kärnuppdrag att undervisa och inspirera elever. År 2019 upplevde drygt 80 procent av lärarna att dokumentationskraven stressade dem. Nu har siffran stigit till dryga 90 procent. På samma sätt upplevde knappa 80 procent år 2019 att dokumentationskraven påverkade deras arbetsglädje negativt. Idag är den siffran också dryga 90 procent. Trots tidigare löften om att minska dokumentationsbördan för lärare hade situationen alltså förvärrats, vilket tydligt framgår av de senaste siffrorna. Lärarnas ökande stress och minskande arbetsglädje understryker behovet av konkreta åtgärder för att förbättra deras arbetsmiljö.


Lärarförbundets dåvarande ordförande Johanna Jaara Åstrand överlämnade 32 485 underskrifter till utbildningsminister Anna Ekström, som uttryckte att hon skulle göra allt som stod i hennes makt för att rensa i dokumentationsbördan, säger en representant från Lärarförbundet. Enligt den skriftliga frågan 2020/21:637 av Kristina Axén Olin (M) till utbildningsminister Anna Ekström (S) om Lärarnas dokumentationsbörda överväger nästan 40 procent av lärarna att lämna yrket på grund av dokumentationsbördan. Till följd av detta har en utredning startats kring lärarnas dokumentationskrav, med titeln *En minskad administrativ börda för förskollärare och lärare* (Dir. 2023:72) (Regeringskansliet, 2023). En särskild utredare genomför en översyn av de administrativa uppgifter som förskollärare och lärare utför och ska föreslå åtgärder för att minska denna administrativa börda. Målet är att frigöra tid som istället kan användas för att planera och genomföra undervisning. Utredningen ska undersöka vilka arbetsuppgifter förskollärare och lärare har som inte direkt handlar om undervisning men som ändå tar mycket av deras tid. Målet är att ta reda på varifrån dessa uppgifter kommer, till exempel om de är bestämda av staten, skolans ledning eller andra delar av skolan, och hur de påverkar arbetet och eleverna. Utredningen ska också överväga vilka av dessa uppgifter som kan tas bort eller utföras av annan personal, så att lärare och förskollärare kan fokusera mer på att undervisa och ge eleverna en bättre utbildning. Samtidigt ska den föreslå lösningar för att minska den administrativa bördan och frigöra mer tid för det viktigaste: undervisningen.

> *Vi har ny ledning och arbetsplatsförlagd tid sedan i höstas. Den tiden fylls dels med vikariat och en massa dokumentation t ex resultatanalys en gång per mån så det är betydligt mindre tid till för- och efterarbete.*
>
> *Enkät 2024*

Kommentaren från enkäten belyser hur förändringar i arbetsplatsförlagd tid och införandet av nya dokumentationskrav har påverkat lärarnas arbetsbelastning. Enligt enkätsvaren från 2020, 2021, 2022 och 2024 är lärarnas situation ett återkommande problem bland HKK-lärare. Den arbetsplatsförlagda tiden räcker inte till för både institutionsvård och dokumentation, vilket gör att lärarna får mindre tid att planera och genomföra undervisning på ett sätt som främjar elevernas lärande på bästa möjliga sätt. Lärarens kommentar belyser det problem som den tidigare nämnda utredningen syftar till att adressera. Utredningens mål är att identifiera vilka administrativa uppgifter som lärarna tvingas utföra, vilka av dessa som kan minskas eller omfördelas, och hur lärare kan få mer tid att fokusera på undervisningen och andra uppgifter som direkt påverkar elevernas lärande. Kommentaren ger alltså konkret exempel på hur administrativa bördor och tidsbrist påverkar lärarnas möjlighet att uppfylla sina kärnuppdrag, vilket är en central fråga i utredningen.

I det svenska skolsystemet kan lärarnas dokumentationskrav och arbete utanför undervisningen omfattar följande uppgifter:

1. **Organisatoriskt samarbete och teamarbete:**
   Lärare behöver samarbeta med kollegor, skolledare och annan skolpersonal för att exempelvis utveckla arbetet kring läroplanen, implementera skolans målsättningar och genomföra gemensamma projekt. De deltar också i organisatoriska möten med arbetslag och ämneslag, samt i personalmöten, studiedagar och andra samarbetsdagar.

2. **Administration och organisering:**
   Lärare har flera administrativa uppgifter, som att hantera ärenden kring mentorsklassen, arrangera grupper och sittplaceringar, planera och göra materialinköp och organisera skolaktiviteter eller utflykter.

3. **Elevdokumentation:**
   Lärare måste till exempel föra register över elevernas närvaro och frånvaro samt utreda orsaker till frånvaro. Arbetet omfattar också att skapa och uppdatera matriser, dokumentera utvecklingssamtal samt möten med elevhälsoteamet, föräldrar och andra, såsom psykologer.

4. **Individuell anpassning:**
   Lärare behöver kartlägga resultat och individuell utveckling, samt identifiera elevens behov för särskilda anpassningar och extra stöd. Detta sker oftast efter frågan från elevhälsoteamet och i samarbete med specialpedagogen.

5. **Kommunikation med elever, föräldrar och kollegor:**
   Lärare behöver kommunicera regelbundet med elever och deras vårdnadshavare för att rapportera om elevernas framsteg, beteende eller eventuella bekymmer. De kan också delta i möten och samarbeta med andra lärare och skolpersonal.

6. **Fortbildning och professionell utveckling:**
   Lärare behöver hålla sig uppdaterade om ny forskning, pedagogiska metoder och ämneskunskaper. De kan delta i fortbildningar, seminarier eller konferenser för att förbättra sin undervisning och professionella kompetens.

*Mentorskap*

Enligt enkätsvaren anser cirka 60 procent av hem- och konsument-kunskapslärarna att de inte vill vara mentorer (2021, 2022, 2024). En stor del av problemet är att ämnet har så få undervisningstimmar och därför träffar man sina mentorselever för sällan:

> *För att som praktisk estetisk lärare så träffar man aldrig sina mentorselever. Det är väldigt svårt att få en uppfattning om den enskilda elevens kunskaper. Man sitter på utvecklingssamtal och får läsa sig fram om elevens kunskaper.*
>
> *Enkät 2024*

Lärare upplever ofta att rollen som mentor är utmanande, särskilt på grund av tidsbrist och begränsade möjligheter att skapa meningsfulla relationer med sina mentorselever. Detta är särskilt svårt när lärarna inte undervisar dessa elever i något ämne, eller inte har kontakt med dem under läsår då hem- och konsumentkunskap inte är schemalagt på skolan. Detta skapar en distans mellan mentorn och eleverna, vilket kan göra det svårt att förstå och stödja elevernas individuella behov och utveckling. På högstadiet ägnas dessutom en stor del av mentorskapet, hela 79,1 procent åt frågor som rör elevernas välmående, sociala utmaningar, trivsel och trygghet, samt konflikthantering (Hallonsten, 2023). Detta visar att mentorskapet inte bara handlar om akademisk vägledning utan också om att stödja eleverna i deras personliga och sociala utveckling.

En enkätundersökning utförd av tidningen Ämnesläraren (Hallonsten, 2023), där 2 400 lärare deltog, visar att åtta av tio lärare känner att de inte har tillräckligt med tid för att utföra sitt mentorskap på ett tillfredsställande sätt. Detta innebär att många lärare upplever att de inte kan ge sina elever det stöd de behöver för att navigera genom skolans utmaningar, vilket i sin tur kan påverka både elevernas välmående och skolgång negativt. Kombinationen av tidsbrist och det stora ansvaret för elevernas sociala och emotionella behov ställer höga krav på lärarna, vilket ofta resulterar i en överbelastad arbetssituation.

En annan oroande insikt från undersökningen är att 57 procent av lärarna känner sig osäkra i situationer de ställs inför i sitt mentorskap. Såsom det framkommer i Ämneslärarens stora undersökning, som distribuerades via nyhetsbreven från Grundskolläraren, Ämnesläraren och Yrkesläraren, upplever hem- och konsumentkunskapslärare att mentorskapet kräver kunskaper som inte ingår i den pedagogiska lärarkompetensen och lärarens kärnuppdrag.

> *Mentorsarbetet tar aldrig slut, man är alltid otillräcklig, man saknar utbildning och resurser (elevhälsa/assistenter/ socialen/polis) för att ta hand om eleverna på bästa sätt.*

> *Enkät 2024*

Mentorskap handlar om att vara länken mellan skolan, eleven och vårdnadshavarna. Detta innebär ofta en omfattande kommunikation kring elevens mående och utveckling inom alla skolämnen. Enligt enkätsvaren uppfattar hem- och konsumentkunskapslärare att det är just den digitala kommunikationen via e-postmeddelanden som tar mest tid:

> *En enkel fråga kan ta flera dagar att lösa. Jag skriver och svarar på många meddelanden, kommunicerar med kollegor och förmedlar information mellan föräldrar och elever, samt alla andra inblandade. Det måste finnas ett bättre sätt att hantera kommunikationen mellan alla parter. Dessutom har jag 15 mentorselever, och samma sak händer med många av dem, hela tiden. Hur ska man hinna med alla meddelanden när jag också ska hålla lektioner, handla mat och göra bedömningar?*

> *Enkät 2021*

Mentorskap handlar inte enbart konfliktlösande och mentorklassens sociala utmaningar, det innebär även en hel del extra arbete med dokumentation och planering. I vissa skolor ingår kontinuerliga möten med lärare som har mentorsklass i samma årskurs, planering inför gemensamma aktiviteter, såsom klassens dagar, idrottsdagar, fester och avslutningar, samt olika typer av skolprojekt och årskursvis arrangerade tema-aktiviteter, uppföljning av elevernas utvecklingsplaner och anpassningsprogram, nya elever och elever som har problem och så vidare. Mentorerna får på detta sätt en del av arbetsuppgifter utanför ramen av sitt pedagogiska arbete.

> *Jag arbetar 80 % och med tanke på all dokumentation och 250 elever att undervisa på mina procent, samt med ämnets fortfarande minsta tid i skolan, så finns ingen tid till detta.*
>
> *Enkät 2024*

Dokumentationsarbetet när det gäller mentorskapet består ofta i uppföljning av elevernas frånvaro och dess olika anledningar, kontakt med vårdnads-havare och kommunikation kring detta. Mentorerna ansvara ofta för kommunikation kring elevernas prestationer då olika problem ska utredas, läraren ska samla in material kring eleven inom det specifika området och vara länken mellan skolans hälsoteam, vilket oftast inkluderar speciallärare, skolkurator och skolpsykolog, samt skolsköterska. Det är inte sällan att mentorer ska svara på olika enkät i utredningar och bli intervjuade av psykologer. Allt detta ska göras under arbetstiden, som primärt är för att planera lektioner, arbeta med bedömning och skapa uppgifter, hålla koll på hem- och konsumentkunskapssalens tvätt- och hygien rutiner, samt beställa råvaror. Mentorskap kan bli väldigt betungande, speciellt om man knappast undervisar de elever som man är mentor för.

> *Främst handlar det om en rörig struktur, som jag inte kan påverka, men jag har tagit upp det vid varje medarbetar-samtal. För att få ordning har vi ett årshjul som är fullpackat med aktiviteter, men där är det svårt att hitta allt. I årshjulet kan det exempelvis stå att vi ska skicka ut ett månadsbrev, men då måste vi leta genom alla möjliga kanaler för att hitta*

*informationen. Veckobrev kan vara utlagda i en kanal, någon annan kanske har lagt upp information om en enkät i en annan kanal, och via mail ska vi även skicka ut information om hälsoäventyret...*

*Det finns för många kanaler och för mycket information överallt. Alla letar efter informationen om och om igen, och många timmar i veckan går åt till att söka genom mail, Teamsgrupper, Teamschattar och kanaler för elevgrupper i olika stadier. Vi som undervisar i flera stadier har dessutom ännu fler kanaler att hålla reda på – kanaler för all personal, för högstadiet, snabbinformation, skolledningens meddelanden. Och när man väl söker efter informationen, så är den ofta svår att hitta, för om du är på fel kanal så hittar du inte ens chatt-informationen.*

*Det händer ofta att vi är flera som sitter i ett möte och ska diskutera och anteckna om till exempel måluppfyllelsen i ett dokument som nu ska uppdateras. Vi kan vara fem lärare som letar efter dokumentet i 20 minuter. Vi är också för nåbara, vilket innebär mer jobb. Vi nås lätt via mail från föräldrar, vilket har ökat belastningen avsevärt med alla små frågor och information. Förr var de tvungna att ringa om något var viktigt, men idag mailar de om allt. Mycket kan misstolkas i text, vilket leder till flera förklaringar via mail, och det äter upp otroligt mycket tid.*

*Enkät 2024*

Denna lärarkommentar är ett utförligt exempel på HKK-lärarnas upplevelse kring allmän dokumentationsbörda och de extra-arbetsuppgifter som läggs på själva pedagogiska uppdraget. Den pekar på hur dokumentationskraven och mängden kommunikation kan bidra till en känsla av överväldigande och stress i arbetet. Den beskriver en brist på struktur och tydlighet, där information sprids genom många olika kanaler, vilket leder till förlorad tid och frustration. Lärarna tvingas leta efter dokument och information i olika plattformar som Schoolsoft, Classroom, Teams, e-post och elevchattar, vilket gör det svårt att hålla ordning och effektivt utföra sina uppgifter.

Detta fragmenterade arbetssätt orsakar att betydande tid går åt till att leta efter material istället för att fokusera på kärnuppgifterna, som undervisning och bedömning. Det framgår också att lärarna blir överbelastade av att ständigt vara tillgängliga för föräldrakontakt via e-post, vilket har ökat deras arbetsbörda. Tidigare skedde föräldrakontakten endast vid viktiga ärenden via telefon, men med dagens lättillgängliga kommunikationskanaler får lärarna nu en ström av mindre viktiga frågor. Detta medför ytterligare tidsspill på att hantera och förklara missförstånd som kan uppstå genom skriftlig kommunikation.

Den otydliga strukturen och den ökade tillgängligheten gör att lärarna känner sig överbelastade, vilket inte bara ökar stressen utan även påverkar deras förmåga att utföra en optimal och likvärdig bedömning. De förlorar värdefull tid för att planera lektioner och dokumentera elevernas prestationer. Dessutom blir mentorskapet en tung börda, då lärare måste jonglera med många administrativa uppgifter, ofta utan tillräckligt stöd eller tid, vilket i längden påverkar både arbetsmiljön och kvaliteten på undervisningen.

Hem- och konsumentkunskapslärare upplever att utvecklingssamtal och speciellt förberedelserna inför dem är utmanande, då de inte har tillräckliga kunskaper om elever och deras prestationer. I praxis är det mentorer som håller utvecklingssamtalen, även om rektorn, i egenskap av pedagogisk ledare har ansvar för att skapa förutsättningar för att tillsammans med lärarna utveckla arbetet med utvecklingssamtalet (SKOLFS 2022:424; Kommentarer till Skolverkets allmänna råd om utvecklingssamtalet och den skriftliga individuella utvecklingsplanen). Enligt Skollagen ska i grundskolan och motsvarande skolformer utvecklingssamtal hållas minst en gång varje termin; det innebär att elever och deras vårdnadshavare ska kontinuerligt få information om elevens framsteg. Skolan har ansvaret för att bestämma hur denna information ska ges, men utvecklingssamtalet är lagstadgat enligt skollagen, vilket stärks ytterligare i läroplanerna (Skollagen 3 kap. 3 §, 9 kap. 11 §, 10 kap. 12 §, 11 kap. 15 §, 12 kap. 12 § samt 13 kap. 12 §).

Under utvecklingssamtalet diskuterar skolan vilka insatser som behövs för att hjälpa eleven att lyckas med sina studier. Dessa insatser baseras på den bedömning som läraren har gjort inför samtalet. Om det finns en risk att eleven inte kommer att uppfylla de betygskriterier eller kunskapskrav som krävs, är det enligt Skolverkets allmänna råd viktigt att både eleven och vårdnadshavaren tidigt får tydlig information om detta. Informationen ska klargöra vad eleven behöver förbättra och vilka åtgärder skolan kommer att vidta för att stödja eleven. Skolans personal har ansvar för att uppmärksamma om en elev riskerar att inte uppnå de nödvändiga betygskriterierna eller kunskapskraven. Om extra anpassningar inte räcker som stöd, ska detta anmälas till rektorn, som är skyldig att snabbt utreda elevens behov av särskilt stöd. En utredning ska också göras om eleven har andra svårigheter i skolan. Om utredningen visar att eleven behöver särskilt stöd, ska rektorn besluta om ett åtgärdsprogram. Skollagen anger att utvecklingssamtalet i vissa fall ska leda till ett sådant åtgärdsprogram (3 kapitlet 5-12 §§, 10 kapitlet 12 §, 11 kapitlet 15 §, 12 kapitlet 12 §, 13 kapitlet 12 § skollagen samt Kommentarer till Skolverkets allmänna råd om utvecklingssamtalet och den skriftliga individuella utvecklingsplanen).

Enligt Skolverket har utvecklingssamtalet både en reflekterande och framåtriktad karaktär. Skolans information ska baseras på en bedömning av elevens framsteg i förhållande till läroplanen och betygskriterierna, eller de kriterier som används för att bedöma elevens kunskaper i de ämnen som undervisas. Samtalet ska fokusera på två aspekter:

1. Hur skolan bäst kan stödja elevens kunskapsmässiga och sociala utveckling.

2. Vilka insatser som krävs för att eleven ska nå betygskriterierna eller bedömningskriterierna och utvecklas så långt som möjligt enligt läroplanens mål.

Skolverkets kommentarer till de allmänna råden om utvecklingssamtalet och den skriftliga individuella utvecklingsplanen (IUP) betonar att samtalet ger eleven och vårdnadshavaren en mer sammanhängande bild av elevens situation än vad läraren kan ge under den dagliga undervisningen.

Eftersom informationen vid utvecklingssamtalet ska baseras på en bedömning av elevens framsteg i förhållande till läroplanen och betygs-kriterierna eller bedömningskriterierna, behöver den ansvariga läraren samla in information från elevens andra lärare. Utvecklingssamtalet ska inkludera konkret och relevant information även i de ämnen som den ansvariga läraren inte själv undervisar i. Enligt Skolverkets allmänna råd kräver detta samarbete mellan lärarna inför samtalet. De lärare som undervisar eleven bidrar med insikter om elevens kunskapsutveckling och hur den kan förbättras.

I vissa fall kan även information från elevhälsan ge en mer heltäckande bild av elevens skolsituation. Det är viktigt att rektorn ser till att lärarna får möjlighet att utbyta information om eleverna inför utvecklingssamtalen. Detta underlättar för den lärare som håller samtalet och ger en mer sammanhängande bild av varje elevs kunskaper. I årskurser där betyg inte sätts ska en skriftlig individuell utvecklingsplan (IUP) upprättas i samband med ett av utvecklingssamtalen under läsåret. Det är valfritt för skolan att välja om de vill ge skriftlig information eller inte. Elever och vårdnadshavare kan inte kräva detta, och det finns inte heller krav på att själva utvecklingssamtalet ska dokumenteras. I årskurser där betyg ges är det upp till läraren att bestämma vilken dokumentation som behövs för att stödja elevens kunskapsutveckling och för att säkerställa ett brett och varierat underlag inför betygssättningen. Läraren är dock inte skyldig att ta med sig delar av detta underlag eller annan specifik dokumentation till utvecklings-samtalet.

Många lärare måste idag skapa individuella utvecklingsplaner (IUP:er) trots att det inte alltid krävs enligt lag. Dessutom måste de flesta dokumentera elevernas kunskapsutveckling i digitala läroplattformar, vilka lärarna anser är ineffektiva och inte ändamålsenliga. Tre av fyra lärare väljer att föra sin egen dokumentation utanför läroplattformen. Endast fyra av tio lärare tycker att dokumentationen i läroplattformen faktiskt stödjer elevernas lärande. Lärarförbundet ställde följande krav (News Cision, 2021):

- Att staten ska ta huvudansvaret för skolväsendet för att effektivt kunna hantera den ökande dokumentationsbördan.

- Att regeringen tillsätter en utredning med syftet att minska dokumentationskraven på alla nivåer och reducera dokumentationen för lärare till ett minimum.

- Att lagstiftningen ändras så att ingen huvudman kan kräva mer dokumentation av lärare än vad som anges i lagar och statliga förordningar.

*Undervisningstid, konferenser, rastvakt och vikariat för kollegor tar upp all tillgänglig arbetstid. Det lämnar ingen tid för planering och reflektion under arbetstid, och den avsatta förtroendetiden räcker inte till för att täcka alla arbetsuppgifter.*

*Jag måste ofta använda minst en halvdag på helgen för att få allt gjort. Detta brys sig inte ledningen om, de säger att alla har mycket att göra.*

*Enkät 2022*

Denna kommentar beskriver en vanligt förekommande arbetsmiljö som präglas av hög arbetsbelastning och brist på tid för att utföra nödvändiga pedagogiska uppgifter, sitt kärnuppdrag som HKK-lärare. Det framkommer i enkätsvaren från 2020 till 2024 att den schemalagda arbetstiden till stor del ägnas åt undervisning, möten, rastvakt och vikariat för kollegor, vilket lämnar väldigt lite eller ingen tid för planering, reflektion och andra viktiga uppgifter som krävs för att skapa en optimal undervisning och bedömning. Den avsatta förtroendetiden, som ska ge utrymme för just dessa uppgifter, räcker inte till, vilket innebär att lärare tvingas arbeta på helgerna för att hinna med. Att ledningen för den berörda läraren inte verkar ta hänsyn till eller erkänna arbetsbelastningen, utan avfärdar den med att alla har mycket att göra, bidrar till en känsla av bristande stöd och ökad stress. En optimal pedagogisk arbetsmiljö skulle innebära tillräckligt med tid för planering, reflektion och samarbete med kollegor, men i kommentaren framgår att tiden inte räcker till för dessa centrala delar av läraryrket. För HKK-lärare påverkar den bristande tiden för förberedelser och efterarbete direkt kvaliteten på undervisningen, möjligheten att individanpassa och stödja elevernas lärande, samt genomförandet av bedömningar.

## Sammanfattning om HKK-lärarens kärnuppdrag

Hem- och konsumentkunskapslärarens kärnuppdrag omfattar flera viktiga ansvarsområden som syftar till att ge eleverna kunskaper och färdigheter för att göra medvetna val i vardagen.

1. **Undervisa om matlagningsmetoder, mat, måltider och näring**

   Läraren ska ge eleverna kunskap om matlagningsmetoder, närings-lära och matvanor för att främja en hälsosam livsstil. Undervisningen ska inkludera praktiska matlagningsövningar, där eleverna får tillämpa teoretiska kunskaper.

2. **Föra in hygien och säkerhet i köket**

   En viktig del av HKK-lärarens arbete är att undervisa eleverna om livsmedelshygien och säkerhet i köket. Läraren ansvarar för att eleverna lär sig korrekta rutiner för att förhindra matförgiftning och olyckor.

3. **Främja hållbarhet och medveten konsumtion**

   HKK-läraren ska utbilda eleverna om hållbar konsumtion och miljöpåverkan av matval och andra hushållsbeslut. Läraren ska också belysa hur man kan minska matsvinn och göra resursmedvetna val.

4. **Ekonomi och budgethantering**

   Läraren har i uppdrag att lära eleverna att hantera en hushållsbudget, planera inköp och göra ekonomiska val som är hållbara. Detta inkluderar undervisning om privatekonomi, sparande och ansvarstagande i konsumtionsbeslut.

5. **Konsumentkunskap och rättigheter**

   HKK-läraren undervisar om konsumenträttigheter och skyldigheter, samt hur man tar tillvara på sina rättigheter i olika konsumtionssituationer. Eleverna ska få verktyg att kritiskt granska reklam och erbjudanden.

6. **Skapa en inkluderande och trygg lärmiljö**

   HKK-läraren ska anpassa undervisningen så att alla elever kan delta och utvecklas, oavsett deras förutsättningar. Det innebär också att stödja elever med särskilda behov och skapa en miljö där alla känner sig trygga och respekterade.

7. **Bedöma och dokumentera elevernas kunskapsutveckling**

   Läraren ansvarar för att bedöma elevernas prestationer, ge konstruktiv återkoppling och dokumentera utvecklingen. Bedömningen ska vara rättvis, tydlig och utgå från läroplanens LGR22 mål och kunskapskrav.

8. **Samarbeta med elever, kollegor och vårdnadshavare**

   Läraren förväntas ha en god kommunikation med elevernas vårdnadshavare, speciellt kring elevens utveckling och prestationer. Samarbete med andra lärare och skolans personal är också en del av uppdraget för att integrera kunskap från andra ämnen och skapa en helhet i elevernas utbildning.

Hem- och konsumentkunskap är ett unikt skolämne där läraren måste ta ansvar för flera arbetsuppgifter utöver det rent pedagogiska arbetet. För att sköta sitt kärnuppdrag på bästa sätt behöver en HKK-lärare hantera en rad uppgifter kopplade till institutionsvård och praktiska förberedelser i HKK-salen. Ett viktigt moment är ställtiden, som innebär att läraren förbereder köket och undervisningsmaterialet inför lektionen samt plockar undan efteråt. Städning och underhåll är avgörande för att säkerställa en hygienisk och trygg arbetsmiljö. Efter varje lektion måste köket rengöras, och utrustningen underhållas regelbundet för att säkerställa att allt fungerar optimalt. Ett annat viktigt ansvarsområde är avfallshantering, där läraren ser till att avfallssorteringen sköts korrekt i HKK-salen. Dessutom har läraren ansvaret för att beställa livsmedel och hantera lagret, vilket innebär att planera och köpa in matvaror för lektionerna samt hålla ordning på innehållet i skafferiet, kylen, frysen och övriga förbrukningsvaror.

Efter lektionen är det viktigt att läraren har tid för efterarbete, vilket innebär att utvärdera elevernas prestationer och reflektera över hur undervisningen genomfördes. Detta kan även inkludera att knyta lärdomarna till läroplanens centrala innehåll och gå igenom riskanalyser för att hantera de materiella och strukturella ramfaktorerna i arbetet. Genom att analysera vad som gick bra och vad som kan förbättras, kan undervisningen göras säkrare, mer anpassad och relevant för elevernas behov.

En inspirationsbild om livsmedel.
Av E. Larsson/Artelinas.

## 4.5. Livsmedelsköp och budget

Livsmedelsköp och budget i hem- och konsumentkunskap innebär att läraren ansvarar för att planera, köpa in och hantera de råvaror som behövs för undervisningen, samtidigt som de håller sig inom den budget som skolan har avsatt för ämnet. Detta innebär att läraren ska budgetera effektivt genom att använda skolans medel på ett ansvarsfullt sätt, exempelvis via prioritering av kostnadseffektiva och säsongsanpassade livsmedel. Läraren ska kunna planera undervisningen, välja recept och övningar som passar elevernas nivå och som går att genomföra inom den tilldelade budgeten, samt säkerställa att inköpta livsmedel håller tillräckligt hög kvalitet för att uppfylla utbildnings-målen, samtidigt som de är ekonomiskt hållbara.

Förskolan och skolan är i huvudsak kommunalt finansierade, vilket innebär att kommunerna har huvudansvaret för finansieringen. Dock omfattas även privata skolor av skolpengen, som kommer från kommunala medel. Staten bidrar till finansieringen av både kommunala och privata skolor genom olika former av statsbidrag, varav några är allmänna medan andra är specifikt inriktade på särskilda områden (Sveriges Lärare, 2023). Den budget som tilldelas för ämnet hem- och konsumentkunskap är i grunden beroende av de resurser som skolan får från kommunen, samt hur dessa resurser fördelas till ämnet genom skolans ledningsbeslut. Den övergripande resursfördelningen bygger på skolpolitiska beslut som har utvecklats och tagits under flera årtionden. Skolverket (2009b) klargör att en av decentraliseringens effekter är att skolans budget i princip är helt förlagd till skolenheterna och rektorerna. Hur resurserna tilldelas skiljer sig även åt mellan kommuner och skolhuvudmän, samtidigt som alla skolor har skyldighet att erbjuda eleverna likvärdig möjlighet att nå de nationella målen, som är fastställda i Skollagen, Skolverkets läroplan och kursplanerna. Sedan decentraliseringsreformen har skillnader både i resurser och resultat mellan skolor ökat, och forskare bedömer att reformerna har haft betydelse för skillnaderna.

Efter Covid-19-pandemin har många skolor genomfört betydande besparingar, vilket har lett till en minskning av kostnaden per elev i grundskolan. Enligt Statistikdatabasen (2022) är detta den första nedgången i elevkostnader sedan 2011. Data från 2022 visar att utgiften per elev har sjunkit till den lägsta nivån sedan 2018. För fristående grundskolor har undervisningskostnaden minskat från 67 800 kronor per elev år 2021 till 65 800 kronor år 2022. Offentliga grundskolor har upplevt en ännu större minskning, från 74 100 kronor till 70 400 kronor per elev under samma period. Totalt sett har förskolan, grundskolan och gymnasieskolan tillsammans upplevt en genomsnittlig budgetminskning på omkring fyra procent mellan 2021 och 2022. Dessa ekonomiska förändringar har påverkat skolornas möjligheter att erbjuda resurser och stöd, vilket kan ha långsiktiga konsekvenser för utbildningskvaliteten.

Enligt Statistiska centralbyrån (SCB) beror de minskade kostnaderna per elev på en minskning i personalstyrkan inom skolorna. I utredningen Samling för skolan – Nationell strategi för kunskap och likvärdighet (SOU 2017:35) föreslås ett ökat statligt ansvar för skolans finansiering, särskilt när det gäller undervisningens resurser. Detta förslag grundar sig på att flertalet rapporter har visat på betydande skillnader mellan kommuner i hur resurser fördelas till skolan (Skolverket, 2009b). Enligt Sveriges Kommuner och Regioner (SKR) förväntas kommuner och regioner hamna i ett underskott på 24 miljarder kronor under 2024, vilket beror på faktorer som inflation, prisökningar och ökade kostnader för pensionsavsättningar (Svahn, 2023)

För att undervisningen ska fungera effektivt är livsmedel självklart det viktigaste materiella behovet. Elever måste ha tillgång till rätt råvaror för att kunna öva och repetera på matlagningstekniker och genomföra både praktiska och teoretiska moment, vilket är avgörande för att uppnå ämnets syfte, centrala innehåll och betygskriterier. Hem- och konsumentkunskap är det enda skolämnet som omfattar livsmedelshantering och inhandlandet av olika matvaror. Den 19 december 2023 antog riksdagen en ändring i skollagen för att förbättra elevers tillgång till läromedel (Regeringskansliet, 2024). Den 1 juli i år klargjordes det i skollagen att elever ska ha tillgång till de läroböcker, läromedel och andra lärverktyg som krävs för att nå utbildningens mål och uppnå en god kunskapsutveckling. Samtidigt fastställs tydliga definitioner av vad som räknas som läroböcker, läromedel och lärverktyg. Detta innebär att skollagen inte längre kan tolkas som att det är tillräckligt för elever att enbart använda digitala verktyg eller internetbaserad information i undervisningen. Ändringarna i skollagen inkluderar justeringar i läroplanerna för olika skolformer, där det nu uttryckligen framgår att läroböcker, andra läromedel och lärverktyg ska användas i undervisningen. Dessutom klargörs att rektorn har ansvaret för att säkerställa att alla elever får strukturerad undervisning under ledning av en lärare. Förordningen om statsbidrag för inköp av vissa läromedel har också ändrats, så att det nu är tydligt att bidraget endast kan användas för att köpa läroböcker och lärarhandledningar.

Det är viktigt att lärarnas inflytande över vilka läromedel som köps in säkerställs genom att detta skrivs in i läroplanerna, och att det skapas offentlig statistik över skolors läromedelsinköp. Dock innebär en lagändring inte per automatik att allt fungerar som avsett. Därför är det nödvändigt att kontinuerligt följa upp och utvärdera hur situationen utvecklas i skolorna runt om i landet. För att säkra allas rätt till nödvändiga resurser inom hem- och konsumentkunskap samt livsmedelslära innebär lagändringen att skolor inte bara måste tillhandahålla läromedel utan också säkerställa att eleverna får tillgång till de livsmedel och matvaror som krävs för praktisk undervisning. Detta är avgörande för att eleverna ska kunna omsätta teoretisk kunskap i praktiken. Lärarna behöver dock ha inflytande över inköpen för att kunna välja de rätta ingredienserna och materialen som stödjer undervisningen. Dessutom måste offentlig statistik över skolors inköp inkludera dessa resurser, så att vi kan följa upp och säkerställa att alla elever, oavsett skola, får den praktiska erfarenhet de behöver. Den nya lagändringen är ett viktigt steg mot att garantera att alla elever får tillgång till både teoretiskt och praktiskt material, vilket är avgörande för att förvandla kunskap till verklig kompetens.

Livesmedelsköp innebär ett kontinuerligt och välstrukturerat arbete av läraren. Dessa arbetsuppgifter kan variera beroende på skolans specifika rutiner och riktlinjer samt lärarens ansvarsområde, men enligt enkätsvaren sköter de flesta all planering och inhandlande själva. Det är inte helt okomplicerat att enbart använda externa livsmedelsleveranser:

> *Vi har nyligen bytt matleverantör, vilket har lett till att maten nu levereras på nya tider och det är fortfarande oklart vad som gäller. Dessutom har vi haft problem med IT-systemet som inte fungerar som det ska, vilket har resulterat i mer arbete för oss.*
>
> *Enkät 2022*

För läraren innebär detta konkret flera utmaningar. De nya leveransscheman kan innebära att matleveranser anländer under lektionstid, vilket kräver att läraren får anpassa undervisningssituationen för att ta emot och plocka in varorna i kyl och frys. Dessutom levereras maten inte alltid till rätt plats, vilket kan tvinga läraren att hämta leveransen mitt under lektionen. Den osäkerhet som detta skapar innebär att läraren måste vara flexibel och ofta göra om beställningarna för att säkerställa att rätt varor finns tillgängliga vid rätt tidpunkt. Sammantaget ökar detta både arbetsbelastningen och komplexiteten i att planera och genomföra undervisningen effektivt.

> *Jag har stora svårigheter att beställa varor då sortimentet är mycket begränsat och många vanligt förekommande varor saknas. Det är ofta fel i leveransen. Dessutom har vi har inga möjligheter att komplettera inköp någon annanstans. Det tar för lång tid att söka varor i databasen. Jag får ibland köpa varor privat för att undervisningen ska fungera.*

> *Enkät 2021*

Utifrån lärarperspektivet innebär dessa situationer problem att det är svårt att planera och genomföra undervisningen effektivt. Ett begränsat sortiment och brist på vanliga varor gör att läraren ofta inte kan få de material som behövs, och felaktiga leveranser skapar extra arbete och stress.

> *Beställningssystemet erbjuder ett dåligt urval och många varor saknas eller finns inte i önskad storlek eller variant. Mycket av det som behövs är dyrare i butik, men måste ändå köpas där på grund av upphandlingsregler.*

> *Enkät 2024*

Bristen på möjligheter att komplettera inköp från andra platser försvårar situationen ytterligare, och den tidskrävande sökprocessen i databasen gör att läraren behöver lägga mycket tid på administrativa uppgifter. För att lösa dessa problem tvingas läraren ibland köpa varor privat, vilket innebär att läraren finansierar vissa utgifter med sin egen lön. Alla dessa utmaningar påverkar både undervisningens kvalitet och lärarens arbetsmiljö negativt.

Att inhandla och planera köp för det praktiska arbetet i en hem- och konsumentkunskapssal innefattar flera olika delar. Nedan följer några vanliga arbetsuppgifter som ingår i HKK-lärarens arbete kring livsmedelsbeställningar:

1. **Inventering:**
   Inventera de befintliga resurserna och materialet i HKK-salen för att identifiera vilka varor och förnödenheter som behövs. Detta kan omfatta livsmedel, disk-, tvätt- och rengöringsmedel samt förbrukningsartiklar som muffinsformar och påsar. Dessutom bör köksredskap som kökstextilier, vispar, bunkar, elvispar och stavmixers ingå i inventeringen.

2. **Budgetplanering:**
   Formulera och uppdatera budget för inköp av matvaror, köksredskap, förbrukningsmaterial och eventuell utrustning för att säkerställa att köpen är ekonomiskt hållbara.

3. **Behovsanalys:**
   Analysera behoven och kraven för kommande lektioner och projekt. Det kan innebära att ta hänsyn till antal elever, recept, teman, specialdietbehov eller andra faktorer som kan påverka vilka varor och utrustning som behövs.

4. **Leverantörsval:**
   Undersöka olika leverantörer och jämföra priser, kvalitet och tillgänglighet för att göra välgrundade beslut vid val av leverantörer. Det kan även inkludera att kontakta olika företag, begära offerter och förhandla om priser.

5. **Inköp:**
Genomföra inköp av nödvändiga varor och utrustning. Det kan innebära att beställa online, kontakta grossister för att köpa matvaror, köksredskap och andra material.

6. **Lagring och hantering:**
Organisera och lagra inköpta livsmedel på ett lämpligt sätt. Det kan inkludera att se till att matvaror förvaras korrekt, hantera förbrukningsmaterial och se till att köksredskap och utrustning är i gott skick.

7. **Planering av lektioner:**
Integrera inköpta varor och utrustning i lektionsplaneringen. Det kan innebära att skapa recept, bestämma portioner, planera matlagningstider och organisera praktiska moment för eleverna.

8. **Uppföljning och utvärdering:**
Utvärdera inköpen och bedöma om de mötte behoven och förväntningarna. Det kan även innebära att följa upp med elever och kollegor för att få återkoppling och identifiera eventuella förbättringsområden inför framtida inköp.

## Inflation

Inflation innebär att priserna på varor och tjänster stiger, vilket leder till att pengarnas köpkraft minskar. Priserna på mat och andra hushållsvaror har stigit markant under de senaste åren, vilket har gjort det har blivit dyrare att köpa in de råvaror och material som behövs för undervisningen i hem- och konsumentkunskap. Enligt rapporten "*Döden för svenska skolan*" från Sveriges Lärare (2023), som beskriver lärares syn på nedskärningarna och deras konsekvenser, har detta lett till att kommunerna börjat spara inom skolverksamheten. Detta har i sin tur resulterat i att skolorna har mindre resurser att använda till nödvändiga utgifter.

Om skolans totala budget inte justeras uppåt i takt med inflationen, innebär det att det finns mindre pengar att fördela mellan olika ämnen. Hem- och konsumentkunskap, som kräver både matvaror och praktisk utrustning, blir då särskilt utsatt. För att hantera de ökade kostnaderna väljer vissa skolor att minska antalet praktiska moment i undervisningen, vilket begränsar elevernas möjlighet att lära sig genom praktisk erfarenhet. I värsta fall kan detta leda till en mer teoretisk undervisning, vilket går emot Skolverkets syn på ämnet och hindrar elevernas möjlighet att tillägna sig ämnets grundläggande inlärningssätt – kunskap genom handling.

Det vanliga är att läraren anpassar undervisningen för att hantera de ekonomiska begränsningarna, till exempel genom att fokusera på billigare recept eller använda alternativa material för att minska kostnaderna.

> *Jag tar bort delar av den praktiska undervisningen och har begränsade möjligheter att köpa in ingredienser som kött, fisk och färska grönsaker, vilket gör att dessa sällan används.*
>
> *Mindre 'roliga' praktiska uppgifter, begränsas och man behöver tänka om och ändra uppgifter, som kanske tidigare funkat bra. Och svårt att få in nya roliga uppgifter som kräver ingredienser.*
>
> *Enkät 2024*
>
> *Trist att inte kunna handla mer ekologiskt t.ex. eller andra miljövänliga varor de är oftast dyrare.*
>
> *Klarar inte av att hålla budget sen 3 år tillbaks och står ändå kvar p å samma summa 2024 . Råvaror är dubbel kostnad jämfört med tidigare och har valt bort många råvaror för att inte dra över för mycket*
>
> *Enkät 2024*

När skolor tvingas spara på resurser påverkar det direkt kvaliteten på undervisningen och därmed elevernas möjlighet att tillgodogöra sig de kunskaper och färdigheter som hem- och konsumentkunskap ska ge. Enligt enkätsvaren ansåg över 20 procent (2020, 2021, 2022, 2024) av lärarna att den tilldelade budgeten för ämnet var otillräcklig och påverkade negativt på undervisningskvaliteten:

> *Det är omöjligt att ge en likvärdig undervisning när resurserna inte ens räcker till för att täcka alla delar av ämnets centrala innehåll, vilket innebär att eleverna inte har möjlighet att uppnå sina kunskapsmål under lektionerna.*
>
> *Enkät 2020*

Var femte lärare stressar över budgeten och upplever att ekonomiska begränsningar påverka deras förmåga att leverera undervisning av hög kvalitet. Denna stress upplevs påverka deras arbetsmiljö och motivation negativt, samt leder till att deras fokus flyttas från undervisningen till att hantera ekonomiska problem.

Enligt enkätsvaren lärares skicklighet och kompetens är avgörande för hur väl de hanterar budgetbegränsningar, medan deras motivation och förmåga att anpassa sig till utmaningar kan påverkas av den ekonomiska pressen. En stor del av de som svarat på enkäten är erfarna lärare, som har arbetat i yrket i mer än 10 år. Detta framgår även av hur de hanterar budgetminskningar och andra materiella utmaningar: en tredjedel av lärarna klarar sig bra med sina budgetar, medan resten förlitar sig på sin planerings- och anpassnings-förmåga. Detta innebär att en del av hem- och konsumentkunskapslärare klarar sig bra trots budgetutmaningar, vilket tyder på att de har goda organisatoriska färdigheter och förmåga att navigera inom de ekonomiska ramar som finns. Lärare som arbetar under begränsade resurser använder ofta sin skicklighet och kompetens för att anpassa undervisningen på bästa möjliga sätt. De hittar kreativa och effektiva lösningar, trots att tillgången på material, utrustning och tid är begränsad. Detta gör att de kan upprätthålla en hög kvalitet i undervisningen, även när de måste minska på mängden och kvaliteten av de produkter som används i undervisningen.

Genom att förlita sig på sin förmåga att planera och anpassa undervisningen visar dessa lärare stor flexibilitet och kreativitet. De utvecklar strategier för att maximera det som finns tillgängligt, vilket kan inkludera att återanvända material, improvisera med alternativ eller fokusera på mer kostnadseffektiva metoder. Deras förmåga att anpassa sig till förändrade förhållanden och att planera på ett sätt som optimerar resurserna spelar en central roll i deras framgång. Samtidigt innebär begränsade resurser att lärarna ofta tvingas göra svåra prioriteringar, och ibland minskar både mängden material och kvaliteten på de produkter som används i undervisningen. Detta kan kräva extra kreativitet i hur undervisningen organiseras, för att säkerställa att eleverna fortfarande får den kunskap och de färdigheter de behöver. Lärarnas förmåga att hitta lösningar och att upprätthålla en hög pedagogisk nivå trots dessa begränsningar är en viktig aspekt av deras engagemang och motivation.

## Upphandlingsavtal

En stor del av hem- och konsumentkunskapslärare anser att de kommunala upphandlingsavtalen försvårar arbetet och orsakar stress. Upphandlingsavtal kan medföra flera extra problem när det gäller inhandlandet av livsmedel för HKK-lärare. I enkätsvaren kommer upp ett flertal problem:

### 1. Begränsad valfrihet:
Upphandlingsavtal innebär att lärare är bundna till att köpa livsmedel från specifika leverantörer eller grossister. Detta begränsar lärarens valfrihet när det gäller att välja de bästa produkterna för sina elever eller anpassa inköpen efter specifika behov eller preferenser.

### 2. Kvalitets- och sortimentsfrågor:
Om upphandlingsavtalet prioriterar låga priser kan det leda till att livsmedelsprodukter av lägre kvalitet väljs. Detta kan påverka smak, näringsvärde och övergripande kvalitet på de rätter som tillagas under HKK-lektionerna. Ofta har leverantörerna högre priser än lokala butiker, vilket försvårar läraren att hålla sin budget och planera för hållbar matlagning. Dessutom kan avtalet begränsa sortimentet av tillgängliga produkter, vilket kan påverka bredden och mångfalden i uppgifterna och elevernas matupplevelse; metodik, förståelse kring smak, doft, konsistens och struktur (Lgr22, Skolverket 2024).

### 3. Svårigheter med lokal och ekologisk mat:
Om upphandlingsavtalet inte tar hänsyn till lokala eller ekologiska livsmedel kan det vara svårt för HKK-lärare att erbjuda sina elever närproducerade eller hållbart odlade alternativ. Detta kan begränsa möjligheterna att undervisa om vikten av hållbara matvanor och att främja en medvetenhet om miljöpåverkan av livsmedelsproduktion.

### 4. Administration och byråkrati:
Upphandlingsavtal medför ökad administration och byråkrati för lärare och skolor. Det innebär att lärare måste lägga extra tid och

resurser på att uppfylla kraven i avtalet, till exempel genom att dokumentera inköp, följa specifika procedurer eller rapportera uppgifter till skolans ledning. Detta innebär en extra arbetsbelastning för lärare och minskar den tid de kan ägna åt undervisning och förberedelser.

## 5. Svårigheter att anpassa efter elevernas behov:

Upphandlingsavtal kan vara standardiserade och inte ta hänsyn till individuella behov eller preferenser hos eleverna. Det kan vara svårt att tillgodose specialkost, allergier eller kulturella matpreferenser om avtalet inte tillåter flexibilitet eller anpassningar. Detta kan påverka elevernas matupplevelse och undervisningens kvalitet.

## 6. Leveransproblem:

Leveranserna kan inte alltid anpassas efter lärarens schema och varorna kan komma under undervisningstiden, de kan lämnas på olämpliga ställen i skolan utifrån hygienaspekt, kylkedjan bryts och frysvarorna kommer inte direkt till frysen. Detta leder till onödigt matsvinn, ökade kostnader samt hälsorisker. Alla varor levereras inte, de saknas eller är skadade. Detta leder till problem att få likvärdiga produkter till de planerade lektionerna, ökar lärarens stress, samt att lektionerna inte kan hållas enligt det planerade pedagogiska innehållet.

## 7. Behov för stora lagerutrymmen för livsmedel:

Det är inte alltid möjligt att garantera leveranserna precis dagarna innan lektionerna och därför behövs varorna beställas en god tid innan, ibland två veckor innan lektionen. Detta innebär att det måste finnas rätt tempererad och hygieniskt sett korrekt lagerutrymme för livsmedel. I praktiken innebär detta en lektionsplancring och inhandlande av livsmedel för upp till 300 elever minst en vecka innan, vilket försvårar hanteringen av färska råvaror och ökar matsvinnet då livsmedlen hinner bli dåliga innan de används.

En inspirationsbild av en modern HKK-sal i en nybyggd skola.
Salen har generösa arbetsytor och vita elevkök.
Av E. Larsson med hjälp av ett grafikprogram och
Ikeas planeringsverktyg.

## 4.6. Institutionsvård

Institutionsvård ingår som en elementär del i de praktiska arbetsuppgifterna i hem- och konsumentkunskap: ur ett praktiskt perspektiv omfattar det flera olika uppgifter, som möjliggör det pedagogiska arbetet i HKK-salen. Institutionsvård spelar en viktig roll i att skapa en säker, ren och organiserad miljö i HKK-salen. Det främjar lärande, underlättar aktiviteter och bidrar till att elever eller deltagare kan dra nytta av undervisningen på bästa möjliga sätt. Enkätsvaren visar att dessa arbetsuppgifter kan delas på lite olika sätt, men det vanligaste är att läraren ansvarar för den största delen av följande arbetskategorier:

- ○ Ställtid
- ○ Städning och underhåll
  *Arbetsfördelning*
  *"Efterarbete" och ämnets centrala innehåll*
  *Avfallshantering*
- ○ Hantering av köksutrustning
- ○ Beställningar av livsmedel och lagerhantering
- ○ Hygien och säkerhet
  *Tidsåtgång för Institutionsvård*

## 4.6.1. Ställtid

*Ställtid är tid för att ställa fram, ställa undan och ställa om.*

Enligt Sveriges Lärare (2023) avser ställtid den tid en lärare behöver för att förbereda och avsluta sina schemalagda lektioner:

*"Planera in den tid du behöver före och efter lektioner och möten för att hämta och lämna material, ordna lokalen och materialet, samt släppa in och ut eleverna och förflytta dig mellan olika platser."*

Sveriges Lärare betonar att lärare inte ska behöva stressa mellan aktiviteter utan ska ha tillräckligt med tid för att andas, gå på toaletten, dricka vatten, eller dokumentera något. Om denna tid inte avsätts kan det påverka lärarens arbetsmiljö negativt och inskränka på elevernas lektionstid. Det är viktigt att uppmärksamma brister i schemat, som exempelvis avsaknaden av ställtid.

*Vad innebär ställtiden för hem- och konsumentkunskapslärare?*
Före lektioner behöver läraren ställa fram alla nödvändiga ingredienser, redskap och utrustning som behövs för dagens lektion. Detta kan inkludera att ställa fram kokböcker, verktyg, ingredienser, och köksutrustning, samt förbereda arbetsstationer för eleverna, vilket kan innebära att organisera bänkar, ställa fram skärbrädor, knivar, och andra redskap. Läraren behöver också kontrollera att alla säkerhetsåtgärder är på plats och att nödutrustning är lättillgänglig. Efter lektionen behöver läraren säkerställa att alla ytor rengörs, utrustning tvättas och förvaras på rätt ställe. Detta kan också innebära att hantera matrester och avfall. Läraren behöver förbereda klassrummet för nästa grupp, vilket inkludera oftast att fylla i och tömma diskmaskin, ställa fram nya ingredienser och redskap samt säkerställa att allt är i ordning för en ny lektion, samt kontrollera att alla verktyg och ingredienser är på plats och i gott skick, och att lager av viktiga material är tillräckligt för kommande lektioner.

*Praktiska exempel på ställtiden under arbetsdagen*
- **Ställa fram:**
  Om en lektion handlar om att baka bröd, kan ställtiden innebära att hämta fram olika ingredienser, såsom mjöl, mjöl, jäst, samt redskap exempelvis degblandare och bakplåtar. Kontrollera att kökstextilier är rena, byta ut, och sätta fram nytvättade.

- **Ställa undan:**
  Efter en matlagningslektion kan det innebära att plocka undan disk och sätta igång diskmaskinen. diska övrig redskap, torka av bänkar och sätta tillbaka allt på rätt plats.

- **Ställa om:**
  Om det är dags för en ny aktivitet eller lektion, måste läraren ställa om klassrummet för att passa den nya undervisningen, till exempel

genom att förbereda en ny uppsättning verktyg och ingredienser, markera elevernas sittplatser, ta fram läromaterial osv.

Enligt enkätsvaren (2020, 2021, 2022, 2024) upplever de flesta av hem- och konsumentkunskapslärare att för kort ställtid orsakar stress och förhindrar en bra struktur för undervisningen. Det är lärarens ansvar att säkerställa att allt är organiserat och i ordning före och efter lektionen, därigenom underlättar läraren för elever att engagera sig och dra nytta av hela lektionstiden på bästa sätt. Alla de lärare som upplever att ställtiden inte räcker till, anser att de inte hinner med att förbereda och se till att allt pedagogiskt material, både digitala och materiella instruktionerna, samt ingredienser för matlagning och bakning är tillgängliga för att genomföra det praktiska arbetet i köken, matlagningsdemonstrationer och övrigt pedagogiskt lektionsarbete. De upplever att deras pedagogiska insats blir lidande och att de inte kan koncentrera sig i själva undervisningsarbetet och olika anpassningar på grund av stresspåslaget. Utifrån kommentarerna skapas en bild av motiverade och kunniga lärare, som blir utmattade av en långvarig stress som orsakas av det hektiska arbetet:

> *Jag har alldeles för kort ställtid: 10 min ställtid är alldeles för kort för att hinna plocka undan, plocka fram, dra av sista 'finishen' för att man vill göra ett bra jobb. Framför allt när man har olika årskurser lektionerna efter varann, tex. åk 9 ena lektionen, och sedan kommer åk 7. ... Jag älskar ju mitt yrke och elevkontakterna! Men det är ett stressigt jobb med mycket yttre stimuli.*
>
> *Enkät 2024*

Enligt enkätsvaren anser lärare att ställtiden ofta är för kort. Ställa fram och förbereda ingredienser, redskap och utrustning kan ta tid beroende på lektionens omfattning och komplexitet. Till exempel, att förbereda en lektion om matlagning kan kräva att eleverna har tillgång till olika råvaror och verktyg som behöver placeras ut och kontrolleras. Rengöring och återställning efter lektionen är mer omfattande i en HKK-sal än i ett klassrum. Detta inkluderar diskning, torkning av ytor, städning av arbetsstationer och hantering av avfall. Om det är flera lektioner per dag med olika fokus, kan det behövas tid för att ställa om mellan olika typer av aktiviteter, som att byta från matlagning till bakning. Om vissa elever behöver extra tid att städa och organisera sina arbetsstationer, är det viktigt att ställtiden räcker till för att även detta ska kunna ske utan stress.

För att hantera dessa praktiska faktorer effektivt och utan att stressa, bör en ställtid på minst 20-30 minuter mellan lektionerna och 30-45 minuter före och efter arbetsdagen. Detta ger tillräckligt med tid för att förbereda allt som behövs innan lektionen, samt att städa och återställa allt efter lektionen. Det kan också vara bra att ha möjlighet till flexibel ställtid beroende på lektionens specifika krav. Vid särskilt komplexa lektioner eller större grupper kan det vara nödvändigt med ännu mer tid. Enligt Sveriges lärare (2023) ställtiden i början och slutet av arbetsdagen ska rymmas i den reglerade arbetstiden. Förväntas läraren exempelvis läsa sitt mejl innan dagen börjar, ska det finnas tid för det. Gällande hem- och konsument-kunskap tillkommer dessa uppgifter utöver det praktiska arbetet kring ställtiden, samt institutionsvård, som omfattar arbetet bland annat med hygienpraxis, disk, och tvätt, inventarium och beställningar.

## 4.6.2. Städning och underhåll

Städning och underhåll innebär att rengöra och desinficera ytor, inklusive bänkar, bord, skåp och lagerutrymmen i hem- och konsumentkunskapssalen. Städning omfattar även tvättning och tork av kökstextilier, fyllning och tömning av diskmaskiner, samt sophantering och källsortering. För arbetssäkerhetens och pedagogikens skull är det viktigt att hålla HKK-salen trygg, ren, snygg och inbjudande. En ren och välordnad miljö är trygg ur hygienperspektiv, samt gör det mer behagligt och trivsamt för elever att vistas i salen. Det främjar en positiv inlärningsmiljö och kan öka motivationen och intresset för matlagning och hushållning. Många hem- och konsumentkunskapslärare utrycker dock att de inte hinner med institutionsvården under sin arbetsplatsbelagda tid:

> *Jag hinner inte med tvätt och inventarier. Ledningen tycker att dessa uppgifter ska ingå på förtroendetiden. Varför ska jag ta av förtroende tiden till det som är platsbundet?*
>
> *Enkät 2024*

Det är tydligt att många lärare inte hinner med tvätt och institutionsvård under den ordinarie arbetstiden och att ledningen ofta anser att dessa uppgifter ska skötas på förtroendetiden. Att ifrågasätta varför förtroendetiden ska användas för uppgifter som är platsbundna, är en rimlig fråga, eftersom förtroendetiden vanligtvis är avsedd för flexibla arbetsuppgifter som kan utföras utan krav på en specifik plats och skulle kunna användas för lektionsplanering och annat pedagogiskt utvecklande arbete.

Flera av lärarnas kommentarer uttrycker frustration och stress över de omfattande uppgifter som ingår i att hålla HKK-salen trygg, säker, ren och fungerande (enkät 2020, 2021, 2022, 2024). Lärarna upplever att städning och underhåll går långt utöver själva undervisningen och innefattar många olika praktiska arbetsuppgifter. De arbetsuppgifter som ingår i ämnets institutionsvård, som är nödvändiga för att säkerställa en säker och pedagogiskt optimal undervisning, bör inkluderas i lärarens ramtid och utföras under arbetstid, på samma sätt som för lärare i andra praktiska ämnen, såsom trä- och metallslöjd, textilslöjd och No-ämnen. HKK-lärarens arbetsuppgifter inom institutionsvård är dessutom omfattande, ska utföras dagligen och tar sammanlagt mer tid än vad som idag beaktas.

> *Det krävs ständigt underhåll, och ibland känns det orealistiskt att förväntas hantera allt själv. Till exempel är varmvattnet ofta borta i flera dagar, tvättmaskinen eller diskmaskinen krånglar, och handtag lossnar. Ibland känns det som att man behöver ha många olika roller och yrkeskunskaper för att klara av allt.*
>
> *Enkät 2021*

Läraren beskriver ovan svårigheter som uppstår när utrustning inte fungerar som den ska, vilket gör arbetsbördan ännu tyngre. Det faktum att varmvatten kan vara borta i flera dagar och att maskiner ofta krånglar bidrar till känslan av att läraren förväntas vara en mångsysslare och tekniker, snarare än bara en pedagog. Liknande situationer återkommer i flera lärarkommentarer (enkät 2020, 2021, 2022, 2024), särskilt på skolor där man har sparat in på resurser för annan personal, som vaktmästare. I dessa fall får HKK-lärarna ta på sig fler praktiska arbetsuppgifter relaterade till institutionsvård, vilket försvårar deras möjlighet att fokusera på undervisningen. Denna arbetsbelastning, som tidigare kanske var fördelad på andra yrkesgrupper, gör att HKK-lärarna måste hantera fler tekniska och praktiska problem, vilket innebär en orimlig förväntan på deras arbetskapacitet. Kommentarens innehåll belyser även de orimliga krav som ställs på HKK-lärare när det gäller institutionsvård. Läraren upplever att det ständigt krävs underhåll och att det är orealistiskt att förväntas hantera alla uppgifter själv. Läraren uttrycker också en känsla av att behöva ha många olika yrkeskunskaper och hantera flera roller för att klara av alla dessa uppgifter, vilket innebär en orimlig arbetsbelastning utöver själva undervisningen.

## Arbetsfördelning

Att lära elever om tvätt och kökshygien, samt att hålla rent i HKK-salen är en betydelsefull del av det centrala innehållet i ämnet. Detta arbete gör att eleverna inte bara lär sig om livsmedelssäkerhet i teorin, utan också praktiserar det i en verklig miljö, vilket förbereder dem för säker matlagning och hantering både i skolan och hemma. Eftersom det finns begränsad tid för städning i samband med undervisningen, sker städningen i samarbete mellan lärargrupper och städpersonal. För att upprätthålla en hög renhetsnivå på lång sikt krävs det att både elevernas och personalens städansvar fördelas på ett noggrant sätt. Det är viktigt att tydliggöra att läraren inte ska ha ansvar för att städa salen utanför sin arbetstid, utan att detta är en del av det gemensamma ansvaret som ska inkludera alla involverade parter.

> *Lektionstiden är ofta för kort för att eleverna ska hinna göra ett grundligt arbete. De måste skynda sig till nästa lektion och lämnar salen utan att städa ordentligt, vilket gör att man själv måste se över köken och säkerställa att allt är rent och snyggt.*

> *Dessutom saknar vissa elever motivation att genomföra städningen noggrant. De tycker att det är roligt att laga mat och baka, men är inte lika entusiastiska när det gäller att diska, torka av ytor och sopa. De yngre eleverna i årskurs 6 är ofta mer noggranna och vill göra ett bra jobb, men även för dem är lektionstiden för kort.*

> *Enkät 2020*

Undervisningsgrupper har huvudansvaret för kökshygien. Städpersonalens uppgift är att stödja det städarbete som utförs av eleverna med daglig underhållsstädning gällande golven och de stora ytorna, samt att genom periodiska åtgärder se till att renheten hålls på överenskommen nivå. Städpersonalen ansvarar för den dagliga underhållsstädningen, vilket omfattar regelbunden avtorkning av ytor och vid behov mekanisk rengöring av golv. Förutom detta ingår även skötsel av ytor och andra grundläggande städuppgifter i städarens arbetsuppgifter. Att använda rena verktyg är avgörande för att upprätthålla god kökshygien, och det är en fördel om städaren har med sig egna städredskap. Genom en tydlig arbetsfördelning och noggranna hygienrutiner kan renhetsnivån bibehållas och ytorna hållas i gott skick även på lång sikt.

Även eleverna ansvarar delvis för städningen i hem- och konsument-kunskapssalen, vilket möjliggör den pedagogiska verksamheten. Dock har läraren ansvaret för att hygienreglerna följs i salen och att rutinerna fungerar i praktiken. Principen är att varje elevgrupp städar köksutrymmena efter att de arbetat där, så att nästa grupp kan börja sin lektion och sitt arbete i rena och säkra utrymmen. Varje elev, par eller grupp ansvarar för att noggrant städa sitt kök i slutet av lektionen. Varje elevkök är utrustat med nödvändiga redskap, såsom disktrasa, diskborste, diskmedel och skursvamp, vilket minimerar onödig väntetid och förhindrar att smuts sprids mellan köken. Eleverna byter sina köksstädhanddukar och disktrasor efter varje lektion, tar dem till maskintvätten och byter till rena. Städning och avfallshantering i gemensamma utrymmen fördelas bland eleverna, gärna enligt ett schema för att säkerställa att alla bidrar till en ordnad och ren miljö.

## ”Efterarbete” och ämnets centrala innehåll

Ämnets centrala innehåll omfattar förståelsen kring hygien och livsmedelssäkerhet i samband med hantering, tillagning och förvaring av livsmedel (Skolverket, 2022). Detta innebär att eleverna måste lära sig att rengöra och desinficera arbetsytor noggrant före och efter hantering av livsmedel för att förhindra spridning av bakterier och andra patogener, vilket minskar risken för korskontamination. Verktyg och redskap som knivar, skärbrädor, och annan köksutrustning måste rengöras noggrant mellan användning, särskilt när de har varit i kontakt med rått kött, fisk eller ägg. Detta ingår i elevernas städrutiner under och efter lektionerna. Eleverna ska även lära sig om korrekt hantering av matavfall, såsom att snabbt ta bort skräp och organiskt avfall från arbetsstationer, då det är avgörande för att undvika ohygieniska förhållanden i köket.

Eleverna ska lära sig vikten av att hålla rätt temperaturer för olika typer av livsmedel, både vid tillagning och förvaring. Till exempel ska kylvaror hållas under 4°C, och kött ska tillagas tillräckligt för att döda skadliga bakterier. Eleverna ska även känna till hur olika livsmedel ska förvaras för att bevara deras säkerhet och kvalitet, exempelvis hur man korrekt fryser råvaror för att förhindra bakteriell tillväxt och förlänga hållbarheten. De ska också lära sig att snabbt och korrekt plocka undan och förvara livsmedel på ett sätt som upprätthåller rätt temperaturer och förhindrar bakterietillväxt, som att snabbt få in kylvaror i kylen och frysa ned varor som inte används direkt. Eleverna ska dessutom förstå vikten av att undvika korskontamination genom att separera råvaror, som kött och grönsaker, både vid förvaring och tillagning. Detta innebär att bakterier inte överförs från en yta till en annan, vilket är en viktig del av elevernas hygienkunskaper.

Det är även viktigt att eleverna lär sig och tillämpar korrekt arbetsordning vid städning för att säkerställa en hög hygienstandard i köket. En av de grundläggande principerna är att alltid börja med de renaste ytorna och arbeta sig mot de smutsigaste för att undvika att smuts sprids till redan rengjorda områden. Dessutom ska städningen genomföras uppifrån och ned, där man börjar med övre ytor som hyllor och skåp och avslutar med de lägre ytorna, som bänkar och golv. På så sätt förhindras att smuts och damm från högre ytor förorenar de redan rengjorda ytorna nedanför. För att förhindra spridning av smuts är korrekt användning av rengörings-redskap avgörande. Eleverna ska lära sig att vika disktrasan så att de alltid använder en ren del vid avtorkning. I vissa fall, som vid torkning av köttsaft, ska eleverna använda kökspapper istället för en trasa. Köttsaft kan innehålla skadliga bakterier, och genom att använda engångspapper och kassera det efteråt förhindras spridning av bakterier, vilket bevarar kökets säkerhet och hygien.

En effektiv städning i HKK-salen kräver att eleverna förstår och följer grundläggande hygienregler och arbetsordningar. Detta uppnås genom att lära ut dessa principer och säkerställa att de tillämpas konsekvent. För att möta elevernas olika förmågor är det viktigt att ge tydliga instruktioner och demonstrationer av de grundläggande hygienprinciperna. Genom att upprepa och förstärka dessa metoder, utvecklar eleverna gradvis sin kompetens, vilket ökar deras motivation att utföra städningen korrekt - även i vuxenlivet.

På grund av den begränsade tiden fokuseras elevernas städning på kontaktytor, smutsiga ytor, bänkskivor och diskbänkar, vilka utgör kökets mest kritiska punkter. Löst skräp och fläckar tas bort från golven. Att snabbt avlägsna smuts och fläckar från ytorna gör inte bara städningen mer effektiv, utan underlättar också städpersonalens arbete och hjälper till att hålla ytorna rena längre. De uppgifter som eleverna ansvarar för bör hållas så tydliga och välinstruerade som möjligt, så att eleverna hinner och kan utföra städarbetet i lugn och ro. Detta förbättrar kvaliteten på arbetet och städmotivationen. Att inse vikten av hygien ökar också innebörden av städarbetet, vilket gör det lättare för läraren att övervaka städarbetet, även i hektiska undervisnings-situationer.

*En checklista*

för efterarbete i HKK-salen kan se lite olika ut, men de vanligaste arbetsuppgifterna är:

**Checklista för rena kök - "Torrt och fläckfritt"**

- Rensa bort skräp och överblivna saker från bänkar och ytor
- Torka av bänkar och arbetsytor med en rengöringslösning
- Släng eventuella matrester i sopkärlet
- Diska alla köksredskap och tallrikar noggrant
- Torka av spisen och ugnens ytor
- Diska och torka diskhon
- Sopa golvet noggrant
- Kontrollera att allt är avstängt
- Ställ allt på sin plats när städningen är klar (kolla bild för innehållet för skåp och lådor)

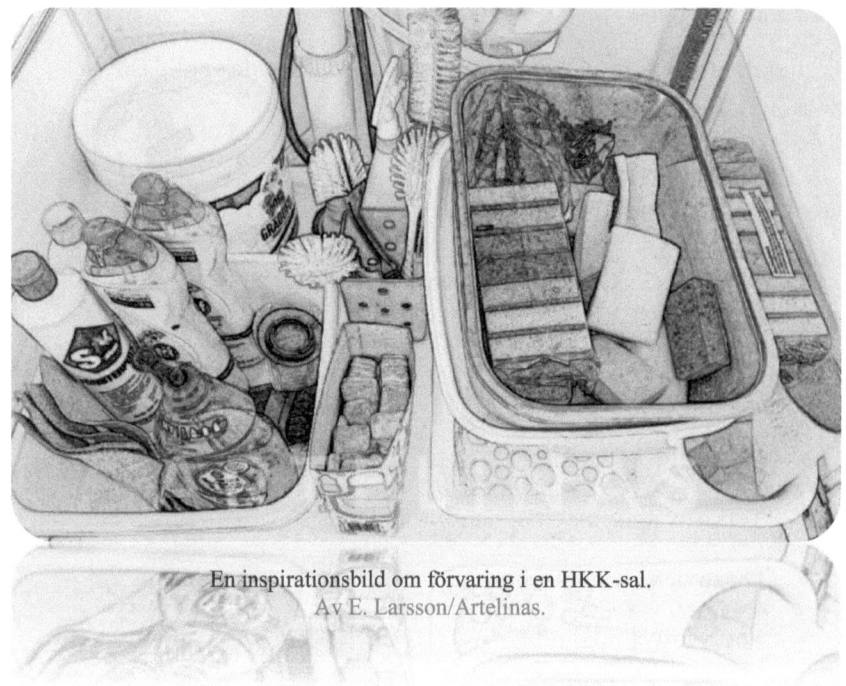

En inspirationsbild om förvaring i en HKK-sal.
Av E. Larsson/Artelinas.

## Avfallshantering

Hem- och konsumentkunskapsläraren tar ofta på sig en viktig roll i skolans miljöarbete i form av avfallshantering, vilket kräver tid och engagemang utöver den normala arbetstiden. Målet med avfallslagstiftningen är att minska mängden och skadligheten av avfall, främja en hållbar användning av naturresurser, säkerställa en effektiv avfallshantering och förhindra nedskräpning. Samtidigt innebär minskat och onödigt slöseri även att undvika överflödiga inköp, förlänga produkters livslängd genom reparationer, öka materialeffektiviteten och minska matsvinn. Dessa aspekter är en del av ämnets centrala innehåll och förpliktar därför läraren att aktivt engagera sig i dessa frågor inom undervisningen. En korrekt hantering av avfall är en del av skolans miljöutbildning och är också väsentligen relaterad till undervisningen i ämnet.

Kommunalt avfallsansvar innebär att det är kommunens ansvar att hantera avfall enligt miljöbalkens bestämmelser, särskilt i 15 kap. 20 och 20 a §§. Detta innebär att varje kommun är skyldig att samla in, transportera och antingen återvinna eller omhänderta det avfall som genereras inom kommunen, i enlighet med 15 kap. 3 § och 15 kap. 20 § i Miljöbalken. Enligt Miljöbalken måste alla kommuner ha en fastställd renhållningsordning, som beslutas av kommunfullmäktige, för att säkerställa att avfallet hanteras på ett miljömässigt och effektivt sätt. Denna renhållningsordning inkluderar både en avfallsplan, samt specifika regler för hur avfall ska hanteras, som ibland kallas renhållningsföreskrifter.

Detta innebär att skolan ska ha en egen sophanteringsplan utifrån kommunens sophanteringsstrategi och lämpliga sopkärl, samt undervisningslokaler ska ha en avfallshanteringsplan baserad på skolans avfallsplan, som förklarar hur avfall och farligt avfall hanteras och var de förvaras i väntan på slutförvaring. Naturligtvis sorteras papper i hushållets undervisningsområden, kartong, energiavfall, blandavfall, glas, metall och bioavfall i egna kärl. Bioavfallsbehållaren ska alltid tömmas efter lektionerna. Även det avfall för vilket det inte finns någon insamlingsbehållare som är specifik för undervisningsutrymmet ska lämnas till de skolspecifika insamlingskärlen efter dagens undervisningspass.

För en lärare i hem- och konsumentkunskap innebär de extra arbets-uppgifterna som nämns tidigare ett antal specifika ansvarsområden, som inte är inräknade i det vanliga pedagogiska arbetet. Läraren behöver skapa och upprätthålla en avfallshanteringsplan specifik för HKK-salen, baserad på skolans övergripande avfallsplan. Detta innebär att läraren ska planera hur olika typer av avfall ska hanteras, förvaras och slutligen bortskaffas. Dessutom förväntas läraren integrera undervisning om korrekt avfallshantering i sin ordinarie undervisning, vilket kan innebära att extra tid går åt till att planera lektioner och material som lär eleverna att sortera avfall korrekt och förstå vikten av hållbarhet.

Hem- och konsumentkunskapslärare är ofta lösningsorienterade och samarbetar med sina kollegor för att använda kursplanen i andra ämnen med likande innehåll exempelvis avfallsprojekt där man besöker kommunens avfallsanläggning och bekantar sig med sopsortering i praktiken.

> *Vi åker med årskurs 6 till avfallsanläggning och då tar vi även upp ämnet i hemkunskap. Det blir en uppskattad dag med mycket bra innehåll som senare tas upp i andra sammanhang under lektionerna.*
>
> *Enkät 2020*

Det är på lärarens ansvar att se till att avfallsbehållarna i undervisnings-lokalen är korrekt märkta och att de används på rätt sätt, vilket innebär att läraren regelbundet kontrollerar att sorteringen fungerar som det ska, och att avfallet töms och förvaras enligt planerna. Oftast behöver läraren samarbeta med skolans städpersonal, vaktmästare och andra lärare för att säkerställa att avfallshanteringen i skolans olika delar sker på ett samordnat och korrekt sätt. Detta innebär att koordinera tider för tömning av avfall, diskutera förbättringar av systemet och delta i möten om skolans miljöarbete. Läraren måste även se till att bioavfallsbehållaren töms efter varje lektion, och att annat avfall som inte har specifika behållare i klassrummet transporteras till de rätta insamlingskärlen i skolan. Sophantering är inte alltid korrekt ordnat från kommunens och skolans sida. HKK-lärare får hitta egna lösningar för sophantering i undervisningssalen. Detta kan vara både besvärligt och orsaka extra arbete:

> *Vi saknar fortfarande ett ordentligt system för avfalls-hantering och sopsortering. Jag har lossats att ha biosopor, men sedan slänger jag allt i samma sopor i alla fall. Känns inte riktigt okej, dessutom tar jag med mig metall och glas, och slänger själv vid en sopstation på vägen hem.*
>
> *Enkät 2024*

Läraren behöver även hålla sig uppdaterad om förändringar i kommunens sophanteringsstrategi och justera klassrummets avfallshanteringsplaner därefter. Det kan innebära att skapa nya rutiner eller utbilda sig själv och eleverna om nya riktlinjer, vilket innebär att läraren behöver kontinuerligt hålla sig uppdaterad, samt använda tid för att sätta sig in i miljöfrågor.

### 4.6.3. Hantering av köksutrustning

Att sköta och underhålla köksutrustningen i HKK-salen är en viktig uppgift som ingår i arbetet med institutionsvård. Enligt enkätsvaren anser många lärare, att det inte ges tid för att göra dessa arbetsuppgifter.

> *Jag springer som skållad troll för att hinna med all institutionsvård. Jag hinner inte med att rengöra köksmaskinerna, kylskåp och frysar, utan att tala om mikron och vattenkokare. Tiden går på att svara på meddelanden och elevkommunikation, samt dokumentation som handlar om mentorselever. Arbetsmängden har ökat tydligt under de senaste åren.*
>
> *Enkät 2024*

Att sköta och underhålla köksutrustningen inkluderar att rengöra och desinficera ugnar, spisar, mikrovågsugnar, kylskåp, frysar och andra apparater regelbundet. En del av arbetet ingår i elevernas efterarbete under en praktisk lektion i HKK-salen, men mycket av detta arbete måste göras kontinuerligt av läraren. Detta är i grunden en ansvarsfråga och läraren behöver vara uppdaterad om maskinernas kondition och funktionalitet. För att ha kontroll över salens köksmaskiner och utrustning, behöver läraren ta hand om renheten av mikrovågsugnar, torka dem insidan och utsidan, och desinficera regelbundet för att förebygga spridning av bakterier.

Läraren behöver ta hand om skötseln av kylskåp och frysar, vilket i praktiken innebär att rengöra hyllor, lådor och dörrfack med jämna mellanrum, samt avfrosta frysar vid behov för att upprätthålla optimal funktion och hygien. Läraren ska även ge underhåll för mindre köksapparater, rengöra och kontrollera apparater som elvispar, mixrar och brödrostar regelbundet för att säkerställa att de är rena och i gott skick, samt rapportera eller åtgärda eventuella skador eller slitage som kan påverka deras prestanda. Läraren bör följa strikta hygienrutiner för att säkerställa att all köksutrustning är ren och säker att använda vid varje lektion. Regelbundna kontroller av apparaternas funktion är viktiga och ökar säkerheten i HKK-salen.

## Beställningar av livsmedel och lagerhantering

Att hålla ordning och reda i skåp och lagerutrymmen är en del av arbetsuppgifterna inom institutionsvård i hem- och konsumentkunskaps-salen. Läraren behöver använda tid för att organisera skåp och lagerutrymmen. Det är viktigt att regelbundet gå igenom och strukturera skåp, hyllor och lagerutrymmen för att hålla köksredskap, tallrikar, glas, bestick och matvaror i ordning. Detta underlättar för både lärare och elever att snabbt hitta vad de behöver. Läraren behöver kontinuerligt planera och genomföra inventeringar för att säkerställa att det finns tillräckligt med matvaror och förnödenheter för kommande lektioner. Detta inkluderar att notera vad som behöver fyllas på och beställa nya varor i tid.

Planering och beställning inkluderar att bedöma mängden ingredienser som behövs för varje lektion, kontrollera konditionen av befintliga råvaror, beställa varor i rätt mängd och se till att de förvaras på rätt sätt. Fokus med detta arbete ligger på att vara kostnadseffektiv och undvika överflödiga inköp. Dessutom ska läraren försöka minska matsvinn genom att kontinuerligt övervaka hur ingredienser och varor används, se till att rester används och att det blir så lite avfall som möjligt, samt hålla koll på varor som närmar sig utgångsdatum och planera undervisningen så att dessa varor används i tid. All detta arbete bidrar till en hållbar och ekonomisk användning av resurser.

## 4.6.4. Hygien och säkerhet

Hem- och konsumentkunskapssal är en plats där mat tillagas och hanteras. Att följa strikta hygienrutiner och säkerhetsåtgärder är avgörande inom institutionsvård. Det kan innefatta att beställa och rengöra skyddsutrustning, som handskar och förkläden, och följa riktlinjer för matförvaring och livsmedelssäkerhet. Det är lärarens ansvar att se till att alla hygienrutiner följs noggrant för att minimera risken för kontaminering och spridning av sjukdomar. Det är viktigt att säkerställa att köksutrustningen är ren och i gott skick samt att de nödvändiga hygienåtgärderna vidtas vid hantering av livsmedel.

Hem- och konsumentkunskapslärarens konkreta arbetsuppgifter är exempelvis regelbunden beställning av städ- och skyddsutrustning, såsom tvätt- och diskmedel, städartiklar, handskar och förkläden, samt inspektion av utrustningens skick och ersättning av förbrukade eller skadade föremål. Inom andra typer av yrken uppsattas tidsåtgång till cirka 1-2 timmar per vecka beroende på verksamhetens storlek. Läraren ansvarar även för rengöring och desinfektion städ- och skyddsutrustning, såsom disktrasor och förkläden. I detta arbete ingår även följning av riktlinjer för korrekt förvaring av livsmedel, inklusive märkning av förbrukningsdatum och temperatur-kontroller, samt inspektion av kylskåp och frysar för att säkerställa att rätt temperaturer hålls.

Att noggrant föra register och dokumentera relevant information är också en central del av arbetet inom institutionsvård. Detta kan innebära att regelbundet övervaka och registrera kylskåp- och frystemperaturer, dokumentera matintag och särskilda kostbehov, samt rapportera och hantera tekniska problem eller incidenter. Därtill ingår att åtgärda problem med leveranser och utföra riskanalyser för att säkerställa en trygg och välfungerande verksamhet. Inom andra typer av arbetsplatser och institutioner ingår ansvar för regelbunden utbildning och uppdatering av personal om hygien- och säkerhetsrutiner, samt uppföljning för att säkerställa att rutinerna efterlevs. Inom hem- och konsumentkunskap innebär detta att läraren ser till att alla elever får tillräckliga kunskaper inom dessa och att läraren konstollerar att de följs under varje lektion. Detta kan vara en stressfaktor, speciellt om gruppstorlekar är för stora eller grupperna innehåller elever som har svårt att följa regler.

*Tidsåtgång för Institutionsvård*

Dessa uppgifter kan variera i tidsåtgång beroende på klassens storlek, antalet lektioner och hur välorganiserad läraren är. Generellt kan man räkna med att:

- Tvätt och städning: 3-5 timmar per vecka, beroende på mängden arbete som behöver göras. Tiden som tvättmaskinen och torktumlaren är i bruk räknas inte med, eftersom det inte förväntas att läraren ska vänta tills programmen är klara.

- Organisering och inventering: 2-4 timmar per vecka, beroende på hur mycket som behöver göras.

- Beställning och planering: 1-3 timmar per vecka, inklusive att sammanställa inköpslistor och koordinera leveranser.

- Kontroll och uppföljning av varor: Cirka 0,5- 1 timme per vecka för att hålla koll på utgångsdatum och minska matsvinn.

Sammanlagt kan det krävas upp till 13 timmar per vecka för dessa institutionsvårdande uppgifter, beroende på de specifika förutsättningarna och behoven. Om det finns flera HKK-lärare, delas dessa arbetsuppgifter oftast mellan dem enligt ett naturligt roterande schema, beroende på gruppernas arbetsuppgifter och kurser.

En inspirationsbild av en traditionell HKK-sal i en renoverad skolbyggnad från 60-talet. Salen har högt i tak och en enkel, öppen planlösning som ger gott om utrymme för rörelse i de åtta elevköken.
Av E. Larsson med hjälp av ett grafikprogram och Ikeas planeringsverktyg.

## 4.7. Resurstilldelning: lärarkompetens, stödpersonal och vikarier

Detta kapitel behandlar resurstilldelning med fokus på lärarkompetens, stödpersonal och vikarier. Först diskuteras lärarkompetens och dess betydelse, med särskild uppmärksamhet på optimal lärarkompetens i hem- och konsumentkunskap. Därefter behandlas kompetensutveckling, där vikten av relevant, aktuell och varierad kompetensutveckling lyfts fram, tillsammans med ledningens avgörande stöd. Vidare behandlas stödpersonal, samarbete med andra ämnen och vikariehantering. Kapitlet avslutas med en diskussion om arbetsrelaterad stress och dess påverkan på undervisningen.

Såsom det framkommer i tidigare kapitel, enligt enkätsvaren från åren 2020 till 2024 finns det tydliga brister i resurstilldelning för ämnet. Bristande resurser och låg status påverkar lärarkompetensen negativt genom att begränsa möjligheterna till ämnesspecifik fortbildning och stöd. Detta gör det svårt för lärare att utveckla sin undervisning och anpassa den efter aktuella samhällstrender. Stödpersonal och vikarier påverkas också, då de ofta saknar tillräcklig ämneskunskap, vilket kan leda till sämre kontinuitet och kvalitet i undervisningen. Samtidigt försvårar den låga prioriteringen av ämnet rekrytering av kvalificerade vikarier och ytterligare stödpersonal, vilket skapar ytterligare belastning på befintliga lärare.

Det finns flera faktorer som bidrar till den begränsade satsningen på HKK-ämnet i olika skolor. En central anledning är den ekonomiska situationen i vissa skolor, där resurserna generellt är knappa. Emellertid framhävs även ämnets dåliga status; hem- och konsumentkunskap prioriteras inte av skolledningen, vilket resulterar i att ämnet inte tilldelas de resurser som krävs för att täcka kostnaderna för undervisningen (jmf. Bergström & Millares, 2013). Enligt enkätsvaren från åren 2020-2024 känner över hälften av lärarna att deras insatser inte uppskattas i samma utsträckning som kollegornas inom teoretiska ämnen. Detta är en av anledningarna som bidrar till en ojämn fördelning av resurser och kan leda till att även skolor med goda ekonomiska förutsättningar har svårt att säkerställa en kvalitativ och likvärdig undervisning i ämnet.

Resurstilldelningen påverkas dessutom av ledningens bristande förståelse för ämnets mångsidighet och betydelse. Det finns ofta en uppfattning att kostnaderna för undervisningen - inklusive livsmedel, tekniska redskap och maskiner, hushållstextilier, rengöringsmedel samt allt undervisningsmaterial från pennor till digital teknik - inte är nödvändiga att täcka. Denna brist på insikt om ämnets bredd kan hindra utvecklingen och implementeringen av en meningsfull och effektiv undervisning, vilket i sin tur påverkar elevernas lärande och förberedelse inför framtida utmaningar.

Det finns flera anledningar till att satsningen på hem- och konsument-kunskap i olika skolor ofta är otillräcklig. En grundläggande faktor är att staten inte tar ansvar för att säkerställa ett likvärdigt skolsystem, utan istället överlämnar ansvaret till kommuner och privata aktörer. Detta resulterar i en ojämlik resursfördelning, där skolor prioriterar sina tillgångar utifrån lokala intressen och behov. Många skolor har begränsade resurser och kan därför välja att fokusera sina insatser på ämnen som anses ha större betydelse för elevernas framtid, såsom matematik, språk och naturvetenskap. Dessa kärnämnen ses ofta som grundläggande för elevernas akademiska framgång och arbetsmarknadens krav, vilket gör att ämnen som hem- och konsumentkunskap får stå tillbaka. Detta leder till att ämnet får mindre tid och resurser, vilket i sin tur påverkar undervisningskvaliteten negativt.

Bristande finansiering kan också hindra skolor från att tillhandahålla den nödvändiga utrustningen och materialen som behövs för effektiv undervisning. Utan lämpliga resurser är det svårt att skapa en lärandemiljö där eleverna kan engagera sig och utveckla praktiska färdigheter. Dessutom kan bristen på kompetenta lärare inom ämnet leda till att undervisningen blir otydlig eller otillräcklig, vilket ytterligare underminerar ämnets status och relevans. Denna situation kan skapa en ond cirkel där hem- och konsumentkunskap betraktas som ett mindre viktigt ämne, vilket gör att det får ännu mindre resurser och uppmärksamhet. För att ämnet ska kunna utvecklas och ges den plats det förtjänar i skolans undervisningsprogram, krävs en medveten satsning på både finansiering och utbildning av lärare.

Enkätstudier från 2020, 2021, 2022 och 2024 lyfter fram hur bristen på behöriga lärare ofta leder till att ämnet får otillräckligt utrymme i den lokala tolkningen av timplanen. Dessutom finns det en påtaglig brist på medvetenhet om ämnets betydelse och hur det kan påverka elevernas dagliga liv och framtid. Hem- och konsumentkunskap är inte bara relevant för vardagslivet utan omfattar också praktikanpassade aspekter av STEAM-ämnen (vetenskap, teknik, ingenjörskonst, konst och matematik), vilket gör dess roll i utbildningen ännu viktigare. Trots detta uppmärksammas det inte tillräckligt, vilket gör att det ofta nedprioriteras vid schemaläggning.

Ett hinder är att utbildningssystemet i Sverige tenderar att fokusera på ämnen som bedöms genom standardiserade, nationella prov. Eftersom hem- och konsumentkunskap inte omfattas av dessa prov, minskar initiativen för skolor att satsa på och ge ämnet den uppmärksamhet det förtjänar. Samtidigt, med samhällsutvecklingens ökade betoning på digitalisering och tekniska färdigheter, riskerar praktiska och vardagsnära ämnen att framstå som mindre relevanta. Det innebär att resurser och intresse ofta riktas mot teknologiskt avancerade ämnen, vilket sker på bekostnad av praktisk kunskap som eleverna behöver i det dagliga livet. Dessa utmaningar är avgörande att identifiera och hantera för att skapa en mer balanserad och relevant utbildning som förbereder eleverna för både ett modernt, digitalt samhälle och praktiska, vardagsnära situationer.

En viktig aspekt att beakta är den nödvändiga balansen mellan teori och praktik som krävs för att HKK-undervisningen ska bli både meningsfull och effektiv: det är avgörande att den teoretiska delen integreras med den praktiska, där båda aspekterna behandlas med samma allvar. Om skolledningen inte förstår eller värdesätter denna balans, riskerar undervisningen att bli fragmenterad och ytlig, vilket försämrar elevernas lärande och förståelse. Det händer ibland att pedagogiken bakom ämnet missuppfattas, och det reduceras till enbart praktiska aktiviteter, utan att man ser den viktiga kopplingen till teoretiska områden som hälsa, ekonomi och samhällsfrågor. När detta sker är risken stor att ämnet inte får rätt prioritering i skolans övergripande planering, vilket gör att lärarna inte ges tillräcklig tid för att utveckla en kvalitativ undervisning.

Å andra sidan, om lokala sparkrav gör att ämnet ändras till mer teoretiskt på bekostnad av de praktiska inslagen, skapar detta ytterligare problem. Det leder till en pedagogiskt omöjlig situation, där lärarna står inför en orimlig utmaning att planera, genomföra samt bedöma och betygsätta på ett rättvist och effektivt sätt utifrån ämnets centrala innehåll och Lgr22 utan att ha möjlighet att undervisa på ett ämnesmässigt korrekt sätt. Att hitta en hållbar balans mellan teori och praktik är alltså avgörande, och ett misslyckande i detta avseende påverkar inte bara undervisningens kvalitet, utan också elevernas engagemang och framtida förmåga att tillämpa det de lär sig i sina egna liv.

När det gäller arbetsbelastning kan en bristande förståelse för vad undervisning och kringarbete innebär leda till orimliga förväntningar på läraren. Om ledningen inte inser hur mycket tid som krävs för att planera, ge återkoppling, anpassa undervisningen och bedöma eleverna, kan det resultera i att läraren får för lite tid för dessa viktiga moment. Det kan också innebära att läraren inte får det stöd hen behöver för att kunna genomföra sitt arbete på ett hållbart sätt. Om ledningen inte har en tydlig bild av lärarens arbetsförhållanden riskerar läraren att bli överbelastad, vilket påverkar både undervisningens kvalitet och lärarens välmående. Dessutom påverkar en bristande förståelse för ämnet lärarens motivation och arbetsmiljö: om läraren upplever att deras arbete och ämnets krav inte värderas, kan det leda till frustration och en känsla av att arbetet inte är meningsfullt. Detta kan i sin tur minska kvaliteten på undervisningen och påverka relationen till eleverna negativt.

## 4.7.1. Lärarkompetens och dess betydelse

De fyra enkäten (2020, 2021, 2022, 2024) behandlade inte direkt lärarkompetens som en av ramfaktorerna som påverkat likvärdig undervisning, dock lyfts problematiken kring obehöriga vikarier och lärare fram i de långa svarstexterna, framför allt gällande arbetsbelastning och stressfaktorer, samt kring ämnets status och kompetensutveckling.

Enkäten besvarades nästan uteslutande av behöriga lärare, eller av personer som studerar för att bli det. Endast tre av de 368 lärare som svarade på enkäten 2020 saknade lärarlegitimation och hade istället en annan utbildning, till exempel som fritidspedagog. Samma mönster återfanns i de andra enkätundersökningarna, där färre än tio personer varken var behöriga eller hade en annan lärarutbildning, eller var under utbildning till lärare i hem- och konsumentkunskap. Detta beror på att de lärare som är medlemmar i Sveriges Lärare (tidigare Lärarförbundet) sannolikt är mycket engagerade i sitt yrke och sin professionella utveckling, vilket kan korrelera med att de också har gedigen arbetserfarenhet och hög kompetens. Dessa lärare är ofta särskilt intresserade av frågor som rör utbildningens kvalitet, arbetsvillkor och pedagogisk utveckling.

De som svarade på enkäten uppvisar ett högre engagemang i sitt ämnesområde, vilket ofta är kopplat till en vilja att vidareutveckla sin kompetens och aktivt förbättra sin undervisning genom deltagande i fackliga nätverk för kompetensutveckling. Dessa lärare är även mer benägna att skaffa lång erfarenhet inom yrket, eftersom fackförbund ofta attraherar personer som ser värdet i att organisera sig för att påverka sina arbetsvillkor och utveckla sitt yrke över tid. Enligt enkätsvaren (2020, 2021, 2022, 2024) har en betydande del av lärarna en lång och hög arbetserfarenhet inom ämnet: 2024 över hälften av de svarande hade arbetat över 11 år som HKK-lärare (218 av 372), och en tredjedel av alla som svarade hade över 20 års arbetserfarenhet. De tidigare enkäterna visar en väldigt lik kompetensfördelning.

Lärarnas höga arbetserfarenhet, där över hälften har arbetat i mer än 11 år och en tredjedel har över 20 års erfarenhet, innebär att deras perspektiv troligen är välgrundade och baserade på omfattande praktisk erfarenhet. Detta ger en djupare insikt i hur ramfaktorer som tid, resurser och organisatoriska strukturer påverkar undervisningen i hem- och konsument-kunskap. Eftersom de som svarade har lång erfarenhet, kan det tyda på att deras svar speglar ett genuint intresse för att förbättra undervisnings-förhållandena och att de är motiverade att positivt påverka ramfaktorerna. Att de tidigare enkäterna visade en liknande kompetensfördelning bland de svarande antyder att resultaten är konsekventa. Detta stärker trovärdigheten i resultaten, eftersom de baseras på en stabil och erfaren lärarkår, vilket minskar risken för att de skulle vara en tillfällighet eller påverkas av tillfälliga förändringar i lärarkårens sammansättning.

Å andra sidan, eftersom de som svarat främst är erfarna och intresserade lärare, kan det finnas en risk att perspektiven från nyare eller mindre engagerade lärare inte är lika representerade. Detta kan innebära att vissa utmaningar eller behov som är mer påtagliga för mindre erfarna lärare inte framkommer lika tydligt i resultaten. Svaren pekar också på att dessa erfarna lärare har ett starkt behov av tillhörighet och utbyte med andra ämneslärare. Detta understryker ramfaktorernas betydelse i form av möjligheter till kollegialt samarbete och professionella nätverk, vilket är viktigt för lärarnas fortsatta utveckling och trivsel.

Lärarbehörigheten i ämnet är dock ett problem när man reflekterar över hela landets undervisningskapacitet i hem- och konsumentkunskap. Enligt Skolverkets statistik (2024), i tabell 8A: "*Anställda med lärarlegitimation och behörighet läsåret 2023/24*", var endast 40 procent av de anställda i årskurs 4-6 behöriga, och i årskurs 7-9 var behörighetsgraden bara 58 procent. Än allvarligare är situationen för undervisning i årskurs 1-3, där behörigheten bara är 7 procent av alla anställda. Den låga andelen behöriga och legitimerade lärare i hem- och konsumentkunskap medför flera allvarliga problem för likvärdig undervisning. Utan tillräckligt antal behöriga lärare riskerar undervisningens kvalitet att försämras, eftersom dessa lärare saknar den aktuella ämneskunskapen och pedagogiska utbildningen. De som inte är legitimerade HKK-lärare saknar ofta kunskap om den praktiska arbetsplaneringen för optimala lektioner, tidsåtgången för olika metoder och moment, uppgiftsanpassning till olika grupper och kunskapsnivåer, samt tanken på progression i arbetsuppgifter över olika årskurser. Detta leder till ojämlik tillgång till undervisning, eftersom elever i olika skolor eller regioner inte får samma möjlighet till en kvalitativ utbildning. En sådan ojämlikhet skapar en situation där vissa elever får en bättre undervisning än andra, beroende på tillgången till behöriga lärare. Lärare utan behörighet har ofta svårt att täcka hela centrala innehållet i Lgr22, vilket kan resultera i att vissa delar prioriteras bort eller inte behandlas tillräckligt (jmf. Skolinspektionen, 2019). Detta påverkar elevernas helhetsförståelse och kunskapsutveckling i ämnet.

Såsom det framkommer i enkätsvaren (2020, 2021, 2022, 2024) får behöriga lärarna en ökad arbetsbelastning, vilket leder till stress och minskad undervisningskvalitet. Detta ökar även risken för utbrändhet bland dessa lärare. Ett flertal lärare påpekar, att arbetsmängden har ökat på grund av att kollegor består av obehöriga vikarier (speciellt för årskurser 3-6), som behöver kontinuerlig hjälp bland annat med beställningar av råvaror, lektionsplanering och bedömning.

> *Det faktum att jag inte har en behörig kollega är frustrerande. Just nu agerar jag både som stöd för en vikarie och som lärarutbildare, eftersom vår ledning har gett vikarien intrycket att hen kan bli utbildad HKK-lärare på bara två terminer. Trots att vikarien har mångårig erfarenhet som kock, har hen betydande kunskapsluckor inom de specifika ämneskunskaperna, och saknar dessutom pedagogisk och metodisk utbildning.*

> *När jag granskade snabbspåret för lärarutbildning (som kritiserats av samtliga instanser) såg jag att det kräver en akademisk examen i grunden, vilket vår vikarie inte har. Att tro att det är möjligt att bli lärare under dessa förutsättningar*

*är svårt att acceptera. Jag tycker dessutom att detta är oerhört respektlöst mot vikarien. Är det verkligen så här lärarbristen ska lösas? Denna situation stressar mig enormt!*

*Att vara medbedömare/mentor för obehöriga tar oerhört med tid och energi då obehöriga inte inser att ämnet är så mycket mer än att "bara laga mat". Att göra sin egen bedömning är inte stressande då jag har bra koll och dokumentation på mina elever, men att vara medbedömare tar tid och stressar.*

*Jag gör lektionsplaneringar åt obehöriga för att de ska lyckas med sin undervisning. Blir så trött på alla som tror att vem som helst kan undervisa i hemkunskap. Att ha en bra ledning underlättar mycket för mig som lärare.*

Enkät 2020

När behöriga lärare måste agera mentorer eller utbildare för obehöriga vikarier, ökar deras arbetsbörda betydligt, då de utöver sina ordinarie undervisningsuppgifter måste avsätta tid och energi för att stötta och vägleda vikarierna, vilket leder till stress och minskad ork. Detta påverkar lärarens förmåga att planera och genomföra sin egen undervisning på ett kvalitativt sätt. Att ständigt behöva kompensera för vikariernas brist på ämneskunskap och pedagogisk erfarenhet kan skapa en känsla av frustration och otillfredsställelse i arbetet. Detta kan leda till ökad stress och i förlängningen utbrändhet, vilket ytterligare försämrar arbetsmiljön och undervisnings-kvaliteten.

Om hem- och konsumentkunskapslärare kontinuerligt ersätts med obehöriga vikarier, etableras en ohälsosam praxis som ger en felaktig bild av både ämnet och HKK-lärare. När obehöriga vikarier, som saknar relevant utbildning i ämnet, används på en regelbunden basis, riskerar ämnets status att sänkas både i skolan och i samhället. Detta kan ge intrycket av att hem- och konsumentkunskap inte är ett viktigt ämne som kräver specialiserad kunskap, vilket i sin tur underminerar värdet av att ha behöriga och specialiserade lärare i undervisningen. Om ämnet inte anses tillräckligt viktigt för att kräva behöriga lärare, minskar intresset för att utbilda sig till lärare i ämnet. Detta skapar en negativ spiral där bristen på behöriga lärare fortsätter att öka, vilket ytterligare försämrar utbildningens kvalitet och ämnets status.

Det finns även andra betydande pedagogiska konsekvenser av att i större utsträckning anställa obehöriga vikarier. Dessa vikarier saknar ofta den djupa ämneskunskap och pedagogiska kompetens som krävs för att undervisa i ämnet på ett optimalt sätt. De har vanligtvis inte tillräckliga kunskaper inom lektionsplanering, arbetsmetoder, bedömning, elevanpassning, matlagnings-metoder eller teoretiska områden som ingår i ämnets centrala innehåll. Detta leder till en försämrad kvalitet på undervisningen, vilket i sin tur negativt påverkar elevernas lärande.

En tänkvärd observation från Skolinspektionen 2019 är att måluppfyllelsen i hem- och konsumentkunskap är bland de högsta av alla ämnen, trots att andelen behöriga lärare som undervisar i ämnet är bland de lägsta. Skollagen föreskriver tydligt att endast legitimerade och behöriga lärare ska bedriva undervisning, eftersom forskning visar att lärarnas kompetens och ledarskap är avgörande för att ge eleverna undervisning av hög kvalitet. Trots den höga måluppfyllelsen finns det flera faktorer som kan påverka hur betyg sätts, särskilt när undervisningen sker utan behöriga lärare. En anledning kan vara att obehöriga lärare ger högre betyg och baserat på ett otillräckligt bedömningsunderlag, eftersom inte alla områden i det centrala innehållet behandlats eller undervisats på ett fullständigt sätt.

Andra möjliga orsaker inkluderar bristande kunskap om och praxis kring bedömning, vilket kan leda till en bedömning som inte speglar elevernas faktiska kunskaper inom ämnesområdet. Skolinspektionen har därför betonat att rektorer noggrant måste följa upp undervisningen och bedömningen i ämnet, särskilt när den utförs av obehöriga lärare. Huvudmän och rektorer har också en viktig roll i att skaffa sig kunskaper inom hem- och konsumentkunskap och att arbeta för att obehöriga lärare i verksamheten får möjlighet till utbildning, för att på sikt öka andelen behöriga lärare. Dessutom bör de fortbilda redan behöriga lärare, så att de kan hålla sig uppdaterade och säkerställa en rättvis och likvärdig bedömning.

Bristen på behöriga lärare leder till stora skillnader i utbildningens kvalitet mellan olika skolor och regioner. Elever som undervisas av behöriga lärare får en mer kvalificerad och djupgående undervisning, medan de som undervisas av obehöriga vikarier riskerar att få en mer ytlig och mindre ämnesspecifik undervisning. Detta skapar ojämlikheter i elevernas grundläggande kunskaper. Om elever i årskurserna 3-6 exempelvis undervisas av fritidspedagoger utan rätt kompetens, riskerar deras förståelse för hem- och konsumentkunskap att bli otillräcklig. Detta kan leda till minskat intresse för ämnet och göra det svårare för eleverna att nå goda resultat i ämnet när de når högstadiet.

Användning av obehöriga lärare påverkar även elevstödet negativt, särskilt för de elever som behöver extra hjälp. Obehöriga lärare saknar ofta den kompetens som krävs för att effektivt identifiera och ge stöd till dessa elever. Denna brist på kvalificerade lärare kan även göra undervisningen mindre inspirerande och engagerande, vilket påverkar elevernas motivation och intresse för ämnet. Om obehöriga lärare fortsätter att användas för att hantera lärarbristen, kan det få allvarliga långsiktiga konsekvenser för elevernas framtid. Elever som inte får en likvärdig och kvalitativ utbildning i hem- och konsumentkunskap riskerar att sakna viktiga kunskaper och färdigheter för att hantera framtida livssituationer, vilket kan påverka deras personliga och ekonomiska välbefinnande. Som nämnts tidigare, kan den minskade statusen för ämnet, orsakad av användning av obehöriga vikarier, göra det ännu svårare att rekrytera kvalificerade HKK-lärare, vilket förvärrar lärarbristen och skapar en ond cirkel. För att säkerställa en likvärdig utbildning och förhindra ytterligare marginalisering av ämnet, är det avgörande att öka andelen behöriga och legitimerade lärare i hem- och konsumentkunskap.

## Optimal lärarkompetens i hem- och konsumentkunskap

Forskning visar (Hattie, 2009) att framgångsrika lärare har djupa ämneskunskaper och stark didaktisk kompetens, samt förmågan att balansera dessa för att skapa sammanhang och en röd tråd för elevernas lärande. De anpassar innehållet och metoderna i undervisningen efter elevernas behov och den specifika situationen, och de har tillgång till ett brett spektrum av metoder och verktyg. Dessutom är framgångsrika lärare tydliga ledare i klassrummet. De skapar struktur och klargör både målen och de insatser som krävs för att nå dem. Dessa lärare motiverar eleverna genom att ha realistiska förväntningar och genom att knyta undervisningen till elevernas egna erfarenheter (Skolinspektionen, 2010). Resultatet är en undervisningsmiljö som stödjer och strukturerar elevens lärande, där läraren leder kunskapsutvecklingen, gör eleverna delaktiga, och utmanar dem genom att variera undervisningen och sätta mål som ligger strax bortom deras nuvarande kunskapsnivå.

Lärarkompetens innebär att läraren har gedigna kunskaper om ämnes-innehållet och de styrdokument som styr undervisningen i hem- och konsumentkunskap. Detta inkluderar områden som kost och hälsa, ekonomi och konsumenträttigheter, matlagning och arbetsplanering i hemmet. En kompetent lärare är också van att arbeta med processtänkande inom pedagogiken och har djupgående kunskap om matlagningsmetoder, samt förståelse för hur matlagningskemi och fysik påverkar slutresultatet. Dessa lärare förstår ämnets både bredd och djup och kan använda sin kunskap för att undervisa effektivt. Genom att kontinuerligt hålla sig uppdaterade om den senaste forskningen och pedagogiska metoder inom HKK-området, kan de säkerställa att deras undervisning är både relevant och aktuell.

Lärare med hög kompetens är skickliga i att förmedla sina ämneskunskaper på ett sätt som är begripligt och engagerande för eleverna. De kan bryta ner komplexa begrepp till mer lättförståeliga delar och anpassa sin undervisning till olika elevers lärostilar och behov. Dessa lärare har förmågan att justera undervisningens innehåll och metoder utifrån elevernas olika förutsättningar och den specifika undervisningssituationen. De är flexibla och kan snabbt anpassa sig till förändringar i klassrummet. I praktiken innebär detta att läraren kan anpassa arbetsmetoderna i köket utifrån elevens speciella behov, samt att hen situationsanpassar recept och det teoretiska innehållet i hänsyn med elevens kunskapsnivå och lärostil. Allt detta kräver dock ett välutformat ramverk från skolans sida för att kunna fungera i praktiken.

Såsom Skolinspektionen (2010) påpekar, en duktig lärare har en förmåga att skapa sammanhang och struktur: läraren kan skapa samband i undervisningen genom att knyta olika delar av kursinnehållet samman till en röd tråd, vilket hjälper eleverna att se hur olika delar av ämnet hänger ihop och hur de kan tillämpa sina kunskaper i praktiska situationer. Läraren är en tydlig ledare i klassrummet och skapar en planerad och ordnad lärandemiljö, vilket innebär att de klargör både målen för undervisningen och vilka insatser som krävs för att nå dessa mål. Deras ledarskap hjälper eleverna att känna sig trygga och fokuserade.

En kompetent lärare skapar en mångsidig undervisningsmetodik genom att använda ett brett spektrum av undervisningstekniker och verktyg. De kan variera sin undervisning med allt från praktiska övningar till teoretiska diskussioner, och de använder digitala verktyg och andra resurser för att förstärka lärandet. De är också kreativa och innovativa, och kan integrera nya metoder och teknologier i sin undervisning för att öka dess relevans. Det är även viktigt att läraren motiverar sina elever genom att knyta undervisningen till deras egna erfarenheter och intressen, vilket gör ämnet levande. Genom att visa hur ämnesområdet är kopplad till elevernas vardagsliv, sätter läraren realistiska men utmanande förväntningar på sina elever, vilket driver dem att nå sin fulla potential utan att känna att det är oöverstigligt. Detta skapar en positiv inlärningsmiljö där eleverna känner sig stöttade och uppmuntrade att göra sitt bästa.

Kompetenta lärare är ofta aktiva i att samarbeta med ämneskollegor, delta i ämnesdidaktiska diskussioner och dela med sig av sina erfarenheter. De bidrar till en professionell gemenskap som stärker kompetensen inom ämnet. De är också engagerade i sin egen och andras professionella utveckling genom att delta i fortbildningar, studiegrupper och andra utvecklings-möjligheter för att ständigt förbättra sin undervisning. Allt detta innebär att läraren får möjlighet till utveckling inom sin profession och att ledningen satsar i ämnet.

Skolinspektionen framhåller att en grundläggande förutsättning för framgång är skolans organisation: Den måste fokusera på det pedagogiska uppdraget och vara utformad för att hantera detta på ett så effektivt och ändamålsenligt sätt som möjligt. För att läraren ska kunna utföra sitt arbete framgångsrikt krävs nödvändiga resurser i form av olika ramfaktorer, exempelvis tid och utrustning. Dessutom behövs en väl genomtänkt plan för kompetensutveckling och utveckling av skolans interna arbete.

Skolinspektionen sammanfattar att följande indirekta förutsättningar påverkar elevernas möjligheter att nå målen:

- *Lärarna har utbildning för den undervisning de bedriver*

- *Lärarna får den kompetensutveckling som krävs för att de professionellt ska kunna utföra sina uppgifter*

- *Lärarna samverkar med andra lärare i syfte att nå utbildningsmålen*

- *Rektorn tar ansvar för undervisningens kvalitet, inhämtar kunskap om lärarnas undervisning och följer upp undervisningens resultat*

- *Det bedrivs ett systematiskt kvalitetsarbete som inkluderar undervisningen i det aktuella ämnet*

Forskningsresultaten (Hattie, 2009) visar några viktiga slutsatser om hur undervisning påverkar elevers prestationer, vilket Skolinspektionen betonar:

- Elever lär sig mer när deras lärare använder en varierad uppsättning metoder och verktyg samt utnyttjar sina gedigna ämneskunskaper, jämfört med lärare som inte fullt ut använder sin didaktiska och metodiska kompetens.

- Elever presterar bättre när deras lärare är tydliga ledare som utmanar dem, driver på deras utveckling och skapar förtroendefulla relationer, jämfört med lärare som inte tar på sig rollen att vägleda elevernas utveckling.

- Elever lär sig mer när deras lärare organiserar undervisningen utifrån individuella behov, i motsats till lärare som undervisar alla elever på samma sätt.

- Elever presterar bättre när deras lärare tror och visar att alla elever kan lära, jämfört med lärare som har uppfattningen att vissa elever kan och andra inte.

- Elever lär sig mer när de får vara med och välja aktiviteter och när deras erfarenheter och kunskaper används som en del av undervisningen, jämfört med lärare som inte anser att elever kan eller bör involveras i detta.


Lärare med hög kompetens i hem- och konsumentkunskap definieras genom deras djupa ämneskunskaper, starka didaktiska förmåga, ledarskap i klassrummet, breda repertoar av undervisningsmetoder, och deras förmåga att motivera och anpassa undervisningen till elevernas behov. De bidrar till en strukturerad, sammanhängande och elevcentrerad undervisning som gör att eleverna kan utvecklas maximalt inom ämnet.

Hem- och konsumentkunskap är ett praktiskt ämne där undervisningen bör ha ett starkt fokus på att utveckla de praktiska färdigheterna. Samtidigt är det viktigt att inte bortse från övriga kunskapsområden, som med fördel kan integreras och behandlas i samband med temat "mat, måltider och hälsa". Enligt Skolinspektionens granskning (2019) anser flera lärare att de andra delarna av kursplanen är svårare att undervisa om, vilket gör att de prioriterar "mat, måltider och hälsa". Enligt enkätsvaren (2020, 2021, 2022, 2024) finns det ett antal anledningen till olika prioriteringar gällande ämnets centrala innehåll. Detta leder till att elever på vissa skolor riskerar att inte få tillräcklig undervisning om privatekonomi och konsumenters rättigheter och skyldigheter. Dessutom visar granskningen att undervisningen sällan behandlar arbetsfördelning i hemmet ur ett jämställdhetsperspektiv. Skolinspektionens granskning (2019) visar att det finns ett samband mellan lärarnas kunskaper om hela det centrala innehållet i ämnet och hur de prioriterar vid planering och genomförande av undervisningen. Skolinspektionen noterar en risk att undervisningen inte täcker hela kursplanen, utan istället begränsas till de delar som varje lärare är mest bekväm med. Även andra faktorer har en betydande inverkan på hur väl ämnets centrala innehåll lärs ut:

> Jag har inte elever som är stökiga, men jag står inför många anpassningar för elever med särskilda behov, samt nyanlända elever, som ännu inte behärskar språket. Detta kan ibland kännas överväldigande.

> Vi arbetar inte med halvklasser, utan hanterar två klasser på totalt 56 elever genom att dela upp dem i tre grupper om 18 till 19 elever vardera. Det innebär att vi ofta har för få arbetsplatser för praktiska övningar, vilket kan vara en utmaning.

> *Enkät 2020*

Ovanstående lärarkommentar ger en kontextuell bakgrund till den risk som Skolinspektionen pekar på. Läraren beskriver utmaningar som påverkar deras förmåga att täcka hela kursplanen: de måste hantera ett stort antal elever, vilket skapar pedagogiska svårigheter, särskilt när det gäller att genomföra praktiska övningar. Dessutom måste läraren anpassa undervisningen för elever med särskilda behov och nyanlända elever med språkbarriärer. Detta innebär att fokus och resurser ofta kan behöva omdirigeras för att möta dessa utmaningar, vilket ytterligare kan bidra till en undervisningssituation där vissa delar av kursplanen inte prioriteras lika mycket som andra. Sammantaget visar lärarkommentaren hur praktiska och organisatoriska hinder kan förstärka den risk som Skolinspektionen pekar på, där det blir svårt att täcka hela kursplanen när läraren måste navigera genom en komplex undervisningsmiljö.

Lärarkompetens är en avgörande faktor som tydligt påverkar elevernas resultat. Forskning visar att ökad lärartäthet har en särskilt positiv inverkan på elever från socioekonomiskt utsatta miljöer (Gustafsson, Cliffordsson & Erickson, 2014). Som tidigare nämnts finns det dock en stor andel obehöriga lärare som undervisar i hem- och konsumentkunskap, särskilt inom den privata sektorn, vilket riskerar att ämnet inte uppfyller kursplanens mål och intentioner (Håkansson, 2015). Skolinspektionen (2010) framhåller att både rektorer och huvudmän måste ta ett större ansvar för att förbättra likvärdigheten i undervisningen på både lokal och nationell nivå. Skollagen förtydligar att rektorer har ansvaret för att leda och samordna det pedagogiska arbetet, medan lärarna är ansvariga för sin undervisning. Skolverket understryker dessutom vikten av att rektorn aktivt följer upp och utvärderar hur olika arbetssätt och metoder i undervisningen påverkar elevernas lärande och utveckling.

Enligt enkätsvaren (2020, 2021, 2022, 2024) har många motiverade och kompetenta lärare en alltför hög arbetsbelastning, med mängder av arbetsuppgifter som påverkar både deras arbetsförmåga och uthållighet.

Denna överbelastning gör det svårt för dem att upprätthålla en hög kvalitet i undervisningen och orka med sina arbetsuppgifter på lång sikt.

> *Jag vill förtydliga mitt svar på frågan om jag känner att jag hinner med mina uppgifter. Just nu klarar jag av allt tack vare att jag arbetar deltid och använder en del av min fritid för arbetsuppgifter, som planering och att ge feedback till elever.*

> *Om jag hade arbetat heltid tror jag däremot inte att jag hade hunnit med, eller så hade jag upplevt betydligt högre stressnivåer.*

> *Eftersom jag är nyexaminerad påverkar det också min arbetssituation; jag lägger mycket tid på att skapa material och planera, men jag hoppas att arbetsbelastningen minskar när jag har mer erfarenhet, om ett par år.*
>
> *Enkät 2024*

Lärarkommentaren belyser en aspekt av lärarens arbetsvillkor och resursförutsättningar, vilket är en del av de "praktiska och materiella ramfaktorer" som den tidigare citerade studien och Skolinspektionen nämner. Kommentaren beskriver hur läraren lyckas hantera arbetsbördan genom att använda sin fritid för arbetsuppgifter som planering och återkoppling. Detta reflekterar den vardagliga verkligheten för många lärare, där de inte alltid har tillräckliga resurser eller tid under arbetstid för att fullt ut genomföra sina arbetsuppgifter. Lärarkommentaren ger ett exempel på hur lärarnas arbetsförhållanden, som t.ex. arbetstid och arbetsbörda, påverkar deras förmåga att utföra sitt jobb på ett hållbart sätt. När läraren nämner att de är nyexaminerade och behöver mer tid för att etablera effektiva arbetsrutiner, visar det på behovet av att stärka lärarnas professionella utveckling – något som också lyfts fram i den statliga utredningen (SOU 2017:35). Kommentaren kan alltså kopplas till de ramfaktorer som påverkar lärarnas arbetsförutsättningar och därmed också kvaliteten och likvärdigheten i undervisningen, vilket är centralt i både rapporten och den citerade forskningen.

## 4.7.2. Kompetensutveckling

Grunden för en välfungerande och likvärdig undervisning ligger i ett systematiskt kvalitetsarbete där alla aktörer inom skolan använder ett gemensamt språk och en gemensam förståelse för undervisningens mål och metoder (Skolverket, 2019 c). För att detta ska vara möjligt är det avgörande att HKK-lärarna, skolledarna och andra berörda aktörer har en gemensam syn på vad som utgör en högkvalitativ undervisning i hem- och konsument-kunskap, och förutsättningar som krävs för att uppnå dessa mål. Enligt den senaste forskningen finns det dock ett behov av mer djupgående studier om de praktiska och materiella ramfaktorer som påverkar lärarnas arbetsvillkor och den vardagliga undervisningen. Detta inkluderar faktorer som lärarnas arbetsbelastning, tillgång till resurser och stöd från skolledning, samt hur dessa faktorer påverkar lärarnas förmåga att leverera undervisning av hög kvalitet och säkerställa likvärdighet i utbildningen.

Skolverket (2019 c) anser att det är nödvändigt att forskningen på dessa områden intensifieras, särskilt när det gäller att förstå hur olika ramfaktorer samverkar och påverkar undervisningens kvalitet på en praktisk nivå. Den statliga utredningen (SOU 2017:35) betonar vikten av att stärka och bredda skolforskningen för att kunna identifiera och adressera de specifika utmaningar som lärarna står inför i sitt dagliga arbete. Vidare visar utredningen att lärarkompetens har en direkt och tydlig påverkan på elevernas resultat. Lärarnas förmåga att engagera eleverna och skapa en lärande miljö har långtgående effekter på elevernas akademiska prestationer, särskilt för elever från socioekonomiskt utsatta miljöer. Gustafsson, Cliffordsson och Erickson (2014) visar att ökad lärartäthet kan ha särskilt positiva effekter för dessa elever, då fler lärare per elevgrupp möjliggör mer individanpassad undervisning och bättre stöd för elever i behov av särskilt stöd. Genom att stärka lärarkompetensen och skapa bättre förutsättningar för lärarna att utföra sitt arbete kan skolor säkerställa en mer likvärdig och rättvis utbildning för alla elever, oavsett deras socioekonomiska bakgrund.

För HKK-lärare är kompetens avgörande för att ge eleverna högkvalitativ och likvärdig undervisning. Därför behövs kontinuerlig fortbildning för att hålla lärarna uppdaterade inom ämnet och dess pedagogik. Enligt enkätsvaren (enkäten 2020, 2021, 2022, 2024) är olika skolutvecklings-projekt och kompetensutvecklingstillfällen vanligtvis inte anpassade eller användbara för HKK-lärare.

> *Vi lägger mycket tid på skolutveckling i olika konstellationer, det vill säga mycket läsning och diskussioner. Det tar min energi, vilket gör att min inspiration för min egen undervisning minskar.*
>
> *Enkät 2024*

Som den tidigare kommentaren beskriver, upplever HKK-lärarna att mycket tid går åt till skolutvecklingsarbete i olika former, såsom tematiska projekt, seminarier och extra uppgifter, som kräver läsning och diskussioner. Denna omfattande arbetsinsats möter sällan HKK-lärarnas specifika behov, utan inverkar istället negativt på deras engagemang och är inte en källa till inspiration för den egna undervisningen. Detta tyder på en möjlig obalans i hur skolutvecklingen är organiserad, där lärarna måste fokusera på breda och allmänna områden snarare än att få det stöd de behöver för att utvecklas inom sitt specifika ämne. Samtidigt som det berättar om att skolutvecklingsarbete och administrativa krav inte alltid tar hänsyn till de specifika behov som HKK-lärarna har för att kunna bedriva högkvalitativ undervisning, som omfattar även andra än  pedagogiska arbetsuppgifter, exempelvis livsmedelsbeställningar och institutionsvård. Om ledningen och kollegorna inte har en klar bild av de specifika förutsättningarna och arbetsbördan inom ämnet, kan det leda till att läraren får mindre stöd och resurser för att hantera sitt undervisningsuppdrag på ett hållbart sätt. Detta resulterar ofta i en känsla av att den egna undervisningen och ämnets viktiga aspekter inte är uppskattade eller får tillräcklig uppmärksamhet.

Dessutom nämns ofta att hem- och konsumentkunskap prioriteras lågt, antingen på grund av lågt intresse eller på grund av skolans ekonomiska situation. Detta resulterar i en brist på resurser för ämnesspecifik kompetensutveckling, vilket försvårar lärarnas möjligheter att hålla sig uppdaterade och utvecklas i sitt fält. Det är särskilt problematiskt eftersom ämnesområdet ständigt utvecklas, speciellt inom områden som privatekonomi, konsumentfrågor, miljöfrågor och den tekniska utvecklingen. Att hålla sig uppdaterad med dessa förändringar är avgörande för att kunna ge eleverna en relevant och uppdaterad utbildning. Enkätsvaren från 2020, 2021, 2022 och 2024 visar dessutom att skolledningen ofta har en begränsad förståelse för HKK-lärarnas behov för kollegialt stöd och nätverkande inom sitt ämne. Detta understryker vikten av att erbjuda mer riktad och ämnesspecifik kompetensutveckling för att på ett bättre sätt stödja lärarna i deras arbete.

## Vikten av relevant, aktuellt och varierande kompetensutveckling

För att säkerställa en hög kvalitet på undervisningen är det avgörande att lärare snarare samarbetar än arbetar enskilt (Skolinspektionen, 2019). Genom kollegialt lärande kan lärare dra nytta av varandras erfarenheter, särskilt i fråga om planering, formulering av lärandemål, fastställande av kriterier för måluppfyllelse och definition av vad som utgör meningsfullt lärande och kunskapsutveckling (Hattie, 2012). Trots detta visar granskningen att mer än hälften av de undersökta skolorna har lärare som saknar ämneskollegor. Samverkan med lärare i samma ämne på andra skolor är också sällsynt. Denna brist på kollegialt stöd och samarbete gör det utmanande för enskilda lärare att engagera sig i ämnesutveckling på egen hand. Utan detta samarbete blir det svårare att implementera nya undervisningsmetoder och anpassa undervisningen efter aktuella behov och krav, vilket i sin tur kan påverka elevernas lärande negativt.

Kompetensutveckling för hem- och konsumentkunskapslärare innebär fortlöpande utveckling av kunskaper och färdigheter inom ämnets pedagogik, och att följa aktuella samhällsfrågor för att kunna ge eleverna relevant och modern undervisning. Detta inkluderar även tolkning och implementering av den senaste läroplanen och riktlinjer från Skolverket, uppdatering exempelvis kring näringslära, matlagningsmetoder, privatekonomi, hållbarhet och konsumtionsmönster. Det innebär också att man kan få tillgång till nya undervisningsmetoder och teknologier som kan förbättra lärandet och metoder för att möta elevers individuella behov, men även aktuella säkerhets- och hygienrutiner gällande arbetsplatsen och anpassningar kring strukturella ramfaktorer, såsom timplan och schemaläggning. Målet med kompetensutveckling är att säkerställa att lärarna har uppdaterade verktyg för att stötta elevernas utveckling och förståelse i hem- och konsumentkunskap. Enkätsvaren (2020, 2021, 2022, 2024) ger en tydlig bild av att lärare behöver och vill få relevant, aktuell och varierande kompetensutveckling.

Det finns många anledningar till varför relevant, uppdaterad och mångsidig kompetensutveckling är betydelsefull för HKK-lärare:

## 1. Uppdatering av ämneskunskaper och metoder

Nationella och internationella ämneskonferenser som anordnas av organisationer som Sveriges Lärares nätverk för Hem- och konsument-kunskapslärare, Svenska Kommittén för Hushållsvetenskap (SKHV), European Association for Home Economics (EAHE) och International Federation for Home Economics (IFHE) ger tillgång till den senaste forskningen och utvecklingen inom ämnet. Genom att delta i dessa konferenser kan lärare hålla sig uppdaterade om nya trender, pedagogiska metoder och teknologier som förbättrar undervisningen. Lärarna får också möjlighet att utveckla sin digitala kompetens genom att utforska nya digitala verktyg och undervisningsresurser, vilket är avgörande i en tid där digitali-sering är en central del av utbildningen.

## 2. Bygga nätverk och dela erfarenheter

Eftersom lärare i specialiserade ämnen som hem- och konsumentkunskap ofta saknar kollegor i samma ämne på sin egen skola, är ämneskonferenser och nätverksträffar en viktig plattform för att bygga professionella nätverk. Genom att träffa och utbyta erfarenheter med andra lärare, både lokalt och internationellt, kan de dela undervisningsstrategier och diskutera utmaningar som är specifika för ämnet. Lokala nätverksträffar ger möjlighet att samarbeta med andra lärare i närheten, vilket kan främja utvecklingen av ämnet på lokal nivå och skapa en starkare gemenskap.

## 3. Kompetensutveckling i praktiken

Kompetensutveckling i praktiken innebär att lärare får möjlighet att utveckla praktiska färdigheter som direkt kan användas i undervisningen, som till exempel nya sätt att genomföra lektioner eller praktiska moment inom hem- och konsumentkunskap. Det är viktigt att ledningen stöttar denna typ av kompetensutveckling så att lärare kan förbättra sin undervisning och därmed öka elevernas engagemang och inlärning.

## 4. Tillgång till ämnesrelaterat material och resurser

Genom att få stöd för att delta i konferenser och nätverk kan lärare också få tillgång till det senaste ämnesrelaterade materialet, inklusive forsknings-artiklar, undervisningsresurser, och kursplaner. Detta är ofta svårt att få tag på utan en stark professionell kontakt med ämnesorganisationer. Resurserna kan anpassas till den specifika kontexten på skolan och bidra till en mer engagerande och relevant undervisning för eleverna.

## 5. Öka ämnets status och synlighet

Genom att delta i internationella nätverk och konferenser kan lärare också bidra till att höja ämnets status, både inom skolan och i samhället i stort. Ett ökat erkännande för ämnets betydelse kan leda till bättre resurser, mer tid för ämnesutveckling och ökat intresse från eleverna.

## Ledningens stöd är avgörande

Genom kollegialt lärande kan lärare strukturera sitt utvecklingsarbete och effektivt tillämpa nyvunna kunskaper i det dagliga arbetet. För att lärare ska kunna utföra sitt uppdrag och ge eleverna den undervisning de har rätt till, krävs omfattande stöd från rektorer som säkerställer att alla ramfaktorer är på plats. Detta stöd är avgörande för att höja undervisningens kvalitet och stärka ämnets position i skolan (Skolinspektionen, 2019).

För att lärare ska kunna delta i dessa viktiga aktiviteter behövs ledningsstöd i form av tid, resurser och ett erkännande av ämnet. Utan detta stöd kan lärare känna sig isolerade och sakna möjligheter till utveckling, vilket påverkar både undervisningens kvalitet och deras egen professionella utveckling. Enligt skollagen har skolhuvudmannen, vanligtvis kommunen eller en fristående skolorganisation, ansvar för att säkerställa att lärare får den kompetensutveckling de behöver för att uppfylla sina undervisnings-uppdrag. Huvudmannen spelar en central roll i att initiera och finansiera lokal kompetensutveckling. Kommunala skolhuvudmän kan samordna resurser och skapa möjligheter för ämnesövergripande eller ämnesspecifik fortbildning genom att stödja eller arrangera lokala nätverksträffar och utbildningsdagar.

Det finns flera offentliga och organisatoriska aktörer som kan ge stöd för kompetensutveckling för hem- och konsumentkunskapslärare. Dessa aktörer verkar på olika nivåer och kan fatta beslut som främjar ämnesspecifik kompetensutveckling. Sveriges Lärare har en central roll när det gäller kompetensutveckling för lärare i Sverige. De erbjuder kurser, material och nätverk för lärare inom alla ämnen och kan skapa riktade satsningar för att stötta lärare i specifika ämnen. Skolverket ansvarar för att tolka och utveckla styrdokument och kan ta initiativ till att förbättra eller uppdatera ämneskompetensen genom exempelvis riktade fortbildningsinsatser, digitala utbildningar eller handledningar, såsom läromoduler för hem- och konsumentkunskap.

Det är även möjligt att regeringen, via utbildningsdepartementet, kan fatta beslut om att lansera nationella satsningar på kompetensutveckling för specifika ämnen. Det kan innebära att extra resurser riktas till ämnen som hem- och konsumentkunskap för att stärka deras ställning och status. Genom regeringens initiativ kan Skolverket, universitet och högskolor få uppdrag att erbjuda riktade kompetensutvecklingsinsatser som kan främja HKK-lärare på nationell nivå. Ett förslag som ibland lyfts fram är att inrätta ett nationellt centrum för hem- och konsumentkunskap, likt vad som finns för andra ämnen. Ett sådant centrum skulle kunna driva forskning, utbildning och kompetensutveckling specifikt för HKK-lärare på nationell nivå. Ett sådant centrum skulle också kunna säkerställa en starkare koppling mellan forskning och undervisning inom ämnet och bidra till ökad professionalisering av ämnet.

## 4.7.3. Stödpersonal

Elevassistenter och stödpersonal behövs under hem- och konsumentkunskap undervisning för att säkerställa att alla elever, oavsett deras specifika behov, har möjlighet att tillgodogöra sig undervisningen och utveckla både praktiska och teoretiska färdigheter.

Lärandet inom teorin i handling kan vara särskilt utmanande för elever som har neuropsykiatriska funktionsnedsättningar (NPF) som ADHD, ADD, eller autism, vilka ofta innebär svårigheter med koncentration, planering, och motorik (Skytte, 2020). Stödpersonal kan hjälpa till att anpassa undervisningen så att den blir mer tillgänglig för dessa elever, exempelvis genom att ge extra instruktioner, tydliga steg-för-steg-anvisningar, eller praktisk hjälp under övningar. För elever med ADHD kan det vara svårt att hålla fokus under längre tidsperioder, särskilt när de ska genomföra komplexa uppgifter som att följa ett recept eller utföra flera moment samtidigt i köket (Sjölund et.al.2017). Eftersom hem- och konsument-kunskapsläraren ska ta hand om hela elevgruppen, kan elevassistenten hjälpa till med eleven genom att bryta ner uppgifterna i mindre, mer hanterbara delar och erbjuda påminnelser och stöd under lektionens gång.

Elever med autism kan ha svårt med social interaktion och kommunikation, vilket är viktigt när man arbetar i grupp eller behöver förstå och följa muntliga instruktioner. Stödpersonal kan underlätta genom att ge individuellt stöd och skapa en lugn, förutsägbar miljö där eleven kan arbeta i sin egen takt. För elever med motoriska svårigheter eller sensoriska överkänsligheter, som kan vara vanligt vid autism, kan praktiska moment som matlagning vara extra utmanande. Stödpersonal kan hjälpa till med fysiska uppgifter, som att hantera verktyg eller mäta ingredienser, och även anpassa aktiviteterna för att minska sensorisk överbelastning.

*Bra råvaror att arbeta med, möjligheten att anpassa momenten efter säsong, och att det finns pedagogiska resurser tillgängliga när elever behöver extra stöd för att kunna tillgodogöra sig undervisningen.*

*Enkät 2022*

Tillgång till stödpersonal och elevassistenter spelar en viktig roll för att förbättra undervisningskvaliteten och tryggheten i hem- och konsumentkunskap (Lindberg et.al. 2019; Lindqvist et.al. 2020). De har en unik insikt i skolans dagliga verksamhet eftersom de följer elever genom hela skoldagen. De kan observera vilka situationer och sammanhang som fungerar bra och vilka som inte gör det, samt förstå orsakerna bakom dessa. Genom att bidra med sin kunskap spelar elevassistenter en viktig roll i att förbättra trygghet och studiero för eleverna under lektionerna.

Enligt I Skolverkets allmänna råd (SKOLFS 2022:334) bör lärare och övrig skolpersonal

*1. regelbundet utvärdera det stöd som ges elever som, till följd av en funktionsnedsättning, har svårt att uppfylla de betygskriterier eller kriterier för bedömning som gäller, i syfte att så långt det är möjligt motverka funktionsnedsättningens konsekvenser, samt*

*2. regelbundet utvärdera hur undervisningen anpassas så att elever som lätt uppfyller de betygskriterier, eller de kriterier för bedömning av kunskaper, som minst ska uppfyllas kan nå längre i sin kunskapsutveckling.*

Enligt enkätsvaren (2020, 2022, 2022, 2024) behövs stödpersonal och elevassistenter på grund av varierande anledningar:

- **Praktiskt och tekniskt stöd:**
  Stödpersonal kan hjälpa lärare i hem- och konsumentkunskap med praktiskt stöd vid förberedelse och genomförande av praktiska aktiviteter då det finns elever som behöver exempelvis hjälp med fysiska aktiviteter. De kan säkerställa att alla nödvändiga redskap, råvaror och utrustning är tillgängliga och i funktionsdugligt skick. Detta underlättar för läraren att fokusera på själva undervisningen och säkerställer att resten av elevgruppen får en bra pedagogisk upplevelse.

- **Säkerhet och hantering av risker:**
  Inom hem- och konsumentkunskap är det viktigt att upprätthålla säkerhetsföreskrifter och hantera eventuella risker, särskilt vid matlagning och användning av verktyg och utrustning. Stödpersonal bidrar till att övervaka elevernas aktiviteter, säkerställa att de följer säkerhetsprotokoll och kan ingripa vid behov för att förhindra olyckor eller skador. Detta skapar en trygg och säker miljö för eleverna att lära och utforska i.

- **Individuell och specialiserad support:**
  Stödpersonal kan erbjuda individuell eller specialiserad support till elever med särskilda behov eller utmaningar. De kan arbeta tätt tillsammans med läraren för att identifiera och implementera anpassningar och stödåtgärder för elever med inlärningssvårigheter, funktionsvariationer eller andra specifika behov. Detta säkerställer att alla elever får tillgång till en inkluderande undervisningsmiljö och har möjlighet att nå sin fulla potential.

- **Skapa en positiv klassmiljö:**
  Stödpersonal kan bidra till att skapa en positiv och stödjande klassmiljö inom hem- och konsumentkunskap. De kan hjälpa till att upprätthålla disciplin, främja respektfullt samarbete och hantera

konflikter eller svårigheter som kan uppstå i klassrummet. En trygg och positiv miljö främjar elevernas lärande och trivsel.

- **Ökat lärarstöd och avlastning:**
  Genom att avlasta lärarna från vissa administrativa uppgifter, som att hålla muntliga prov, samt praktiska uppgifter, kan stödpersonal frigöra tid och resurser för lärarna att fokusera på planering, undervisning och bedömning. Detta kan i sin tur höja undervisningskvaliteten, då lärarna får mer tid att förbereda engagerande lektioner och ge individuell återkoppling till eleverna.

Enligt enkätsvaren (2020, 2022, 2022, 2024) spelar stödpersonal en viktig och integrerad roll för att säkerställa en högkvalitativ undervisning och trygghet inom hem- och konsumentkunskap. Genom deras insatser kan både lärare och elever få stöd, vilket bidrar till en positiv och effektiv lärandemiljö.

## 4.7.4. Samarbete med andra ämnen

Ämnesöverskridande samarbete att undervisningen blir mer effektiv, helhetsorienterad och anpassad till elevernas behov, vilket är särskilt viktigt när ämnet har begränsad tid enligt timplanen. Enligt lärarnas kommentarer (enkätsvaren 2020, 2021, 2022, 2024) uppskattas möjligheten till tvärvetenskapligt samarbete och integrering av ämnet med andra skolämnen. Olika samarbetsformer anses berika undervisningen och ge eleverna en mer mångsidig och helhetsorienterad lärandeupplevelse:

> *Även om vi inte har formella samarbeten, drar vi nytta av varandras arbete och stödjer varandra vid bedömning. Till exempel, om en elev har varit mycket frånvarande på grund av sjukdom, kan jag använda deras arbete inom liknande ämnen från andra kurser för att få en helhetsbild av deras kunskaper.*
>
> *Vi har även diskussioner om hur vi fokuserar på olika ämnesområden. Om bildämnet, till exempel, lägger mycket vikt vid reklam, behöver jag inte fokusera lika mycket på det utan kan istället kontrollera att eleverna har förstått ämnet. Jag lägger mycket tid på privatekonomi, medan mina SO-kollegor kan fokusera mer på samhällsekonomi.*
>
> *På samma sätt, när det gäller miljö och hållbarhet, koncentrerar jag mig på hur eleverna kan bidra till en hållbar miljö i vardagen, medan SO- och NO-lärare fokuserar mer på lokala och globala aspekter. Detta innebär inte att ämnena utesluts helt, men vi fördjupar oss mer i specifika områden för att komplettera och stödja varandras undervisning.*
>
> *Enkät 2024*

Såsom det framkommer i lärarkommentaren ovan, kan samarbete med andra ämnen hjälpa till att täcka viktiga områden på ett effektivt sätt: till exempel kan SO-lärare fokusera mer på samhällsekonomi, medan hem- och konsumentkunskapsläraren koncentrerar sig på privatekonomi. Liknande innehåll finns inom idrott och hälsa, matematik, teknik, kemi och biologi.

Detta förhindrar att vissa ämnen blir "överarbetade", samtidigt som eleverna får en helhetsbild. Dessutom kan ämnesöverskridande samarbete bidra till en mer balanserad och fokuserad undervisning. Om bildlärare exempelvis redan har arbetat mycket med reklam, kan hem- och konsumentkunskapsläraren välja att lägga mindre tid på detta och istället fördjupa sig i andra områden som privatekonomi eller hållbarhet. På så sätt kan varje lärare fördjupa sig i specifika aspekter, medan eleverna får en bredare förståelse genom de olika ämnena.

Ett flertal lärare berättar att det kollegiala samarbetet kommer till elevernas nytta speciellt då det gäller bedömning i fall där en elev varit frånvarande (enkätsvaren 2020, 2021, 2022, 2024). Då kan lärarna använda varandras bedömningar för att få en mer komplett bild av elevens kunskaper. Om en elev exempelvis har arbetat med liknande och kunskapsmässigt överlappande ämnesinnehåll i en annan kurs, kan detta arbete användas som underlag för bedömning i hem- och konsumentkunskap.

## 4.7.5. Vikarier

Enligt enkätundersökningarna (2020, 2021, 2022, 2024) upplever hem- och konsumentkunskapslärare att det finns ett flertal utmaningar kring vikarier för ämnet. Detta innebär att det inte räcker med att en vikarie har generell utbildning; vikarien måste också ha specifik kunskap inom ämnet, särskilt när det gäller undervisning i livsmedelshantering, ekonomi och konsument-kunskap, samt praktiska färdigheter. En utmaning är att det finns färre studerande och utbildade lärare inom HKK än i mer allmänna ämnen, vilket leder till att många skolor tvingas använda obehöriga vikarier för att täcka upp för frånvaro.

För att undervisa i ämnet krävs en specifik utbildning som kombinerar både teoretiska och praktiska kunskaper. Dessutom finns det en hög efterfrågan på både vikarier och lärare inom hem- och konsumentkunskap. Detta kan bero på att ämnet inte har varit lika populärt som andra skolämnen, vilket gör det svårare att hitta personer som är villiga att ta ett vikarieuppdrag. Ämnet involverar dessutom en rad praktiska och ibland komplexa uppgifter, såsom att hantera köksutrustning och förbereda material för praktiska lektioner, samt att ta ansvar för eleverna under utmanande arbets-förhållanden. Detta gör det svårare att hitta vikarier som känner sig bekväma med och har erfarenhet av dessa specifika krav.

I vissa regioner kan det vara svårare att hitta kvalificerade vikarier på grund av brist på utbildningsprogram och en lägre tillgång på lärare som är villiga att arbeta som vikarier. Många skolor använder sin vanliga personal för att täcka vikariebehovet, vilket ökar den kollegiala arbetsbördan:

> *Mycket vikarierande för sjuka kollegor på den lilla planeringstid man har inom ramtiden, nästan alla möten sker utan tydligt syfte och mål.*
>
> *Enkät 2024*

Möjligheten att få en kunnig vikarie har en stor betydelse för undervisnings-kvaliteten och tryggheten i ämnet. När en HKK-lärare är frånvarande kan en kunnig vikarie säkerställa att undervisningen fortsätter smidigt och kontinuerligt. Vikarien kan följa läroplanen och undervisningsplanen som redan är etablerade, vilket minskar avbrott i elevernas lärande. Vikarien kan använda sig av rätt pedagogiska metoder och undervisningsstrategier för att säkerställa att eleverna får en meningsfull och relevant undervisning, samt bygga vidare på tidigare inlärning och säkerställa att eleverna fortsätter sin progression och utveckling inom ämnet. En kompetent vikarie har förståelse för och kunskaper om hur det praktiska arbetet i HKK-salen arrangeras och styrs under lektionerna, så att processerna slutförs inom lektionstiden och att städnings- och hygienrutinerna följs på ett korrekt sätt.

En kompetent vikarie kan upprätthålla en trygg och säker miljö för eleverna. De kan följa de nödvändiga säkerhetsföreskrifterna och hantera risker som är förknippade med praktiska aktiviteter inom ämnet. Detta bidrar till att eleverna känner sig trygga och kan fokusera på sitt lärande. Genom att ha en kunnig vikarie kan eleverna fortsätta att utveckla sina kunskaper och färdigheter i hem- och konsumentkunskap på ett smidigt sätt och läraren behöver inte ta igen uppgifterna som arbetades med under vikariens lektioner.

En kunnig vikarie kan erbjuda individuellt stöd och vägledning till elever som behöver extra hjälp eller anpassningar. De kan identifiera och adressera elevernas specifika behov för att säkerställa att alla elever får en likvärdig undervisning och möjlighet att nå sina mål. Enligt enkätsvaren ärr det svårt att få vikarier som har tillräckliga kunskaper inom ämnet:

> *Jag vågar inte vara borta från jobbet, även om jag är sjuk. Det finns inga vikarier och kollegorna ska ta över mina arbetsuppgifter, vilket de inte kan eller vill. Det blir bara dålig stämning, kaos i hkk-salen och inga vettiga resultat.*
>
> *Enkät 2022*

Lärarkommentaren representerar HKK-lärarnas arbetsvardag gällande vikarier: den belyser hur bristen på kvalificerade vikarier påverkar både läro- och arbetsmiljön negativt. En kunnig vikarie kan spela en avgörande roll genom att erbjuda individuellt stöd och vägledning, vilket är särskilt viktigt för elever som behöver anpassningar för att nå sina mål. Utan vikarier med rätt kompetens blir det svårt att säkerställa att alla elever får den likvärdiga undervisning de behöver. Det faktum att läraren känner sig tveksam att vara borta från jobbet, även vid sjukdom, pekar på en ohälsosam arbetsmiljö där pressen på kollegorna att ta över arbetsuppgifter leder till frustration och kaos. Detta kan resultera i en oproduktiv och stressig miljö för både elever och lärare, vilket i sin tur kan påverka elevernas resultat negativt.

Kommentaren understryker vikten av att ha tillgång till kompetenta vikarier för att upprätthålla en stabil och stödjande lärandemiljö. Utan kvalificerade vikarier riskerar undervisningen att bli oorganiserad, vilket kan resultera i sämre lärandeupplevelser för eleverna och ökad stress för lärarna. För att skapa en optimal läro- och arbetsmiljö behövs en strategisk plan som säkerställer att det finns tillräckligt med kunniga vikarier när ordinarie lärare är frånvarande. Det är särskilt viktigt att ha kompetenta vikarier inom hem- och konsumentkunskap för att säkerställa att undervisningskvaliteten och elevernas trygghet inte påverkas negativt vid lärarfrånvaro. Med kvalificerade vikarier kan kontinuitet och kvalitet i undervisningen bibehållas, vilket främjar elevernas lärande och trivsel, samtidigt som det minskar stressen för ordinarie HKK-lärare.

## 4.7.6. Arbetsrelaterad stress

Sveriges Lärares undersökning (2023) visar att lärarna förväntar sig att deras arbetsmiljö kommer att försämras på grund av nedskärningar. De tror att detta kommer leda till en ökad arbetsbelastning, högre risk för arbetsrelaterad stress och fler sjukskrivningar. Dessutom räknar de med att det kan bli fler fall av hot och våld. Lärarnas arbetsmiljö har redan allvarliga brister. Enligt Arbetsmiljöverkets senaste rapport (2023) upplever lärare ofta en hög arbetsbelastning och att arbetet är både fysiskt och psykiskt påfrestande. Var fjärde gymnasielärare, 45 procent av grundskollärarna och 60 procent av förskollärarna har en hög nivå av krav i förhållande till kontroll, vilket innebär att de upplever stora krav och för lite egen kontroll, vilket ökar risken för sjukskrivningar på grund av arbetsrelaterad stress.

Över 70 procent av hem- och konsumentkunskapslärarna upplever att deras arbete är ständigt stressande (Enkätsvar 2020, 2021, 2022, 2024). På frågan *"Känner du att du hinner med alla dina arbetsuppgifter?"* svarade var tredje lärare nej: "Nej, det finns saker jag inte hinner med" eller "Nej, det känns som om jag aldrig hinner med allt". En stor del av lärarna känner att de ständigt ligger efter med sina arbetsuppgifter.

Ungefär 60 procent av hem- och konsumentkunskapslärarna anser att bedömning och betygsättning är stressande (enkäten 2020, 2021, 2022, 2024). Över hälften av lärarna upplever dubbel- eller trippelarbeten på grund av olika anpassningar, samt stress relaterad till kommunikation och dokumentation av elevärenden (t.ex. via e-post, läroplattformar osv.). Nästan hälften känner sig kontinuerligt stressade på grund av mentorskapet, medan en tredjedel upplever stress i samband med livsmedelsbeställningar. Den långvariga stress som många lärare upplever kan få allvarliga konsekvenser, både för lärarna själva och för undervisningens kvalitet. Flera av de svarande berättar att den konstanta stressen har lett till både fysisk och psykisk utmattning. På sikt kan detta resultera i utbrändhet, vilket i sin tur kan leda till sjukskrivningar och i värsta fall långvarig frånvaro från yrket. Kronisk stress är dessutom kopplad till flera hälsoproblem, såsom sömnsvårigheter, hjärt-kärlsjukdomar och depression. Ett flertal lärare har också påpekat att denna stress påverkar deras arbetsliv och privatliv negativt.

Den konstanta känslan av att inte hinna med sina arbetsuppgifter minskar arbetsglädjen och motivationen, vilket gör det svårare för lärare att känna engagemang i sitt arbete. En del av lärarna känner att även om yrket i sig är inspirerande, har arbetstempot och mängden av arbetsuppgifterna ökat markant under de senaste tio åren, vilket väcker frågor kring den allmänna orken:

> *"Det är svårt att motivera sig då arbetsmängden ökar konstant. När ska man vila ordentligt?"*
>
> *Enkät 2022*

Enligt den allmänna situationen i Sverige är en av de främsta orsakerna till att lärare väljer att lämna yrket är den höga arbetsbelastningen (SCB, 2023). Andra skäl inkluderar stora elevgrupper och att arbetet är psykiskt krävande. Enkätsvaren (2020, 2021, 2022, 2024) visar att en långvarig stress leder även till att hem- och konsumentkunskapslärare väljer att lämna yrket, vilket bidrar till högre personalomsättning och därmed ytterligare belastning på kvarvarande kollegor. En del av HKK-lärare väljer att arbeta deltid, men upplever att den minskande inkomsten är också ett stressmoment, som påverkar ekonomin i det långa loppet.

Hem- och konsumentkunskapslärarnas långvariga stress har en direkt negativ effekt på undervisningen. När lärarna är stressade och överbelastade blir det allt svårare för dem att planera och genomföra lektioner på ett effektivt och engagerande sätt, vilket framkommer från enkätsvaren. Detta påverkar inte bara kvaliteten på själva undervisningen, utan kan också minska lärarnas förmåga att skapa en positiv och stimulerande lärandemiljö för eleverna. En lärare som är stressad kan uppleva svårigheter att hålla fokus på undervisningens långsiktiga mål och planera för en varierad och dynamisk undervisning. Stressade lärare har ofta begränsad tid och energi för att ge den individuella uppmärksamhet och stöd som elever med olika behov och förutsättningar kräver. Detta kan resultera i en mindre anpassad undervisning där elever inte får den hjälp de behöver för att utvecklas optimalt. När undervisningen inte individanpassas på ett tillräckligt sätt, kan det leda till att elever inte når sina fulla potentialer, vilket på sikt kan påverka deras lärandeutbyte negativt.

Dessutom kan den ökade stressen påverka lärarens förmåga att upprätthålla positiva relationer med eleverna och skapa ett tryggt och respektfullt klimat i klassrummet. Detta kan göra det svårare för eleverna att känna sig motiverade och engagerade i undervisningen, vilket ytterligare försämrar lärandemiljön. I förlängningen riskerar detta att leda till en ond cirkel där både läraren och eleverna känner att de inte når sina mål och där kvaliteten på undervisningen försämras.

Lärare som ständigt är pressad och överbelastad har ofta inte tid eller möjlighet att reflektera över och utvärdera sina undervisningsmetoder. Detta innebär att de inte kan ompröva och utveckla nya pedagogiska strategier, vilket begränsar den pedagogiska utvecklingen inom ämnet. För hem- och konsumentkunskapslärare, där ämnet är starkt kopplat till praktiska moment och säkerhet, blir detta särskilt problematiskt. Stressen kan leda till att läraren inte har tillräcklig kapacitet att förbereda och genomföra aktiviteter på ett optimalt sätt, vilket kan påverka både elevernas lärande och deras säkerhet. I ett praktiskt ämne, där eleverna arbetar med knivar, heta ytor, livsmedel och kemikalier, är noggrannhet och säkerhet avgörande. Stressade lärare kan ha svårare att upprätthålla säkerhetsrutiner eller att säkerställa att eleverna förstår och följer dem korrekt, vilket kan leda till ökade risker för olyckor. Dessutom kan stressen göra det svårt för läraren att ge den individuella uppmärksamhet som krävs för att ge varje elev de rätta verktygen för att genomföra praktiska moment på ett säkert och effektivt sätt.

Sammanfattningsvis kan långvarig stress hos lärare inte bara minska deras egen pedagogiska utveckling, utan också försämra inlärningsmiljön för eleverna. Detta skapar en ogynnsam cykel där både lärande och säkerhet påverkas negativt, vilket understryker vikten av att hantera lärarnas arbetsbelastning och stressnivåer för att säkerställa en trygg och kvalitativ undervisning.

# Slutsatser

Hem- och konsumentkunskap är ett unikt ämne som kräver en specifik sammansättning av ramfaktorer för att kunna undervisas optimalt. Ämnet kombinerar teori med praktisk tillämpning, vilket ställer krav på både materiella resurser och läromedel. För att skapa en trygg och säker undervisning i HKK-salar krävs bland annat välplanerad och fungerande köksutrustning, vitvaror, köksmaskiner, belysning, el, vatten och avlopp. Dessutom måste tillgång till läromaterial som livsmedel, läroböcker och digital media vara säkerställd. Enligt enkätundersökningar från 2020, 2021, 2022 och 2024 är det en utmaning för många lärare att erbjuda en kvalitativ och likvärdig undervisning i ämnet hem- och konsumentkunskap. Bristen på välutrustade och funktionella HKK-salar på många skolor begränsar möjligheten att genomföra undervisning som lever upp till Läroplanens, Lgr22, centrala innehåll.

Denna rapport identifierar flera orsaker till de brister som finns inom ämnet hem- och konsumentkunskap. En av dessa orsaker är bristen på ekonomiska resurser; skolor med sämre ekonomi har svårare att investera i ämnet. En annan viktig faktor är ämnets låga status, där skolledningen ofta inte prioriterar de nödvändiga resurserna. Lärarna upplever att de inte får samma uppskattning som sina kollegor i teoretiska ämnen, vilket leder till en otillräcklig tilldelning av resurser. Dessutom saknar många skolledningar en djupare förståelse för ämnets omfattning och de kostnader det medför, såsom färska råvaror och utbildningsmaterial. Detta försvårar den effektiva undervisningen ytterligare. Lärare som arbetar i välutrustade och nyrenoverade salar känner sig mer kompetenta och har bättre förutsättningar att ge undervisning av hög kvalitet. De kan även bättre upprätthålla säkerhetsstandarder och skapa en trygg inlärningsmiljö för eleverna. Stora, öppna ytor med bra  planering av undervisningssalar möjliggör optimal undervisning och säkerställer god elevkontroll.

Ramfaktorerna för undervisningen styrs och regleras i stor utsträckning av olika styrdokument, såsom Skollagen, Livsmedelslagen och Arbetsmiljölagen. Genom att noggrant planera och organisera ramfaktorerna för HKK-undervisningen utifrån dessa gällande styrdokument kan man skapa förutsättningar för en högkvalitativ och säker undervisning. Genom att säkerställa att både materiella resurser och säkerhetsaspekter följer lagar och riktlinjer, kan undervisningen i hem- och konsumentkunskap genomföras på ett sätt som främjar elevernas lärande och välbefinnande. Utöver de materiella ramfaktorerna, påverkas lärarna också av strukturella faktorer, såsom gruppstorlek, ämnets placering i timplanen, dokumentationskrav, hållbara scheman med ämnesanpassad ställtid, tid för institutionsvård samt möjligheter till kompetensutveckling.

Läroplanen och timplanen, som fastställs av regeringen och specificeras av Skolverket, är avgörande för hur undervisningen organiseras och för den kvalitet som kan uppnås. Dessa styrdokument påverkar inte bara ämnets organisering utan också hur mycket utrymme ämnet får i skolans totala schemaläggning. Faktorer som lektionslängd och schemaläggning har en direkt inverkan på möjligheten att omsätta läroplanens mål i praktiken. För att effektivt kunna kombinera teori och praktik krävs tillräckligt långa lektioner, mellan 100 och 120 minuter. Gruppstorleken har också en avgörande betydelse för undervisningens kvalitet och säkerheten i HKK-salen. Elevmängden bör inte överstiga 16 elever per åtta elevkök, och arbetet bör ske i par. Det är också viktigt att ämnet behåller sin balans och inte förvandlas till ett mer teoretiskt ämne, vilket kan hända om beslutsfattare saknar förståelse för ämnets specifika krav (enligt Skolverket och Lgr22). För optimal undervisning krävs både tillräcklig undervisningstid och resurser för att behålla ämnets pedagogiska helhet, där teori och praktik integreras för att ge eleverna de färdigheter och kunskaper de behöver.

Genom att förstå de specifika ramfaktorer som omger ämnet, kan undervisningen planeras på bästa möjliga sätt. Det handlar om att optimera tid och resurser, säkerställa tid för förberedelser och institutionsvård, samt skapa förutsättningar för elevengagemang och tillgång till praktiska moment som främjar aktivt lärande. Skollagen understryker att alla elever har rätt till en likvärdig utbildning, oavsett vilken skola de går i. För hem- och konsumentkunskap innebär detta att undervisningen måste organiseras på ett sätt som säkerställer att alla elever får lika möjlighet att ta del av ämnets hela innehåll. En trygg och säker studiemiljö, med god studiero, är avgörande för att eleverna ska må bra och kunna prestera sitt bästa, både i teoretiska moment och i praktiska uppgifter.

Skolledningens beslut om resursfördelning är avgörande för att skapa de strukturella förutsättningarna som krävs för en optimal undervisning i hem- och konsumentkunskap. Tillgången till råvaror, material och utrustning påverkar direkt omfattningen och kvaliteten på de praktiska aktiviteterna. Det är också viktigt att det finns tillräckliga tids- och personalresurser för att stötta undervisningen, inklusive tillgång till kvalificerade vikarier vid behov. En annan central aspekt är lärarnas arbetsuppgifter utanför det direkta pedagogiska arbetet, såsom mentorskap, dokumentation och deltagande i möten, samt ansvaret för att anpassa undervisningen efter olika elevers behov. Vidare omfattar institutionsvården uppgifter som att säkerställa en trygg och ren arbetsmiljö i HKK-salen, inklusive regelbunden städning, underhåll av utrustning, hygienkontroller och lagerhantering. Dessa arbetsuppgifter kan variera stort mellan skolor och påverkar både lärarnas arbetsmiljö och deras möjlighet att fokusera på den pedagogiska kvaliteten.

Det är avgörande att anställa behöriga lärare med rätt utbildning och kompetens för att säkerställa att eleverna får en högkvalitativ undervisning som både möter deras behov och främjar deras lärande och utveckling. För att undervisningen ska vara så kvalitativ och likvärdig som möjligt, är det viktigt att lärare får möjlighet till kontinuerlig kompetensutveckling. Dessutom kan samarbeten mellan olika ämnen och tvärvetenskaplig integration bidra till en mer mångsidig och helhetsinriktad lärande-upplevelse, där olika perspektiv och kunskaper vävs samman.

Det Bästa
Vi kan ge den Unga Generationen
är Verktyg för Vardagens Kunskaper
som Vuxna,
så att de kan bli Självständiga,
Starka och Trygga Medborgare.
Detta uppnår vi genom
Optimal Undervisning
i Hem- och Konsumentkunskap.

# Referenser

Aléx P. (2002). Skolkökslärarinnorna och kunskapen om hemmet i Sekelskiftets utmaningar, Essäer om välfärd, utbildning och nationell identitet vid sekelskiftet 1900. Carlssons, Bjärnum.

Alexander, R. (2010). Children, Their World, Their Education: Final Report and Recommendations of the Cambridge Primary Review. Routledge.

Andersson, J. (2014). Kroppsliggörande, erfarenhet och pedagogiska processer: en undersökning av lärande av kroppstekniker. Doktorsavhandling, Uppsala universitet.

Anttalainen, H., Manninen, M. et.al. (2014). Kotitalouden opetustilat ja työturvallisuus. Opetushallitus, Oppaat ja käsikirjat 2013:10. Juvenes Print – Suomen Yliopistopaino Oy, Tampere. https://www.oph.fi/sites/default/files/documents/kotitalouden_opetustilat_ja_tyoturvallisuus_0.pdf

Arbetsmiljöverket. (2010). Buller. Arbetsmiljöverkets föreskrifter om buller samt allmänna råd om tillämpningen av föreskrifterna. AFS 2005:16 ISBN 91-7930-455-9, ISSN 1650-3160 https://www.av.se/globalassets/filer/publikationer/foreskrifter/buller-foreskrifter-afs2005-16.pdf

Arbetsmiljöverket. (2013). Om minderårigas Arbetsmiljö, VÄGLEDNING TILL ARBETSMILJÖVERKETS FÖRESKRIFTER MINDERÅRIGAS ARBETSMILJÖ, AFS 2012:3. Lenanders Grafiska, Stockholm.

Arbetsmiljöverket. (2017). Arbetsmiljön i skolan. https://www.av.se/globalassets/filer/publikationer/broschyrer/arbetsmiljon-i-skolan-broschyr-adi565.pdf

Arbetsmiljöverket. (2018). Smittrisker. Arbetsmiljöverkets föreskrifter och allmänna råd om smittrisker. AFS 2018:4

https://www.av.se/globalassets/filer/publikationer/foreskrifter/smittrisker_afs_2018_4.pdf

Arbetsmiljöverket. (2020). Bort med bullret i skolan. https://www.av.se/globalassets/filer/publikationer/broschyrer/bort-med-bullret-i-skolan-affisch-adi608.pdf

Arbetsmiljöverket. (2023a). Arbetsmiljöverkets föreskrifter och allmänna råd (AFS 2023:2) om planering och organisering av arbetsmiljöarbete – grundläggande skyldigheter för dig med arbetsgivaransvar. https://www.av.se/arbetsmiljoarbete-och-inspektioner/publikationer/foreskrifter/beslutade-foreskrifter-som-trader-i-kraft-2025/afs-20232/

Arbetsmiljöverket. (2023b). Förebygg smittspridning i skolan https://www.av.se/halsa-och-sakerhet/sjukdomar-smitta-och-mikrobiologiska-risker/smittrisker-i-arbetsmiljon/forebyggande-atgarder-mot-smittrisker/att-tanka-pa-vid-atergang-till-skola/?hl=skola

Arbetsmiljöverket. (2024). Skyddsombud och arbetsmiljöombud. https://www.av.se/arbetsmiljoarbete-och-inspektioner/skyddsombud-och-arbetsmiljoombud/

Arbetsmijöverket. (2024). Buller från maskiner. https://www.av.se/halsa-och-sakerhet/buller/forebyggande-om-buller/buller-fran-maskiner/

Beinert, C., Palojoki, P., Åbacka, G., Hardy–Johnson, P., Engeset, D., Hillesund, E. R., Selvik Ask, A. M., Øverby, N. C., & Vik, F. N. (2021). The mismatch between teaching practices and curriculum goals in Norwegian home economics classes: A missed opportunity. Education Inquiry, 12(2), s. 183–201. https://doi.org/10.1080/20004508.2020.1816677

Belasco, W. (2008). Food: The key concepts. Bloomsbury Publishing.

Belt, A. (2013). Kun työrauha horjuu, Kotitalousopettajien käsityksiä työrauhahäiriöistä ja niiden taustatekijöistä. ACTA UNIVERSITATIS

OULUENSIS E Scientiae Rerum Socialium 135. Finland: Oulun Yliopistopaino. http://jultika.oulu.fi/files/isbn9789526202372.pdf

Bergström, G. & M. (2013). Likvärdighet - perspektiv på tre olika nivåer. I Johansson, Olof & Svedberg, Lars. (red.). Att leda mot skolans mål. Malmö: Gleerups Utbildning AB

Black, P. & Wiliam, D. (1998). Inside the black box: raising standards through classroom assessment. London: GL Assessment.

Black P, Wiliam D. (2004). 'In praise of educational research': formative assessment. British Educational Research Journal 29: 623–637.

Blomhoff, R., Andersen, R., Arnesen, E. K., Christensen, J. J., Eneroth, H., Erkkola, M., Gudanaviciene, I., Halldorsson, T. I., Høyer-Lund, A., Lemming, E. W., Meltzer, H. M., Pitsi, T., Schwab, U., Siksna, I., Thorsdottir, I., & Trolle, E. (2023). Nordic Nutrition Recommendations 2023. Nordiska Ministerrådet.

Bohm, I. (2022). "We can never close the book and say, 'We'll continue next week'" – The rhythms of cooking and learning to cook in Swedish Home economics, Food, Culture & Society, 25:3, 604-619, DOI: 10.1080/15528014.2021.2002057

Boubekri M, Cheung IN, Reid KJ, Wang CH, Zee PC. (2014). Impact of windows and daylight exposure on overall health and sleep quality of office workers: a case-control pilot study. J Clin Sleep Med. 2014 Jun 15;10(6):603-11. doi: 10.5664/jcsm.3780. PMID: 24932139; PMCID: PMC4031400.

Boverket. (2008). Boverkets Byggregler, BBR 2008.

Boverket. (2021).Utveckla förskolors och skolors fysiska miljö för att lyfta hela samhället. [Internet]. Karlskoga. https://www.boverket.se/sv/samhallsplanering/arkitektur-och-gestaltad-livsmiljo/arbetssatt/skolors-miljo/

Boverket. (2023). Krav på säkerhet i händelse av brand. https://www.boverket.se/sv/PBL-kunskapsbanken/regler-om-byggande/boverkets-byggregler/brandskydd/

Boverket. (2024). Bättre ljudklass än BBR. https://www.boverket.se/sv/PBL-kunskapsbanken/regler-om-byggande/boverkets-byggregler/bullerskydd/ljudklassning/

Brandsskydsföreningen, (2023). Skolan. https://www.brandskyddsforeningen.se/brandsakerhet/skolan/

Britton, T., & Johansson, M. (2022). Frågedriven undervisning — en planerings- och undervisningsmodell med ett exempel från religionskunskap. SO-didaktik, 11, s. 8–19.

Brown AL. (1997). Transforming schools into communities of thinking and learning about serious matters. American Psychologist 52: 399-413.

Böhme, J., Walsh, Z., & Wamsler, C. (2022). Sustainable lifestyles: towards a relational approach. Sustainability Science, 17, s. 2063–2076. https://doi.org/10.1007/s11625-022-01117-y

Cheung T, Wong SY, Wong KY, Law LY, Ng K, Tong MT, Wong KY, Ng MY, Yip PS. (2016). Depression, Anxiety and Symptoms of Stress among Baccalaureate Nursing Students in Hong Kong: A Cross-Sectional Study. Int J Environ Res Public Health. Aug 3;13(8):779. doi: 10.3390/ijerph13080779. PMID: 27527192; PMCID: PMC4997465.

Chin, C., & Osborne, J. (2008). Students' questions: a potential resource for teaching and learning science, Studies in Science Education, 44(1), s. 1–39. https://doi.org/10.1080/03057260701828101

Cederroth. (2023). Kontor och skolor, https://www.cederroth.com/se/industry/skolor-och-kontor/

Cullbrand, I., Petersson, M. (2005). Nationella utvärderingen av grundskolan 2003 (NU-03) Hem- och konsumentkunskap, Göteborgs universitet.

De Ron, L., Feldt, M. 2(013). Lära och bedöma : i hem- och konsumentkunskap Lgr 11. Upplaga, 1. Förlag, Vulkan.

Derry S, Murphy D. (1986). Designing stystems that train learning ability: from theory to practice. Review of Educational Research 56: 1-39.
European Food Safety Authority (EFSA). 2014. Scientific Opinion on the evaluation of allergenic foods and food ingredients for labelling purposes. Parma, Italy.
https://efsa.onlinelibrary.wiley.com/doi/epdf/10.2903/j.efsa.2014.3894

Elevhälsoportalen. (2024). Allergi.
https://www.elevhalsoportalen.se/skola/halsoomraden/allergi/

Elsäkerhetsverket, (2017). Vägledning vid elolycka
https://www.elsakerhetsverket.se/globalassets/publikationer/broschyrer/vag
ledning-vid-elolycka.pdf

Enfield, R. P., Schmitt-McQuitty, L., & Smith, M. H. (2007). The development and evaluation of experiential learning workshops for 4-H volunteers. Journal of Extension, 45(1).

Enkvist, Victoria, Lerwall, Lotta, Lundin, Olle & Wall, Gustaf. (2017). En likvärdig utbildning. I Scheutz, Sverker. (red.). Likvärdig utbildning. Uppsala: Iustus förlag AB.

Eriksson E. (1998). Den moderna stadens födelse. Svensk arkitektur 1890-1920. Ordfronts förlag, Stockholm.

EU-förordningen (EG) nr 852/2004. https://eur-lex.europa.eu/legal-content/SV/TXT/?uri=celex%3A32004R0852

EU-förordningen (EG) nr 853/2004. https://eur-lex.europa.eu/eli/reg/2004/853/oj/swe

EUR-Lex. (2016). Försiktighetsprincipen. Artikel 191. https://eur-lex.europa.eu/legal-content/SV/TXT/?uri=LEGISSUM:precautionary_principle

Fan L., Lim H., Min Lee J. (2021). Young adults' financial advice-seeking behavior: The roles of parental financial socialization. Family relations, interdisciplinary journal of applied family science.

Folkhälsomyndigheten, (2022 a). Tillsynsvägledning om hälsoskydd i skolor och förskolor. Artikel 22056. https://www.folkhalsomyndigheten.se/publikationer-och-material/publikationsarkiv/t/tillsynsvagledning-om-halsoskydd-i-skolor-och-forskolor/?pub=115733

Folkhälsomyndigheten, (2022 b). TILL DIG SOM DRIVER EN SKOLA ELLER FÖRSKOLA Egenkontroll av inomhusmiljö i skolan och förskolan. https://www.folkhalsomyndigheten.se/contentassets/c057f0fd48554facac52c5f5013a9157/egenkontroll-av-inomhusmiljon-skolan-forskolan.pdf

Folkhälsomyndigheten. (2022 c). Hur hänger olika skolfaktorer samman med ungdomars hälsa och välbefinnande i Sverige? Analyser på data från Skolbarns hälsovanor. Solna.

Folkhälsomyndigheten. (2022 d). På väg mot en god och jämlik hälsa, Stödstruktur för det statliga folkhälsoarbetet. https://www.folkhalsomyndigheten.se/contentassets/bd19f6bb308043ed9da8dfffcb3a5e67/stodstruktur-god-jamlik-halsa.pdf

Garner R. (1990). When children and adults do not use learning strategies: towards a theory of settings. Review of Educational Research 60: 517- 529.

Gelinder, L. (2020). Smak för hållbar mat? Undervisning för hållbar matkonsumtion i Hem- och konsumentkunskap. Doktorsavhandling, Uppsala universitet.

Gelinder, L. (2024). Att utveckla smak för hållbarhet. Del 4: Smak för hållbarhet, Skolverkets Modul: Undervisning i hem- och konsumentkunskap. Skolverket, Läroportalen.

Giftinformationscentralen. (2023). https://giftinformation.se/Las-mer/forgiftningar-vuxna/

Gustafsson, I-B., Öström, Å., Johansson, J., Mossberg,L. (2006). The Five Aspects Meal Model: a tool for developing meal services in restaurants. Journal of FoodserviceVolume 17, Issue 2 Apr 2006.

Gustafsson J-E, Allodi Westling M, Åkerman A, Eriksson C, Eriksson L, Fischbein S, et al. (2010). School, learning and mental health: a systematic review. Stockholm: The Royal Academy of Sciences, The Health Committee.

Gustafsson, J-E., Cliffordsson, C. & Erickson, G. (2014). Likvärdig kunskapsbedömning i och av den svenska skolan – problem och möjligheter. Stockholm: SNS Förlag.

Hallonsten, A-K. (2023). Lärarna: Därför är mentorskapet ett omöjligt uppdrag. Ämnesläraren. https://www.vilarare.se/amneslararen-svenska-sprak/mentorskapet/lararna-mentorskapet-ar-ett-omojligt-uppdrag/

Halås, C. T., & Fuglseth, K. S. (2023). En kort introduktion till ämnet praktisk kunskap. I: K. S. Torbjörnsen & C. T. Halås (Red.). Praktisk kunskap – en introduktion. (första upplagan, s. 9–16). Gleerups.

Hattie, J. (2009). Visible Learning. A synthesis of over 800 meta-analyses relating to achievement. London: Routledge.

Hattie, J. (2014). Synligt lärande: en syntes av mer än 800 metaanalyser om vad som påverkar elevers skolresultat. 1. utg. Stockholm: Natur & Kultur.

Hattie, J. & Yates, G. (2014). Hur vi lär: synligt lärande och vetenskapen om våra lärprocesser. Stockholm: Natur & Kultur.

Heschong, L. (1999). Daylighting in Schools An Investigation into the Relationship Between Daylighting and Human Performance Condensed Report. 10.13140/RG.2.2.31498.31683.

Higgins S, Baumfield V, Hall E. (2007). Learning skills and the development of learning capabilities. EPPI-Centre, Social Science Research Unit, Institute of Education University of London.

Hirsch, Å. (2017). Perspektiv på skolans pedagogiska dokumentation – den skriftliga individuella utvecklingsplanens roll och relation till annan dokumentation. Skolverket. https://www.skolverket.se/download/18.b173ee8160557dd0b827d9/15160 17587464/artikel_asa_hirsh_sept17.pdf

Hjälmeskog, K. (Red). (2006). Lärarproffession i förändring: Från "skolkök" till hem- och konsumentkunskap. Uppsala: Föreningen för svensk undervisningshistoria.
Holmberg, U., Johansson, P., Britton, T. H., Johansson, M., & Nordgren, K. 2022. Frågedriven undervisning för att organisera normativa kunskapspraktiker i SO-ämnena. Nordidactica, 12(4), s. 124–153.

Håkansson, A. (2015). Indoctrination or education? Intention of unqualified teachers to transfer consumption norms in home economics teaching. International journal of consumer studies, 39(2015) 682-691. doi: 10.1111/ijcs.12180
https://onlinelibrary.wiley.com/doi/abs/10.1111/ijcs.12180

Hjälmeskog, K. (2024). Bortom normativ undervisning – hållbar utveckling i hem- och konsumentkunskap. Del 3: Bortom normativ undervisning, Skolverkets Modul: Undervisning i hem- och konsumentkunskap. Skolverket, Läroportalen.

Höijer, K., Fjellström, C. & Hjälmeskog, K. (2013). Learning space for food: exploring three Home Economics classrooms, Pedagogy, Culture & Society, 21:3, 449-469, DOI: 10.1080/14681366.2013.809374

Höijer, K.( 2024). Kunskapssyn och bedömning i hem- och Konsumentkunskap. Del 1: Kunskapssyn och bedömning, Skolverkets Modul: Undervisning i hem- och konsumentkunskap. Skolverket, Läroportalen.

Højlund, S. (2020). Figurations of taste: Sensing sustainable alternatives together.
International Journal of Food Design, 5(1–2), s. 133–138. https://doi.org/10.1386/ijfd_00016_3

Höög, J. & Johansson, O. (red.). (2014). Framgångsrika skolor. Mer om struktur, kultur, ledarskap. Lund: Studentlitteratur.

Höög, J. & Johansson, O. (red.). (2015). Struktur, kultur, ledarskap - förutsättningar för framgångsrika skolor. 2:a uppl. Lund: Studentlitteratur.

Höök, J. (2017). Likvärdighet och vinstsyftande fristående skolor. I Scheutz, Sverker. (red.). Likvärdig utbildning. Uppsala: Iustus förlag AB.

ICA Banken. (2023). Pengakollen. https://www.icabanken.se/pengakollen/hallbar-vardagsekonomi/

Ingvarsson, P., Wallin, K. (2023). Hur sker bedömning i hem- och konsumentkunskap? Hem- och konsumentkunskapslärares förhållningssätt till bedömning i skolan. Examensarbete inom Lärarprogrammet, Göteborgs Universitet.

Jönsson, A. (2011). Lärande bedömning. (2. uppl.) Malmö: Gleerup.

Jönsson, A. & Odenstad, C. (2014). Bedömning i SO: för grundskolan. (1. uppl.) Malmö: Gleerup.

Kantar Publik. (2023). Nu handlar allt om ekonomin.

Katrineholms Kommun. (2024.) Hållbara måltider ger matglädje genom livet Måltidspolitiskt program 2024–2027 Katrineholms kommun. https://www.katrineholm.se/download/18.16fc068e18d2a6eb1ce12d31/170 6166970478/M%C3%A5ltidspolitiskt%20program%202024%20- %202027,%20KF%202024-01-15%20%C2%A7%205.pdf

Kemikalieinspektionen, (2011). "Kemikalier i varor - strategier & styrmedel för att minska risker med farliga ämnen i vardagen", Rapport nr 3/2011.

Kemikalieinspektion,( 202)4. Färger och lacker - VOC-direktivet. https://www.kemi.se/lagar-och-regler/lagstiftningar-inom- kemikalieomradet/eu-gemensam-lagstiftning/farger-och-lacker---voc

Korp, H. (2011). Kunskapsbedömning vad, hur och varför? Stockholm: Skolverket.

Krisinformation. (2024). Brännskador. https://www.krisinformation.se/detta-kan-handa/vid-personskador/brannskador

Krisinformation.se. (2022). Personskador. https://www.krisinformation.se/detta-kan-handa/vid-personskador/forgiftning

Kronofogden.(2022). Unga har allt större skulder hos Kronofogden. https://kronofogden.se/om-kronofogden/analyser/skuldsattning-blandunga-vuxna

Larsson, E. (2008). Naiseuden monet muodot Avhandling. Turku University.

Larsson, E. (2011). Kotikuvauksen ideaalisuus Carl Larssonin teoksessa Ett hem (1899). Avhandling. Turku University. ISBN 978-951-29-4548-1

Larsson, G. (2020). Larm: Unga i skuld – kan för lite privatekonomi. Svenska Dagbladet 23.10.2020. https://www.svd.se/larm-unga-i-skuld--kan-for-lite-privatekonomi.

Lawrence J., Anthony, G. (2009). International Handbook of Research on Teachers and Teaching Springer-Verlag New York Inc.

Leijon, M.( 2013). Rummet som resurs för lärande och i lärande. I L. Amhag, F. Kupferberg & M. Leijon (red.). M*edierat lärande och pedagogisk mångfald*. Lund: Studentlitteratur.

Lind, J. (2016). Likvärdig bedömning utan likvärdiga förutsättningar? Hem- och konsumentkunskap som exempel. https://gupea.ub.gu.se/bitstream/2077/43412/1/gupea_2077_43412_1.pdf

Lindberg, C., Eddib, T. & Valsö, M. (2019). Värsta bästa jobbet: att arbeta som resurs för elever med autism och adhd. Gothia fortbildning.

Lindblom, C. (2016). Skolämnet Hem- och konsumentkunskap på 2000-talet – förutsättningar för elevers möjlighet till måluppfyllelse. Institutionen för kostvetenskap Umeå Universitet. https://www.skolporten.se/app/uploads/2016/05/fulltext01-12.pdf

Lindblom, C., Erixon Arreman, I. & Hörnell, A. (2013). Practical conditions for Home and Consumer Studies in Swedish compulsory education: a survey study. International Journal of Consumer Studies, 37(2013) 556–563. doi: 10.1111/ijcs.12027

Lindblom, C. (2024). Grupparbete i hem- och konsumentkunskap. Del 2: Grupparbete, Skolverkets Modul: Undervisning i hem- och konsumentkunskap. Skolverket, Läroportalen.

Lindqvist, H., Östergren, R., & Holme, L. (2020b). Resurspersonal i skolan – vad visar forskningen? Venue, 9(1).

Livsmedelsverket. (2010). Bra mat i förskolan 2010. Uppsala.

Livsmedelsverket. (2018). Riksmaten ungdom 2016-17, Livsmedelskonsumtion bland ungdomar i Sverige. https://www.livsmedelsverket.se/globalassets/publikationsdatabas/rapporter/2018/2018-nr-14-riksmatenungdom-huvudrapport_del-1-livsmedelskonsumtion.pdf

Livsmedelsverket. (2019). Nationella riktlinjer för måltider i skolan - Förskoleklass, grundskola, gymnasieskola och fritidshem. Uppsala. ISBN: 978-91-7714-266-9. https://www.livsmedelsverket.se/globalassets/publikationsdatabas/broschyrer-foldrar/riktlinjer-for-maltider-i-skolan.pdf

Livsmedelsverket. (2021a). Nationella riktlinjer för måltider i skolan. https://www.livsmedelsverket.se/globalassets/publikationsdatabas/broschyrer-foldrar/riktlinjer-for-maltider-i-skolan.pdf

Livsmedelsverket. (2021b). Lokaler, hygien och företagens egen kontroll https://www.livsmedelsverket.se/foretagande-regler-kontroll/regler-for-livsmedelsforetag/lokaler_hygien_foretagens_egen_kontroll

Livsmedelsverket. (2023a). Måltidsmodellen.
https://www.livsmedelsverket.se/matvanor-halsa--miljo/maltider-i-vard-skola-och-omsorg/maltidsmodellen

Livsmedelsverket. (2023b). Kontaktmaterial (material som kommer i kontakt med mat och dryck). https://www.livsmedelsverket.se/foretagande-regler-kontroll/regler-for-livsmedelsforetag/material-i-kontakt-med-livsmedel

Livsmedelsverket. (2023c). Allergener - att tänka på för företag.
https://www.livsmedelsverket.se/foretagande-regler-kontroll/regler-for-livsmedelsforetag/allergener#Symtom_p%C3%A5_matallergi

Livsmedelsverkets föreskrifter (SLVFS). (2001). Hygienregler för livsmedelsanläggningar (SLVFS 2001:30)

Livsmedelsverkets föreskrifter (SLVFS). (2006). Livsmedelshygien, HACCP och egenkontroll (SLVFS 2006:27).

LO, Lärarförbundet, Lärarnas Riksförbund. (2017). Likvärdighetsagendan. Ge alla elever samma chans.
https://www.lr.se/download/18.2c5a365d1645ac11059e094/1559028167923/Likvardighetsagendan_201701_v4.pdf

Lundahl, C. & Folke-Fichtelius, M. (red.) (2010). Bedömning i och av skolan: praktik, principer, politik. (1. uppl.) Lund: Studentlitteratur AB.

Lundahl, C. (2011). Bedömning för lärande. Stockholm: Norstedt.

Lundgren, U. (1999). Ramfaktorteori och praktisk utbildningsplanering. Pedagogisk Forskning i Sverige 1999 årg 4 nr 1 s 31–41 issn 1401-6788.
file:///C:/Users/elina/Downloads/1052-Text%20(artikel)-2650-1-10-20180905.pdf

Lupien SJ, Lepage M. (2001). Stress, memory, and the hippocampus: can't live with it, can't live without it. Behav Brain Res. Dec;127(1-2) 137-158. doi:10.1016/s0166-4328(01)00361-8. PMID: 11718889.

Lärarnas historia. (2024). TAM –arkivet.
https://lararnashistoria.se/hushallslararnas-riksforenings-historia/

Läromedelsförfattarna. (2020). Rätten till kunskap – en rapport om läromedelssituationen i Sverige.

Martin, K., Flood, A., Pyne, D. B., Périard, J. D., Keegan, R., & Rattray, B. (2024). The Impact of Cognitive, Physical, and Psychological Stressors on Subsequent Cognitive Performance. Human Factors, 66(1), 71-87. https://doi.org/10.1177/00187208211065548
Mattanken. 2024. Sammanställning av måltidspolicyer.
https://www.landsbygdsnatverket.se/mattanken/laravandra/samladkunskap
ochmaterial/material/sammanstallningavmaltidspolicyer.5.237fd4c5161a8d
dde58df227.html

McKinsey & co. (2007). How the world's best performing schools come out on top.
https://www.mckinsey.com/~/media/mckinsey/industries/public%20and%2
0social%20sector/our%20insights/how%20the%20worlds%20best%20perf
orming%20school%20systems%20come%20out%20on%20top/how_the_
world_s_best-performing_school_systems_come_out_on_top.pdf

McGuirk, J. (2023a). Den kloka praktikern. I: K. S. Torbjörnsen & C. T. Halås (Red.), Praktisk kunskap – en introduktion (s. 45–56). Gleerups.

McGuirk, J. (2023b). Tyst kunskap. I: K. S. Torbjörnsen & C. T. Halås (Red.), Praktisk kunskap - en introduktion (s. 57–68). Gleerups.

Messick, S. (1996). Validity of performance assessments. I Phillip G. W. (Red.), Technical issues in large-scale performance assessment. Washington, DC: National Center for Education Statistics.
http://nces.ed.gov/pubs/96802.pdf

Modin R., Lindblad, M. (2011). Förvara maten rätt så håller den längre - vetenskapligt underlag om optimal förvaring av livsmedel. Livsmedelsverkets rapportserie nr 20/2011.

Molander, B. (1996). Kunskap i handling (2 uppl.). Daidalos.

Myndighet för samhällsskydd och beredskap. (2022). Brandskydd i byggnader och anläggningar. https://www.msb.se/sv/amnesomraden/skydd-mot-olyckor-och-farliga-amnen/brandskydd/brandskydd-i-byggnader-och-anlaggningar/

Myndigheten för samhällsskydd och beredskap. (2024). Vägledning – samverkan vid pågående dödligt våld i publik miljö. https://rib.msb.se/filer/pdf/28461.pdf

Naturvårdsverket. (2023). Buller på skolgårdar https://www.naturvardsverket.se/vagledning-och-stod/buller/buller-pa-skolgardar/

News Cision. (2021). Ny rapport från Lärarförbundet: Nio av tio lärare stressas av dokumentationen https://news.cision.com/se/lararforbundet/r/ny-rapport-fran-lararforbundet--nio-av-tio-larare-stressas-av-dokumentationen,c3468382

Newsham, Guy & Brand, Jay & Donnelly, Cara & Veitch, Jennifer & Aries, Myriam & Charles, Kate. (2009). Linking indoor environment conditions to job satisfaction: A field study. Building Research & Information. 37. 129-147. 10.1080/09613210802710298.

Nicholson G., Sinnewe E. (2023). Healthy financial habits in young adults: An exploratory study of the relationship between subjective financial literacy, engagement with finances, and financial decision-making. The Journal of Consumer Affairs.

Nordisk Miljömärkning Bakgrundsdokument, 029/6.12,(2022). Om Svanenmärkta golv.https://www.svanen.se/490241/contentassets/45ba946e1393441e92eb4e1a0df695c5/bakgrundsdokument_029_golv-029_svenska.pdf

Nylander, L.( 2020). Lung och ro bristvara i skolan. Forskning.se. https://www.forskning.se/2020/08/20/lugn-och-ro-bristvara-i-skolan/#

Nyrhinen J., Lonka K., Sirola A., Ranta M., Wilska T-A. (2023). Young adults' online shopping addiction: The role of self-regulation and smartphone use. International Journal of Consumer Studies.

Nyström B. (1982). Konsten till industrin. Bokförlaget Signum AB, Stockholm.

Oehler, A., Horn, M., Wendt, S. Reisch, L.A. (2018). Young Adults and Their Finances: An International Comparative Study on Applied Financial Literacy. Economic Notes.

O'Doherty Jensen, K., and Holm, L. (1999). Preferences, quantities and concerns: socio-cultural perspectives on the gendered consumption of foods. Eur. J. Clin. Nutr. 53, 351–359. doi: 10.1038/sj.ejcn.1600767

Ojala, M. (2016). Facing anxiety in climate change education: From therapeutic practice to hopeful transgressive learning. Canadian Journal of Environmental Education, 21, s. 41–56.

Olsson, E. (2021). 9 av 10 lärare stressas av kraven på dokumentation. Vi lärare. https://www.vilarare.se/nyheter/arbetsmiljo/sa-fortsatter-dokumentationsmonstret-vaxa/

Olsson, E. (2024). Hemkunskapen bantas – minimalt med matlagning. https://www.vilarare.se/nyheter/nedskarningar/hemkunskapen-bantas--minimalt-med-matlagning/

Pedagogiska magasinet. (2015). Bristen på likvärdighet större än någonsin. 19 november. https://pedagogiskamagasinet.se/bristen-pa-likvardighet-storre-an-nagonsin/

Persson, L. (2016). Health Promotion in Schools - Results of a Swedish Public Health Project. University of Karlstad. Karlstad University Studies | 2016:24. http://kau.diva-portal.org/smash/get/diva2:916794/FULLTEXT02.pdf

Rauste-von Wright, M. (1997). Opettaja tienhaarassa - konstruktivismia käytännössä. Juva: WSOY.

Rauste-von Wright M., von Wright J. & Soini T. (2003). Oppiminen ja koulutus. Juva: WSOY.

Regeringen. (2017). Samling för skolan Nationell strategi för kunskap och likvärdighet (SOU 2017:35). Slutbetänkande av 2015 års skolkommission https://www.regeringen.se/498092/contentassets/e94a1c61289142bfbcfdf5 4a44377507/samling-for-skolan---nationell-strategi-for-kunskap-och-likvardighet-sou-201735.pdf

Regeringens proposition 2009/10:165. Den nya skollagen – för kunskap, valfrihet och trygghet. https://www.regeringen.se/contentassets/c507a849c3fa4173b7d03df20bad2 b59/den-nya-skollagen---for-kunskap-valfrihet-och-trygghet-hela-dokumentet-prop.-20092010165

Regeringskansliet. (2023). En minskad administrativ börda för förskollärare och lärare Dir. 2023:72. https://www.regeringen.se/rattsliga-dokument/kommittedirektiv/2023/06/dir.-202372

Regeringskansliet. (2024). Elevers tillgång till läroböcker stärks. Pressmeddelande. Publicerad 13 maj 2024. https://www.regeringen.se/pressmeddelanden/2024/05/elevers-tillgang-till-larobocker-starks/

SCB. (2023). Lärare utanför yrket 2022/2023. Temarapporter 2023:6. Örebro: SCB

Scheutz, S. (2017). Likvärdig utbildning. Iustus Förlag, Uppsala.

Schmidt, C. V., & Mouritsen, O. 2020. The solution to sustainable eating is not a oneway street. Frontiers in Psychology, 11. https://doi.org/10.3389/fpsyg.2020.00531

SEK Svensk Elstandard. (2018). Reviderad SS 437 01 02 för el- och datainstallationer https://elstandard.se/reviderad-ss-437-01-02-for-el-och-datainstallationer/

Sigtuna Kommun. (2018). Program för MÅLTIDSVERKSAMHETEN I
SIGTUNA KOMMUN.
https://www.sigtuna.se/download/18.6299176c16d2029d53130c0/1568366
292492/Program%20f%C3%B6r%20m%C3%A5ltidsverksamheten%20i%
20Sigtuna%20kommun.pdf

Sjölund, A., Jahn, C., Lindgren, A. & Reuterswärd, M. (2017). Autism och
ADHD i skolan: handbok i tydliggörande pedagogik. Natur & Kultur.

Skytte, A. (2020). Pojken med extra allt: hur lärare kan möta adhd och
autism. Lärarförlaget.

Skolinspektionen. (2010). Framgång i undervisningen. En sammanställning
av forskningsresultat som stöd för granskning på vetenskaplig grund i
skolan. Dnr 2010:1284. https://www.skolinspektionen.se/globalassets/02-
beslut-rapporter-stat/granskningsrapporter/tkg/2010/framgang-i-
undervisningen/framgang-i-undervisningen-sammanfattning-
forskningsoversikten.pdf

Skolinspektionen. (2012). En skola med tilltro lyfter alla elever.
Skolinspektionens erfarenheter och resultat från tillsyn och
kvalitetsgranskning 2011. Regeringsrapport.

Skolinspektionen. (2018). Systematiskt kvalitetsarbete.
https://www.skolinspektionen.se/sv/Rad-och-vagledning/Navet-i-
skolornasutvecklingsarbete/Systematiskt-kvalitetsarbete/

Skolinspektionen. (2019). Hem- och Konsumentkunskap i årskurs 7–9.
Tematisk kvalitetsgranskning 2019. Diarienummer: 400-2017:7330
file:///C:/Users/elilar3/Downloads/hem-och-konsumentkunskap-i-ak-7-
9.pdf

Skolverket. (2000). Kommentarer till kursplaner och betygskriterier 2000.
Fritzes.

Skolverket. (2004). Nationella utvärderingen av grundskolan 2003.
Huvudrapport – bild, hem- och konsumentkunskap, idrott och hälsa, musik
och slöjd. (NU03) Rapport 253. Stockholm: Skolverket.

https://www.skolverket.se/download/18.6bfaca41169863e6a6553a9/15539
58486004/pdf1385.pdf

Skolverket. (2009). Resursfördelning utifrån förutsättning och behov?
Rapport 330. https://www.skolverket.se/getFile?file=2204

Skolverket.(2011a). Kunskapsbedömning i skolan – praxis, begrepp,
problem och möjligheter. Stödmaterial.
https://www.skolverket.se/download/18.6bfaca41169863e6a6596de/15539
63978320/pdf2660.pdf

Skolverket. (2011b). Skolverkets allmänna råd. Planering och
genomförande av undervisningen – för grundskolan, grundsärskolan,
specialskolan och sameskolan. Stockholm: Fritzes.
https://www.skolverket.se/download/18.2a6bcc30176f24c3889241/161103
9323467/pdf7689.pdf

Skolverket. (2013). Forskning för klassrummet - vetenskaplig grund och
beprövad erfarenhet i praktiken.
https://www.skolverket.se/getFile?file=3095

Skolverket. (2015). Svenska rektorers erfarenhet i nordiskt perspektiv. En
analys av TALIS 2013. Skolverkets aktuella analyser 2015.
https://www.skolverket.se/download/18.6bfaca41169863e6a65b568/15539
65982606/pdf3385.pdf

Skolverket. (2015). Skolverkets allmänna råd med kommentarer.
Systematiskt kvalitetsarbete – för skolväsendet. Stockholm: Fritzes.
https://www.skolverket.se/download/18.6bfaca41169863e6a65a0f1/15539
64634365/pdf2901.pdf

Skolverket. (2018). Analyser av familjebakgrundens betydelse för
skolresultaten och skillnader mellan skolor. EN kvantitativ studie av
utvecklingen över tid i slutet av grundskolan. Skolverkets rapport 467.
Stockholm: Skolverket.
https://www.skolverket.se/getFile?file=3927

Skolverket. (2019). Systematiskt kvalitetsarbete - så fungerar det.
https://www.skolverket.se/skolutveckling/leda-och-organisera-

skolan/systematisktkvalitetsarbete-i-skola-och-forskola/systematiskt-kvalitetsarbete-i-skola-och-forskola

Skolverket. (2019). Hem- och konsumentkunskap 7-9. Tematisk kvalitetsgranskning 2019 Diarienummer: 400-2017:7330 file:///C:/Users/elina/Downloads/hem-och-konsumentkunskap-i-ak-7-9.pdf

Skolverket. (2020). Likvärdiga betyg och meritvärden Ett kunskapsunderlag om modeller för att främja betygens och meritvärdenas likvärdighet. Rapport 2020:7. https://www.skolverket.se/download/18.614394bd171bb7d771b5625/1606 815688610/pdf7582.pdf

Skolverket. (2022). Läroplan för Hem- och konsumentkunskap. https://www.skolverket.se/undervisning/grundskolan/laroplan-och-kursplaner-for-grundskolan/laroplan-Lgr22-for-grundskolan-samt-for-forskoleklassen-och-fritidshemmet?url=-996270488%2Fcompulsorycw%2Fjsp%2Fsubject.htm%3FsubjectCode%3DGRGRHKK01%26tos%3Dgr&sv.url=12.5dfee44715d35a5cdfa219f

Skolverket (2022). Kommentarer till allmänna råd för arbete med extra anpassningar, särskilt stöd och åtgärdsprogram https://www.skolverket.se/getFile?file=10021

Skolverket. (2023). Så skapar du en god lärmiljö i klassrummet https://www.skolverket.se/skolutveckling/inspiration-och-stod-i-arbetet/stod-i-arbetet/sa-skapar-du-en-god-larmiljo-i-klassrummet

Skolverket, (2024). Timplan för grundskolan. https://www.skolverket.se/undervisning/grundskolan/laroplan-och-kursplaner-for-grundskolan/timplan-for-grundskolan

Skolverket. (2024a). Lärportalen, Moduler för hem- och konsumentkunskap. https://larportalen.skolverket.se/moduler/M942

Skolverket, (2024b). Första hjälpen och annan utbildning för personal i förskola och skola. https://www.skolverket.se/skolutveckling/sakerhet-ochkrisberedskap-i-skola-och-forskola/utbilda-och-ova-med-personalen/forsta-hjalpen-och-annan-utbildning-for-personal-i-forskola-och-skola

Skolverkets Statistik. (2024). Anställda med lärarlegitimation med behörighet. Totalt, kommunal respektive enskild huvudman samt sameskolan, läsåret 2023/24. https://www.skolverket.se/skolutveckling/statistik/sok-statistik-om-forskola-skola-och-vuxenutbildning?sok=SokC&omrade=Personal&lasar=2023/24&run=1

Skriftlig fråga 2020/21:637. (2020). Kristina Axén Olin (M), Lärarnas dokumentationsbörda. https://www.riksdagen.se/sv/dokument-och-lagar/dokument/skriftlig-fraga/lararnas-dokumentationsborda_h811637/

Sonmark K., Modin B. (2017). Psychosocial work environment in school and students' somatic health complaints: an analysis of buffering resources. Scand J Public Health. 2017;45(1):64–72.

SOU 2020:28. (2020) Utredningen om en mer likvärdig skola. En mer likvärdig skola: minskad skolsegregation och förbättrad resurstilldelning.

Sporre, K., & Osbeck, C. (2022). Responding to Voices of Children. I: H. Lotz-Sisitka & E. Rosenberg (Red.), Education in times of climate change (s. 96–99). Rhodes University. http://urn.kb.se/resolve?urn=urn:nbn:se:umu:diva-200157

Statistiska centralbyrån. (2022). Undersökningarna av levnadsförhållanden (ULF).

Statistikdatabasen. (2022). Kostnader för förskola, förskoleklass, fritidshem, pedagogisk omsorg, öppen förskola och fritidsverksamhet efter skolform, huvudman och kostnadsslag . År 2007 – 2022. https://www.statistikdatabasen.scb.se/pxweb/sv/ssd/START__UF__UF051 4/UtbKostForskola/

Strömstad Kommun. (2022). Kostpolicy. https://www.stromstad.se/download/18.fc6ae6c153c5fdf8ad116b6/1674027 226947/Kostpolicy%20Str%C3%B6mstad.pdf

Svahn, N. (2023). Kommuner fruktar budgethål på 24 miljarder. Dagens Samhälle. Publicerad:11 april 2023. https://www.dagenssamhalle.se/offentlig-ekonomi/kommunal-ekonomi/kommuner-fruktar-budgethal-pa-24-miljarder/

Svenaeus, F. (2009). Vad är praktisk kunskap? En inledning till ämnet och boken. I: J. Bornemark & F. Svenaeus (Red.). Vad är praktisk kunskap? (s. 11–34). Södertörns högskola.

Svedberg O.( 2001). Arkitekternas Århundrade. Europas arkitektur 1800-talet. Arkitektur, Stockholm 2001.

Svenska Arbetsmiljöverkets Föreskrifter (AFS 2020:1). (2020) Arbetsplatsens utformning, Arbetsmiljöverket. https://www.av.se/globalassets/filer/publikationer/foreskrifter/arbetsplatsens-utformning-afs2020-1.pdf

Svenska Institutet för Standarder, (2023). Byggnadsakustik - Ljudkrav för utrymmen i byggnader - Vårdlokaler, undervisningslokaler, förskolor och fritidshem, kontor, hotell och restauranger. SVENSK STANDARD · SS 25268:2023

Svenska kommittén för hushållsvetenskap. (2013). Inför motionsskrivande under AMT 2009. Hämtad 2016-03-05 från: http://www.skhv.org/motionsunderlag/amt2009.html

Svensk författningssamling. (1949). Föräldrabalk. SFS 1949:381. https://www.riksdagen.se/sv/dokument-och-lagar/dokument/svensk-forfattningssamling/foraldrabalk-1949381_sfs-1949-381/

Svensk författningssamling. (1962). Brottsbalk SFS 1962:700. https://www.riksdagen.se/sv/dokument-och-lagar/dokument/svensk-forfattningssamling/brottsbalk-1962700_sfs-1962-700/

Svensk författningssamling. (1977). Arbetsmiljölag. SFS 1977:1160. https://www.riksdagen.se/sv/dokument-och-lagar/dokument/svensk-forfattningssamling/arbetsmiljolag-19771160_sfs-1977-1160/

Svensk Författningssamling. (1982). Arbetstidslag. SFS 1982:673. https://www.riksdagen.se/sv/dokument-och-lagar/dokument/svensk-forfattningssamling/arbetstidslag-1982673_sfs-1982-673/

Svensk Författningssamling. (1998). Miljöbalk SFS 1998:808. https://www.riksdagen.se/sv/dokument-och-lagar/dokument/svensk-forfattningssamling/miljobalk-1998808_sfs-1998-808/

Svensk Författningssamling. (2003). Lag om skydd mot olyckor. SFS 2003:778. https://www.riksdagen.se/sv/dokument-och-lagar/dokument/svensk-forfattningssamling/lag-2003778-om-skydd-mot-olyckor_sfs-2003-778/

Svensk författningssamling. (2006). Livsmedelslagen. SFS 2006:804. https://www.riksdagen.se/sv/dokument-och-lagar/dokument/svensk-forfattningssamling/livsmedelslag-2006804_sfs-2006-804/

Svensk Författningssamling. (2008). Diskrimineringslag SFS 2008:567. https://www.riksdagen.se/sv/dokument-och-lagar/dokument/svensk-forfattningssamling/diskrimineringslag-2008567_sfs-2008-567/

Svensk Författningssamling. (2010). Skollagen. SFS 2010:800. https://www.riksdagen.se/sv/dokument-lagar/dokument/svensk-forfattningssamling/skollag2010800_sfs-2010-800

Svensk Författningssamling. (2010). Plan- och bygglag. SFS 2010:900. https://www.riksdagen.se/sv/dokument-och-lagar/dokument/svensk-forfattningssamling/plan-och-bygglag-2010900_sfs-2010-900/

Svensk Författningssamling. (2011). Plan- och byggförordning. SFS 2011:338. https://www.riksdagen.se/sv/dokument-och-lagar/dokument/svensk-forfattningssamling/plan-och-byggforordning-2011338_sfs-2011-338/

Svensk Författningssamling. (2011). Skolförordningen. SFS 2011:185. https://lagen.nu/2011:185

Svensk Författningssamling. (2016). Elsäkerhetslag SFS 2016:732. https://www.riksdagen.se/sv/dokument-och-lagar/dokument/svensk-forfattningssamling/elsakerhetslag-2016732_sfs-2016-732/

Svensk Författningssamling. (2016). Elsäkerhetslag. SFS 2016:732. https://www.riksdagen.se/sv/dokument-och-lagar/dokument/svensk-forfattningssamling/elsakerhetslag-2016732_sfs-2016-732/

Svensk Författningssamling. (2018). Lag om brandskydd. SFS 2018:208. https://www.riksdagen.se/sv/dokument-och-lagar/dokument/svensk-forfattningssamling/lag-2018218-med-kompletterande-bestammelser_sfs-2018-218/

Svensk standard · SS-EN 1116:2018. (2018). Inredning - Köksinredning och apparater – Måttsamordning https://www.sis.se/produkter/byggnadsprojektering/byggnadsutformning/ss-en-11162018/

Sveriges Kommuner och Regioner. (2024). Offentlig säker mat. https://skr.se/offentligsakermat.32844.html

Sveriges Lärare. (2023). Grupp- och klasstorlekar, extra anpassningar och särskilt stöd i skolformerna förskoleklass till komvux. Statistiskt faktablad 2023:2. Stockholm: Sveriges Lärare https://media.tmkontor.se/SVLT1071--SVLSF23-2-Gruppstorlekar-extra-anpassningar-och-sarskilt-stod-fran-forskoleklass-till-komvux-230621.pdf

Sveriges Lärare, (2023). "Döden för svenska skolan" - En rapport om lärares syn på nedskärningarna och deras konsekvenser. https://cdn.abicart.com/shop/ws21/49421/art97/205208797-89237c-SVLT1106-Doden-for-svenska-skolan-SVLU006-230905.pdf

Sveriges lärare. (2024). Få koll på ditt schema och din arbetstid. https://www.sverigeslarare.se/rad-och-stod/arbetstid/schemakollen/

Sveriges Regering. (2020). Utredningen om en mer likvärdig skola. En mer likvärdig skola: minskad skolsegregation och förbättrad resurstilldelning. SOU 2020:28.

https://www.regeringen.se/contentassets/fcf0e59defe04870a39239f5bda33
1f4/en-mer-likvardig-skola--minskad-skolsegregation-och-forbattrad-
resurstilldelning-sou-202028/

Taylor L, Watkins SL, Marshall H, Dascombe BJ, Foster J. The Impact of
Different Environmental Conditions on Cognitive Function: A Focused
Review. Front Physiol. (2016). Jan 6;6:372. doi:
10.3389/fphys.2015.00372. PMID: 26779029; PMCID: PMC4701920.

Turunen, M. Toyinbo, O., Putus T., Nevalainen, A, Shaughnessy, R.,
Haverinen-Shaughnessy, U. (2014). Indoor environmental quality in school
buildings, and the health and wellbeing of students. International Journal of
Hygiene and Environmental Health. Volume 217, Issue 7, September 2014,
Pages 733-739.

Tynjälä, Päivi. (1999). Oppiminen tiedon rakentamisena.
Konstruktivistisen oppimiskäsityksen perusteita. Tampere: Tammer-Paino
Oy.

Ung privatekonomi. (2021). Ungdomar vill ha mer privatekonomi i skolan.

Unicef. (2018). An unfair start. Inequality in Children's Education in Rich
Countries. https://blog.unicef.se/2018/10/30/sverige-brister-nar-det-galler-
likvardighet-i-skolan/

United Nations (UN). (2022) Sustainable Development Goals. Available
online at: https://www.un.org/sustainabledevelopment/sustainable-
consumption-production/

Willett W, Rockström J, Loken B, et al. (2019). Food in the Anthropocene:
the 12 (12) EAT–Lancet Commission on healthy diets from sustainable
food systems. The Lancet, 393(10170), s. 447–492.

Wiliam, D. & Leahy, S. (2015). Handbok i formativ bedömning: strategier
och praktiska tekniker. 1. utg. Stockholm: Natur & Kultur

Wiliam, D. (2013). Att följa lärande: formativ bedömning i praktiken. 1.
uppl. Lund: Studentlitteratur

Wolming, S. (1998). Validitet: Ett traditionellt begrepp i modern tillämpning. Pedagogisk forskning i Sverige, årg 3(2). 81-103

# Liite I Golvmaterial som reducerar halkrisken

Att välja rätt golvmaterial är avgörande för att minska halkolyckor i HKK-salen. Dessa golvmaterial kan bidra till att förbättra halksäkerheten:

1. **Linoleum golvplattor**

   Linoleumgolv är slitstarka och enkla att underhålla. Dessa golv kan behandlas med en halkreducerande yta för att förbättra greppet och minska risken för halkolyckor. Denna behandling kan till exempel inkludera tillsats av halkreducerande partiklar i ytan eller användning av speciella halkfria beläggningar, eller produceras med en strukturerad yta som ger bättre grepp och minskar halkrisken, även när de är våta.

   - *Naturliga och förnybara material:* Linoleum är tillverkat av naturliga material, inklusive linolja, trämjöl, harts, kalkstenpulver och pigment. Dessa ingredienser är förnybara och icke-fossila, vilket minskar golvets miljöpåverkan jämfört med golv som är tillverkade av icke-förnybara resurser eller petrokemiska produkter.
   - *Hållbar produktion:* Tillverkningen av linoleum-golvplattor innefattar vanligtvis låg energiförbrukning och minimalt avfall. Processen är relativt energisnål och använder mindre vatten jämfört med tillverkningen av andra golvtyper.
   - *Återvinningsbarhet:* Linoleumgolvplattor är i allmänhet återvinningsbara. Efter dess livslängd kan linoleum återvinnas eller brytas ner på ett naturligt sätt eftersom det är biologiskt nedbrytbart. Detta minskar avfallsmängden och bidrar till en cirkulär ekonomi.
   - *Hög livslängd:* Linoleumgolvplattor är kända för sin hållbarhet och långa livslängd. Med korrekt installation och underhåll kan linoleumgolv hålla i många år. Detta minskar behovet av att byta ut golvet regelbundet och minskar därmed resursförbrukningen och avfallsmängden.

- *Bra inomhusluftkvalitet:* Linoleumgolvplattor är ofta tillverkade utan skadliga kemikalier och har låga VOC (flyktiga organiska föreningar) -utsläpp. Detta bidrar till en bättre inomhusluftkvalitet och minskar risken för att utsättas för giftiga ämnen. Det är viktigt att notera att inte alla linoleumgolvplattor är lika miljövänliga. Det är bäst att välja produkter från tillverkare som är engagerade i hållbarhet och som följer branschstandarder och certifieringar, som till exempel EU:s Ecolabel eller Svanen.

Nordisk Miljömärkning Bakgrundsdokument, 029/6.12, 2022.

## 2. Bambugolv:

Bambugolv har naturliga egenskaper som gör det motståndskraftigt mot halka. Ytan på bambugolvet är vanligtvis något strukturerad och kan erbjuda bättre grepp jämfört med glatta ytor. Bambugolv är känt för sin höga densitet och hårdhet. Detta gör att det kan erbjuda bättre stabilitet och minska risken för halkolyckor.

Man kan öka halksäkerheten genom att ytbehandla golvet:

- Ytbehandlingar kan appliceras på bambugolv för att ytterligare förbättra dess halkmotståndighet. Vissa tillverkare erbjuder skyddande beläggningar eller lacker som kan öka greppet och minimera risken för halka.
- Vissa bambugolv kan ha räfflade eller strukturerade ytor som ger extra grepp och minskar halkrisken ytterligare. Detta kan vara särskilt fördelaktigt i utrymmen där det är mer sannolikt med fukt eller vattenstänk, till exempel i kök eller badrum.

## 3. Halkfria gummimattor:

Gummimattor med halkfria egenskaper kan användas i områden där det finns risk för vattenstänk eller fukt, som runt diskbänkar eller spishällar. Dessa mattor ger extra grepp och minskar risken för att halka. Gummimattor kan vara miljövänliga beroende på tillverknings-processen och de material som används.

- *Återvunnet gummi:* Vissa gummiplattor tillverkas av återvunnet gummi, till exempel från gamla däck eller industriellt avfall. Genom att använda återvunnet gummi minskas behovet av att utvinna och producera nytt gummi, vilket minskar den totala miljöpåverkan.

- *Naturgummi:* Golv av naturgummi är tillverkade av latex som extraheras från gummiträd. Naturgummi är ett förnybart material och extraktionsprocessen kan vara hållbar om det görs på ett ansvarsfullt sätt. Det är viktigt att säkerställa att gummiträden odlas och skördas på ett sätt som inte skadar den omgivande miljön.

- *Giftfri tillverkning:* Miljövänliga gummigolv tillverkas med metoder som minimerar användningen av giftiga kemikalier och skadliga tillsatser. Det är viktigt att leta efter gummigolv som uppfyller miljöstandarder och certifieringar som garanterar att de är fria från farliga ämnen.

- *Lång hållbarhet*: Ett annat miljövänligt inslag hos gummigolv är deras långa livslängd och hållbarhet. Om golvets hållbarhet förlängs minskar behovet av att byta ut det och därmed minskas mängden avfall.

Det är viktigt att notera att inte alla gummigolv är miljövänliga. Vissa gummigolv kan till exempel innehålla PVC eller andra skadliga ämnen som påverkar miljön negativt. Därför är det viktigt att noga undersöka produkterna och kontrollera att de uppfyller miljöstandarder och certifieringar som bekräftar deras miljövänlighet.

4. **Vinylgolv med halkreducerande yta:**
Vinylgolv med en speciell halkreducerande yta är ett populärt val för HKK-salar. Dessa golv är lätta att rengöra och ger bra grepp, även när de är våta.

Vinylgolv kan ha varierande miljöpåverkan beroende på tillverkningsprocessen och de material som används. Här är några faktorer att överväga när det gäller miljövänlighet hos vinylgolv:

- *Återvunnet material:* Vissa vinylgolv tillverkas med återvunnet material, vilket minskar behovet av att producera nytt vinyl. Genom att använda återvunnet material minskas den totala miljöpåverkan och resursanvändningen.
- *Lågt VOC-innehåll:* VOC står för flyktiga organiska föreningar och kan avges av vissa byggmaterial, inklusive vissa vinylgolv. Att välja vinylgolv med låg VOC-halt bidrar till att förbättra inomhusluftkvaliteten och minska exponeringen för potentiellt skadliga kemikalier (Kemikalieinspektion, 2024).
- *Certifieringar:* Certifieringar som Ecolabel eller Svanen garanterar att vinylgolvet uppfyller specifika miljöstandarder för luftkvalitet och användning av giftiga ämnen. Att leta efter dessa certifieringar kan vara en bra indikator på att golvet är miljövänligt.
- *Livslängd och underhåll:* Vinylgolv kan ha en lång livslängd och vara motståndskraftiga mot slitage, vilket minskar behovet av att byta ut dem regelbundet. Att korrekt underhålla golvet och undvika överdriven användning av kemiska rengöringsmedel kan också minska den negativa miljöpåverkan.

Samtidigt är det viktigt att vara medveten om att vinylgolv ofta tillverkas av PVC (polyvinylklorid), som är ett material som kan ha negativa miljökonsekvenser under tillverkningsprocessen och vid bortskaffande (Kemikalieinspektion, 2024). PVC- och ftalater kan också användas som mjukgörare i vinylgolv och de kan vara potentiellt skadliga för hälsan och miljön. För att göra ett mer miljövänligt val när det gäller vinylgolv är det bra att välja tillverkare som arbetar med att minska PVC-beroendet och utveckla mer hållbara alternativ. Det kan också vara fördelaktigt att överväga andra mer naturliga och hållbara golvmaterial som linoleum eller kork om man söker ett mer miljövänligt alternativ.

5. **Klinkerplattor**:

Klinkerplattor är hårda och slitstarka och kan vara ett bra alternativ för HKK-salar. De har oftast en naturligt halkfri yta och är enkla att rengöra.

Klinkerplattor kan vara ett relativt miljövänligt val för golvmaterial:

- *Naturliga material*: Klinkerplattor tillverkas vanligtvis av naturliga råmaterial såsom lera, sand och andra mineraler. Dessa material är vanligtvis rikligt förekommande och inte särskilt skadliga för miljön.

- *Hållbarhet och lång livslängd*: Klinkerplattor är kända för sin hållbarhet och långa livslängd. De är extremt slitstarka, reptåliga och motståndskraftiga mot fläckar och kemikalier. Genom att välja klinkerplattor kan man minska behovet av att byta ut golvet på lång sikt och därigenom minska avfallsmängden.

- *Låg underhållskrav:* Klinkerplattor kräver vanligtvis minimalt underhåll. De är lätta att rengöra och behöver inte kemiska rengöringsmedel eller specialprodukter. Detta bidrar till en minskad användning av resurser och minskad påverkan på miljön.

- *Termisk massa:* Klinkerplattor har termisk massa, vilket innebär att de kan absorbera och lagra värme. Detta kan bidra till att minska behovet av uppvärmning och kylning i byggnaden och därmed minska energiförbrukningen.

- *Återvunnen klinker:* Vissa tillverkare erbjuder klinkerplattor som innehåller återvunnen klinker eller industriellt avfall. Genom att använda återvunna material minskar behovet av nyproduktion och resursuttag.

Det är viktigt att notera att produktionen av klinkerplattor kräver energi och resurser, inklusive utvinning av råmaterial och bränning vid höga temperaturer. Det är därför viktigt att välja tillverkare som är engagerade i att minska sin miljöpåverkan genom att använda energieffektiva processer och minska utsläppen. För att göra ett mer medvetet val kan det vara bra att välja klinkerplattor från tillverkare som har ett starkt miljöengagemang och som kan tillhandahålla specifik information om deras miljöpåverkan och hållbarhetsåtgärder.

6. **Halkfritt laminatgolv:** Vissa tillverkare erbjuder laminatgolv med en halkreducerande yta. Dessa golv är estetiskt tilltalande och kan vara ett bra val för HKK-salar där det behövs en högre nivå av halksäkerhet.

   Laminatgolv har en blandad miljöprofil, och det beror på flera faktorer, inklusive tillverkningsprocessen, materialen som används och hur golvet hanteras efter dess livstid:

   - *Hållbarhetscertifieringar:* Vissa laminatgolv kan vara certifierade av organisationer som FSC (Forest Stewardship Council) eller PEFC (Programme for the Endorsement of Forest Certification), vilket garanterar att träfiber som används kommer från ansvarsfullt skogsbruk. Att välja certifierade produkter kan vara ett sätt att säkerställa att golvet har tillverkats med hänsyn till miljön (Kemikalieinspektion, 2024).

   - *Formaldehydutsläpp:* Formaldehyd är en kemikalie som kan finnas i vissa laminatgolv som bindemedel i fiberkärnan. Det är viktigt att välja laminatgolv med låga formaldehydutsläpp för att minimera exponeringen för detta potentiellt skadliga ämne. Många tillverkare erbjuder laminatgolv med låga VOC (flyktiga organiska föreningar) och formaldehydvärden, och de kan ha certifieringar som bekräftar detta.

   - *Återvunnet material:* Vissa laminatgolv kan innehålla återvunnet material, till exempel återvunnen träfiber. Genom att använda återvunna material minskas behovet av att producera nytt material och därmed minskas miljö- påverkan.

   - *Livslängd och underhåll:* Laminatgolv är vanligtvis slitstarka och har en lång livslängd om de vårdas på rätt sätt. Genom att välja högkvalitativa laminatgolv och genomföra ordentligt underhåll kan man förlänga golvet's livslängd och minska behovet av att byta ut det, vilket minskar avfalls-mängden.

Det är viktigt att notera att laminatgolv ofta innehåller plastmaterial, och tillverkningsprocessen för dessa material kan ha negativ miljöpåverkan. Dessutom är det viktigt att vara medveten om att laminatgolv inte kan återvinnas på samma sätt som vissa andra golvmaterial. Det kan vara svårt att separera och återvinna komponenterna i laminatgolv på grund av deras konstruktion.

Om du letar efter ett mer miljövänligt alternativ till laminatgolv kan du överväga andra golvmaterial som linoleum, kork eller bambu, som ofta anses vara mer hållbara och naturliga alternativ. Det är också viktigt att välja tillverkare och produkter med starka miljöengagemang och som följer certifieringsstandarder för hållbarhet och kvalitet.

7. **Kork golv:**
Kork är naturligt halkfritt och kan vara ett bra alternativ för HKK-salar. kork golv ger även en viss dämpning, vilket kan vara bekvämt för elever som står länge i köket, samt att den kan dämpa ljud. Dessa golv är miljövänliga:

- *Förnybar och hållbar resurs*: Kork är en naturlig och förnybar resurs som extraheras från barken på kork-eken (Quercus suber). Barken kan skördas utan att trädet skadas, och träden fortsätter att producera mer bark för framtida skördar. Detta gör kork golv till ett hållbart alternativ eftersom träden inte behöver avverkas.
- *CO2-lagring:* Korkmaterial har en förmåga att lagra koldioxid (CO2), vilket hjälper till att minska mängden av denna växthusgas i atmosfären. Under tillväxten av kork-eken absorberar trädet och lagrar koldioxid i barken. Genom att använda kork som golv bidrar man till att hålla denna lagrade koldioxid bunden och utsläppen minskas.

- *Hållbar skörd och produktion*: Korkskörd utförs manuellt och är ofta en traditionell process som är skonsam mot miljön. Tillverkningen av kork golv innefattar vanligtvis minimala kemikalier och energiåtgång. Dessutom är kork ett återvinningsbart material och kan återvinnas efter dess livslängd.
- *Naturliga egenskaper:* Kork har unika egenskaper som gör det till en utmärkt golvbeläggning. Det är mjukt att gå på, vilket ger en bekväm känsla under fötterna, och det har även ljudabsorberande egenskaper som minskar bullernivåerna i rummet. Kork är också naturligt motståndskraftigt mot vatten, mögel och bakterier, vilket minskar behovet av kemiska behandlingar.
- *Inomhusluftkvalitet:* kork golv är vanligtvis tillverkade med låga VOC-halter (flyktiga organiska föreningar), vilket minskar risken för utsläpp av skadliga kemikalier och förbättrar inomhusluftkvaliteten.

Kork är dock ett poröst material som bör behandlas inför användning i en HKK-sal för att få det ska bli lättare att rengöra och underhålla. Det finns flera alternativ för smutsavvisande behandlingar som kan användas på kork golv:
- *Vaxbehandling:* En vaxbehandling kan appliceras på kork golvet för att skapa en skyddande barriär mot fläckar och smuts. Vaxet tränger in i korkens porer och ger en tät yta som förhindrar att smuts fastnar. Det är viktigt att regelbundet underhålla vaxbehandlade golv genom att applicera vaxet på nytt vid behov.
- *Lackbehandling*: En lackbehandling kan appliceras på ytan av kork golvet för att ge det en skyddande film. Lacken bildar en barriär som förhindrar smuts och fläckar från att tränga in i korken. Det är viktigt att notera att en lackbehandling kan ändra utseendet på kork golvet och ge det en mer glansig yta.
- *Oljebehandling*: En oljebehandling kan användas för att behandla kork golv och ge dem en naturlig och matt yta.

Oljan tränger in i korken och ger den en vattenavvisande yta. Oljebaserade behandlingar kan också ge korken en vacker och naturlig färgton.

Det är viktigt att notera att valet av golvmaterial bör överensstämma med lokal lagstiftning och rekommendationer från arbetsmiljömyndigheter. Dessutom bör regelbunden rengöring och underhåll av golvet genomföras för att säkerställa att det behåller sina halkreducerande egenskaper.

# Liite II Exempel för olika planeringar för HKK-sal

En inspirationsplanering för en HKK-sal.
Av E. Larsson med hjälp av ett grafikprogram och Ikeas planeringsverktyg.

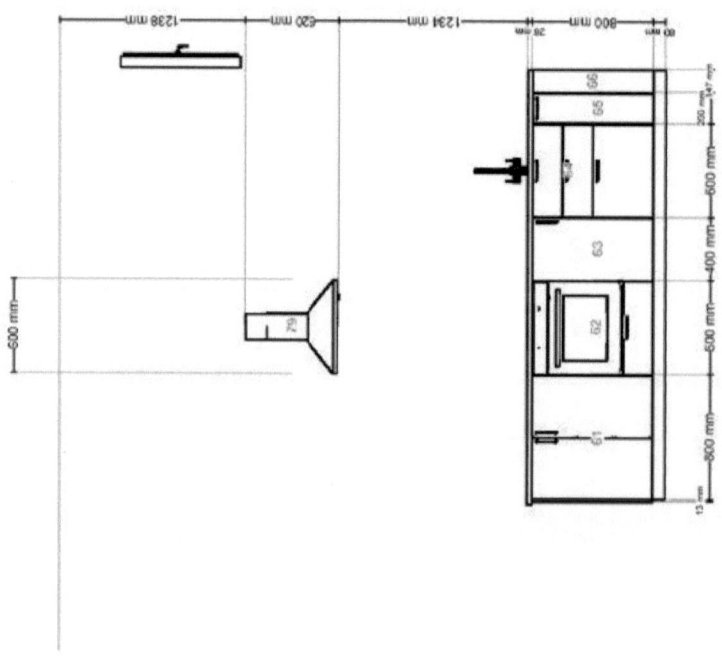

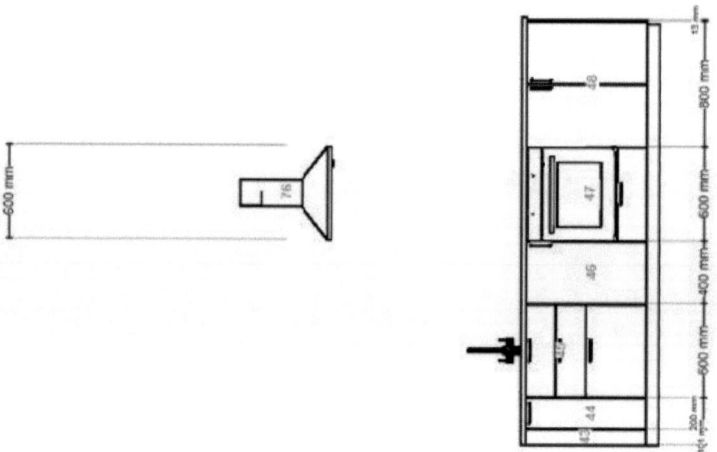

En inspirationsplanering för en HKK-sal.
Av E. Larsson med hjälp av ett grafikprogram och Ikeas planeringsverktyg.

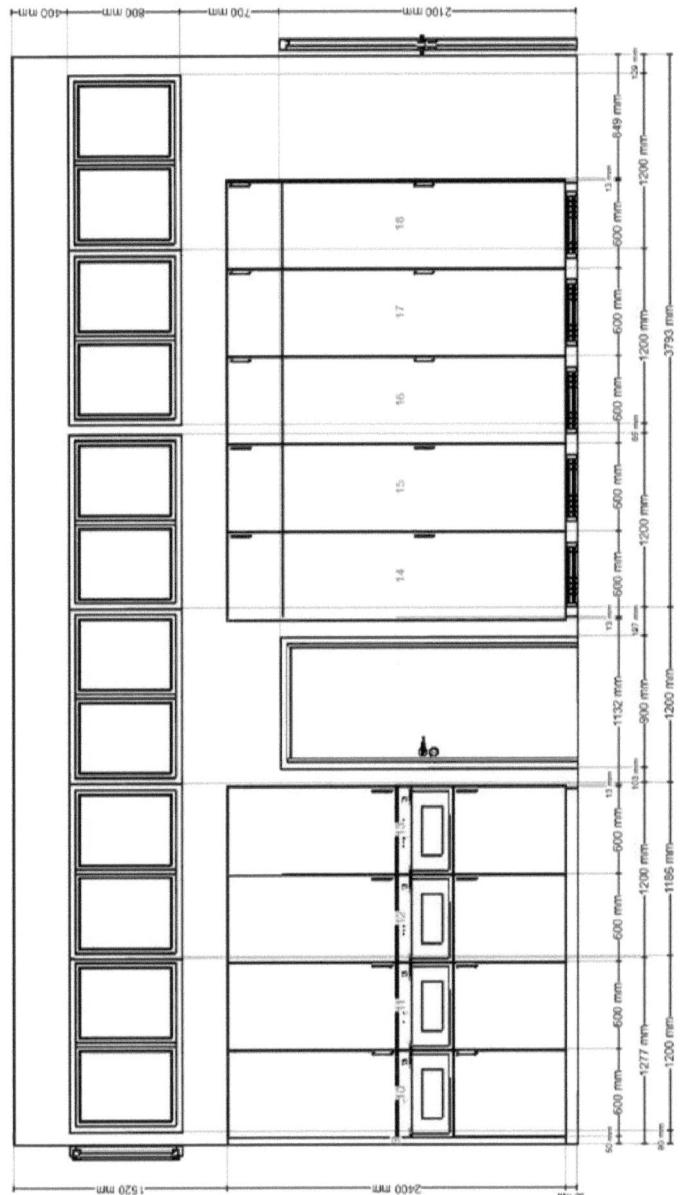

En inspirationsplanering för en HKK-sal.
Av E. Larsson med hjälp av ett grafikprogram och Ikeas planeringsverktyg.

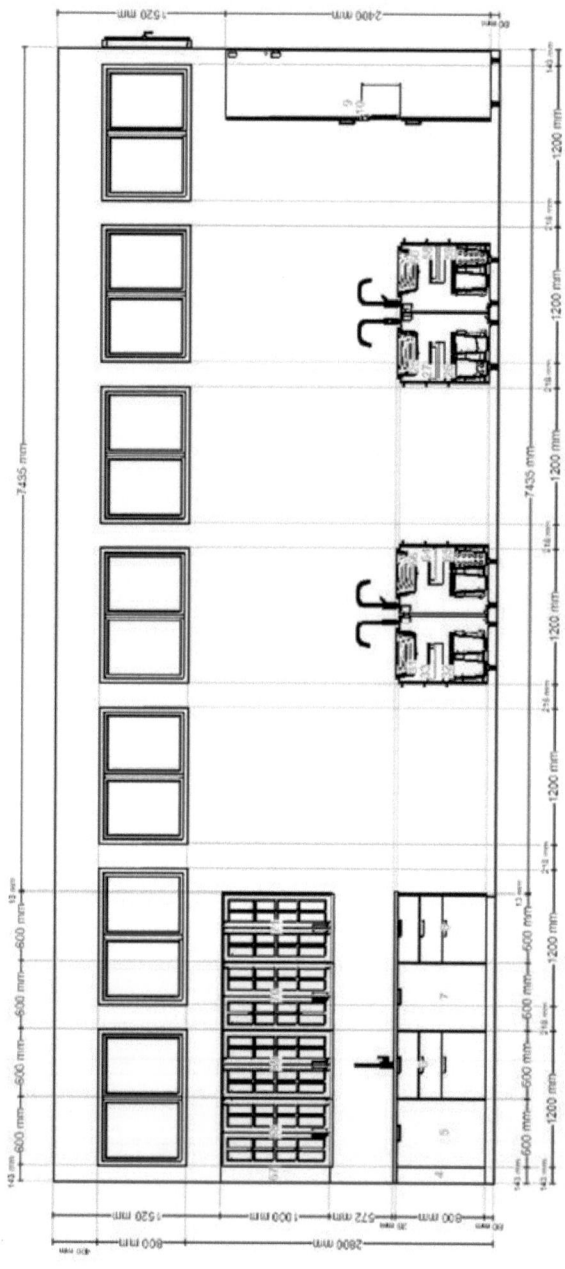

En inspirationsplanering för en HKK-sal.
Av E. Larsson med hjälp av ett grafikprogram och Ikeas planeringsverktyg.

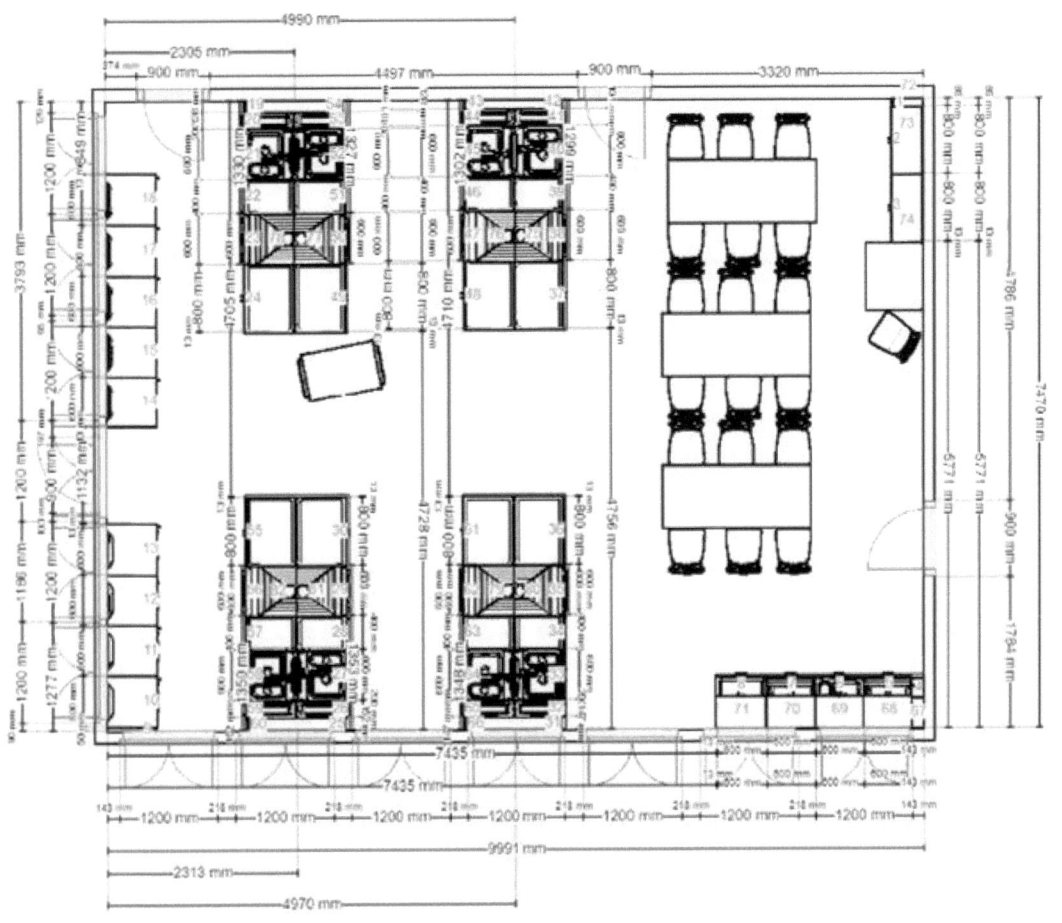

En inspirationsplanering för en HKK-sal.
Av E. Larsson med hjälp av ett grafikprogram och Ikeas planeringsverktyg.

# Liite III Exempel för olika planeringarför HKK-sal

**En inspirationsplanering för en HKK-sal.**
Av E. Larsson med hjälp av ett grafikprogram och Ikeas planeringsverktyg.

# DESIGN FOR OPTIMAL CLASSROOM SETTINGS

## By Elina Larsson

En inspirationsplanering för en HKK-sal.
Av E. Larsson med hjälp av ett grafikprogram och Ikeas planeringsverktyg.

# HOME-ECONOMICS CLASSROOM

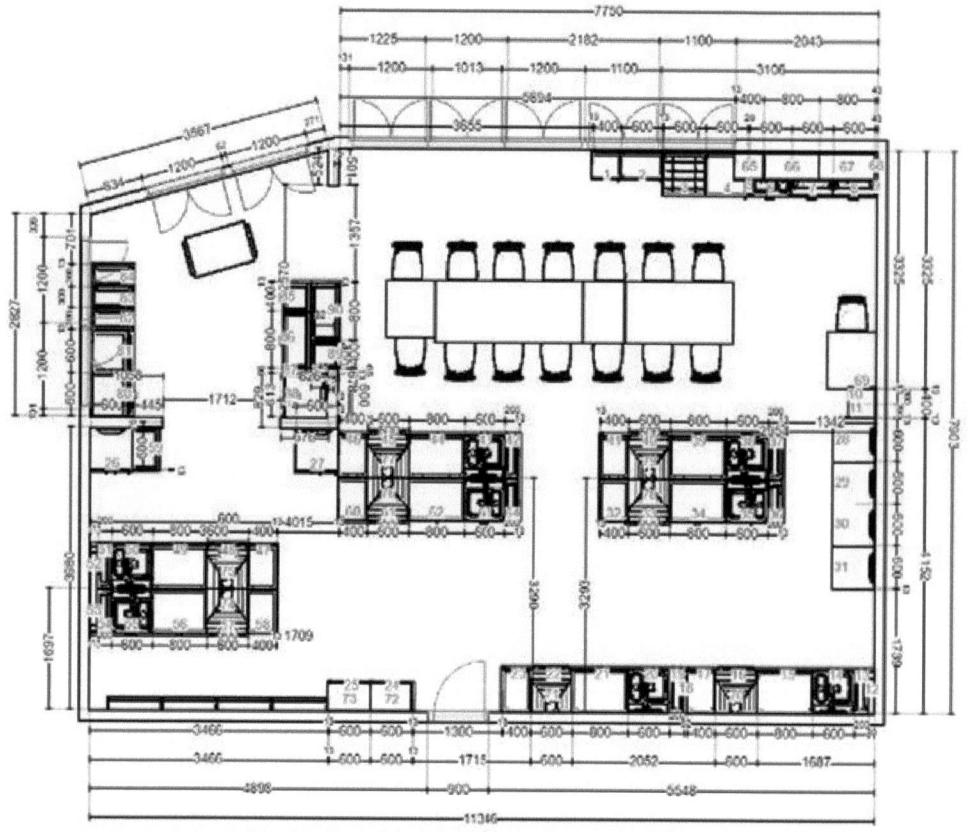

# DESIGN FOR OPTIMAL CLASSROOM SETTINGS
## By Elina Larsson

En inspirationsplanering för en HKK-sal.
Av E. Larsson med hjälp av ett grafikprogram och Ikeas planeringsverktyg.

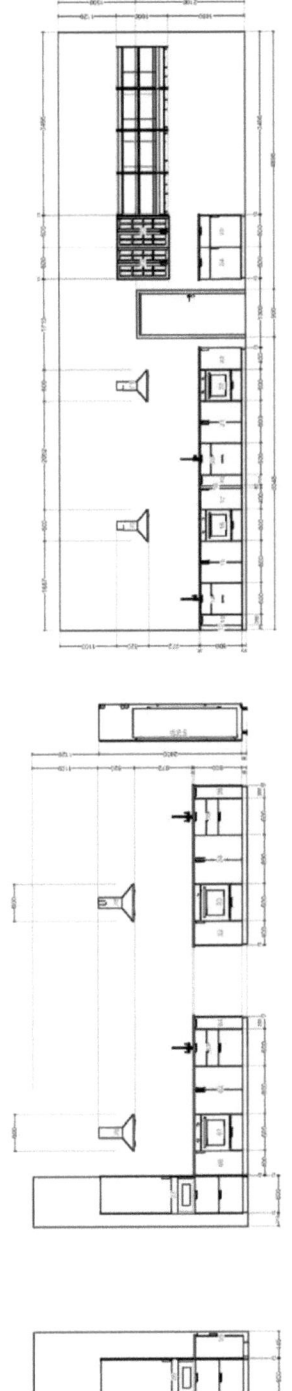

Home Economics Classroom

DESIGN FOR OPTIMAL CLASSROOM SETTINGS

By Elina Larsson

En inspirationsplanering för en HKK-sal.

Av E. Larsson med hjälp av ett grafikprogram och Ikeas planeringsverktyg.

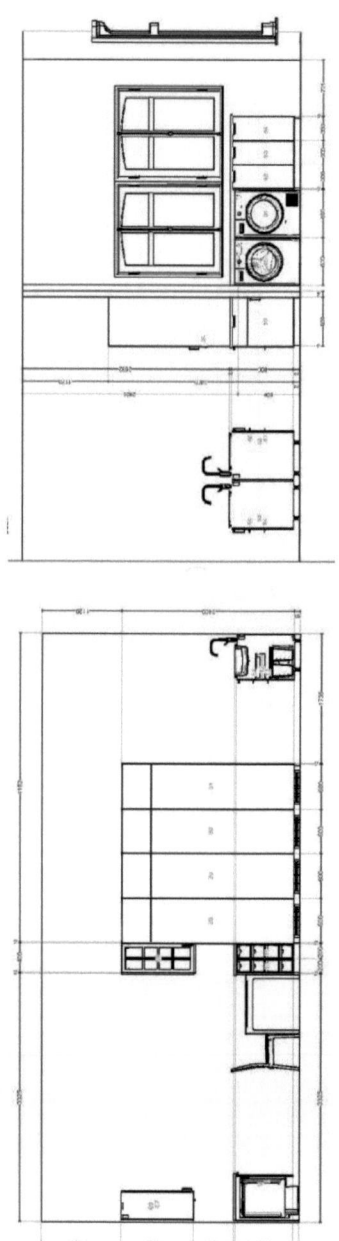

DESIGN FOR OPTIMAL CLASSROOM SETTINGS

By Elina Larsson

En inspirationsplanering för en HKK-sal.

Av E. Larsson med hjälp av ett grafikprogram och Ikeas planeringsverktyg.